I0751913

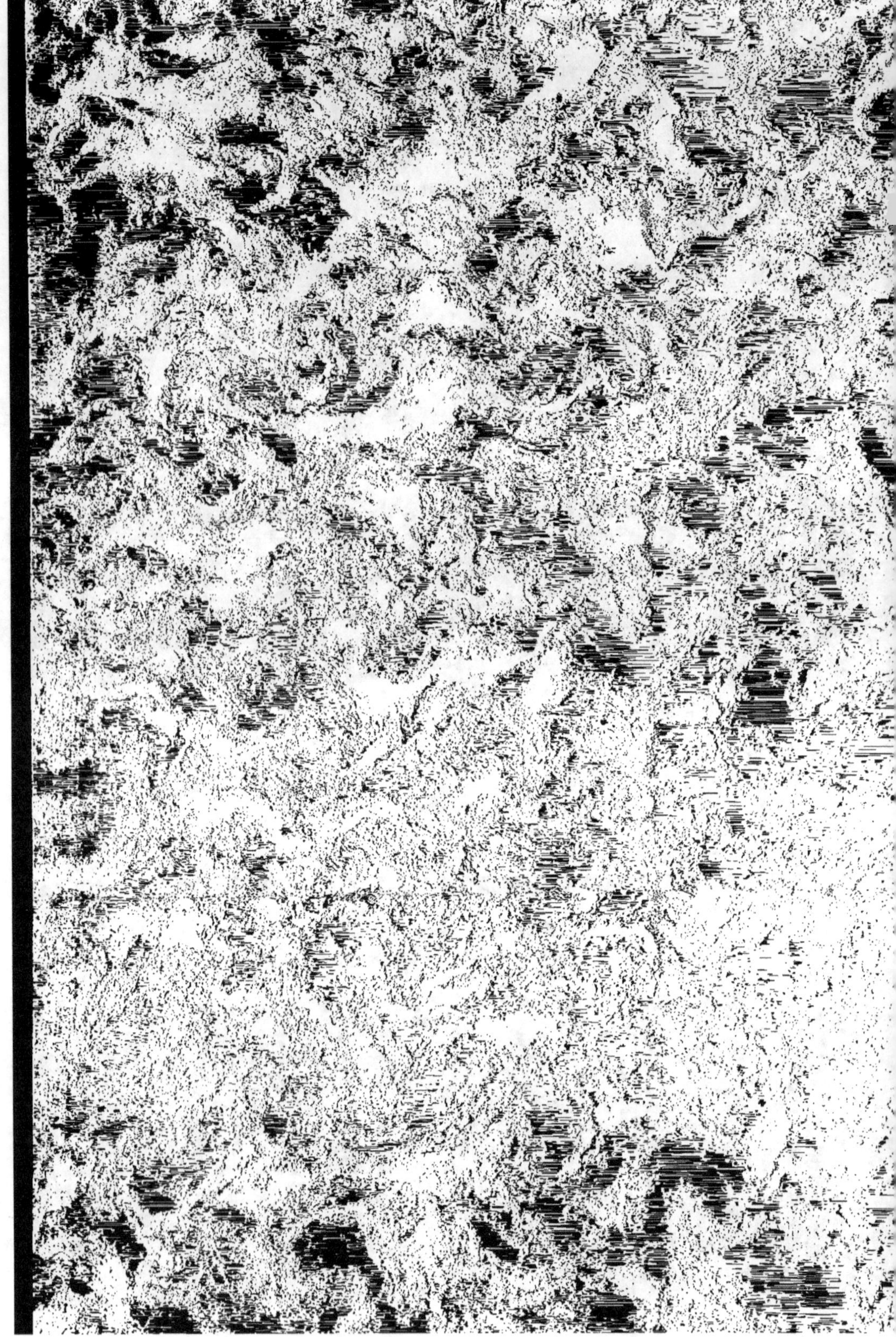

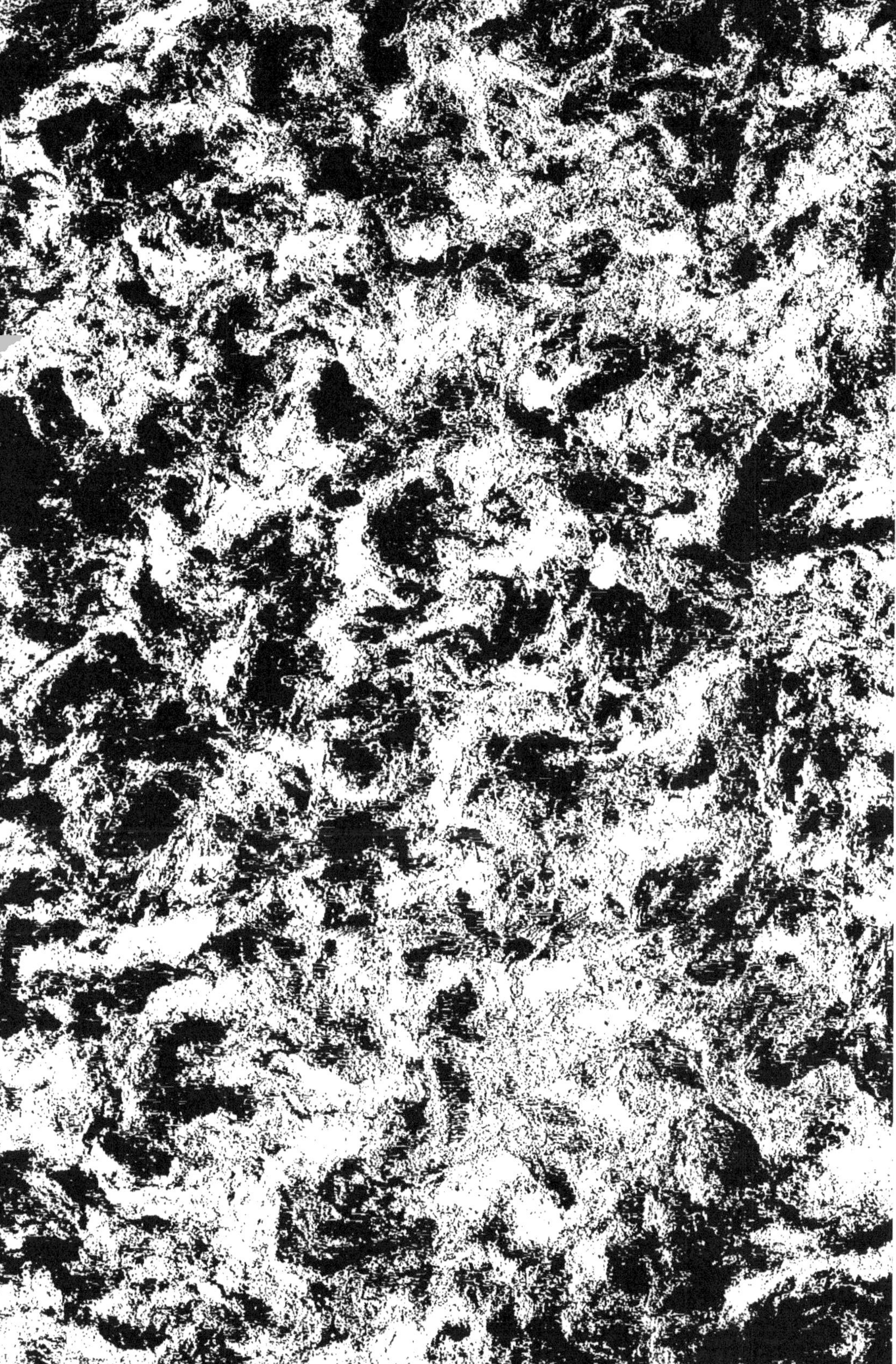

ARTHUR RHONÉ

MEMBRE HONORAIRE DE L'INSTITUT ÉGYPTIEN

CORRESPONDANT DU COMITÉ DE CONSERVATION DES MONUMENTS DE L'ART ARABE

L'ÉGYPTE A PETITES JOURNÉES

LE CAIRE D'AUTREFOIS

NOUVELLE ÉDITION

ORNÉE DE DESSINS INÉDITS PAR PAUL CHARDIN, C. MAUSS
A. DAUZATS, A. BAUDRY, J. BOURGOIN, ETC.

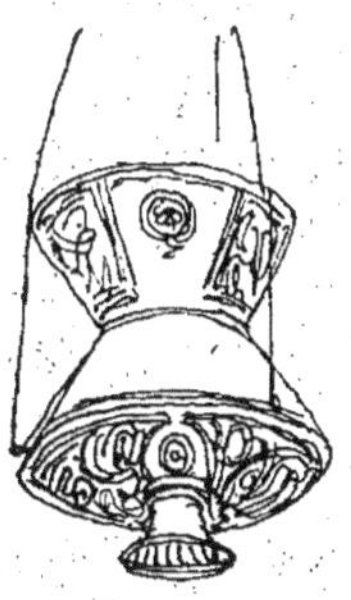

PARIS

SOCIÉTÉ GÉNÉRALE D'ÉDITIONS
20, RUE DES PETITS-CHAMPS

HENRI JOUVE
ÉDITEUR
15, RUE RACINE

1910

L'ÉGYPTE

A PETITES JOURNÉES

La première édition de cet ouvrage a été couronnée
par l'Académie française

Ancienne porte de quartier près de la mosquée de Touloun

Dessin inédit de Paul Chardin, 1879

ARTHUR RHONÉ

MEMBRE HONORAIRE DE L'INSTITUT ÉGYPTIEN

CORRESPONDANT DU COMITÉ DE CONSERVATION DES MONUMENTS DE L'ART ARABE

L'ÉGYPTE À PETITES JOURNÉES

LE CAIRE D'AUTREFOIS

NOUVELLE ÉDITION

ORNÉE DE DESSINS INÉDITS PAR PAUL CHARDIN, C. MAUSS
A. DAUZATS, A. BAUDRY, J. BOURGOIN, ETC.

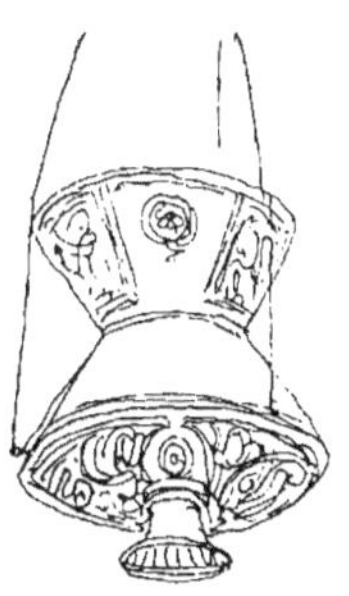

PARIS

SOCIÉTÉ GÉNÉRALE D'ÉDITIONS
20, RUE DES PETITS-CHAMPS

HENRI JOUVE
ÉDITEUR
15, RUE RACINE

1910

A celui qui lutte si noblement pour la défense de nos monuments nationaux et pour la conservation de nos plus beaux sites, à

LUCIEN AUGÉ DE LASSUS

je dédie la nouvelle édition de ce livre où j'ai surtout tenté de sauver de l'oubli l'aspect incomparable du Caire d'autrefois.

« *Vagari lustrare, discurrere, quivis potest :*
pauci indagare, discere, id est vere peregrinari. »

JUSTE LIPSE.

L'ÉGYPTE

A

Petites Journées

PRÉAMBULE

Il y a une trentaine d'années, les cités les plus anciennes, les plus célèbres étaient encore assises dans leur gloire comme des reines auxquelles le respect défend de toucher ; leur nom seul évoquait des trésors de souvenirs intacts et d'œuvres d'art, bien ou mal conservées, mais restées aux places que les siècles leur avaient assignées. Rome, Jérusalem, Damas, Constantinople, le Caire déroulaient en paix leur histoire à travers leurs sites, leurs monuments et leurs ruines. Depuis lors, les nouvelles générations s'occupent sans relâche comme sans ménagement, à les transformer ; poussées par les besoins de la vie moderne, elles introduisent partout la triste uniformité.

Lorsque, à la fin de 1864, il nous fut donné de voir l'Egypte, le Caire était encore dans toute sa splendeur arabe et musulmane. Pas une maison à cinq étages, pas un trottoir, pas un réverbère. Au pied d'innombrables mosquées de tous les âges, dont quelques-unes mouraient pacifiquement, entourées d'un saint respect, couraient des rues sinueuses et abritées, animées par une foule joyeuse et bariolée. Les effendis, les marchands, qui rougiraient aujourd'hui de se montrer autrement qu'en costume européen, se prélassaient encore dans leurs longs caftans soyeux dont les reflets chatoyants ajoutaient à l'harmonie générale ; une suite ininterrompue de moucharaby s'enfonçaient dans la perspective des rues, jusqu'au prochain tournant au-dessus duquel pointait quelque élégant minaret. La dignité de l'alignement a supprimé ces moucharaby, merveilleux assemblage de petits bois tournés dont les marchands ont fait, pour des usages européens, quantité de meubles baroques.

Désormais, le voyageur n'apercevra plus guère que de vastes trouées, des boulevards démesurément larges et indéfiniment longs, bordés de constructions banales où les tramways et le vent brûlant du khamsîn peuvent se donner libre carrière (1). Certains passages étaient des haltes et des oasis de fraîcheur, appropriées au climat ; depuis longtemps on a supprimé dans le Mousky, dans le Ghouryeh, dans la rue de la Citadelle ces hautes couvertures translucides sous lesquelles on trouvait abri et repos.

Et pourtant, malgré toutes ces mutilations, le goût du passé reste vivace chez nos contemporains ; ils ont beau avoir soif de l'utile, ils ne peuvent se défendre d'un retour vers les aspects pittoresques d'autrefois.

Devant ces destructions progressives, on s'est souvenu d'une relation de voyage que nous écrivîmes en 1865, sans beaucoup d'expérience, mais sous le coup d'une émotion intense dont l'action ne s'est pas effacée. Combien de fois des voyageurs quelque peu déçus, car ils étaient venus trop tard, nous entendant parler des beautés du Caire arabe nous ont demandé de leur rendre la vision de ce monde disparu. Cela nous décide à publier une seconde édition de *L'Egypte à petites journées*, la première étant épuisée depuis longtemps. Nous nous sommes attaché à conserver soigneusement la physionomie si particulière de cette Egypte de 1865 que l'Europe n'avait pas encore métamorphosée. C'est presque le dernier

(1) Sur les débuts du vandalisme qui s'est abattu dans la ville, voir la *Gazette des Beaux-Arts* : Coup d'œil sur l'état du Caire ancien et moderne par A. Rhoné, 1881-1882, articles dont il existe un tirage à part modifié. Paris, Quantin, 1882.

moment où l'on pouvait la saisir en sa couleur franchement orientale. Dans le cours des années suivantes le nouveau vice-roi, Ismaïl-Pacha, travailla sans relâche à lui imprimer un caractère de plus en plus européen.

L'Egypte à petites journées n'est pas un ouvrage de haute érudition, c'est encore moins un itinéraire complet. Nous lui laissons sa forme de relation de voyage en la dégageant de beaucoup de choses inutiles et en la complétant, à la suite de plusieurs séjours, accomplis en des temps où cette belle terre d'Egypte offrait encore des aspects intacts.

Du reste, des œuvres bien plus importantes que la nôtre défendent contre l'oubli cet art supérieur du Caire qui est, pour ainsi dire, limité aux murailles de la ville ; car s'il en disparaissait, on ne le retrouverait nulle part ailleurs. Sans parler des travaux si connus de Prisse d'Avesnes, il faut faire une place d'honneur au Comité officiel de Conservation des monuments de l'art arabe dont les travaux sont dirigés par M. Max Herz-Bey, architecte en chef du Comité et conservateur du musée arabe. Sous sa direction, le Comité s'applique à entretenir les plus beaux monuments du Caire et à en publier les relevés avec un soin où l'art et la science trouvent également leur part. La mission archéologique française que fonda M. Maspero en 1881, contribue par les beaux travaux de MM. Paul Ravaisse, Casanova, Van Berchem et Salmon à parfaire l'histoire monumentale du Caire. Quant à l'ornementation, inépuisable dans sa richesse, elle a été relevée et publiée de main de maître par M. Jules Bourgoin.

Notre tâche, plus modeste, se borne à tracer une silhouette de l'Egypte telle que nous la vîmes en 1865, au début du règne d'Ismaïl-Pacha. Si nous nous sommes arrêté assez longuement sur le musée de Boulak, aujourd'hui disparu, c'est que nous voulions manifester notre reconnaissance envers la mémoire de son illustre fondateur, Auguste Mariette. Il vivait retiré dans son musée et ne se laissait pas facilement approcher ; mais si on avait le don de lui plaire, on trouvait bientôt en lui un compagnon singulièrement gai et captivant. L'entrevue, commencée par une visite au musée se continuait par une excursion au Sérapéum de Memphis et pouvait même se prolonger, grâce à des circonstances particulières, par un voyage avec lui dans la Haute-Egypte. C'est précisément ce qui nous est arrivé. Nous avons été longtemps l'hôte de Mariette, nous avons vécu de sa vie, le suivant pas à pas dans son musée.

Il serait illusoire de faire la description scientifique et détaillée d'un musée qui n'existe plus et qui, de provisoire qu'il était sous Mariette, a enfin trouvé sa forme monumentale et définitive sous la savante et forte direction de M. Maspero. Mais nous avons voulu simplement consacrer un souvenir à ce lieu charmant de Boulak où se sont éveillées nos premières émotions pharaoniques, mêlées aux impressions délicieuses que pouvait encore donner le Caire d'autrefois.

LE DÉTROIT DE MESSINE

LA MÉDITERRANÉE A VOL D'OISEAU

« C'est l'Orient que j'appelle, que je demande, que je veux !... »
(Henri Regnault. — *Lettres*.)

Le 19 décembre 1864, tous les compagnons de ce voyage se trouvaient réunis à Marseille, sur le pont du *Mœris* qui allait prendre son essor vers l'Orient.

Comment cet événement s'accomplit, comment ce projet gigantesque et téméraire pour nous d'un voyage en Egypte, parvint à se réaliser, c'est ce que nous ne pouvons comprendre encore ! Car depuis ce jour plein de rafales d'hiver où l'égyptologue Théodule Devéria, déjà pâle et malade, nous guidait à travers les galeries égyptiennes du Louvre, on ne s'était pas revu, et tous nous arrivions à l'instant des quatre coins de l'horizon, à travers des difficultés quasi insurmontables.

Pour M. Charles Alexandre Surell, notre doyen, il s'agissait de mettre tout le poids de la direction des chemins de fer du Midi sur les bras d'un collègue ; pour Henry Péreire, de dissiper les craintes d'une famille patriarcale ; notre cher Devéria était aux prises avec la fièvre et les médecins et Alfred Cibiel avait à triompher de lui-même en s'arrachant à ses flâneries en Provence.

Le dernier venu, celui à qui fut confié le soin de raconter

ce voyage, accourait tardivement du fond de l'Espagne et n'espérait plus rejoindre ses amis : crevant des chevaux sur sa route, passant même sous les balcons sans les voir, il ne dut enfin son salut qu'à un train spécial, lancé à son secours par le génie tutélaire d'Henry Péreire, le lien et le ressort de notre petite société.

Enfin, les derniers parents reconduits et consolés, le dernier obstacle écarté, une planche (planche de salut!) fut retirée et aussitôt l'avenir et l'horizon s'ouvrirent pour nous sur les eaux bleues de la Méditerranée.

Le petit groupe alors se resserra plus étroitement, et dans un même élan tourna les yeux vers l'Italie, vers l'Orient, vers les régions aimées du soleil, des souvenirs et du génie, champ immense où la pensée, devançant la réalité, va plonger à tire-d'aile et s'imprégner de lumière et de joie.

Tout nous souriait : le ciel favorable, la mer vive et docile, le navire superbe et beau marcheur, le capitaine sociable et les passagers dignes de mémoire. Nous étions au milieu des hommes de l'Isthme retournant auprès de leur glorieux chef, M. Ferdinand de Lesseps, et parlant avec enthousiasme de ses luttes et de leurs travaux. C'est alors que nous fîmes la connaissance de M. de Chancel, administrateur délégué du Canal maritime, de M. Voisin, ingénieur en chef, et de M. Jules de Lesseps, qui allait rejoindre pour la première fois son frère en Egypte.

Le lendemain on côtoya la Corse, compact et grandiose entassement de montagnes neigeuses, qui a déversé sur le monde, en une fois, tout l'arriéré de son génie. Puis on pénétra dans le détroit de Bonifacio, à travers un archipel de petites îles à l'aspect rocheux et tourmenté. Ces côtes, ces îles aux couleurs harmonieuses, aux lignes variées et changeantes, qui apparaissent de tous côtés, puis disparaissent, forment un ensemble aussi merveilleux qu'attrayant. Nous naviguions alors si près de la Corse, que l'on pouvait distinguer, sur la cime d'une falaise qui se prolonge en déclinant, les balcons et les promenades de Bonifacio, fourmillant d'imperceptibles Corses, et les campaniles des églises faisant tinter leurs cloches dans la vive lumière d'un ciel italien.

Bientôt après nous longions l'île de Caprera : au fond d'une prairie qui s'incline vers la mer, nous apercevons une maison blanche devant laquelle un groupe s'agite autour d'un personnage isolé qui paraît donner des ordres ou faire une harangue. Les lunettes, aussitôt, sont braquées de ce côté. *Tchîn-tchinnâ... tous!* s'écrie tout-à-coup un passager italien en tendant les bras vers Garibaldi et croyant sans doute dire : Cincinnatus... Mais le navire nous emporte, et ce petit tableau, si vivant et si imprévu, s'évanouit au milieu des lignes éternelles de rochers qui s'entre-croisent et se déroulent de toutes parts. Puis la nuit vint : le bleu sombre de la mer s'illumina de lueurs phosphorescentes, et le navire laissa derrière lui un long ruban d'argent.

Le jour suivant, au coucher du soleil, nous traversions l'archipel volcanique de Lipari, les îles Eoliennes d'autrefois, masses abruptes, anguleuses, rougeâtres, qui semblent les éclats d'un continent disloqué par une convulsion. Entre ces belles îles aux souvenirs dorés, aux teintes incandescentes, sur ces eaux tièdies, empourprées par le soleil couchant, le passage du navire ouvrait un long sillage de paillettes d'or ; la fumée blanche des volcans se mêlait aux brumes ardentes du soir. Nous nous sentîmes dans un monde nouveau, à mille lieues de l'hiver et des rives de la Seine : *Atrox cœlum!* grommelait déjà le vieux Florus.

Ce même soir on entra dans Messine ; il faisait nuit et l'on distinguait à peine les côtes de la Calabre. Autour du navire, des dauphins phosphorescents s'ébattaient follement sous la vague : on les voyait poindre du fond de la mer, monter comme une fusée, percer l'eau d'un dos frissonnant qui lance un éclair, puis disparaître en frétillant.

Sur le rivage, des mots harmonieux se croisaient, annonçant la terre enivrante de l'Italie, mais de près ce n'était plus que le jargon des *facchini*, dont la tourbe assiège les voyageurs de mille offres baroques et persistantes. Quelle joie, malgré tout, de retrouver ce parler divin des madones et des princesses! Quelle volupté de pouvoir lancer en passant quelqu'une de ses notes musicales et sonores, ne fût-ce que « Canaglia » !

Voir Messine en pleine nuit, c'est le moins qu'on puisse voir de Sicile ; depuis le furieux tremblement de terre de 1783, ce n'est plus qu'une ville moderne et irréprochable. Telle du moins elle nous apparaît avec ses longues rues droites et plates, bordées de « magnifiques constructions » et de réverbères aussi utiles qu'ennuyeux.

Après la Sicile, vint la grande mer sans îles et sans rivages, celle des demi-dieux, des héros et des destinées agitées du vieux monde, dont les souvenirs murmurent quand on passe, comme un ancien air de ballade aimé dès l'enfance et entendu dans le lointain. Les vagues bercent le navire en lui chantant leur légende, et on ne les trouve pas muettes et sauvages comme celles des grands espaces atlantiques, sans histoire et sans souvenirs.

Le cinquième jour, à travers les brumes, une longue chaîne de montagnes blanchâtres apparut au Nord-Est : c'était l'île de Crète, annonçant la Grèce ; elle s'évanouit vers le soir, comme finit un chant d'Homère, « en s'élevant jusqu'à l'éther, jusqu'aux splendeurs du souverain des dieux », et nous ne pensâmes plus qu'à l'Egypte.

Le septième jour, enfin, on s'éveilla devant Alexandrie.

UNE RUE D'ALEXANDRIE

ALEXANDRIE

« Ce fut pour nous comme une apparition des antipodes, et un monde tout nouveau. »

CHAMPOLLION, *Première Lettre d'Égypte.*

25 décembre

Et la lumière fut !

Dès le premier regard tout l'Orient se révèle : le soleil se lève joyeux et brillant comme à l'aurore du monde biblique. Tout est ardent, lumineux, triomphant : ciel limpide et profond, mer bleue, pétillante d'étincelles, et à l'horizon, dans un lointain merveilleux, toute une ronde de légers nuages roses, voltigeant sur un champ d'or pâle autour du soleil levant.

Les côtes d'Egypte se dessinent onduleuses et dorées. Alexandrie approche, élevant sur les eaux le cercle de ses masures grises et de ses blancs édifices, d'où s'élancent des minarets et des palmiers. On entre enfin dans ce port fameux, où se hérissent en rangs pressés les longues antennes obliques des *djermes* égyptiennes.

Nous voilà pris aussitôt de cette joie de vivre et d'arriver, de cette ardeur à l'escarmouche qui jadis firent sauter Saint-Louis dans la mer, quand subitement le pont du navire s'est trouvé envahi, perdu sous le bruit et le tumulte ; il ne nous appartient plus, il est la proie des portefaix, des mariniers en culottes, vestes et turbans qui s'y abattent, s'emparant des choses et des gens avec une ardeur et une mimique si actives, qu'on en reste ébahi et subjugué. Ils vous emportent, vous lancent de barques en barques, et de là au rivage en un clin d'œil, pour revenir plus vite au pillage.

M. Surell, artiste et homme d'imagination, est déjà si enflammé de ce qu'il voit, qu'il lance des *salams* enthousiastes à chacune des embarcations qui passent ; les orientaux, sans

VUE DU PORT MARCHAND D'ALEXANDRIE EN 1830, PAR LE PEINTRE A. DAUZATS

comprendre ni s'étonner, lui répondent, toujours gravement et dans les formes.

La douane nous arrête un instant : on y exhibe ses passeports, vieilleries consacrées qui font vivre quelques pillards. On y laisse beaucoup d'argent et quelques bagages, moyennant quoi on est libre enfin de mettre le pied sur ce vieux sol tant désiré.

Tout nous saute aux yeux par sa nouveauté : les constructions bizarres, parfois laides, mais toujours empreintes d'une saveur exotique, les individus, dont pas un ne ressemble à l'autre comme type ou costume, tant il y a mélange de races. Ici c'est un Egyptien de vieille souche, à tête de sphinx, à peau de granit ; ses yeux longs fendus, ses pommettes saillantes, ses lèvres épaisses animées d'un sourire singulier, toute sa personne enfin, vous arrête et vous captive : c'est une momie ressuscitée que l'on a devant les yeux. Plus loin, voici les Nubiens noirs qui caracolent, leurs draperies blanches au vent ; puis, de vieux Turcs au lourd turban, aux traits réguliers et impassibles ; des nègres grimaçants, des Grecs prompts et subtils, des Bédouins de haute mine, des Levantins cauteleux et autres espèces ambiguës et dangereuses ; enfin, toutes sortes d'êtres sans nom, de toutes les nuances possibles, noires, jaunes, blanches, bistres. Vêtus pour la plupart, de longues chemises, de tuniques bleues ou blanches serrées à la taille, ils ont dans leurs mouvements et dans leurs poses cette agilité, cette grâce quasi sculpturale qui n'appartiennent qu'aux pays du soleil. Cela pullule et tourbillonne, pieds, bras et jambes nus, parlant haut, les dents au vent, proposant toujours quelque service, tendant la main d'avance, et disputant une heure pour un *para*, même après avoir reçu dix fois plus que de raison.

Voilà ce que nous avons pu voir déjà en nous rendant à l'hôtel d'Europe, vaste et affreux caravansérail, où des abîmes de malpropreté, d'abandon et d'abus sont ouverts sous les pas de l'étranger ; mais nous sommes si contents que tout nous paraît charmant. On ne chagrine pas pour si peu le cortège des jeunes et fraîches impressions !

Devant nos fenêtres s'étend la *place des Consuls*, grand espace rectangulaire, d'autant plus monotone qu'il a servi de lieu de rendez-vous aux principaux consulats d'Europe, ces pions qui s'observent sur l'échiquier toujours disputé des bouches du Nil. Chacun protège ses nationaux et en répond ; il le faut bien, sur ce sol neutre où l'avantage est au plus adroit, au plus influent, au plus intrigant. Le consul est tout pour l'étranger qui ne peut guère s'aventurer seul ; il le fournit au besoin de guides, de renseignements, lui fait parvenir ses lettres, venge sa mort s'il est tué ; enfin il porte les plus belles décorations de son pays natal !

Rhoné, qui connaît intimement le consul général, M. Tastu et sa mère, Mme Amable Tastu, notre célèbre et charmant poète, court se jeter dans leurs bras, et leur demander audience pour ses amis. Le consulat de France nous a fait l'accueil le plus flatteur. Mme Tastu tient son salon avec la dignité, l'aisance d'une grande dame, femme supérieure à qui rien n'est inconnu ni difficile. Son fils nous révèle mille choses étranges sur l'Orient. Sa situation est délicate; il lui faut être l'arbitre et le protecteur de tous les Français résidant à Alexandrie, c'est-à-dire d'une population de 15.000 âmes, dont beaucoup d'aventuriers de la pire espèce. A chaque instant, il tombe au consulat des familles de ces malheureux, qui changent de place pour vivre, et qu'il faut bien nourrir et protéger quand on ne trouve pas à les envoyer ailleurs. La population et les affaires ont décuplé depuis trente ans, sans

RESTES ANTIQUES D'ALEXANDRIE EN 1830, PAR DAUZATS

que le personnel et les ressources du consulat aient augmenté. Aussi le consul de France, pour faire honneur à son pays, doit-il parfois pratiquer des *coupes sombres* dans ses propriétés, s'il en a. L'Angleterre fait mieux les choses, car elle sait combien il est important de briller devant ces populations enfantines de l'Orient. Au point de vue de la politique, le consul est toujours, selon son expression, sur le pont qui conduit au paradis de Mahomet, c'est-à-dire en équilibre sur un fil ; le chemin qu'il a parcouru ne compte pas, puisque le moindre souffle suffit à le précipiter.

En sortant du consulat nous nous lançons à l'aventure dans les rues d'Alexandrie. Des nuées de petits âniers nous mettent dans la main de jolis ânes, harnachés de hautes selles bigarrées et de brides constellées d'anneaux métalliques au bruit argentin. Les rues sont irrégulières, non pavées, pleines de fondrières et de flaques de boue ; les maisons, sans symétrie, sont comme jetées au hasard, chaque étage débordant volontiers sur le précédent et dans le sens qui lui plaît pour happer un peu de vent frais ; au rez-de-chaussée, petites boutiques en façon de niches béantes sur la rue ; l'artisan travaille sur le devant, sans mystère ; le marchand accroupi sur son comptoir, fume le long chibouk sans remuer. Qu'a-t-il à vendre ? Rien en apparence : quelques tas d'herbes, de chiffons ou de pots. Que vend-il ? Moins encore, si l'on en croit son air somnolent ou distrait. Et cependant tout le monde paraît satisfait, et le soleil luit toujours.

De longues files de chameaux, lourdement chargés de pierres ou de fourrage vert, encombrent la voie ; ils défilent lentement à pas saccadés, imperturbables et balançant d'avant en arrière leur long cou au-dessus de la foule enturbannée qui tourbillonne dans leurs jambes.

Plus loin, nous rencontrons une troupe de musiciens, jouant en mode mineur, sur un rythme assez vif, une de ces mélopées traînantes et bizarres qui ne reprennent jamais haleine, mais dont la monotomie a quelque chose qui grise et qui charme comme le *biniou* breton ou la *zampogna* d'Italie. Derrière eux roulent en cahotant des haquets chargés d'étoffes, d'aiguières, de bassins et autres objets aussi bruyants que voyants, cadeaux qu'un nouveau marié envoie à l'épousée dont il ne connaîtra, dit-on, le visage que ce soir : surprise pour surprise ! Le tout s'arrête au logis de la fiancée et s'engouffre au fond des corridors sombres d'où s'élève aussitôt comme un carillon lointain de clochettes argentines ; c'est le *zahgarit,* sorte de trémolo aigu et rapide que lancent les femmes en signe d'allégresse. Qui peut connaître l'antiquité de ce cri en Orient, où tout s'éternise ? Moïse l'entendit sans doute en descendant du Sinaï; il retentit sur les terrasses de Sion et aux parois du temple; il accompagna sûrement dans Jérusalem le triomphe passager dont le souvenir devait s'éterniser par le jour des Rameaux.

En traversant vers le soir le maquis d'aloès et de tamaris qui couvre la place des Consuls, nous rencontrons M. Ferdinand de Lesseps ; il nous séduit, comme il séduit tout le monde par son affabilité rayonnante et spirituelle. Connaissant déjà nos amis Henry Péreire et Devéria, et depuis longtemps la réputation de M. Surell, dont il recherche les avis comme ingénieur, il nous adopte tous et nous convie à le suivre bientôt dans l'isthme de Suez.

Il nous décide sans peine à ne partir pour le Caire que le surlendemain et avec lui ; à descendre au même hôtel et à y prendre tous nos repas à la table de famille des ingénieurs de l'Isthme, de façon à pouvoir concerter ensemble notre prochaine tournée aux travaux du canal maritime. M. de Lesseps pense que le vice-roi, Ismaïl-Pacha, avec cette hospitalité magnifique particulière aux souverains orientaux, voudra mettre à notre disposition un de ses bateaux à vapeur pour remonter le Nil et explorer la Haute-Egypte avec Mariette-Bey. Cette perspective de vie charmante et de projets grandioses s'ouvrant dès notre arrivée en Orient, nous dispose à croire au merveilleux, et bien avant dans la nuit, nous restons plongés dans des causeries, des extases et des dissertations d'une béatitude et d'une profondeur incalculables.

26 décembre

Nous errons tout le jour parmi les places, les ruelles et les marchés d'Alexandrie ; tout cela est plein de petits coins charmants qui semblent des fantaisies de l'imagination. A première vue rien qui rappelle l'antique magnificence de cette fameuse ville de sagesse et de superstition, de travail et de brigandage, sauf quelque chose peut-être sur ce dernier point... C'est à peine si, en furetant bien, on découvre quelque *patio* fait de colonnes et de chapiteaux antiques. Le flot arabe a tout recouvert, tout transformé, et en fait de villes déchues, celle-ci est bien l'une des plus tombées et des plus misérables. Telle qu'elle est, cependant, elle nous plaît singulièrement : c'est un grand jour dans la vie, celui où, pour la première fois, on se trouve face à face avec un Arabe, un palmier, un chameau ? Que de surprises et de révélations ces trois choses entraînent après elles ! C'est le monde du moyen âge, ce sont les hommes du temps de Joinville qui nous apparaissent avec tous leurs caprices de grâce primitive et de franche énergie.

En fait d'êtres singuliers, il en est qui pullulent à une certaine heure de l'après-midi : ils avancent en se dandinant, semblant rouler plutôt que marcher, et tenant les bras réunis

Le fort Kaït-bey et le port des Ptolémées en 1798, d'après l'atlas de la commission d'Egypte

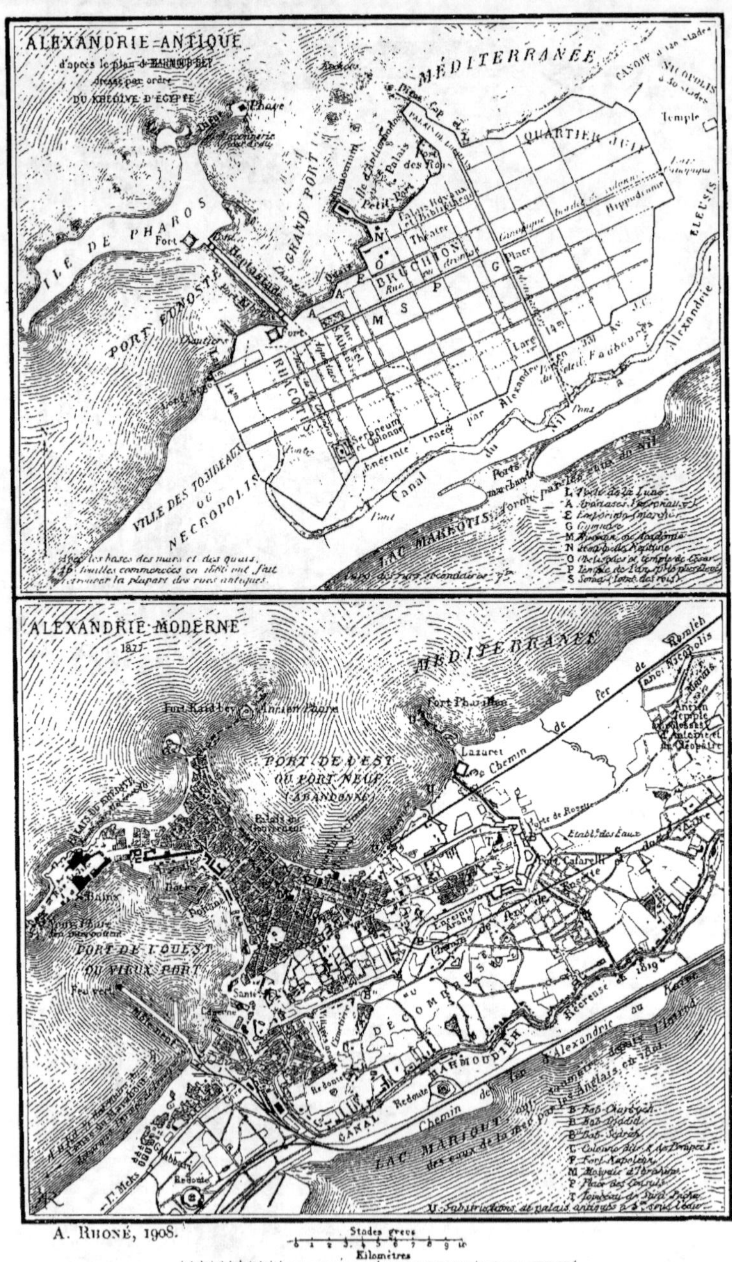

A. RHONÉ, 1908.

Stades grecs 0 1 2 3 4 5 6 7 8 9 10

Kilomètres ¼ 1 2 3 4

sur la tête comme les anses d'un pot. On devine que ce sont des femmes : la face est voilée, la robe de soie jaune ou bleu de ciel, souvent mal coupée sur une taille mal prise, descend en forme de large pantalon qui drape comme une jupe. Un immense surplis ou voile de taffetas noir tombe de la tête jusqu'aux pieds, maintenu seulement sur le chef par les deux mains ; et c'est ainsi, placée entre son *habarah* qui tombe et sa babouche qui s'échappe que la malheureuse, étouffant sous le voile épais, doit s'avancer à travers la foule, la poussière et l'accablante chaleur.

La pauvre femme fellah est bien plus gracieuse avec la simple chemise de cotonnade bleue qui dessine ses formes, et ne gêne pas ses mouvements, avec le voile qui flotte librement sur ses épaules. Les bras sont nus comme les pieds, et parfois ornés de gros anneaux d'argent massif; mais toutes portent un voile impénétrable. Riches ou pauvres, elles le doivent et souvent elles font bien.

Les chiens, ces fameux chiens errants de l'Orient, avec lesquels il faut compter, nous apparaissent dans toute la splendeur de leur vagabondage : fauves, efflanqués, affairés et galeux. Ce fut une des premières et des fortes émotions des hommes sensibles de l'expédition d'Egypte, et en particulier de Denon, qui en écrivit la relation de ce style héroïque, parfois si réjouissant : « A Alexandrie, dit-il magnifiquement, je ne reconnus plus le chien, cet ami de l'homme, ce compagnon fidèle et généreux, ce courtisan gai et loyal ; ici sombre, égoïste, étranger à l'hôte dont il habite le toit, isolé sans cesser d'être esclave, il méconnaît celui dont il défend encore l'asyle, et sans horreur il en dévore la dépouille !... »

La fameuse jetée de l'Heptastade qui, traversant un large bras de mer, réunissait l'île de Pharos à la ville antique, est devenue un isthme fort large, couvert de masures, de petites mosquées, de demeures endormies composant des recoins aimables et pittoresques. Le vieux port des rois Ptolémée, que par antinomie on appelle le Port neuf, est à demi comblé et ne forme plus qu'un joli bassin solitaire, aux contours arrondis. Ici, comme à Rome, comme dans tous les lieux qui ne vivent plus que de souvenirs, ne semble-t-il pas que les choses en vieillissant se détendent comme les caractères? elles prennent de la bonhomie, une certaine grâce sénile qui sourit et paraît avoir bu l'oubli ; mais cherchez bien et vous retrouverez sous les ruines et sous les rides, des traits encore vigoureux ; interrogez le vieillard et vous verrez ses yeux lancer des lueurs.

Cette lagune endormie, où pas une barque ne s'aventure, dont les grèves désertes ne portent plus trace du travail de l'homme, était donc ce port célèbre, rempli d'activité, sillonné en tous sens par les galères du monde entier. Cette

OBÉLISQUE APPELÉ AIGUILLE DE CLÉOPATRE, TEL QU'IL ÉTAIT AVANT SA TRANSLATION A NEW-YORK, EN 1880

forteresse démantelée du sultan mamlouk Kaït-Bey, à laquelle nous nous adossons, marque à peu près l'emplacement du fameux phare d'Alexandrie, dont il ne reste plus d'autre trace que des récifs battus par la vague. Ce haut promontoire dénudé qui s'élève à notre gauche, c'est le cap Lochias où s'étageaient les palais royaux « si nombreux et si serrés qu'ils semblaient sortir les uns des autres ». De ces édifices aux colonnades polychromes, aux cimes dorées s'échappait un bourdonnement perpétuel de voix et de chants, de sons de harpes et de lyres.

Au pied du promontoire, dans le fond de la baie, au lieu du triste lazaret se dressait la célèbre bibliothèque d'Alexandrie et les bâtiments du Muséion, cette académie de savants venus de tous les points du monde et travaillant à fonder toutes les branches de la science rationnelle. C'est à l'abri de ce cap, jadis plus large et plus long, que s'étendait le port particulier des rois, dont les substructions se voient encore sous l'eau.

A notre droite, à quelques centaines de pas en arrière de la grève abandonnée, sous les masures modernes, on retrouverait peut-être les fondements de l'Heptastade. En face de nous, au fond de la baie, un grand angle de quai portait deux obélisques dont l'un, appelé aiguille de Cléopâtre, montre encore sa cime. En arrière des obélisques, s'élevait le péristyle magnifique du temple consacré par Cléopâtre à César. Contournant ce temple, le quai décrivait une suite de redans baignés par la mer qui s'enfonçait vers le lieu où sont aujourd'hui la place des Consuls, l'hôtel Abbate, la poste et le couvent des Lazaristes.

En errant au hasard, nous arrivons sur la hauteur qui porte la colonne géante, dite de Pompée, seul reste d'un édifice considérable, seul débris apparent de la ville antique. Ce monolithe colossal, autrefois consacré à l'empereur Dioclétien, se dresse au sommet d'un tertre qui domine la ville et la mer et d'où la vue peut embrasser la belle courbe du port moderne d'Alexandrie. C'est, dit-on, dans cette région aujourd'hui aride et déserte que se serait élevé après l'avènement des Ptolémées ce Sérapéum d'Alexandrie ou temple de Sérapis, devenu si célèbre par la magnificence de son architecture et par ses trésors en livres, objets de science et œuvres d'art qu'on y conserva jusqu'aux fatals édits de Théodose : édits qui, en promulguant l'ordre de fermer tous les temples du paganisme, amenèrent l'abandon ou la destruction des œuvres du génie antique.

Des débris de toute sorte, parmi lesquels roule une statuette assise de pharaon en balsate, gisent encore autour de la colonne. C'est sur le piédestal de cette colonne que Bonaparte, débarqué dans la nuit avec une partie de son armée, se haussa pour lancer son regard d'aigle sur la ville d'Alexandrie, toute petite en 1798 et ramassée dans un cercle étroit de tours et de courtines arabes. Quelques heures après, la ville était emportée, sa population rassurée et la marche vers le Caire organisée.

Au pied de l'éminence s'étend un cimetière arabe, longue plaine de sable sans limites, toute jonchée de tombes blanches qui portent un turban de pierre sur une stèle fichée en terre : autant de spectres pétrifiés qui regardent vers La Mecque, et semblent n'attendre que le signal de l'ange pour voler au paradis des croyants ; au demeurant, c'est le paradis des chiens et des chacals qui y tiennent leur sabbat.

Tout à coup un cri strident et prolongé comme celui d'un oiseau de nuit se fait entendre derrière les tombes, et un cor-

Le Canal Mahmoudieh, croquis de P. Chardin

tège débouche dans la plaine : c'est un enterrement d'homme, reconnaissable au turban qu'on promène sur un bâton devant le mort. Ce dernier, porté la tête en avant, entre trois planches recouvertes d'une toile, est précédé de psalmodieurs, et suivi de pleureuses à gages qui agitent vers lui le pan de leurs manteaux noirs, en poussant à intervalles réguliers ce cri aigu qui simule une lamentation et vient trancher sur la psalmodie continue et gutturale des chanteurs.

Après avoir promené le corps dans le cimetière, le cortège arrive à l'emplacement choisi. Les femmes s'asseyent ; les amis du défunt le déposent à terre et l'entourent pour procéder à ce fantastique exercice de piété qu'on appelle un *zikr*. Agitant la tête en cadence d'avant en arrière, puis de droite à gauche, ils tirent d'abord du fond de leur poitrine le cri d'*Allah ! Allah !* auquel succède celui plus vif de : *Là ilàha illa-llàh.* « Il n'y a pas d'autre dieu que Dieu. » Bientôt le mouvement les grise, les contorsions tournent au délire, le cri s'accélère, et leurs poitrines haletantes ne rendent plus qu'un son rauque et sauvage. L'un d'eux surtout est effrayant à voir. C'est un nègre de stature colossale ; sa tête, coiffée du turban blanc, se renverse violemment, les veines du cou se gonflent, l'œil blanc paraît sortir de l'orbite et la mâchoire s'échapper de la bouche ; son corps, agité de mouvements convulsifs, semble d'un démon arrachant une âme plutôt que d'un dévôt priant pour elle. Ce spectacle devient hideux et monotone, et notre patience ne saurait lutter contre la force de ces possédés qui peuvent soutenir le *zikr* pendant des heures, recherchant avec fureur l'ivresse et l'extase que cet exercice leur procure. Nous renonçons à en voir le dénouement et continuons notre chemin, entre la surprise d'avoir vu une chose si nouvelle et le secret effroi que cause l'aspect d'une superstition voisine de la bestialité. Ici comme partout, c'est le culte de la peur qui flatte et désarme le Dieu terrible !

A quelque distance de là, nous rencontrons le canal Mahmoudièh, ouvrage important dû à Méhémet-Ali, et très utile en ce qu'il amène les eaux du Nil à Alexandrie, et mit cette ville en communication avec le Caire longtemps avant l'invention des chemins de fer. Il est large et sinueux et comme nos compagnons, les ingénieurs du Midi, s'étonnaient qu'il ne fût pas rectiligne comme tout canal sérieux qui se respecte, on leur répondit qu'il était ainsi *par piété*. En effet, puisque Allah ne fait jamais de rivières tracées au cordeau, de quel droit les hommes en feraient-ils ? Nous n'avions pas songé à cette raison. Mais quelle qu'en soit la valeur, il n'en est pas moins vrai, M. Surell, que le Mahmoudièh est aussi gracieux et charmant, avec ses courbes ombragées de sycomores et de palmiers, que votre irréprochable *canal latéral à la Garonne* est ennuyeux et maussade !

On dormit peu cette nuit-là : ce premier coup d'œil sur l'Orient et l'attente du lendemain nous agitaient singulièrement. Puis le chœur hurlant des chiens errants qui gronde, s'éteint, remonte et roule de proche en proche dans la nuit, se mêlait aux réminiscences et aux échos du cimetière : *Allah ! Allah ! Là ilàha illa-llàh !*

Un Hameau de fellahs

LE DELTA

« Dans le pays du soleil, le beau n'est jamais éteint, la grâce se mêle à tout. »

(J.-J. Ampère. — *Egypte.*)

27 décembre

Nous quittons Alexandrie de bon matin, entraînés dans le courant du personnel de l'Isthme en tête duquel marche M. de Lesseps avec cette aménité de grand seigneur qui le fait roi en Orient.

Après bien des circuits au milieu de ces collines de décombres, lamentables vestiges des quartiers disparus de la ville antique, nous arrivons à la gare du chemin de fer du Caire.

Un chemin de fer en Orient, cela fait frémir ! Quoi, retrouver ici l'insipide uniformité des services publics d'Occident !

Rassurons-nous : l'Orient n'en fera jamais qu'à sa guise, et saura toujours transformer d'une façon neuve et piquante ce qu'on lui apportera de tout fait, de parisien ou d'anglais.

Point de sonnettes, de barrières, de voyageurs parqués, ni d'employés galonnés au verbe impératif et terrifiant. Un vaste hangar, ouvert à tous les vents, reçoit pêle-mêle pachas, fellahs, bagages et la multitude de ceux qui ne partent pas, mais sont là comme ils seraient ailleurs, parlant tous à la fois, et se racontant leurs affaires sur le ton de la dispute. Dans un angle obscur, au fond duquel il faudrait désespérer de jamais parvenir, et derrière un simulacre de grillage, une ombre d'employé s'évertue lentement au milieu de monnaies de tous pays et de fellahs qui discutent le prix des places. En même temps les bagages passent par-dessus sa tête pour aller retomber de l'autre côté, s'enregistrer à la grâce de Dieu.

Le moyen le plus sûr, le seul digne d'un voyageur qui se respecte, est de faire prendre ses billets par un drogman, et d'aller soi-même sur la voie avec ses bagages ; on les dépose dans un compartiment de première classe que l'on ferme à clef; on retient celui d'à côté au moyen d'une sentinelle, la première venue, que l'on apposte avec un bon bakhchich en promesse, et l'on attend... On peut attendre longtemps ; car, disent les mauvaises langues, certains convois n'arrivent au Caire qu'entre 11 heures et 1 heure, d'autres entre 6 heures et minuit.

Enfin nous partons! Une foule de fellahs s'entassent debout dans des wagons découverts ; ils ne craignent pas le soleil natal et montent dans le train en marche avec une imprudence qui passe inaperçue.

Nos wagons, de facture anglaise, sont très complets. Ils ont un double toit contre l'ardeur du soleil ; mais comme il ne pleut jamais, une poussière antique les couvre et les pénètre ; une épaisse couche de limon du Nil protège les essieux ; le plat des caisses, bâti sommairement de papier mâché, est rapiécé avec des fragments de planches, peut-être bien de cercueils de momies. A l'intérieur, le plus complet négligé : vitres brisées, filets qui pendent comme des toiles d'araignées auprès d'araignées qui filent leurs toiles. Les coussins recèlent des trésors d'insectes aussi hargneux que les chiens d'Alexandrie ; mais « l'aria e buono! » comme il se dit gaiement en Italie, et l'on s'enfonce de plus en plus avec délices vers le cœur de l'Egypte.

L'Egypte!... Ce monde à l'apparence immuable, aux origines encore impénétrables, où toutes les nations antiques sont venues s'instruire ; cette terre des pharaons légendaires, des cités géantes, des pyramides, des temples mystérieux et de l'Exode; ce lieu de soleil et de fécondité, incessamment troublé par l'esprit des conquérants et des religionnaires, illuminé par l'art merveilleux des Sarrasins et qui aujourd'hui enfin, ouvre au monde entier une route nouvelle et directe vers les profondeurs de l'Asie !

Le train fend l'air avec joie; comme le cheval arabe, il a des bonds, des écarts et des surprises qui ne déroutent que les mauvais cavaliers. On croirait qu'il sent toujours à ses trousses le bon vice-roi Saïd, qui aimait tant à chasser aux trains avec la petite locomotive à salon qu'on lui avait envoyée d'Angleterre. Mais Saïd-Pacha, de spirituelle mémoire, n'est plus !

Et lorsqu'on regarde au dehors, ce n'est pas la Beauce ou la Brie que l'on aperçoit comme d'habitude, mais bien l'Afrique ! Un de nos ingénieurs a beau dire qu'une plaine en vaut une autre, nous soutenons que rien n'égale à cette heure ces déserts dorés qui fuient à notre droite avec une fougue sauvage vers le Sahara ; puis ces lagunes bleues du lac Maréotis et des bouches du Nil, enfin ce Delta verdoyant, où nous entrons décidément.

Nous nous engageons dans le réseau compliqué de ces fameux canaux qui sillonnent incessamment ce vénérable sol

VILLAGE DU DELTA. CROQUIS DE P. CHARDIN

couleur de cendre, aussi infatigable que ceux qui le cultivent et semblent en avoir été pétris. On ne voit partout que bouquets de palmiers, abritant au bord de l'eau des huttes de terre où pullulent les fellahs brunis et souriants dans leur longue robe bleue qui drape mieux qu'aucun vêtement civilisé.

Au pied de ces hameaux, sur le penchant de quelques grèves, ils sont là, faisant la sieste au soleil, n'ayant pour horizon que ce qu'ils voient dans le miroir de ces eaux calmes et pures : eux-mêmes, leurs troupeaux, leurs cabanes et les dattiers qui les entourent. Se doutent-ils de ce qui se passe ailleurs ? Ont-ils la notion du vaste monde ?

Les femmes vont et viennent, le port droit, l'urne antique sur la tête, l'œil scintillant au-dessus du voile, auprès de l'anneau qui brille et s'agite à leur oreille, et c'est chose merveilleuse de voir combien l'œil prend de feu et d'expression quand le reste des traits manque au visage : on croirait qu'il les venge et parle pour eux.

Les enfants vaguent tous nus sur les chemins, avec les chiens leurs compères. Les chameaux en file n'en finissent plus ; quelques-uns font la mauvaise tête, et ruent de l'avant et de l'arrière en une manière de bascule très comique pour d'aussi grandes machines. On se sent porté à prendre parti pour le chameau, car il semble qu'une bête si grave et si sage ne peut avoir que de légitimes colères ! Ajoutons que les jeunes chameaux sont charmants : rien n'est réjouissant comme ces diminutifs qui ont des allures juvéniles avec la mine vieillotte et compassée, avec les jambes grêles, la bosse et autres infirmités de leurs aïeux.

Des buffles se prélassent au milieu de grandes mares pleines de joncs, entourés d'oiseaux blancs à grands becs que l'on voudrait bien prendre pour des ibis, et qui poussent le sans-façon jusqu'à escalader l'échine des bonnes bêtes pour aller gratter leurs crânes pierreux et s'y endormir une patte en l'air. Une charrue va lentement, tirée par un âne ou un buffle couplé avec un chameau. Le tout s'arrête au passage du train : le fellah rit en montrant ses dents blanches ; le buffle cherche à terre, et le chameau à l'horizon, tandis que l'ombre de sa bosse couvre tout l'attelage avec cette supériorité olympienne que les pyramides seules doivent avoir pour les menus temples ou colosses qui rampent à leurs pieds. Au loin, derrière un rideau de palmiers, une longue voile triangulaire glisse sur un canal invisible.

C'est à Damanhour que commence réellement le paysage du vrai Delta. Ici eut lieu la première rencontre des soldats de Bonaparte avec les mamlouks, ce qui releva leur courage en leur montrant enfin cet invisible ennemi tel qu'il était, « plus brillant que sérieux ». Lorsqu'on vient de traverser les régions désolées que pendant dix-sept jours l'armée française eut à mesurer pas à pas au cœur de l'été, mourant de faim et de soif, harcelée par les Bédouins, et ne sachant où elle allait — on conçoit le désespoir qui poussait nos soldats au suicide, et l'on est effrayé de leurs souffrances : « souffrances durant lesquelles, dit encore le sensible Denon, la

Petite mosquée près de Damanhour, par Dauzats, 1830

pastèque fut consacrée dans leur mémoire par la reconnaissance », au point d'être appelée *Sainte Pastèque*.

Un peu avant Kafr ez-Zayyât, qui marque à peu près le milieu du trajet, le Nil nous apparaît pour la première fois, large, tranquille, encaissé dans ses berges profondes et dénudées. Avant la construction du pont que nous venons de traverser, il survint dans cet endroit un accident qui fit grand bruit et qui changea les destinées de l'Egypte.

A cette époque, il y avait, pour le passage du fleuve, un bac sur lequel les wagons du train étaient poussés à bras pour être transportés sur la rive opposée. Or un jour, peu de temps après l'avènement de Saïd Pacha, les princes de sa famille revenaient ensemble vers le Caire, après avoir, selon l'usage, complimenté le nouveau vice-roi qui se trouvaït à

Alexandrie. Mais voici qu'au passage du Nil, on s'aperçut tout à coup que les hommes d'équipe poussaient le train sur le bac avec une violence et une précipitation inusitées. Au même instant, le prince Halim, dont la défiance s'éveillait, sentit son wagon pencher en avant, puis s'abîmer sous lui : on avait omis de fermer la barrière d'arrêt, et les voitures, lancées avec force, s'engloutissaient dans le fleuve. Jeune et leste, Halim-Pacha put s'élancer par la portière au moment où l'eau y faisait irruption et, recueilli par un de ses mamlouks, il fut sauvé ; mais son frère aîné, le prince Achmet-Pacha, affligé d'une obésité telle qu'il pouvait à peine se mouvoir, périt avec un certain nombre de victimes inutiles ; on le retrouva ayant la tête engagée dans la cavité où se place la lampe du wagon. Ismaïl-Pacha, le vice-roi actuel, devait aussi prendre ce train pour revenir au Caire ; mais une affaire pressante le retint au départ, et il échappa miraculeusement à la catastrophe qui semblait devoir anéantir les descendants et les principaux héritiers de Méhémet-Ali. Le vice-roi Saïd fut inconsolable de la mort de son frère Achmet qu'il aimait et qui était un homme distingué; mais il ne sut trop, dit-on, où chercher les vrais coupables. Les malheureux souverains de l'Orient, au milieu de leurs richesses et de leur pouvoir quasi illimités, ont presque toujours quelque ennemi intime qui veille dans l'ombre, souvent de loin, et les surprend quand ils y songent le moins. Le régime de la polygamie, qui produit des familles très étendues, composées d'éléments hétérogènes et rivaux, puis le mode d'hérédité qui confère le pouvoir à l'aîné, de quelque branche et génération qu'il soit, tout cela enfin n'est fait que pour engendrer des crimes et empêcher, dans l'exercice du pouvoir transmis, cet esprit de suite qui est si nécessaire à toute civilisation véritable.

A Kafr ez-Zayyât, un buffet tout servi attend le voyageur, auquel du moins on ne marchandera pas les minutes. Le haut bout de la table est occupé par quantité de ministres, de pachas à grand air et à façons exquises, au milieu desquels M. de Lesseps fait centre, ou circule avec l'aisance que donnent une situation exceptionnelle et l'ascendant d'un génie persévérant. A l'autre extrémité, c'est le verbiage de commis-voyageurs et l'épouvantable concert de musiciens ambulants, italiens ou allemands.

Au dehors, des légions de fellahs de tous âges, accroupis

sur le bord de la voie, attendent avec le silence et la patience du bœuf, qu'on les expédie où l'on voudra. Ce sont, nous dit-on, les recrues de la corvée royale.

Bientôt apparaissent, à l'est, les déserts de la chaîne Arabique; on approche de la pointe du Delta, qui ne paraît plus qu'un îlot de verdure, nageant au milieu d'un océan de sables qui le pressent de toutes parts. A l'occident, deux silhouettes aiguës, rosées, vaporeuses, surgissent du fond des solitudes par delà plaines et jardins : ce sont les pyramides de Giseh. Mais bientôt les bois de palmiers, les fourrés de mimosas, les bosquets verdoyants, nous les dérobent ; la chaîne rocheuse du Mokattam resplendit derrière les minarets de la Citadelle, et l'on entre au Caire.

Linteau d'une ancienne porte arabe. Collection A. Baudry.

LE CAIRE

« J'en jure par ta vie, le Caire
est une vision du Paradis. »
(Poésie arabe.)

Dès les premiers pas on saisit toute la distance qu'il y a d'une capitale illustre et intacte, à un lieu de transit où le mélange a tout altéré. Le Caire efface Alexandrie.

Mais comment décrire ce milieu d'enchantements où l'on entre, ce fouillis de rues, de venelles, de places irrégulières et charmantes de caprice où chaque édifice, chaque maison presque est une œuvre d'originalité délicate et pleine de sève! Comment dépeindre ce calme dans les airs, cette lumière éblouissante où baignent les minarets sculptés, puis l'ombre intime et douce qui règne au fond des rues ! Tout est en fête, en joie perpétuelle : le pittoresque, la couleur, le mouvement règnent sans partage ; tout chatoye, miroite et bruit ; tout s'agite et poudroie comme les atomes joyeux dans un rayon de soleil.

Au son argentin du harnais de nos petites montures alertes et vives, nous courons tout le jour sans nous arrêter, de rue en rue, de mosquée en mosquée, quittant la place inondée de soleil où bat le tambourin du conteur arabe, pour nous enfoncer dans les mystères d'étroits passages où le ciel n'est plus qu'un filet de lumière qui serpente derrière les *mouchâraby ;* entrevoyant rapidement dans l'ombre fraîche des mosquées les croyants qui se plongent dans les fontaines d'ablutions et tombent prosternés sur leurs tapis de prières, poursuivant les caravanes jusque dans les cours des *okels* à arcades, où les chameaux mugissent et s'agenouillent au milieu des ballots qui roulent dans tous les sens, du sommet de leur dos poudreux.

C'est une vision rapide que nous venons d'avoir ; mais puisqu'il n'est pas encore question du voyage dans l'Isthme et dans la Haute Egypte, nous allons pouvoir nous lancer dans ces délices et ces merveilles d'un autre âge, marchander toutes les tentations des bazars, enfourcher tous les ânes et faire aboyer tous les chiens ?

LES AUDIENCES

28 décembre

Nous voici installés auprès de M. de Lesseps et de son groupe, à l'hôtel d'Orient, au fond de la place *Ezbékîyèh*, esplanade immense et sans contours bien arrêtés, lieu agreste et vague, tout couvert d'arbres énormes, noueux et touffus où l'on vole pendant le jour et assassine fort bien durant la nuit. Les branches des palmiers, qui peuplent la cour de l'hôtel, viennent caresser nos fenêtres, et ce matin, en les ouvrant, leurs belles palmes sont entrées sans façon, nous apportant l'abondante rosée de la nuit.

Vers la gauche nous n'avons qu'un pas à faire pour rencontrer les jardins Rosetti, site champêtre et charmant où les officiers de l'armée de Bonaparte avaient établi leur *Tivoli ;* puis la rue franque du Mousky où l'on trouve toutes les ressources de l'Orient et de l'Occident et qui mène droit au cœur d'El-Kâhira, l'antique cité des califes fatimites. Et surtout ô bonheur ! pas un trottoir, pas un alignement, rien enfin qui rappelle l'ennui des constructions urbaines d'aujourd'hui. Aussi comme dès les premiers pas on se sent pénétré de cette atmosphère de liberté, de poésie, de béatitude que Rome possède encore, mais ne conservera sans doute pas longtemps !

Mais avant de se lancer, il convient d'attendre l'issue de ces audiences indispensables d'où dépendent la réussite et l'agrément d'un premier voyage en Orient.

Ce matin, de bonne heure, notre ami Henry Péreire accompagnait l'égyptologue Théodule Devéria jusqu'à ce fameux musée de Boulak, situé fort loin, on ne sait où, créé, gouverné par notre compatriote Mariette-Bey qui, par la volonté expresse du vice-roi et à l'aide d'un bateau à vapeur à lui seul destiné, règne sur toutes les villes antiques et les monuments de l'ancienne Egypte, qu'il est chargé de conserver et de fouiller. Selon les prévisions, l'accueil du Bey, d'abord un peu froid et défiant devant un visage inconnu, est devenu graduel-

L'hôtel d'Orient, en 1864, et la mosquée de l'émir Ezbeky (xve s.) sur la place Ezbékîyeh

lement cordial et engageant ; d'où l'on peut conclure qu'aidés par Devéria, son dévoué collaborateur, nous ferons bientôt la connaissance du savant illustre qui tient tous les secrets de l'antique Egypte, et a plus fait pour elle que des nuées d'écrivains passés, à l'exception de Champollion, sans lequel nous serions encore à errer avec Hérodote.

Un autre événement très important pour nous est la visite qu'Henry Péreire a faite ensuite au vice-roi d'Egypte, Ismaïl-Pacha. Il y fut conduit par un personnage mystérieux qui, hier soir, au crépuscule, était venu, de sa seule initiative, disait-il, assurer notre ami que Son Altesse serait charmée de lui donner audience aujourd'hui au palais de Kasr-en-Nil et, croyait-il, de mettre à sa disposition un de ses bateaux à vapeur pour remonter le Nil à sa guise. C'est là une gracieuseté que le souverain fait assez souvent aux étrangers qui lui sont présentés et qu'il veut honorer. En l'absence de tout service public de navigation, c'est un véritable bienfait pour

MAISONS COPTES, SUR LE CÔTÉ NORD DE L'ANCIEN EZBÉKÎYEH, 1864.

les voyageurs sérieux qui n'ont que quelques semaines devant eux et ne peuvent consacrer plusieurs mois à faire ce voyage à la voile.

L'accueil du vice-roi fut à la fois noble et courtois. Son Altesse s'est enquise du temps que nous comptions rester en Egypte et des parties que nous visiterions les premières. Le prince a beaucoup parlé des grands travaux projetés pour le port d'Alexandrie, mais hélas ! aussi des prochains embellissements du Caire.

C'en est donc fait ! La ville la plus merveilleuse du vieux monde oriental va devenir banale et européenne comme tant d'autres! Quel tact d'antiquaire et d'artiste, quelle intelligence des nécessités et des convenances du climat ne faudrait-il pas pour toucher à cet ensemble magique, dont le charme et l'intérêt tiennent justement à cette conservation si entière et si rare que viennent chercher les étrangers intelligents !

Entre autres choses curieuses, le vice-roi dit, à propos des progrès d'Alexandrie, qu'autrefois son aïeul Méhémet-Ali ne possédait qu'une seule voiture à quatre roues, non suspendue et semblable aux voitures de blanchisseurs.

Dès le commencement de l'audience, des domestiques turcs avaient apporté des chibouks allumés, garnis de diamants et de saphirs, et du café à l'arabe, posé sur un plateau recouvert d'un tapis de velours brodé d'or ; mais il est facile d'observer que, par prudence, Son Altesse ne touche jamais à ces choses exquises, accompagnement obligé de toute réception en Orient : ceci déplaît beaucoup, dit-on, à ses ennemis intimes.

LA RUE FRANQUE ET LES RUELLES ARABES

Ceci fait et commenté, nous allons rejoindre l'inévitable drogman lymphatique, ignorant, mais très patient qui depuis des heures nous attend à la porte de l'hôtel avec un choix de ces petits baudets si doux et si vifs, dont les selles bien rembourrées sont de vrais fauteuils magiques, puisqu'il suffit de s'y placer pour voir se dérouler toutes les fantasmagories des *Mille et une Nuits*.

D'abord et toujours, c'est le Mousky, longue rue qui commence par des étalages d'armes nubiennes, africaines, et autres sauvageries. Chez Abdou, le crocodile empaillé se balance, gueule béante, d'un air horriblement vexé, parmi des poignards, des lances, des flèches, des tambourins et des objets de parure à formes étranges et couleurs terreuses. La grande épée nubienne, avec sa poignée d'argent en croix et son fourreau de maroquin rouge a seule quelque noblesse, surtout quand elle se campe auprès de la peau du tigre ou du léopard.

Ce Mousky est le grand boulevard du Caire : tout y afflue :

luxe, bruit, foule, commerce et commérages. C'est une assez large et très longue rue, non pavée, droite d'intention, mais en réalité changeante, tournante, montante, descendante. Elle est bordée de maisons, en partie nouvelles, mais où le style oriental se conserve, et n'a pas encore fait place au genre ennuyeux moderne.

En somme, elle est charmante cette rue, avec sa couverture de planches, de roseaux, de toiles qui, jetées d'un bord à l'autre, rabattent les échos et y font descendre une ombre douce, pailletée de filets d'or qui dansent sur tous les objets. Sous cet ombrage, tous les marchands se prélassent devant leurs boutiques. Ce ne sont partout que faisceaux de chibouks vêtus de soie et d'or, que burnous rayés de bleu et d'argent, écharpes et mouchoirs de soie aux mille couleurs, pelisses de drap d'or qui pavoisent la rue comme pour un jour de fête. Çà et là, dans des coins sombres ou sous de riches étoffes, on entrevoit des groupes de vases et de bassins en cuivre tout gravés, chamarrés de splendides versets du Coran et reluisant comme de gros bijoux fabuleux, sévèrement gardés par des chimères. Du fond d'un trou noir, et derrière une échoppe surgira une tête de Levantin ou de Grec, doux comme miel, subtil comme chat, et qui, toujours épiant et souriant, va nous mettre dans la main des bagues de serpentine et de turquoise, des colliers de poissons d'or, des chapelets d'agate, de gros bracelets d'argent massif, puis de vilains sabres dont il essaye le mauvais tranchant sur le vieux bois de sa vitrine.

On aperçoit peu de devantures vitrées *alla franca*. Comme en province, les boutiques les plus recherchées sont celles du pharmacien, du barbier et de la marchande de modes, où l'on vend et où l'on parle de tout, où le beau monde européen, turc et levantin, vient se reposer, quérir les nouvelles du jour et bâtir les histoires du lendemain.

De temps à autre s'ouvre le vomitoire d'une vieille ruelle arabe, avec encombrement et remous de bonshommes en robes et turbans qui profitent de leur rencontre pour se quereller ou se faire des politesses interminables sur le ton de la dispute et avec des gestes qui prennent beaucoup de place.

Un peu en arrière se dresse la façade d'une mosquée dont la porte se creuse en forme de longue niche ogivale et flamboyante, aux mille facettes disposées en stalactites, aux arabesques délectables et toujours variées. Quelques marches et une barrière la séparent de la rue. Sur le devant une société de vieilles et de jeunes babouches se prélassent à l'ombre, chacune dans sa posture favorite, en attendant que leurs maîtres aient doucement terminé la prière du jour, ce *kief* ou *sieste* de l'âme. Au-dessus d'elles une vieille lampe de bois ou de cuivre oxydé, oscille au bout d'une corde avec une dévote et béate régularité.

Ce qui commande encore plus l'attention, c'est le milieu de la rue : car ce n'est pas chose facile que de s'y frayer un passage sans tuer ou être tué, surtout lorsqu'on a un gamin à ses trousses, qui fouaille d'autant plus votre monture que la voie est plus embarrassée.

Arrive une file de chameaux de charge, marchant comme le Destin. Il se faut baisser ou ranger ; mais du côté où l'on nous rejette, court sur nos talons un petit âne qui trottine sous un immense patriarche barbu et enturbanné jusqu'aux yeux. Son poids l'emportera sur le nôtre : on se rejette donc vers le milieu de la rue. Mais là, on voit arriver sur soi un grand diable noir, hurlant et bondissant à grands coups de *courbache* sur la foule. C'est le *saïs*, l'élégant coureur nubien, aux pieds et aux jambes nus, à la tunique blanche et flottante, serrée à la taille par une écharpe rouge ; ses gigantesques manches, relevées sur les épaules, s'agitent en courant comme les ailes d'un papillon. La tête, expressive, armée de grands yeux vifs, est coiffée du fez tunisien au long gland sautillant. Toute la rue est remplie de ses cris, au point de faire perdre la tête au nouveau venu. Ces cris traditionnels sont, au reste, ceux de tous les âniers, chameliers et drogmans qui s'entre-croisent ; chez le saïs, ils sont de force à étouffer tous les autres : *Rouhhh ! Rouhhh !.. Guarda ! Bâlek !* (Prends garde !)... *Chemâlek !* (Ta gauche !)... *Yemînek !* (Ta droite !)... *Ouârek !* (Gare à toi par derrière !). — Et la foule de se ranger précipitamment pour laisser passer l'équipage qui court au grand trot sur les talons du saïs, et remplit toute la rue.

Ces coureurs sont un souvenir d'Alexandrie antique et de Memphis. « Un fouet d'or dans la main, dit un papyrus antique, tu montes sur ton char, attelé de chevaux de Syrie. Tes esclaves nubiens courent devant toi... »

On reconnaît de loin les pachas, les grands personnages, à la beauté des saïs, à leur nombre, à la force des cris et des coups qui tombent sur le dos des petites gens, qui s'en effraient moins que d'une ondée. C'est, au reste, un luxe indispensable et charmant que celui de ces saïs : on les paye fort cher, mais ils meurent presque tous poitrinaires. On rapporte qu'un jour Méhémet-Ali, apprenant qu'une révolte venait d'éclater à vingt lieues de l'endroit où il se trouvait, partit comme le vent, sur son dromadaire de course. Son saïs ne le quitta pas, fit les vingt lieues à pied, courant à demi suspendu aux cordages du harnais et en arrivant, tomba sans proférer une plainte.

Plus loin, à l'angle de deux rues, cette échoppe ouverte, remplie de dormeurs allongés sur des kaffas, est un *Karakol*, corps de garde ou bivouac de bachi-bouzouks albanais : faces d'oiseaux de proie, costumes de brigands, ceintures hérissées de poignards, tout un étalage de parade, tout un assortiment de croquemitaines qui terrifie les fellahs et nullement les Grecs.

Après avoir traversé, sans s'en douter, le *Khalig* ou canal du Caire sur un pont bordé de maisons, entre la mosquée de Mohammed-Khaznadar à gauche et celle de Mourad-Pacha à droite, après avoir franchi une place, créée malgré le vice-roi Ibrahim par l'ingénieur Linant de Bellefonds, on en a fini avec les influences européennes. On rencontre la vieille rue du *Khan-Khalil* qui traverse le Mousky et le termine (1).

Sur ce carrefour de trois rues populeuses, sans cesse agitées de courants contraires, on se trouve au centre d'*El-Kâhira*, ville fondée tout d'une pièce, il y a neuf siècles par les califes fatimites venus de Kairouan. La partie gauche conduit à la maison du Cadi, élevée sur l'emplacement même du palais des califes, autour duquel s'éleva la nouvelle capitale. La partie droite conduit à la Citadelle, fondée longtemps après et choisie comme résidence par Saladin. Les amateurs d'histoire et d'archéologie, respectant la logique, devraient tourner à gauche ; les amis de la nature, cherchant une vue d'ensemble et des horizons pittoresques, voudraient tourner à droite... Va pour le chemin de la montagne, et répétons ce que nous disait M. Tastu, consul général de France : « En arrivant en Orient, ne cherchez plus la logique, et laissez-vous con-

---

(1) Très peu de temps après 1865, la rue du Mousky a été prolongée en ligne droite jusqu'à la vallée des Tombeaux, dite le Grand-Kerafat.

Oratoire de Sanifa, dans une ruelle adjacente au Mousky. Dessin de P. Chardin

duire par les choses... Ce que vous verrez ou entendrez sera toujours plus extraordinaire ou plus curieux que ce que vous rêviez. »

Abreuvoir ancien, dans la ruelle de Sanifa, par P. Chardin

Désormais, plus de traces de vie occidentale, la fashion turque, levantine et européenne ne s'aventurant guère hors du Mousky, de l'Ezbékîyèh et de l'avenue de Choubrah. Nous sommes en pleine vie populaire, au milieu des splendeurs délaissées du moyen âge : au-dessus des échoppes bariolées d'étoffes aux mille couleurs, des étages surplombent çà et là, portés par des consoles de pierre d'un profil largement découpé. A toutes les hauteurs, des avant-corps, des mouchâraby, des toiles tendues, des auvents de bois à bords dentelés et ajourés, que soutiennent des assemblages quasi-aériens.

En luttant contre les tourbillons de la foule, nous découvrons tout à coup au-dessus de nos têtes la silhouette grandiose d'une mosquée : mur immense, zébré de bandes roses et blanches dont la crête fleuronnée se découpe sur le ciel. A l'angle extrême de l'édifice se creuse une baie monumentale, construite en assises alternées de marbre noir et blanc, au pied de laquelle s'ouvre la porte du sanctuaire ; sur le linteau se déroulent les versets du Coran, choisis par le fondateur, El-Achraf Barsbây, l'un des sultans guerriers contemporains de Charles VII.

Une bouffée d'aromes pénétrants vient nous envelopper au passage d'une étroite venelle aux profondeurs mystérieuses où, dans une demi-obscurité piquée de turbans blancs, scintillent de minces feuilles de cuivre battu que le moindre souffle fait cliqueter. Ce sont les enseignes du bazar des épices, vaste entrepôt de ces denrées de l'Inde et de l'Arabie, si prisées au moyen âge qu'elles enrichirent Venise et Le Caire, jusqu'au temps où les Portugais vinrent leur en disputer le marché en passant par le cap de Bonne-Espérance.

A mesure que l'on s'avance, les maisons augmentent de hauteur, l'ombre s'épaissit au fond de la rue et l'on croit marcher vers une impasse formée par de très hauts édifices dont les façades se couronnent de découpures, tremblotées comme les aigrettes de flamme qui s'agitent au front des génies et des fées. Par un coude brusque, la rue se jette à gauche et, tout à coup, on se trouve au milieu de superbes monuments, bâtis au commencement du XVIe siècle par le sultan mamlouk El-Ghoûry. D'abord, à droite, la mosquée avec ses fenêtres à meneaux et son perron où le mouezzîn, trop vieux ou trop prudent pour gravir les escaliers disjoints du minaret, vient appeler à la prière le peuple agité du carrefour.

A gauche est le tombeau si luxueusement préparé par El-Ghoûry, resté vide puisque son corps fut oublié près de Damas sur le champ de bataille où il périt en disputant le passage aux conquérants turcs. Sur la façade, l'angle du monument se projette en avant comme une tour sur un rempart. A l'étage supérieur, sous les claies et les toiles qui abritent toute la rue, règne une svelte galerie d'arcades ajourées : c'est l'école, la *madraçah*, d'où jaillit un gazouillement perpétuel de voix enfantines. Au-dessous, voici la fontaine publique, le *sebil* : les femmes fellahs, l'épaule chargée d'un enfant, y gravissent trois marches avec une grâce inimitable et, passant leur bras nu, paré d'un bracelet d'argent à travers la grille de bronze ouvragé, en retirent un gobelet d'eau fraîche.

A la suite du redan formé par l'école et le *sebil* et, faisant face au grand minaret géminé de la mosquée, se dresse la coupole du tombeau, du *tourbeh*, hardie et légère comme un casque circassien. Dans ce carrefour merveilleux, défilé étroit et haut comme le vaisseau d'une cathédrale gothique, point de bruits discordants ni grossiers, point de résonnance de pas alourdis ; la foule en babouches glisse doucement sur le sol battu, élevant dans les airs le bourdonnement de ses mille voix que se renvoient les grands murs et la couverture de la rue, transparente comme une treille d'Italie.

Parmi les monuments de nos villes modernes, si savamment alignés, en est-il un seul qui approche de celui-ci pour la magnificence de l'effet produit et la simplicité des moyens employés : deux édifices sont jetés en même temps sur les bords d'une ruelle, vieille déjà de six siècles et dont nul édile ne songe à rectifier les crochets capricieux. L'architecte n'y songe pas davantage, mais avec l'esprit et la souplesse d'un improvisateur, il tire de ces irrégularités un parti excellent, tant pour la beauté de son œuvre que pour l'agrément du passant : au lieu d'un corridor où le vent s'engouffrerait, il crée un carrefour, une sorte de salon ou de reposoir abrité de toutes parts, où l'on se trouve si bien que l'on y demeure pour admirer, rêver, causer ou faire des affaires. Tel qu'un orateur habile qui cherche la contradiction pour briller dans la réplique, un architecte peut avoir besoin de l'imprévu et de l'irrégulier pour donner essor à son génie d'invention.

La ruelle enchantée se creuse un lit de plus en plus tortueux à travers les maisons arabes et turques. A l'angle d'un tournant voici une fontaine du plus beau rococo turc, jouet coûteux, tout bariolé de couleurs hurlantes qui, bien plus que la mosquée d'El-Ghoûry, a dû réjouir les yeux

Ecole et fontaine publiques du tombeau d'El-Ghoury, par P. Chardin

des philistins. Enfin, comme des anses tranquilles au pied d'un courant tumultueux, on aperçoit des *okels*, où de discrets rayons de soleil filtrent à travers les toiles tendues et les lattes disjointes des kiosques de prière ; ils viennent ramper sur les dalles, parmi les ballots entassés qui servent de divans aux gardiens du lieu, faces immobiles de nègres ou de Barbarins. Plus on avance et plus le décor se complique et s'embellit. Au-dessus des toiles, des cordages et des auvents suspendus à toutes les hauteurs, des moucharaby se projettent en avant et se profilent sur le ciel. Derrière ce tableau charmant, et comme des arbres puissants au travers des frondaisons d'un taillis, paraissent et disparaissent les fûts élancés de deux minarets jumeaux dont on ne parvient jamais à voir que l'une ou l'autre partie. Décidément, l'extrémité de la ruelle semble murée et l'on se demande par où et d'où peut sortir cette multitude qui fourmille au fond de l'impasse.

Le mystère s'éclaircit tout à coup. La rue est barrée par un rempart au travers duquel s'ouvre, comme une chatière, une vieille porte de ville, *Bâb ez-Zouwaïleh*, flanquée de deux minarets très élevés, en guise de tours. La rue fuit sous l'ombre de la puissante arcade ogivale, vraie sortie de forteresse féodale ; elle reparaît plus loin en touches d'éblouissante lumière où se meuvent de petites figures ensoleillées. A main droite, bordant la rue, se dresse la façade superbe de la grande mosquée du sultan mamlouk El-Mouayyed. Toujours cette simplicité grandiose qui se mêle à des combinaisons imprévues pour produire de plus grands et de plus nobles effets. Elle est plus austère, plus majestueuse et aussi plus ancienne que la mosquée d'El-Ghoûry. Avec ses assises de marbre noir et blanc, son admirable porte de bronze ornée d'entrelacs en relief et sa lampe de cuivre qui reluit derrière le vantail entr'ouvert, El-Mouayyed respire une vigueur de conception et une grandeur d'âme qui impose le respect et l'admiration.

Contre la mosquée d'El-Mouayyed est l'ancienne muraille d'El-Kâhira ou vieille ville des califes fatimites, traversée par le passage en voûte de Bâb ez-Zouwaïleh. Là se trouvait au XIe siècle la limite du Caire des Fatimites ; mais bientôt les terrains extérieurs se couvrirent de maisons et une nouvelle ville, venant combler la plaine, alla rejoindre au Sud ce qui restait de Fostât, fondée au VIIe siècle par Amrou, et des

Porte Bâb ez-Zouwaïleh, façade intérieure, par P. Chardin

cités successives qui formaient un cordon entre le Nil et la Citadelle. Depuis lors, le mur d'enceinte commença à disparaître, ne laissant comme épaves que ce tronçon et cette porte dont au xve siècle les tours démantelées servirent de base aux minarets de la mosquée. Ce fut leur salut. Sous l'arcade de Bâb ez-Zouwaïleh, tout imprégnée encore de la majesté des califes, fourmille un menu peuple de marchands et de passants, égayant ce site sévère de leurs cris d'avertissement ou des vociférations de leurs petites querelles domestiques.

TOUMÂN-BÂY CONDUIT AU SUPPLICE
Tiré de la *Cosmographie* d'André Thevet, 1575

S'arrêter là et observer, c'est apprendre beaucoup sur la vie populaire, et se donner ces profondes jouissances d'artiste et d'historien qu'on éprouve à Rome quand on se mêle aux *contadini* qui tiennent leur marché matinal devant la colonnade du théâtre de Marcellus.

A Bâb ez-Zouwaïleh, il y a autant de contrastes entre l'ombre qui règne sous l'arcade et la vive lumière du dehors qu'entre les souvenirs sinistres qu'elle évoque et la gaieté enfantine du peuple qu'elle abrite. C'est là qu'en 1517 fut mis à mort, par les Turcs, le dernier et le plus valeureux des sultans mamlouks, Toumân-Bây, tombé par trahison aux mains de Sélim, sultan de Stamboul. Bien traité d'abord par le vainqueur et interrogé huit jours durant sur les affaires et sur les ressources de l'Egypte, Toumân-Bây fut sacrifié quand il n'eut plus rien à révéler. Promené pendant trois jours sur un chameau, hué par la populace ingrate qu'il avait si bien défendue, il fut vraisemblablement pendu à la grille de ce délicieux sebil de Faradj-ibn Barkôuk, placé en face de la porte et à dix mètres en dehors des murailles, édicule que le peuple appelle fontaine de l'Effroi ou de la Pendaison. C'était pour ne pas souiller les villes, ni les vouer à de mauvais présages, que la coutume ancienne prescrivait d'exécuter les condamnés en dehors de leurs portes ; c'est aussi pourquoi le Golgotha n'était pas autrefois dans l'enceinte de Jérusalem. Au Caire, bien que les faubourgs soient devenus le cœur de la ville depuis le XIIe siècle, l'usage continua presque jusqu'à nos jours de maintenir les anciennes portes enfermées dans la ville comme lieu d'exécution, ainsi qu'en témoignent les instruments de supplice appendus çà et là.

Lorsqu'enfin on a franchi Bâb ez-Zouwaïleh, la beauté de sa structure et de sa situation apparaît tout entière. On voit le relief formidable de ses tours qui se projettent au dehors et l'on peut juger de toute la grâce aérienne des minarets qui les surmontent, surprenant contraste de la sérénité séraphique entée sur la barbarie guerrière : c'est l'Archange de Raphael qui, suspendu dans l'éther, pèse de son pied divin sur les rouges épaules de Satan.

Ces vieilles tours, d'où la vue pouvait s'étendre à l'origine de la chaîne du Mokattam aux pyramides de Memphis, sont comme enveloppées depuis des siècles par les constructions d'un carrefour très étroit, mais rendu charmant par son irrégularité capricieuse. Trois ruelles populeuses y aboutissent, vieux chemins antérieurs aux croisades, dont deux longeaient le pied de la muraille des califes, tandis que le troisième accourait du Vieux-Caire pour entrer dans le Nouveau-Caire, après avoir longé des jardins et traversé des cimetières. Ce chemin, devenu une rue couverte, est aujourd'hui un bazar si bien abrité qu'il y ferait presque nuit sans les rayons d'or qui viennent jouer sur des nichées d'adorables babouches rouges, à la pointe retroussée comme de petits nez impertinents.

Après la demi-lieue étourdissante que nous venons de parcourir de l'Ezbékîyèh jusqu'ici, nous choisissons le chemin de gauche, le plus tranquille et le plus agréable pour monter

PORTE BÂB EZ-ZOUWAÏLEH, FAÇADE EXTÉRIEURE, PAR P. CHARDIN

à la Citadelle. Nous nous trouvons alors dans une région très calme, dont le caractère ancien n'est pas altéré ; il y a bien là des masures qui donnent aux rues l'apparence d'un vieux village endormi depuis des siècles par les enchanteurs : mais avec cela, quel ensemble original ! quelle réunion de vifs contrastes et de détails séduisants ! A chaque pas, c'est une porte ciselée d'arabesques, quelque perron dans un angle rentrant, laissant apercevoir la cour déserte d'une maison délabrée, au fond de laquelle s'élève une loggia d'arcades aux ogives gracieusement outrepassées.

Plus loin, une enfilade de mouchâraby à jour, débordant sur la rue, ou bien encore un sebil à demi-ruiné, sous l'arbre d'un carrefour ; tantôt c'est une grande mosquée en face d'un petit oratoire, fondations pieuses que les antiques donateurs ont jetées au hasard, comme des largesses, parmi la foule des habitations pauvres ou devenues telles à force de temps et d'abandon.

Au tournant du chemin, c'est ce bijou de mosquée isolée dont le dôme et le minaret forment dans la courbure de la rue un gracieux bouquet. On raconte que l'émir Kidjmas, qui l'érigea en 1481, aurait fait couper les bras à l'architecte pour l'empêcher de reproduire ailleurs son chef-d'œuvre. Mais c'est là sans doute une légende, expression de l'admiration populaire, qui se retrouve dans bien des endroits.

Un faisceau imposant de façades en redans, de larges contreforts, réunis par des corniches en stalactites avec couronnement de crêtes en zigzag du genre le plus simple et le plus grandiose, nous annonce la célèbre mosquée de l'émir El-Mardany, qui avait le titre d'échanson du sultan En-Nacer ibn Kalaoun ; il la fit construire dans le courant de l'année 1338 pour la rémission de ses nombreux péchés.

Cinq siècles sont, au Caire, la durée moyenne d'un édifice légèrement construit et jamais réparé ; dans nos climats, trois cents ans suffiraient presque toujours pour ruiner un monument solidement bâti et bien entretenu. La mosquée d'El-Mardany est morte ! En vain nous tournons autour de ce grand corps abandonné que se partagent les chiens et les vautours. Toutes les portes sont closes ; les volets de ses fenêtres basses, admirables ouvrages, faits de bois incrusté d'ivoire, pendent tout démantelés contre les grillages de bronze. Derrière ces fenêtres béantes, quel tableau apparaît à nos yeux, habitués aux ruines bien arrangées : au delà des galeries du pourtour, on aperçoit l'espace lumineux de la cour où végète un sycomore. Sous ces galeries, des panneaux de

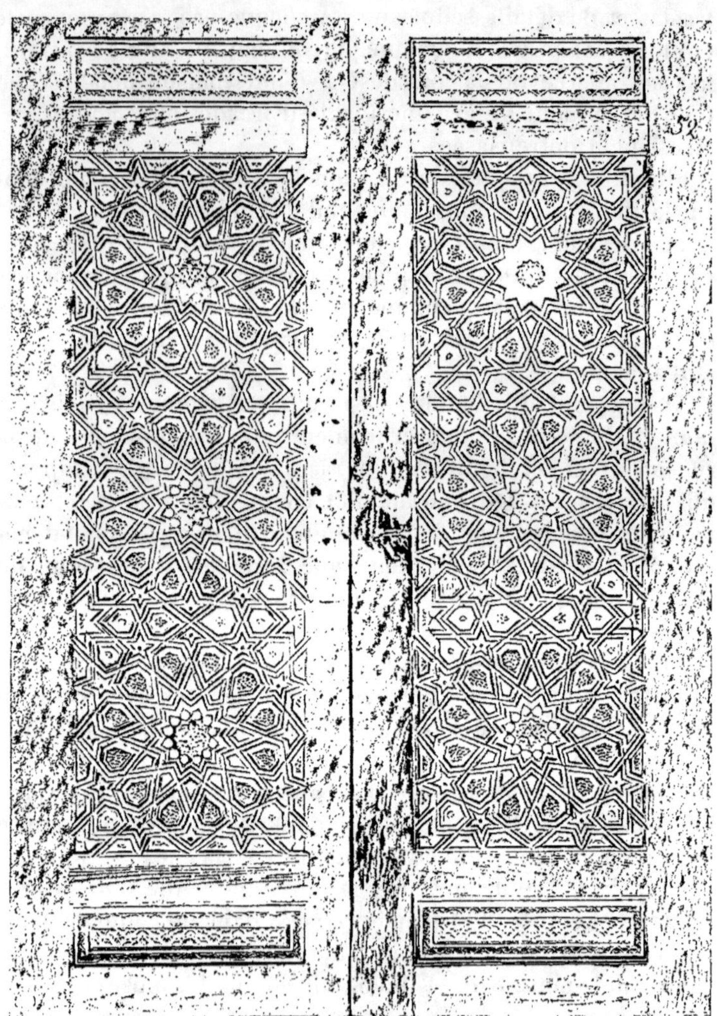

Volets anciens de la mosquée El-Mardany. Collection A. Baudry.

menuiserie finement ouvragés, des plaques de marbre, précieux par la matière et le travail, des lampes de verre émaillées et des fragments de mosaïques éparpillés au hasard de leur chute sur des tapis de prière où dorment des chiens que

VUE INTÉRIEURE DE LA MOSQUÉE EL-MARDANY, D'APRÈS UNE AQUARELLE D'AMBROISE BAUDRY

rien ne viendra déranger, hormis la faim et la soif nocturnes. Des rangs d'ogives à longues retombées qui s'appuient

Ruelle principale du Souk es-Selah, le bazar des armes, en 1865.

comme alanguies sur de minces et blanches colonnettes se profilent sur le fond sombre des murailles.

Au milieu de la cour, de ses décombres, de ses trésors d'art abandonnés, un grand arbre aux rameaux éplorés lutte contre la « mort sèche » à côté de la citerne tarie. Sur ses branches, les corneilles surveillent leurs couvées que les éperviers guettent en tournoyant autour du minaret sans mouezzîn ; plus loin, un palmier gigantesque s'affaisse sur le mur du cloître, dans une brèche que chaque vent de khamsîn vient agrandir

Après cette vision sommaire, nous voudrions bien pénétrer dans la ruine : un fellah qui passe propose, en demandant bakhchich, d'aller chercher la clef ; il s'éloigne tout moqueur et nous continuons notre chemin.

A cent pas au delà, il est un joli carrefour, pourvu d'une fontaine croulante qu'accompagne un arbre, venu là comme par hasard. Sous l'ombrage qu'il pourrait donner se tiennent, philosophant de compagnie, quelques-uns de ces jolis baudets qui attendent patiemment qu'on les loue, mais qu'on ne surprend jamais faisant un repas ou regimbant comme le chameau. Leurs physionomies intelligentes et résignées, les duretés qu'ils subissent sans souci, les mettent au nombre des disciples incompris d'Epictète.

Un bel enfant, rose et frais, assis sur une monture de choix conduite par un saïs, sans doute quelque fils de marchand aisé, débouche par la ruelle qui, à notre droite conduit au *Souk es-Selâh*, l'antique bazar des armes, toujours charmant, quoique déchu. En traversant le carrefour, le jeune cavalier ralentit sa monture et jette en passant quelques mots à l'un de nos bourriquiers, homme déjà mur, dont le chef est orné du turban vert des Hadji ou pèlerins de la Mecque. Celui-ci baisse la tête d'un air contrit ; l'enfant disparaît dans la ruelle de gauche qui mène à la mosquée de l'émir Aslân, une petite merveille. « Que t'a dit l'enfant », demande-t-on au bourriquier. Il voudrait se taire et s'esquiver, mais pressé vivement, il fouette impétueusement l'âne dont il est le tyran.

— Eh bien ! il a dit : « Pourquoi toi, Hadji, cours-tu derrière un chien de chrétien ? »

Nous nous arrêtons au pied de la très noble, très imposante mosquée, dite d'Oumm-es-Soultân, c'est-à-dire de la *mère du Sultan*. La sultane Barakat et son fils Soultân Chabân furent assassinés vers le milieu du XIVe siècle par l'émir Yousouf que le prince avait donné comme époux à sa mère « très bienfaisante et bien-aimée ».

Nous montons toujours vers la Citadelle ; c'est comme un

mirage où les minarets s'appellent et se recherchent. Il faut mettre pied à terre, car voici un de ces lieux surprenants qui rappellent le carrefour d'El-Ghoûry et tel qu'il ne doit plus en rester beaucoup dans le monde. A une grande hauteur sont jetées, d'un bord à l'autre de la rue, des boiseries qui enveloppent le passage tout entier d'ombre et de fraîcheur. Au plus secret de cette ombre, où des éclairs de vive lumière pénètrent par les interstices de la couverture, on devine des anfractuosités et des irrégularités délectables, on entrevoit des degrés au-dessus desquels flottent les blancheurs indécises de quelques turbans. Mais au-dessus de tout, dans les airs, s'élèvent triomphants et dorés de reflets, deux minarets ajourés de baies verticales et allégés par trois étages de balcons sur stalactites. On monte par un grand perron au porche de la mosquée d'Ak-Sonkor. Comme ces marches sont hospitalières ! Nous nous asseyons à l'ombre, bienfait suprême dans cet air ardent et poudreux.

Depuis cinq siècles que la mosquée existe, bien des gens se sont assis comme nous sous l'abri de ce seuil élevé. Ils ont vu monter à la Citadelle ou château de la Montagne ce que l'Orient possédait de plus brillant, de plus puissant et de moins assuré de vivre. Que d'émirs, de beys et de sultans, chevauchant dans un bel ordre, allaient trouver derrière les murs de la forteresse le guet-apens et la mort. C'est le chemin des révolutions d'empire. Sultan Sélim, accouru de Stamboul pour prendre Le Caire, a traîné ici derrière lui les beys mamlouks vaincus et garrottés. Bonaparte, vainqueur des Turcs et des Mamlouks, conduit à la citadelle ses soldats, toujours grognants mais loustics, portant avec superbe leurs uniformes à queue, taillés dans des étoffes orientales bleues, roses ou jonquille.

Le 1er mars 1811, le cortège fastueux des beys mamlouks, magnifiquement parés, montait à la Citadelle et s'y faisait exterminer dans un guet-apens dressé par Méhémet-Ali. Combien de fois ne l'a-t-on pas vu, devenu vieux et pacifique, remonter par ce même chemin à la Citadelle, oublieux de son sanglant exploit. Derrière lui marchaient Ibrahim-Pacha, silencieux et craintif, ainsi que le colonel Sèves, devenu Soliman-Pacha, qui avait conservé son libre parler de soldat français. Plus tard, son successeur, Abbas-Pacha, conservateur des traditions, ne se montrait qu'accompagné de ses timbaliers à cheval. Aujourd'hui, on n'aperçoit plus que des touristes anglais, ou quelques minces employés de ministère, guindés dans la laide redingote du Nizâm ; par bonne mais rare fortune, on rencontre un détachement de soldats turcs, costumés à la zouave, et marchant mollement au rythme indécis d'une musique rêveuse.

Nous voici dans une grande cour entourée de portiques. L'aspect grandiose, mais un peu fruste et quasi-villageois de la mosquée d'Ak-Sonkor répond peu à ce qu'on sait de sa brillante origine. En ce temps-là florissait l'émir Ak-Sonkor en-Nacery, appartenant à la maison du sultan En-Nacer ibn Kalaoûn. Cet homme éminent et intègre avait été chargé de gouvernements importants en Syrie, où il fit preuve de fidélité à son maître, « tant dans le secret des affaires que dans leur direction », ce qui était chose rare, assurément. Il fut aussi très estimé et très aimé comme gouverneur du Caire. Sous son administration, dit Makrizy, les humbles s'élevèrent au pouvoir, et le peuple prospéra au point de demander des choses dont il n'avait aucun besoin. Cette popularité et cette puissance de l'émir le conduisirent, selon la mode du temps, à construire une très grande mosquée, pourvue d'une école et d'un sebil, puis à être envié, accusé, condamné.

Pour tout personnage riche et puissant, pour un souverain même, la fondation d'une mosquée était non seulement une mode, mais presque une nécessité. Il y trouvait une satisfaction d'amour-propre, un regain de popularité, et enfin l'assurance d'une sépulture ; de plus, ces fondations pieuses étaient dotées de biens considérables qui, une fois entrés dans le domaine des Wakfs, devenaient inaliénables. Les donateurs ou leurs descendants, qui en étaient les administrateurs désignés, touchaient une partie des revenus et se trouvaient ainsi à l'abri de la ruine provoquée par des disgrâces subites ou par les coups d'une fortune contraire. De là cette profusion d'oratoires, d'écoles, de collèges, de fontaines qui contribuent à faire le charme du Caire.

L'émir Ak-Sonkor était fort épris de sa mosquée ; il la fit construire en belle pierre, avec des *liwân*, ou galeries voûtées, ce qui n'était pas habituel. Il en surveillait activement les travaux, et tout grand seigneur qu'il était, prenait plaisir à charrier lui-même des matériaux, ce qui lui fit plus d'une fois oublier l'heure de ses repas. Cette immense bâtisse, dont la cour intérieure mesure 500 à 600 mètres carrés, fut terminée en une année. On la dota pour son entretien de

La rue de la Citadelle devant la mosquée d'Ak-Sonkor

plusieurs villages auprès d'Alep, qui lui donnaient un revenu de près de 100.000 francs de notre monnaie. Aussi, la mosquée devint-elle une des plus riches de l'Egypte ; malheureusement, tous ses biens disparurent à l'époque où les gouverneurs de Syrie s'affranchirent de leur obéissance envers le sultan d'Egypte ; la mosquée ne tarda point à tomber dans l'abandon. D'ailleurs, l'émir lui-même n'avait pu éviter une disgrâce ; il fut arrêté sous prétexte de complot. De tant de splendeurs il ne resta à la mosquée qu'un mouezzîn et quelques desservants de passage, pour la prière et le prône du vendredi.

Soixante-cinq ans après sa fondation, l'émir Toughân voulut y faire quelque dépense, trouvant peut-être commode ou économique de greffer ses libéralités sur celles d'autrui. Il construisit au milieu de la cour de la mosquée, dit Makrizy, un bassin surmonté d'un toit. Ce toit était soutenu par des colonnes de marbre provenant de la mosquée voisine d'El-Khandak ; il les avait jetées bas en 1412, avec l'intention de s'en servir plus tard. Dans le même temps, Toughân fut arrêté et envoyé dans les prisons d'Alexandrie par le sultan El-Mouayyed ; la mosquée fut donc abandonnée de nouveau et tomba en ruines, c'est-à-dire que, selon l'habitude encore usitée, on laissa crouler les galeries ou liwân qui entouraient la cour, en ne conservant, bien ou mal, que celle du sanctuaire où les habitués du voisinage avaient coutume de venir faire la prière.

C'est, en effet, à peu près la seule portion de l'édifice ancien qui ait été conservée dans son intégrité : cette partie sainte par excellence, la *maksoûra*, se compose de deux portiques spacieux parallèles, dont les arcs massifs posent sur des piliers de maçonnerie octogones ; ils ont un caractère de force et de simplicité, antérieur au style élégant et svelte du xve siècle.

Le mur de fond du liwân est entièrement revêtu de carreaux de faïence bleus et verts sur fond blanc ; leur champ est divisé en panneaux sertis de bordures, entre lesquelles sont figurées des lampes suspendues, accostées des cyprès traditionnels. Or, s'il est vrai que les revêtements de faïence de style persan, fabriqués au Caire, n'y furent introduits que sous la domination turque, au xvie siècle, il faudrait admettre que cette maksoûra du xive siècle ne fut décorée, comme elle l'est actuellement, que beaucoup plus tard : En 1652, un personnage nommé Ibrahim-Agha Moustahfazan trouva la mosquée en ruines ; il restaura les parties conservées et rebâtit les galeries latérales sans en rétablir les voûtes qu'il fit remplacer par des plafonds de bois ; une partie des nefs ont gardé sous ces plafonds les arrachements des anciennes voûtes.

Sans faire aucun tort à la sépulture du premier fondateur, placée à gauche du couloir d'entrée, Ibrahim-Agha établit son tombeau à côté de celui d'Ak-Sonkor ; son nom devenu populaire a effacé celui d'Ak-Sonkor dans la dénomination usuelle de la mosquée. Si nous nous sommes attardé à la description de cet édifice, c'est que son histoire offre un exemple assez curieux des mœurs capricieuses d'autrefois ; bien des mosquées ont ainsi changé de nom, troquant un vizir contre un fakir, sans presque changer de forme extérieure. Quant aux réparations modernes qu'on commence à leur faire subir à l'intérieur, elles effacent ce qui reste d'un passé harmonieux, elles équivalent à une destruction.

A la mosquée de Khâïr-Beg, Kagh-Bey ou Khaïrabak, selon la transcription qu'on adopte de ce nom, appartient le second minaret en perspective. Deux sœurs ne sauraient être unies plus étroitement que ne le sont ces deux mosquées, si dissemblables : l'aînée, touchée par le temps, reste grande et majestueuse ; la plus jeune, qui date de 1502, petite, mignonne, brille toujours d'une exquise élégance. C'est un simple oratoire, composé d'une nef voûtée en berceau, sectionnée par des arcs et d'un *tourbeh* ou salle du tombeau : construction charmante dont les murs très élevés, décorés à la base de marbres blancs et noirs compartis, soutiennent une coupole brodée d'arabesques ; en toutes choses, une grâce légère et fleurie qui fait penser à notre style de l'époque Louis XII. Au Caire, cet art n'eut pas un épanouissement comparable à celui de notre Renaissance ; son essor s'arrêta sous l'influence turque et se figea dans des formules qui se répètent et s'alanguissent.

Cette œuvre délicate fut commandée par Khâïr-Beg, un monstre qui, grâce à l'indulgence dont jouissent toujours les grands et les puissants, passait de son vivant pour un ambitieux, ami du faste. Aujourd'hui, le peuple raconte que ses restes sont chaque nuit ranimés et secoués par la violence des remords. Ses victimes sanglantes, au nombre de dix mille, viennent se venger de lui et l'arracher au repos de la tombe. Par ses crimes, les deux derniers sultans mamlouks, ses maîtres, ont péri et n'ont que peu ou point reçu de sépultures : de quel droit jouirait-il paisiblement de la sienne ?

Khâïr-Beg fut, parmi les mamlouks circassiens, l'un des émirs les plus comblés d'honneurs. En 1516, il était depuis douze ans gouverneur d'Alep, lorsque son bienfaiteur et son chef, le sultan d'Egypte El-Ghoùry, vint y livrer bataille à Sélim, sultan de Stamboul. L'émir commandait l'aile droite de l'armée égyptienne : troubler son action par des intrigues, fuir au moment décisif et amener une défaite où périt son maître ; pousser ensuite les Turcs à la conquête de l'Egypte ; assister au sac et à l'incendie du Caire, au massacre de ses frères d'armes, à la pendaison de son dernier maître Toumân-Bây, tout cela lui valut la confiance de Sélim qui le nomma pacha du Caire. Il inaugura aussitôt ce régime d'oppression et de concussion dont la cruauté est l'accompagnement naturel. Il put encore faire regretter au malheureux pays le gouvernement des derniers mamlouks.

Derrière la mosquée de Khâïr-Beg est un espace entouré de constructions civiles en ruines dont une partie, celle de l'extrême sud, quadrangulaire, aux murs très élevés, flanqués de contreforts et percés de fenêtres cintrées aurait été le diwân de l'émir (1), probablement avant le temps de son ambassade à Constantinople, qui dura de 1498 à 1499, et pendant laquelle il apprit sans doute à connaître les Turcs et Sélim Ier, fils de Bajazet, dont l'astre s'élevait, tandis que déclinait la fortune des Mamlouks.

De la terrasse de ce palais, qui s'élevait presque aussi haut que la coupole du tombeau, on devait jouir d'une des plus belles vues du Caire, puisque de là on pouvait embrasser du regard le château de la Montagne, la formidable mosquée de Hassan, la ville et ses innombrables minarets, puis, au delà du Nil, les monts du désert et les pyramides de Gizeh.

La partie orientale du diwân, au fond de la cour, est adossée sur une longueur de quarante mètres à la muraille crénelée du Caire, construite par Saladin, et aujourd'hui à demi-ensablée ; des collines de décombres et de gravois la dominent.

Si, dans la clôture nord de la cour de Khâïr-Beg, on force

(1) Cette ruine est indiquée sur notre *vue générale du Caire* (p. 60), où elle occupe le milieu du premier plan. A droite sont la coupole et le minaret de la mosquée de Khâïr-Beg. Derrière l'édifice passe la rue de la Citadelle, le Derb el-Ahmar qui va montant vers la gauche.

une porte mal fermée par quelques pierres amoncelées, on pénètre dans un cimetière abandonné qui, en largeur, s'étend des dépendances d'Ak-Sonkor aux murs crénelés de la ville,

VUE DE LA MOSQUÉE DE KHAÏR-BEG, DESSIN DE C. MAUSS, 1879.

et se développe en longueur entre deux de ses tours, espacées de cent mètres. Dans cet enclos, singulièrement mélancolique, et presque invisible du dehors, s'élèvent des tombes luxueuses ; les unes, entourées de murs fleuronnés ; les autres, abritées sous de gracieuses coupoles que soutiennent quatre colonnettes. L'un de ces tombeaux est celui de Mohammed-Efendi Tazkarghi, gardien des Sceaux, qui serait devenu peut-être aussi célèbre que Khâïr-Beg, s'il n'avait eu pour maître un Méhémet-Ali. Derrière la muraille de Saladin, à demi-ensablée, on aperçoit les décombres sur lesquels Bonaparte fit élever le fort Hornet, l'un des points d'où il canonna la ville, lors de la révolte du 21 octobre 1798.

Continuant notre chemin vers la Citadelle, nous gravissons la pente déjà raide qui annonce l'approche de la célèbre Montagne. Nous nous retournons vers la mosquée de Khâïr-Beg : le coup d'œil est un des plus jolis qui se rencontrent : au fond d'un défilé de maisons dépourvues d'alignement, hautes, vieillies et projetant en avant leurs balcons treillissés qui font cent jeux d'ombre et de lumière, la mosquée se fait voir tout entière avec sa svelte prestance, surmontée de sa coupole galbée, ciselée comme le casque damasquiné d'un mamlouk circassien. A gauche, sur le premier plan, un balcon porté sur de puissantes consoles de pierre, répand une ombre qui rampe jusqu'à terre, tandis qu'un peu plus loin un grand arbre, débordant d'un vieux mur, vient marier son feuillage d'un vert frais aux nuances dorées du dôme qui resplendit en pleine lumière. Bientôt, ce n'est plus qu'une tache d'ombre qui diminue et s'amincit par degrés, encadrant toujours ce frottis de vert et de rose lumineux.

A notre gauche, voici encore une mosquée, ce sera d'ailleurs la dernière ; elle est toute petite et fort jolie. Son minaret n'a qu'un seul balcon, surmonté d'une pyramide à pans, qui rappelle l'éteignoir dont les Turcs aiment à parer les mosquées. Tout auprès, un petit dôme d'un genre presque unique au Caire : il est décoré de côtes saillantes qui, verticales en partant de la base, deviennent brusquement hélicoïdales et se réunissent tournoyantes autour du pinacle (1).

L'émir Seif-ed-Din-Yetmich, qui construisit cette mosquée en 1383, fut un des partisans du puissant sultan Barkoûk, fondateur de la dynastie circassienne des Mamlouks ; il eut la maladresse de se laisser tuer, en 1398, par le fils et l'héritier au trône de son maître. Tel fut toujours ici le genre de retraite accordée aux vieux confidents demeurés sans emploi,

(1) Sur la droite de cet oratoire, on voyait naguère un bel arc ogive de construction très ancienne, porte d'entrée de quelque palais abandonné, et que l'on appelait *l'Arc des marchands de paille*. Cette ruine a disparu depuis longtemps (p. 61).

Mosquée du Sultan Hassan — VUE GÉNÉRALE VERS LE COUCHANT — Mosquée de Khaïr-Beg

mais non sans ambition. En somme, de tous ces personnages que nous venons d'évoquer, le seul, ou peu s'en faut, qui ait fini par une mort naturelle, est précisément celui qui a occis

MOSQUÉE DE L'EMIR SEIF-ED-DIN-YETMICH

tout le monde : c'est Khâïr-Beg, l'homme de proie à la langue dorée.

Tout à coup, à un dernier détour, le fond de la rue s'ouvre

sur l'horizon tout en feu. Au haut de la montée, un vieillard à barbe blanche, sur un âne vénérable, se profile et se tient arrêté devant nous dans une attitude menaçante : avec l'autorité, avec la majesté d'un prophète des anciens jours, sa main droite s'agite dans une sainte colère, et sa voix grave fait retentir la rue d'imprécations terribles et interminables, dont le fond est assurément : « Maudit soit ton père ! »

Mais, nous ne sommes plus au bon temps du fanatisme et l'anathème n'est pas pour nous : il tombe tout entier sur deux pauvres diables de fellahs tout haletants qui montent la rue avec nous, et se hâtent, dos courbé, front penché, hoyau sur l'épaule. Ils nous jettent en passant un regard désolé, avec un hochement d'épaules expressif. Ce sont deux paysans, arrachés à leurs foyers et conduits aux corvées du vice-roi par leur *cheikh el-beled*, ou chef de village, qui tremble d'arriver trop tard au dépôt de la Citadelle et d'être puni pour son compte.

Parvenue à son point culminant la rue se bifurque. A droite, elle descend vers le bas-fond immense qu'on appelle la place Roumeïlèh ; au delà on aperçoit la partie sud-ouest du Caire avec ses cimetières sablonneux, les rivages verdoyants du Nil, puis le désert où se dresse le groupe des grandes pyramides. Cette échappée subite sur l'horizon est encadrée par les masses formidables de la mosquée du sultan Hassan et du rocher de la Citadelle qui se font vis-à-vis.

A gauche, le chemin serpente et monte à découvert sur le flanc de la montagne; bientôt on entre dans un défilé de constructions, on passe sous une grande porte fortifiée, Bâb el-Guédìd, la Porte neuve, construite vers 1825 pour la commodité du vice-roi Méhémet-Ali, quand il venait résider à la Citadelle, et on arrive enfin à ce coupe-gorge fameux où. le 1er mars 1811, Méhémet-Ali fit massacrer les beys mamlouks.

Pour un guet-apens, on ne pouvait mieux choisir que cette cour irrégulière, dominée par des rochers escarpés que flanquent des murailles inaccessibles et percées de meurtrières. Au fond de l'entonnoir formé par le triangle de ces murs s'ouvre le défilé sinueux dont on aperçoit d'ici l'orifice et où se perpétra le massacre. Comme il s'agit d'abord de gagner le point culminant de la montagne, nous franchissons, en face de la première porte, celle qui s'ouvre au pied de Bourdj et-Tabbâlîn « la tour aux timbaliers » et qui du temps des mamlouks portait le nom de Bâb ech-Chirk. En la passant pour descendre de la montagne et se séparer de l'aimable et rusé pacha, plus d'un bey mamlouk dut respirer à l'aise se croyant quitte du poison ou de l'assassinat sur place, traitements dont les conspirateurs devraient toujours se méfier en Orient. Cette porte franchie, nous arrivons au cœur de la Citadelle.

CORAN DU SULTAN CHABÂN. XIVe S. FRISE DU FRONTISPICE

LE CHATEAU DE LA MONTAGNE

OU LA CITADELLE

Celui qui, pour la première fois, parcourt hâtivement l'esplanade de la Citadelle n'y voit guère qu'une succession de cours arides, entourées de constructions monotones, qu'emprisonne une ceinture de tours à l'aspect féodal. Sur le sommet du plateau, on distingue deux mosquées : l'une, fort ancienne et digne d'intérêt ; l'autre toute moderne et sans caractère.

C'est cette dernière que Méhémet-Ali fit ériger à la mode de Stamboul pour y placer sa sépulture et attirer l'attention de tous les points de la ville et de la campagne. De loin, elle produit un assez grand effet par sa masse, par ses larges coupoles et ses minarets sveltes, hardis comme des mâts. Lorsqu'on s'en approche l'effet change ; on reste péniblement affecté devant cette énorme *turquerie,* si lourde, si nulle auprès des ravissantes créations de l'ancienne architecture arabe. L'examen ne fait que confirmer l'impression fâcheuse produite par ce style indéfinissable et bâtard dont les Italiens inondent depuis deux siècles les possessions des Turcs et des Grecs. La beauté primitive du plan disparaît sous une profusion de détails d'un goût douteux, les matériaux, fort luxueux, n'arrivent qu'à donner un aspect mièvre, peu en rapport avec la conception première. Les colonnes et les parois des galeries, la fontaine d'ablutions sont d'un albâtre translucide, qui semble sortir de la boutique d'un marbrier napolitain ; belle matière assurément, mais d'un aspect trop

La citadelle du Caire au XVIIIe siècle, d'après une estampe ancienne

fade pour des masses architecturales de quelque importance.

Au reste, ce n'est pas à ces fadeurs que Méhémet-Ali songeait quand l'idée lui vint de raser les ruines superbes des palais du moyen âge, pour les remplacer par sa mosquée funéraire. Il voulait des marbres variés, comme ceux des anciennes mosquées du Caire et il pria M. Linant, qui nous l'a raconté, de lui indiquer des gisements en Egypte. L'infatigable explorateur désigna maintes carrières qu'il avait vues entre le couvent de Saint-Paul et la Mer Rouge. Par malheur, celui que le vice-roi chargea de cette mission était un kawâs, sorte de garde du corps, demi-soldat, demi-domestique. En commençant ses recherches, il trouva sur son chemin, dans l'ouady Sennoûr, un morceau de cet albâtre oriental, et il refusa d'aller plus avant. L'échantillon était beau, et on ne pensa plus aux marbres de couleurs variées que, d'ailleurs, on n'aurait pas su assembler avec cet art si parfait des Arabes.

Pour utiliser un mètre cube de cet albâtre, il fallait en extraire des centaines ; aussi la mosquée, qui est restée plus de trente ans en construction, n'est pas achevée et ne le sera jamais. Là, où l'albâtre a fait défaut, la brosse des décorateurs s'est ingéniée à imiter cette matière. Les murs extérieurs sont revêtus d'un placage en pierres blanches, soumis à une décoration italo-turque, qui n'a été exécutée que par fragments.

Mais laissons-là cette mosquée. En sortant du sanctuaire on nous fait tourner à gauche, passer sous la colonnade et franchir une porte de sortie vers le couchant et, alors, nous nous trouvons tout à coup sur le rocher de la Citadelle, comme au bord d'une falaise très élevée ; à nos pieds et à une profondeur énorme, le Caire étale ses merveilles avec mille bruits de fête.

Nous nous avançons sous les murs de la mosquée, en marchant sur le faîte de cette puissante muraille qui contient le massif du rocher, et défendait jadis le palais des sultans contre les soulèvements du flot populaire qui battait à ses pieds. On est là sur un promontoire d'où la vue s'étend de tous côtés à l'infini, et jouit de cette éblouissante lumière qui enivre l'âme et la réchauffe (1).

(1) En 1865, le sommet de la muraille était de plain-pied et dépourvu de parapet. Depuis lors, on y a construit un mur bas, surmonté d'une grille.

Au pied du rocher, s'étendent les zones sablonneuses de Karameïdân et de Roumeïlèh, anciens hippodromes des califes et des sultans. A leur extrémité nord, sur Roumeïlèh, s'élève la formidable mosquée du sultan Hassan dont la base disparait sous des échoppes ; une foule bruyante et gaie l'environne.

Au delà, commence ce fouillis de constructions et tout ce désordre séduisant qui constitue une ville arabe. De place en place les belles mosquées avec leurs vastes enceintes de portiques, avec leurs dômes et leurs minarets sculptés, zébrés de rose et de blanc, dorés par le temps, émergent comme des îlots, du milieu d'un océan de maisons à toits en terrasse, faits pour jouir du ciel et non pour s'en défendre, comme en nos froides villes du Nord. Parmi ces habitations, les unes sont spacieuses et ornées de beaux ombrages; les autres, misérables ou tombant en ruines, mais formant toujours un ensemble harmonieux et chaudement coloré. On ne voit, bien entendu, ni rues droites et béantes comme des trouées de boulets, ni places géométriques taillées à l'emporte-pièce, mais seulement un réseau de minces fissures qui se mêlent comme des arabesques, puis de grandes zones irrégulières, d'une nuance plus pâle et plus bleuâtre à mesure qu'elles s'enfoncent dans l'éloignement.

L'air est si transparent que la vue perce sans efforts et sans obstacles les plus secrètes profondeurs de l'horizon. On aperçoit à des distances infinies, de ravissants groupes de palmiers minuscules qui se jouent par bandes dans la plaine avec les attitudes spirituelles des petites figures de Callot.

Entre le sud et le couchant de vieux quartiers silencieux et pauvres s'avancent comme des franges de récifs sur une plage que le flux aurait abandonnée, plage de sable et de décombres où dorment ensevelies les villes oubliées de Fostât, d'El-Asker et d'El-Katâï. Le long aqueduc des sultans mamlouks qui portait l'eau du Nil à la Cidatelle est couché sur cette plaine désolée, tel qu'un squelette de serpent aux vertèbres disloquées.

Au delà du Nil l'œil chemine encore longtemps au milieu des plaines vertes, parsemées de bois de palmiers ; puis, il tombe dans les sables éternels du désert, et s'y perdrait peut-être, s'il n'était arrêté par les fières silhouettes des grandes pyramides qui forment le groupe le plus majestueux qui se puisse voir à d'aussi grandes distances. En ce moment, leur base baigne dans les plis d'une nappe de vapeurs ardentes qui semble les surélever, tandis que leurs cimes étincellent au soleil comme des pointes d'opale ou de rubis, faites pour défier le choc du temps et soutenir le poids de l'Eternité.

Que de paix et de lumière sur la cime où nous sommes placés! A nos pieds viennent mourir en ondes harmonieuses

La mosquée du sultan en-Nacer ibn Kalaoun et la tour Bourdj es-Softa

les mille bruits discordants qui s'élèvent du sein de la grande ville. Pourquoi n'en serait-il pas ainsi de toutes choses dans l'univers, où la mort n'est rien qu'une transition, où la vie seule subsiste ardente, ascendante, infinie ? Pourquoi les destinées les plus malheureuses, les plus agitées ne se résoudraient-elles pas aussi en paix et en harmonie ?

En regard de la mosquée de Méhémet-Ali se dresse la merveille de la Montagne : la noble mosquée de Mohammed en-Nâcer ibn Kalaoûn. Sans ses deux minarets la vieille mosquée arabe passerait aisément pour une des redoutes de la forteresse, tant son aspect est rendu militaire par les hautes murailles à créneaux, sous lesquelles court un cordon de petites fenêtres ogivales.

Ces minarets, dont l'un est décoré d'énormes cannelures en zigzag, sont d'un goût sauvage et quelque peu tartare; mais il convient de se rappeler que la mosquée est du commencement du XIVe siècle, et que son fondateur, le sultan Mohammed ibn Kalaoûn voulant enfin avoir la paix avec les hordes poussées en Syrie par Tchinguiz-Khân se résigna vers ce temps-là à épouser la fille d'un Khân tartare (1).

Un chemin monte entre la mosquée et le mur fortifié du quartier des mamlouks, devenu celui des janissaires, au temps de la domination turque, en 1517. Avec la façade nord, cette voie forme un des sites les plus intéressants de la Citadelle, le seul ou peu s'en faut qui ait gardé son aspect du moyen âge ; à gauche, la porte de ce quartier, *Bâb el-Médâfé* ou *des canons*, flanquée de deux tours massives et commandée par une échauguette à machicoulis et créneaux; à droite, une autre porte, celle de la mosquée, encadrée d'une grande niche trilobée. Tout en haut de la montée, mêlant à la verdure sombre d'un vieux sycomore le ton fauve et doré de ses pierres, se dresse l'énorme donjon appelé *Bourdj es-Softa*, couronné de machicoulis et d'embrasures, d'où les janissaires braquaient jadis quelques mauvais canons sur le palais du pacha de Stamboul, pour le cas où ce gênant personnage tarderait à faire leur volonté ou refuserait de déguerpir.

A cet ensemble grandiose, il manque aujourd'hui l'âme et le mouvement ; il faut se représenter ces émirs à volumineux turbans et à riches armures qui, bien accompagnés, sortaient de Bâb el-Médâfé pour traverser la rue et se rendre à la mosquée; le sultan y pénétrait de son côté par une porte secrète réservée à son harem et à ses favoris ; puis

(1) Cette fille d'un Khân tartare amenait avec elle toute sa maison. Il y avait au château des logements appelés *ruines des Tartares*, qui ne furent détruits qu'en 1425.

un fourmillement d'esclaves, de pages, de mamlouks et de marchands, sortis des bazars qui s'élevaient au pied des façades et débordaient sur la place. Aujourd'hui, ces bazars, dont nous voyons les traces sur le plan dressé par ordre de Bonaparte, ont complètement disparu. Le silence et le vide règnent en ces lieux. L'indépendante et belliqueuse porte Bâb el-Médâfé qui, dans les jours de révolte, vomissait mamlouks ou janissaires, ne voit plus passer sous son arcade que les soldats égyptiens, moins guerriers que ceux du pape, et d'indolents employés de ministère, dormant sur leurs baudets.

Dans la mosquée, même silence, avec un abandon, un délabrement inexprimables, mais une élégance que ne laissait point deviner l'extérieur du monument. La cour intérieure a de la grandeur avec sa ceinture de colonnes supportant une série d'ogives outrepassées, puis un attique percé de fenêtres qui va très haut se perdre sur le ciel en une crête hardiment découpée. Vers l'est, la colonnade s'interrompt pour laisser libre une large place carrée, lieu de prière du sultan et de ses dignitaires. Tout autour, un rang de colonnes en granit, hautes de 8 m. 50, enlevées sans doute aux ruines de l'antique Alexandrie, portaient une coupole aujourd'hui effondrée, dont il ne reste que les arcs de soutènement, la frise chargée de superbes inscriptions arabes avec les lettres refouillées en plein bois, les fenêtres intérieures et les pendentifs des quatre angles. Le délabrement est tel que, dans ce lieu jadis privilégié, on ne trouve aucune trace de ces revêtements, de ces dallages en marbres précieux dont témoignent les récits des chroniqueurs arabes. La porte du sud, réservée aux sultans, puis aux pachas et le mur de cette paroi, contre laquelle se tenaient leurs gardes et leurs esclaves, ont seuls conservé de belles traces de décoration, noyées par le badigeon moderne. On peut admirer encore les plafonds en bois des galeries, décorés de caissons octogones enluminés d'or et de couleurs.

Malgré son état de ruine, rien n'a pu enlever au sanctuaire sa majesté souveraine. Parmi les galeries sombres, cette région lumineuse éclate comme un chant de triomphe; seulement, l'effet n'est plus le même que celui voulu par l'architecte : au lieu de cette lumière brillante qui inonde la salle en tombant par le trou immense de la coupole dérasée, il faut se figurer un jour tempéré qui grandissait les proportions en pénétrant par les portiques de la cour et par le cercle des petites fenêtres du dôme, garnies de verres de Chypre vivement colorés et enchâssés pièce à pièce, comme des gemmes, dans d'épaisses montures de plâtre découpé en arabesques. Ces effluves de lumière se jouaient alors sur les reliefs peints et dorés de la coupole et de ses pendentifs, sur l'or et l'azur des inscriptions de la frise ; puis elles tombaient fondues, tamisées, incertaines sur les marbres, les tentures, les tapis, les chandeliers d'argent à larges piédouches gravés, sur les

INTÉRIEUR DE LA MOSQUÉE DU SULTAN EN-NACER IBN KALAOUN

hautes superbes grilles qui entouraient le sanctuaire, isolant de la foule le sultan et ses émirs.

Quand la mosquée fut terminée (vers 1320) le sultan Mohammed ibn Kalaoûn s'assit sur son trône dressé très haut sous la coupole, au milieu des grands et du peuple. Il établit un concours entre tous les mouezzîn, lecteurs et prédicateurs de la ville et les mit à l'épreuve, leur faisant chanter l'appel à la prière, lire le coran ou prononcer des prônes. Il choisit ensuite les plus habiles, et fit de telles dotations à sa mosquée qu'elle devint, dit Makrizy, l'une des plus riches de l'Egypte. Elle sert aujourd'hui de dépôt pour les canons et les caissons. L'accès en est d'autant plus difficile que les Egyptiens et les Turcs, incapables de comprendre l'intérêt qui s'attache à une ruine, se figurent aisément qu'on espionne la force ou la faiblesse de leur armement. L'officier égyptien qui nous accompagne est poli, mais il nous surveille de très près et ne souffrirait pas qu'on se mît à dessiner.

Derrière la mosquée de Ibn Kalaoûn, on nous montre le fameux puits, dit de Joseph, que Saladin fit creuser dans le roc : c'est un gouffre large et béant, profond de 100 mètres ; dans ce site aride et sévère, on est heureux de rencontrer tout à coup un charmant fouillis de plantes vertes qui retombent en grappes abondantes vers la gueule humide et noire de cette caverne formidable, d'où l'on entend sortir les grincements et les gémissements perpétuels des manèges tournés par les bœufs qu'on y fait descendre par une spirale en rampe douce.

Auprès de ce puits, s'ouvre une poterne, *Bâb el-Halazoûn*, donnant accès au boyau qui descend le long du flanc extérieur de la muraille et vous ramène sans qu'on s'en doute au pied du donjon es-Softa, mais en dehors du Château. Ce boyau, commandé de droite et de gauche par des murailles crénelées, coupé de portes à machicoulis, forme un long circuit qui devait empêcher l'assaillant de faire irruption dans l'intérieur du Château. Cette sortie de forteresse est un endroit merveilleux. De la base du donjon, grandi du double par la différence des niveaux extérieur et intérieur, on voit se dérouler la magnifique enceinte des tours et des courtines, dominant le plus accidenté, le plus rocailleux des terrains ; de là que d'échappées prodigieuses sur les abîmes qui nous séparent du Mokattam, sur les déserts où s'échelonnent au loin les mosquées funéraires des Mamlouks ! Mais qu'un cortège de sveltes fellahines, la tête chargée d'une amphore, vienne à descendre par ce sentier, aussitôt un souffle de jeunesse passe à travers ces murs et ces rochers ; il semble qu'un accord musical en rompe le silence et tout se met à chanter ! C'est l'heure où, après avoir puisé aux fontaines des sultans, elles redescendent vers leurs cabanes. construites au pied des murailles avec les débris tombés des créneaux.

Nous pénétrons ensuite dans l'ancien quartier des janissaires, en face de la mosquée de Kalaoûn et, gravissant un bel escalier aux emmarchements moulurés qui conduit au chemin de ronde de la courtine intérieure, nous parvenons à la tour ; celle-ci est pourvue d'un escalier, rampant entre des cylindres concentriques, et desservant des chambres centrales et voûtées ; il aboutit au sommet de la tour à une courtine circulaire, faite pour le service des embrasures et des machicoulis ; tout y rappelle nos donjons du XIVe siècle. Le cylindre central, jadis plus haut que l'extérieur, était coiffé d'un comble pointu, aujourd'hui dérasé ; là, on nous montre, perdues de soleil et de poussière, des amas de caisses en désordre contenant, dit-on, les archives administratives de Méhémet-Ali.

Par les embrasures ou meurtrières disposées en cercle, on aperçoit tantôt un gouffre de rochers, tantôt une tranche des prodigieux lointains de la ville, un pan de pyramide, une lame d'eau du Nil. Notre donjon est le confluent de trois murailles qui, sous des angles différents, convergent à sa base : les deux tronçons de l'Est forment la défense extérieure ; le troisième, qui se dirige au Nord-Ouest et que nous avons franchi deux fois pour monter ici, à Bâb ech-Chirk et à Bâb el-Médâfé, est une clôture intérieure qui divise le Château en deux parties à peu près égales. Celle du Nord était le quartier des mamlouks ; leurs défenses intérieures sont tournées contre la partie sud où se trouvait le palais des sultans, devenus leurs maîtres après avoir été leurs égaux. Ne serait-ce pas pour s'isoler de ses turbulents voisins, qui l'avaient plus d'une fois renversé, que le sultan En-Nacer ibn Kalaoûn aurait élevé, comme un barrage entre son palais et le quartier militaire, cette suite de bâtiments hauts, solides et crénelés qui s'étendaient en droite ligne d'un bord à l'autre du plateau et comprenaient la mosquée que nous avons visitée, puis le célèbre édifice vulgairement appelé « Diwân de Saladin », dont Méhémet-Ali a fait raser les derniers vestiges ?

Ces deux quartiers sont évidemment méconnaissables :

qu'est devenue à droite, du côté des mamlouks, cette magnifique tour isolée, dite des janissaires, que le plan de Bonaparte montre comme étant assez voisine de notre donjon ? Que reste-t-il du Diwân-Moustahfazân où durent se tramer tant de révolutions de palais plus ou moins célèbres ?

A gauche, du côté des sultans et des pachas, on ne voit guère que l'énorme mosquée neuve de Méhémet-Ali. De part et d'autres, ce qui frappe les regards, sauf quelques minarets fort simples, ce sont des nuées de bâtisses cubiques plus ou moins hautes et grandes, toutes blanchies à la chaux. Le palais de Méhémet-Ali pourrait être pris pour un ministère, chaque ministère pour une caserne.

Là, comme ailleurs, les Turcs ont tout gâté depuis trois cents ans. Au dire des voyageurs du siècle dernier, les pachas de Constantinople, sachant bien qu'ils ne gouverneraient pas longtemps l'Egypte, ne se souciaient point de faire des dépenses pour leurs logements ; ils gardaient pour eux-mêmes les fonds destinés à l'entretien du palais et se contentaient d'en habiter les ruines.

Avant de quitter la Montagne, donnons un souvenir au monument disparu qui en était la merveille (1).

Le Diwân de Joseph, ainsi qu'on l'appelait communément, occupait à peu près toute la place libre qui s'étend devant la mosquée de Méhémet-Ali, espace compris entre la mosquée de Kalaoûn et le corps de garde où chaque jour tonne sur la ville le coup de canon de midi. Le diwân avait à peu près la longueur de la vieille mosquée, mais il s'élevait beaucoup plus haut, formant ainsi le point culminant où convergeaient tous les regards, qu'attirait sa belle façade crénelée, percée de fenêtres et de larges arcades ogivales. On ne peut plus juger de sa structure que par quelques dessins anciens et par les planches du grand ouvrage de la Commission d'Egypte. Sa ressemblance avec la mosquée de Kalaoûn est frappante ; elle est telle qu'à première vue on pourrait prendre la planche 70 pour une représentation de la vieille mosquée. On y reconnaît, comme dans celle-ci, une grande salle carrée, couverte d'une coupole sur pendentifs, laquelle portait aussi sur

(1) L'histoire la plus complète et la plus savante du Château de la Montagne, depuis ses origines jusqu'à nos jours, a été publiée dans les *Mémoires de la Mission archéologique du Caire* par M. Paul Casanova, membre de la Mission, t. VI, 4e et 5e fasc. avec plans et gravures.

Le diwan de Joseph, aujourd'hui détruit, tel qu'il était en 1798, d'après l'atlas de la Commission d'Égypte

des arcs ogives que soutenaient ces mêmes colonnes antiques de 8 m. 50 de haut et de 1 mètre de diamètre. Au-dessus des arcs, courait cette même frise chargée d'inscriptions en grands caractères de bois doré en relief, appliqués sur champ d'azur.

Cet édifice magnifique semble bien correspondre à celui que les chroniqueurs arabes appelaient le *Kasr el-Ablak*, ou le château blanc-noir, à cause de la couleur primitivement blanchâtre et noirâtre de ses assises. Il aurait donc été élevé par le même sultan En-Nâcer ibn Kalaoûn, de 1313 à 1314, et non par Saladin ou ses successeurs qui régnèrent entre 1171 et 1249. La tradition populaire attribue toujours les beaux ouvrages et les hauts faits aux personnages dont le souvenir est resté légendaire (1). Saladin n'eut que le temps de commencer la forteresse qu'il voulait fonder, tant pour se mettre à l'abri des partisans de la dynastie des califes fatimites qu'il avait supplantés, que pour se créer une résidence nouvelle où l'on oublierait les coutumes de l'ancienne cour. Il commença par faire raser les kiosques, tombeaux et mosquées qui depuis trois siècles et demi se succédaient sur le plateau et éleva au point culminant du côté de la ville, une maison forte qu'on appelait le château de l'Air et qui ne fut achevée que par son frère El-Malek el-Adil et surtout par le fils de ce dernier, le sultan El-Kâmil.

Depuis lors, le Château s'embellit de règne en règne jusqu'à la domination turque, en 1517, sous laquelle il s'enlaidit de pacha en pacha. Au XIIIe siècle et au XIVe siècle, le puissant sultan mamlouk El-Mançoûr Kalaoûn et son fils Mohammed En-Nâcer contribuèrent à le parfaire ; c'est ce dernier qui éleva cette ligne de constructions hautes et fortes qui couvraient complètement sa demeure intime, et la séparait du quartier de ces milices toujours prêtes à suivre un nouveau maître et qui, à deux reprises déjà, l'avaient renversé du trône de son père.

En avant du Kasr el-Ablak et sur l'emplacement du poste

---

(1) Ici deux personnages du passé peuvent par leur réputation légendaire se disputer les attributions glorieuses données par la tradition populaire : le patriarche Joseph, fils de Jacob, qui personnifie le génie de la prévoyance et le célèbre sultan Saladin qui battit les croisés, qui commença la Citadelle et dont le nom véritable était Yousouf Salah-ed-Dyn, Joseph, le salut de la religion.

militaire, subsistaient encore au commencement de ce siècle, des ruines qui ont pu appartenir au palais de Saladin si, comme supposait Jomard, on y lisait la date de 1171. On y voyait les restes d'une magnificence en rapport avec les descriptions des historiens arabes, tels que revêtements en mosaïque de marbre à incrustations de nacre, dorures, peintures, colonnes de granit, plafonds et inscriptions dorés. Depuis qu'à une époque assez reculée, un certain pacha y fut étranglé, ses successeurs renoncèrent à ce logement qui se détériora sans que les pachas pussent esquiver le fatal cordon de soie. On y logea dès lors les brodeurs du tapis de La Mecque.

En avant du palais de Saladin, sur le bord de l'escarpement supérieur qui domine les batteries basses et la place Roumeïlèh, s'ouvrait une terrasse découverte qui se prolongeait sur le vide en une avancée factice, portée par des arcades et des piliers carrés. Le vide du dessous communiquait avec d'immenses magasins creusés dans le rocher. On en fit une poudrière qui ne sauta qu'en 1824. Ainsi une partie des transformations projetées par Méhémet-Ali se trouvèrent accomplies naturellement.

On demeure confondu quand on énumère les palais et les portiques décorés avec un luxe féerique, les jardins pourvus de bosquets, de ménageries et de volières qui s'entassaient au XVe siècle sur le sommet du rocher et dont les pachas de Constantinople ne se soucièrent point. Leurs ruines mêmes ont tellement disparu sous les aménagements modernes qu'il est impossible à première vue de se former une idée du passé.

Telle fut la cité magnifique et singulière où pendant cinq siècles et demi les mamlouks exercèrent leur pouvoir à travers des vicissitudes sans nombre. Cette milice, tombée dans un état d'insubordination redoutable, fut, en 1284, réformée par le puissant sultan El-Mançoûr Kalaoûn, père de celui qui fonda la grande mosquée du Château. Il commença, rapporte Makrizy, par recruter ses mamlouks avec un soin extrême. Les marchands d'esclaves lui amenaient de tout jeunes enfants, choisis parmi les populations énergiques et intelligentes de l'Asie occidentale. L'enfant accepté par le sultan était placé parmi ceux de sa tribu et instruit dans l'art de l'écriture, dans les sciences religieuse et juridique. Devenu homme, le mamlouk était rompu au maniement du cheval et des armes ; il entrait ensuite dans le service actif et, selon son mérite, passait de grade en grade jusqu'à celui d'émir qu'on ne lui donnait que s'il en devenait digne par ses manières, ses connaissances, son esprit d'obéissance, son respect pour l'islam, son habileté comme soldat et comme cavalier. Quand sa vocation le portait vers l'étude, on faisait de lui un lettré, un poète ou un mathématicien. Les punitions étaient dures ; pour des cas de tromperie, de paresse, d'inconduite, elles pouvaient entraîner la peine de mort.

Grâce à ces soins intelligents, les mamlouks devenaient des chefs aptes à administrer les provinces, des officiers expérimentés ou des fonctionnaires habiles. Tout ce qu'ils ont laissé au Caire en fait de monuments, montre bien quelle était la force et la distinction de cette société aristocratique.

Les jeunes mamlouks étaient d'ailleurs fort bien traités, largement pourvus de beaux vêtements, de rations et d'argent, de manière à pouvoir eux-mêmes se montrer généreux ; mais il leur était interdit de se promener ou d'habiter hors du Château. Le sultan Kalaoûn avait coutume de goûter leur nourriture et s'emportait contre les intendants à la moindre de leurs négligences. Aussi, disait-il avec orgueil : « Tous les rois mettent leur gloire à laisser des richesses et des palais ; moi, j'ai élevé des forteresses qui me protégeront ainsi que mes enfants et les musulmans : ce sont les mamlouks ! »

Après lui, la décadence commença par le relâchement de la discipline. Son fils permit aux mamlouks de sortir isolément du Château sous la condition d'y rentrer le soir. Un autre de ses fils, ce sultan Mohammed En-Nâcer, dont nous avons décrit les monuments, leur permit d'aller aux bains de la ville. Il les combla de présents, donna de l'avancement au gré de son caprice. Tout le monde alors voulut être mamlouk : il y en eut qui se vendirent jusqu'à 100.000 francs et l'entretien de ce corps d'élite finit par coûter près de 200.000 francs par mois. L'avènement de la seconde dynastie des Mamlouks amena des changements qui accentuèrent leur décadence. Par économie, le sultan leur permit d'habiter la ville et de s'y marier ; dès lors, ils désertèrent les casernes du Château et leur solde ne suffit plus à les entretenir. On ne les recruta désormais que parmi les gens de basse condition : bateliers,

La mosquée Mahmoudieh et Bâb el Azab, porte de la Citadelle. Vue prise de la place Roumeileh par Dauzats en 1830.

mitrons, arroseurs publics, etc. On cessa de les instruire et ils devinrent les plus vils, les plus cupides, les plus ignorants, les plus dissolus des hommes, si bien que l'Egypte et la Syrie furent abandonnées à l'ignorance des gouverneurs et à la rapacité des fonctionnaires sortis du rang des mamlouks. Il ne semble pas qu'ils se soient jamais relevés de cet état inférieur. Ils surent pourtant être braves contre l'ennemi commun. L'anarchie régnait entre eux au moment de la conquête turque, en 1517, puis en 1798, lors de l'invasion française et pourtant quelle résistance héroïque n'opposèrent-ils pas à Sélim comme à Bonaparte. Tels ils étaient encore en 1811 au moment de leur destruction.

Voici le récit inédit que nous a communiqué M. de Lesseps qui le tenait de Méhémet-Ali lui-même : Devenu pacha d'Egypte envers et contre tous, Méhémet-Ali inspirait de l'ombrage à Constantinople et beaucoup de jalousie aux mamlouks. Le sultan l'envoya guerroyer en Arabie contre les Wahhâbites, redoutables sectaires qui, voulant ramener l'islamisme à sa simplicité première, menaçaient de prendre La Mecque et de bouleverser les lieux saints. Le pacha d'Egypte ne pouvait ni ne voulait manquer aux ordres du souverain, mais devait-il partir en laissant l'Egypte dégarnie de troupes à la merci des mamlouks ? Ceux-ci d'ailleurs ne cessaient de former des complots contre sa vie et voulaient l'exterminer lui et sa race. Souvent, ils l'invitaient avec ses fils à des fêtes, mais Méhémet-Ali, prévenu de tout par un certain Ahmed qui lui était dévoué, n'y allait jamais que seul, sans armes, comme pour s'en remettre à leur hospitalité traditionnelle. Ils avaient formé le projet de l'assassiner la veille du 1er mars 1811, près d'Héliopolis, après qu'il aurait mené la caravane de La Mecque jusqu'au *Birket el-Hâdj*, le lac des Pèlerins, lieu d'où elle part pour l'Arabie après une fête de huit jours. Simulant l'ignorance et la confiance, Méhémet-Ali alla seul rendre visite à chacun des beys, sous sa tente, aux bords du lac. Puis, pour reconnaître leurs politesses, il les pria de venir le lendemain à son palais de la Citadelle, afin d'assister à la cérémonie d'investiture de son fils Toussoûn-Pacha comme généralissime des troupes d'Arabie et de se joindre au cortège qui devait le conduire en grande pompe jusqu'au camp, situé hors des murs de la ville.

Le 1er mars 1811, les beys montèrent sans défiance au Château avec leurs cavaliers et leurs saïs, tous revêtus de costumes d'apparat. Méhémet-Ali les reçut avec cordialité, fit servir les pipes et le café qui sont chez les Orientaux les marques de la confiance ; puis au signal donné par une musique militaire, les beys se retirèrent, précédés et suivis par une escorte d'honneur, composée d'Albanais et de troupes d'infanterie ; ils s'engagèrent dans le vieux chemin qui descend du plateau vers la ville. C'est un défilé sinueux, pratiqué dans le rocher ; aux endroits les plus rapides le roc est taillé en stries transversales qui assurent le pied des chevaux. De toutes parts, le chemin est dominé par de hauts murs à meurtrières ou coupé par des portes et des passages fortifiés. A l'un des détours anguleux du boyau, un aigle héraldique de taille colossale est sculpté en bas-relief à une hauteur inaccessible. C'est le blason personnel de quelque sultan.

Ce chemin, qui a été élargi depuis 1811, aboutit en dernier lieu à la porte appelée Bâb el-Azab, du nom de ce corps de troupes, les Azabs qui, au temps de la domination turque, gardaient la région inférieure de la Montagne, entre les batteries hautes et les batteries basses.

Lorsque les mamlouks arrivèrent péniblement et un à un devant El-Azab, l'avant-garde de la colonne se déployait déjà dans la ville : au moment où les Albanais allaient sortir à leur tour, la porte se ferma devant eux et sur un ordre secret de leur chef, ennemi personnel des beys, ils escaladèrent rapidement les rochers ; l'arrière-garde s'embusqua de même. Aussitôt commença une fusillade meurtrière. Impossible aux mamlouks de manier leurs chevaux, de faire volte-face, de fuir ou de se défendre : avant qu'ils eussent mis pied à terre, le sabre au poing, une partie des leurs étaient tombés sous les balles.

Fusillés par des traîtres invisibles, quelques beys blessés et sanglants parviennent à rejoindre le palais en criant merci ; ils sont saisis et décapités ; un seul échappa en s'esquivant par la ruelle qui s'ouvre à gauche avant d'arriver à Bâb el-Azab et en poussant son cheval par-dessus les créneaux. Tombé presque sans vie sur la place extérieure, on l'expédia en Syrie, tout en le faisant passer pour mort. M. de Lesseps le vit encore à Jérusalem.

Ce massacre, qui eut pour effet de pacifier le pays, ayant

été renouvelé dans toutes les provinces, le vice-roi, l'âme tranquille, put s'acheminer vers Suez et faire partir ses troupes. Horace Vernet l'a représenté calme, résolu au moment de cette terrible exécution qu'il commande de loin, appuyé sur un lion apprivoisé. Méhémet-Ali déclara à M. de Lesseps qu'il ne comprenait pas pourquoi le peintre l'avait représenté ainsi. Son esprit positif, dénué de culture, ne pouvait concevoir que l'artiste cherchât un contraste poétique. La vérité est qu'il tremblait fort, se tenant caché, dans la crainte que ses Arnautes ne le trahissent ou qu'un ordre mal donné ne fit échouer le guet-apens. Se croyant déjà perdu, il errait tremblant et agité dans son palais vide et fermé; deux hommes dévoués et bien montés l'attendaient à la porte Bâb el-Gebel avec un cheval sellé pour l'emporter dans le désert. Anxieux, il attendait l'explosion de la mousqueterie comme un signe de délivrance et quand elle éclata il fut pris d'une sorte de faiblesse, suivie d'un hoquet nerveux qui ne l'a plus quitté. M. de Lesseps nous a fait entendre, en l'imitant, ce hoquet qui ressemble à un aboiement rauque et sinistre. Cette strangulation le prenait surtout au déclin de sa vie; ses yeux devenaient alors hagards; une folie sénile le replaçait sous le coup des terreurs de 1811.

Nous franchissons l'arche profonde et sombre de Bâb el-Azab, vieille porte ogivale, richement ornée avec ses deux tours massives décorées de grands arcs de décharge, qui vit les quatre cent-soixante-dix beys mamlouks entrer pleins de vie, brillants dans leurs grands costumes, et ne laissa plus sortir que des têtes sanglantes envoyées par le pacha à l'Ezbékîyèh pour les montrer au peuple.

INSCRIPTION COUFIQUE DE LA FRISE DU LIWÂN PRINCIPAL

LA

MOSQUÉE DU SULTAN MAMLOUK

HASSAN IBN MOHAMMED IBN KALAOÛN

(1362)

« Ah ! Mahomet, toi seul es grand, toi seul es Dieu, qui as inspiré une œuvre comme celle-là ! »

(Lettres d'Henri Regnault)

La place de Roumeïlèh a grand air, située comme elle l'est entre les masses imposantes de la Citadelle, de la grande mosquée de Hassan et de plusieurs autres qui l'entourent. Cernée du côté nord par un groupe d'édifices religieux au noble et svelte profil, la place paraît s'étendre à perte de vue au midi vers ces horizons de pourpre et d'or que nous entrevîmes en gravissant les rampes de la Citadelle. Ce caractère de grandeur un peu sauvage, qui fait revivre pour nous l'énergie et la magnificence des siècles écoulés, sera-t-il respecté par les Egyptiens modernes? Avec les tendances toutes parisiennes du nouveau règne (1), il est à craindre que son sol montueux et irrégulier où s'étagent si bien les groupes populaires, que ses antiques chemins, usés par le passage des caravanes et des escadrons de mamlouks, ne soient nivelés et changés en squares, avec grilles de fonte, bassins et réverbères !

Telle qu'une forteresse rivale, la mosquée du sultan Hassan s'avance en bastille vis-à-vis de la Citadelle, lui présentant la masse de sa puissante coupole, flanquée de deux minarets. Les terrasses, les balcons, placés à des hauteurs variant de 30 à 50 mètres, furent les repaires d'où les mécontents et les révoltés ont, depuis cinq siècles, tenu tête à la Montagne,

(1) Nous sommes en 1865.

que le maître fût un sultan mamlouk, un pacha de Stamboul ou le général Bonaparte. Aujourd'hui, la mosquée de Hassan triomphe de la Montagne qui, dépossédée de sa couronne de palais, n'a plus à lui opposer que la mosquée de Méhémet-Ali...

LA MOSQUÉE DU SULTAN HASSAN, TELLE QU'ELLE ÉTAIT EN 1864.

On ne se lasse point d'examiner sous ses aspects variés ce grand corps saillant dont les ailes en retraite se terminent en tourelles d'angles portant les minarets ; vraie muraille féodale, qui avec sa tranquille majesté, sa simplicité presque naïve tirent son principal effet de cette puissante corniche qui la surplombe et s'accommode à tous ses circuits.

Un des secrets de la beauté architecturale est l'importance des saillies ; la corniche de la mosquée de Hassan, aussi bien que celle du palais Farnèse à Rome, couronnant des façades très simples, suffisent à imprimer à ces monuments un caractère d'éternelle grandeur.

La ruelle de Soùk es-Selâh se glisse au milieu des masures comme un ravin parmi les roches éboulées d'une falaise ; elle longe le mur géant de la façade principale ; du sommet de ce mur déborde cette corniche colossale à six rangs de stalactites, dont l'ombre vigoureuse s'égaye de points lumineux, tandis que de la terre monte une autre ombre qui va en s'éclaircissant. Le nu de la muraille se creuse du sommet à la base en une série de canaux percés d'innombrables fenêtres, mais la fuyante perspective n'en laisse voir que les saillants qui, semblables à une rangée de contreforts, rehaussent la majesté de l'édifice et accentuent son caractère de force.

A son extrémité, cette façade se brise et s'infléchit vers la ruelle pour en suivre le détour ; elle forme alors une sorte de donjon carré dans lequel s'inscrit une haute baie en ogive. L'effet produit par ce tronçon terminal, qui tout entier s'évide en arcade pour abriter la grand'porte, ne fait-il pas penser à la dernière cadence retardée, triomphante, d'un vieil hymne de Bach ou de Haendel.

Toute cette longue et austère façade, qui plonge dans le demi-jour cette entrée monumentale, dont les montants éclairés par le soleil se détachent vivement sur le fond plus sombre de la baie, ce rayonnant cordon de stalactites et de fleurons roses sur le ciel bleu; enfin ces turbans, ces caftans rouges, verts ou bleus, qui s'échelonnent sur le perron et se mêlent au fond de la rue, — tout cela est vraiment grand : c'est un tableau qu'il faut personnifier sous ce nom magique et terrible — L'*Islâm !*

Nous gravissons les marches de la mosquée au milieu de croyants pacifiques; il y a un demi-siècle, les fervents nous auraient reçus à bons coups de khandjar, si toutefois nous avions pu pénétrer dans cette *rue sainte* du sultan Hassan, où eux-mêmes descendaient humblement de leur monture, à ce que racontait un jour devant nous Félicien David, dont le regard ordinairement voilé, s'embrasait quand on lui parlait du Caire de 1833 ; et cependant on peut constater que le peuple porte encore une sorte de rancune à l'édifice colossal dont il présume que les charges et les dépenses ont dû peser sur lui.

FAÇADE LATÉRALE ET PORTAIL DE LA MOSQUÉE

Un caractère de force, d'ampleur, se dégage des moindres parties de l'édifice. La conception architecturale, l'ornementation appartiennent à un style musulman élargi, sans doute mis en œuvre par un artiste venu du dehors. Un génie particulier préside à ces formes traditionnelles, à ces combinaisons géométriques ; il les anime d'un souffle naturaliste ; tout ornement de la mosquée de Hassan a une saveur si particulière qu'on ne saurait le confondre avec le décor d'un autre édifice (1).

Le premier vestibule se creuse, se développe en niches, en alcôves mystérieuses. On monte une quinzaine de marches biaises, perdues dans un coin sombre ; on voit se développer des corridors, larges comme les rues du Caire et, tout à coup, le ciel reparaît au-dessus d'une cour ceinte de très hauts murs dentelés, d'où la lumière descend tamisée ; chacune des quatre parois est percée d'une seule arcade ogivale, hardie, puissante, haute comme le monument lui-même — derrière laquelle s'ouvre une vaste salle pleine d'ombre et de fraîcheur.

Que l'on se représente l'aspect de ces quatre grands arceaux se regardant deux à deux. « La voix qui sort des choses » fait jaillir de leur ombre des pensées de fanatisme, de puissance et d'orgueil. Les longues inscriptions du Coran en lettres coufiques, hautes de six pieds, marchent processionnellement sur les murs ; des multitudes de lampes pendent du bord des arceaux jusque sur nos têtes et leurs chaînes rapprochées frissonnent au souffle de l'air. Dans ce grand silence arrivent par bouffées les rumeurs de la ville, mêlées au bruit furtif des pieds nus sur les dalles, aux palpitations de l'eau dans le bassin des ablutions.

Que ne pouvons-nous, rafraîchis par le bain sacré, aller nous accroupir comme les enfants de Mahomet sur ce gai tapis de paille qui couvre tout le dallage du sanctuaire ! Et comme eux, sous le turban, sous le long vêtement de soie, voguer sur l'océan bleu de l'extase, au milieu des gazouillements d'oiseaux qui peuplent cette vieille voûte dont l'ogive encadre un coin du ciel. Suivons-les au moins d'un regard discret. Leurs attitudes et leurs gestes sont extatiques : celui-ci se tient debout, immobile, la tête droite et fixant un horizon imaginaire ; celui-là s'agenouille, mais sa tête se renverse souvent et quand il se prosterne, le front dans la

(1) Consulter le magnifique ouvrage publié par le Comité de conservation des monuments de l'art arabe : *La Mosquée du sultan Hassan au Caire*, par Max Herz-Bey, membre et conservateur en chef du Comité. Le Caire 1899, in-f° avec texte, plans, élévations et nombreuses planches d'ensemble et de détail. — On trouve une étude technique et substantielle sur les principaux monuments arabes du Caire dans l'ouvrage récent : *Manuel d'art musulman*, vol. 1, *l'Architecture* par H. Saladin ; vol. 2, *les Arts plastiques et industriels* par G. Migeon. Paris, A. Picard, 1907.

poussière, son corps se redresse et s'abaisse trois fois de suite avec le mouvement vif et joyeux de l'oiseau qui se désal-

VUE INTÉRIEURE DE LA MOSQUÉE DU SULTAN HASSAN
d'après la monographie de M. Herz-Bey

tère. S'il ne se relève pas, c'est assurément qu'il dort ou qu'il rêve.

Le mysticisme de l'Orient est plein de soleil comme son ciel; celui que nous légua le moyen âge pleure comme notre climat ; dans la prière, la tête se penche toujours en avant et quand elle se relève, c'est pour soupirer « Heureux ceux qui pleurent » : charme intime et profond qui manque peut-être à l'âme orientale.

Des quatre salles ouvertes sur la cour et disposées comme les branches d'une croix grecque, celle du Levant est de beaucoup la plus grande et la plus ornée ; son orientation voulue vers La Mecque la désigne comme étant le lieu le plus saint, le plus spécialement consacré aux exercices religieux. Le *liwân kibly* n'est pas à vrai dire un sanctuaire, puisqu'une mosquée pas plus qu'une synagogue n'est un temple où l'on croit que réside virtuellement la divinité. Il ne faut donc pas s'étonner si les fidèles ont le droit d'y causer d'affaires, d'y goûter le sommeil, d'y prendre leur repas ou même de se livrer à quelques ouvrages manuels, surtout entre les heures réglementaires de la prière. C'est aux bienfaits de cette hospitalité que sont destinées les trois salles secondaires de la mosquée : et, en effet, nous y voyons quelques indigents dormant allongés sur les nattes ou occupés à recoudre leurs vêtements, avec un air de bien-être et de sécurité. Contraste singulier d'une misère insouciante et de splendeur décrépite sur lesquels le grand ciel d'Egypte, étranger aux hivers, étend seul sa protection.

Le mihrâb, ou niche creusée dans le fond du *liwân kibly*, indique l'orientation sacrée de La Mecque. C'est là que l'imâm se place, le visage tourné vers le mur et le dos à la foule pour diriger ses prières vers La Mecque. « En quelque lieu que vous soyez, dit le Coran, tournez-vous vers cette plage. » Si le mihrâb est le lieu matériel de l'orientation, la *kibla* en est l'expression abstraite : c'est le point idéal vers lequel doit être orienté le mihrâb ; il tient la place d'un autel, mais n'a rien du *sacer horror* de ce dernier ; on peut s'en approcher sans crainte pour le toucher et en examiner le décor de marbres variés, compartis et disposés selon une ordonnance d'un caractère aussi exquis que grandiose. Le mihrâb du sultan Hassan est une niche élancée, haute d'environ six mètres, se terminant au sommet en une coupole hémisphérique, encadrée de deux arcs concentriques d'une ogive très légèrement outrepassée que surmonte une frise chargée d'inscriptions. Les retombées des deux arcs et les angles de la frise posent sur quatre colonnettes, renommées pour leur élégance, et

dans lesquelles il est difficile de reconnaître le style oriental. Ces jolis morceaux ne proviendraient-ils pas de quelque église de Syrie, détruite par les musulmans lors de la ruine des établissements chrétiens ? Nous aurions là un exemple de l'emploi qu'ils faisaient volontiers des débris chrétiens, d'abord pour lester leurs navires, ensuite pour en trafiquer comme matériaux de choix ou trophées de victoire sur les Francs.

En entrant par le porche extérieur, nous avions déjà remarqué un fait analogue, la présence d'un pilastre quadrangulaire, encastré comme colonnette d'angle dans un des pieds-droits du portail ; son ornementation, formée de longues niches ogivales superposées entre lesquelles figurent des reliefs de façade de maison à pignon et d'église à coupole, n'a rien de musulman. Ne serait-ce pas un morceau pris à un édifice chrétien de Syrie ou la signature discrète de l'architecte anonyme, un chrétien de Syrie ou de Byzance? (1)

De chaque côté du mihrâb, aux extrémités de ce mur de fond, décoré de marbres, s'ouvrent deux portes revêtues de bronze ajouré, damasquiné d'or et d'argent ; elles sont là pour garder le lieu le plus saint de la mosquée, le *tourbeh* ou reliquaire des restes mortels du sultan fondateur : une bière en marbre uni, exhaussée de deux marches, repose seule sous un dôme de soixante pieds de diamètre que portent des murs hauts d'une trentaine de mètres. Le décor splendide est resté inachevé. Par ces hautes fenêtres, géminées à la façon des baies gothiques, et qui n'ont jamais reçu leur clôture, la poussière, les oiseaux du jour et de la nuit entrent et tourbillonnent depuis cinq siècles. Au-dessus du pourtour de marbre règne une frise couverte de grands caractères coufiques en bois, qui tombent pièce à pièce.

Dans les angles, laissés vides par la retombée du dôme, d'admirables pendentifs en stalactites de bois s'émiettent par lambeaux ; sur les dalles, des traces noirâtres de feu de bivouac que le fellah vous donne pour des taches sanglantes faites au cours des révolutions.

Cet abandon séculaire a une explication : on n'a jamais prié ici car le sultan ne repose pas dans son tombeau. Ce dévot et fastueux Mamlouk, le dernier de cette lignée d'Atrides, issue du puissant Kalaoûn, avait passé les trois dernières années d'un règne interrompu et troublé à presser les travaux de sa

(1) Voir pp. 94 et 95.

merveilleuse sépulture pour laquelle il dépensait mille pièces d'or par jour ou environ 15.000 francs. L'ayant voulue plus belle que toutes les sépultures de l'Islam, il avait, dit-on, envoyé ses architectes courir le monde pour choisir un modèle magnifique.

ENSEMBLE DU PILASTRE

L'arc de Chosroès, à El-Madâïn, dans l'Irak arabe, fut jugé le plus digne d'être imité. L'architecte étranger, peut-être chrétien, s'inspira surtout des proportions colossales de la ruine du palais de Chosroès et, sur le thème traditionnel de la mosquée, donna l'essor à son génie et créa ce monument d'un style nouveau en Egypte.

On inaugura la mosquée sans avoir pu construire le tombeau, sans parfaire le dallage de la grande cour, ni terminer les décorations peintes ou sculptées, et les quatre minarets dont le dernier restait à élever sur l'angle occidental. Les travaux avaient été exécutés avec tant de hâte qu'un jour. le 6 de Rébî el-Akhir 762,(14 janvier 1361), au moment peut-être où le sultan, debout sur l'estrade de marbre, se complaisait dans son œuvre, le minaret placé à côté du grand porche s'écroula subitement dans la cour en écrasant trois cents personnes. Malheur pour le Sultan ! cria-t-on partout dans la ville et, en effet, un mois après, Hassan périssait, victime d'une conspiration de palais, sans que l'on pût savoir ce qu'était devenu son corps. Après sa mort, la mosquée étant alors bien rentée, on la termina sommairement, sans s'occuper des deux minarets manquants. Dans le *tourbeh*, on dressa un tombeau vide sur lequel on déposa l'étendard du sultan et le grand exemplaire du Coran que, comme tout musulman lettré, il avait, dit-on, copié de sa main.

En quittant cette salle du tombeau, si grandiose et si mélancolique, on peut se demander quel a été durant cinq siècles le sort d'un lieu de cette importance, qui n'est point défendu par le respect qu'impose une sépulture royale.

DÉTAIL DES PANNEAUX DU PILASTRE
Dessin inédit de Jules Bourgoin

L'histoire en serait curieuse, mais où la chercher si ce n'est dans les traditions populaires? Tandis que la mosquée servait de repaire aux émirs insurgés contre le Château, la salle du tombeau reçut peut-être les conciliabules et les bivouacs des rebelles qui, de là, montaient aux minarets et aux terrasses pour lancer leurs projectiles par-dessus la place de Roumeïlèh contre les mamlouks de la Montagne. Les excès qui se perpétraient sous l'abri de la mosquée furent tels que, trente ans après sa fondation, la mosquée de Hassan dut être démantelée par le sultan Barkoûk, fondateur de la seconde dynastie des Mamlouks. Il fit murer les escaliers des minarets, ainsi que les portes des chambres ouvrant sur les plates-formes, et détruire le grand perron de l'entrée, qu'on remplaça par un passage ouvert dans une fenêtre. Cette mise au séquestre dura cent vingt-huit ans, et ne fut levée qu'en 1519, époque où les conquérants turcs firent reconstruire le perron, tel que nous le voyons aujourd'hui, avec des degrés d'un seul côté. Pendant cette longue interdiction, le grand porche, devenu inutile, avait perdu ses plus beaux ornements : en 1416, le sultan El-Mouayyed avait acheté pour 500 dinars ou environ 7.500 francs, la porte de bronze et la lanterne de cuivre qu'on admire maintenant à l'entrée de sa mosquée, près du Bâb ez-Zouvaïleh.

Aux jours terribles de la prise du Caire par les Turcs, qui sait si la salle du tombeau de Hassan n'a pas servi tout à la fois de prison, de tribunal, de lieu de torture et d'exécution contre les partisans du dernier sultan mamlouk qui auraient pu s'y retrancher lorsqu'ils combattaient pied à pied l'envahisseur.

Pupitre pour le lecteur public du Coran
Dessin de J. Bourgoin

Les dernières scènes d'épouvante eurent lieu au grand jour de la colère de Bonaparte, lors de l'insurrection du 21 octobre 1798 ; les murs gardent encore la trace des boulets français.

Enfin, le 1er mars 1811, les voûtes retentirent des échos de la mousqueterie qui, dans les replis de la montagne, foudroyait les successeurs dégénérés des mamlouks du sultan Kalaoûn et du sultan Hassan. Désormais, le cri plaintif et strident des vautours qui planent dans les régions hautes accompagne seul le grand silence de ces lieux.

Une séance de l'Institut d'Égypte en 1798 : L'entrée du général Bonaparte

L'ANCIEN INSTITUT D'ÉGYPTE

En sortant de la silencieuse mosquée de Hassan, nous retrouvons la place de Roumeïlèh retentissante de bruit et grouillante de menu peuple : un grand cercle s'est formé autour d'un conteur arabe qui sur un ton monotone nasille une strophe ; son acolyte en reprend aussitôt la dernière phrase sur un air plus vif, mais toujours le même et il en marque le rythme à coups de tambourin. C'est une litanie interminable dont le caractère, assez saisissant d'abord, devient vite endormant pour tout autre qu'un fellah. C'est ce dernier qu'il faut voir avec son rire naïf, ses dents blanches au soleil, ses bons gros yeux d'enfant et ses impressions bruyantes qu'il serait bien en peine de garder pour lui. Les pauvres fellahines, toujours si affairées, s'oublient à écouter le conteur ; des yeux pleins de joie, de petits cris étouffés par le voile, c'est tout ce qu'on peut saisir d'elles. Quant aux chiens errants, ils sont partout, mais bien plus graves et moins folâtres que les nôtres, malgré leur immense liberté ; ils ont toujours l'air d'être accablés du poids de leurs affaires d'Etat.

Par des chemins délicieux et compliqués : ruelles, bazars, tas de décombres, nous arrivons dans la voie déserte qui longe le canal, masqué par un rang d'habitations. A quelques pas devant nous s'élève dans la clarté la coupole et le minaret de l'émir Bahloûl, surprise toujours agréable au tournant d'une ruelle.

Le double pont des lions en 1798

Voici sur la place d'un marché la très sainte mosquée de « Madame Zénobie » Sitti Zeinâb en arabe, appellation qui nous ramène aux jolis titres de Monsieur Saint-Georges, de Madame Sainte Marguerite, que nos aïeux donnaient à leurs saints. Sitti Zeïnâb était petite-fille de Mahomet ; elle mourut en 723 de notre ère. On lui éleva cette mosquée. Un grêle portique, couvert de voyantes arabesques et surmonté de petits dômes plats, accuse une turquerie du XVIIIe siècle : à l'intérieur comme à l'extérieur, elle ne dément pas ce goût italiote et rococo qui est à l'Orient ce que le *style jésuite* est à l'Occident. Tandis que la nef est ornée de colonnes de marbre envoyées d'Italie, de lustres en cristal de Baccara et de portières surchargées de lourdes broderies d'or venues de Stamboul, la façade latérale, refaite en 1859, montre une ordonnance gothique, conçue dans le style *troubadour* des horlogers et des ébénistes de 1830.

En tournant le dos à la mosquée si peu digne de l'antique et pur souvenir de Madame Zénobie, on se trouve sur le pont moderne, large de cent pas qui couvre le canal. C'est assurément un travail ingénieux, mais on ne peut s'empêcher de regretter les deux ponts divergents, construits au XIIIe siècle, connus sous le nom de *Kanater es-Siba* les « ponts des Lions », à cause des lions héraldiques du Sultan-Beibars qui étaient sculptés sur les parapets.

Quittant les régions populeuses aux maisons pressées, on entre dans un quartier de plaisance où les palais des anciens beys mêlent leurs aspects graves et discrets à la verdure des arbres et des jardins. A droite s'alignent des façades fort simples, dont l'unique étage, percé de fenêtres à grillages de bois, forme sur la rue une avancée en encorbellement que portent des consoles de pierre festonnées ; à gauche, un mur de jardin et un grand porche cintré derrière lesquels apparaissent des bouquets d'arbres. Que de gens passent ici sans attention ni souvenir ! Et cependant, ces maisons qui ont appartenu à Kâcim-Bey et à Hassan-Kâchef, princes mamlouks défaits ou tués à la bataille des Pyramides, furent, de 1798 à 1801, le séjour de cette Commission des sciences et arts, et de cet Institut d'Egypte qui eurent Monge pour président, Bonaparte pour vice-président et Fourrier pour secrétaire perpétuel. C'est là qu'ont été élaborés les admirables travaux qui furent l'unique résultat de la campagne d'Egypte.

Le jardin s'étendait à 400 ou 500 mètres vers l'Ouest, et se terminait à l'étang dit de Kâcim-Bey et au fort de l'Institut, colline de décombres, fortifiée par Bonaparte, où Kleber fut enterré provisoirement et son assassin supplicié. Peu d'endroits sont plus jolis et plus attirants que ce jardin dont l'isolement a sauvegardé l'état primitif. Dans ces allées larges et droites, qui n'ont guère changé, si l'on en croit les plans du temps, se sont réunis des hommes de guerre et de paix, les plus hardis de la France nouvelle : Bonaparte et ses inséparables. Monge et Berthollet, Kléber et Desaix, Geoffroy Saint-Hilaire, Dolomieu, Malus et Cordier, les médecins Desgenettes et Larrey, et tant d'autres qu'il serait trop long d'énumérer ! Enfin, cet admirable Conté qui, au dire de ses compagnons, devint l'âme et le soutien de cette colonie d'enfants perdus dont le bagage scientifique et indus-

LE FORT DE L'INSTITUT ET L'ÉTANG DE KACIM-BEY EN 1798

triel avait péri dans le désastre maritime d'Aboukir. Tout manquait pour la défense, la subsistance et le travail : poudres et canons, sabres et trompettes, étoffes de fourniment, moulins à vent, machines à monnayer, presses d'imprimerie, crayons pour les dessinateurs, instruments pour les ingénieurs, les astronomes, les chirurgiens et les naturalistes. Ce que l'on demandait à son inépuisable génie d'invention naissait ici sans efforts avec l'aide de Monge et de ses collègues. Une seule chose lui échappa : pouvoir fabriquer deux trompettes à l'unisson !

« Nous avions de l'autre côté du palais de Hassan-Kâchef,

dit Jomard dans sa biographie de Monge, le vaste jardin de Kacym-Bey pour la promenade du soir. La conversation de Fourrier faisait le charme de nos entretiens. Monge y développait tantôt ses vues sur l'avenir de l'Egypte, tantôt ses doctrines scientifiques, tantôt des aperçus nouveaux sur sa chère géométrie descriptive. Il parlait avec chaleur, il colorait tout du feu de son imagination. La beauté du ciel, le parfum des orangers, la douceur de la température ajoutaient encore à l'agrément de ces réunions qui se prolongeaient au milieu de la nuit. Souvenir délicieux d'une époque à jamais mémorable! »

Vivant-Denon, qui tenait au XVIIIe siècle par l'esprit, et à l'ère nouvelle par l'enthousiasme, décrit ainsi le jardin de l'Institut :

« Pendant l'inondation on peut également s'y promener à pied et en bateau : les grands arbres qui sont au milieu sont des épines d'Egypte, espèce de Cassie, de la famille des mimosas, celui qui produit la gomme arabique. Le petit monument qui est dessous est un kiosque turc à prendre du café, fumer et reposer sa nullité, faire des calculs d'intérêt personnel, ourdir des trames en silence, prévoir ou concerter le projet d'une conspiration et ne s'émouvoir que pour l'exécuter. Quelle différence depuis qu'il était devenu le point de ralliement des membres de l'Institut ! Que de mouvements ! Que de rapides discussions! Que de franches communications ! Que de projets proposés, avortés, remplacés par de nouvelles conceptions, souvent utiles et toujours brillantes ! L'étincelle naissait du choc de la pensée ; la plaisanterie terminait la dispute et la gaieté nous ramenait tous au logis. »

Ce qui paraît singulier c'est que, parmi tant d'hommes d'une intelligence ouverte, il ne s'en trouva pas un qui ait su comprendre et décrire les splendeurs encore intactes du Caire et la grâce de la vie orientale. Denon lui-même, le plus accessible aux impressions d'art, n'y découvre « pas une belle rue, un beau monument, car ils sont, dit-il, d'un goût d'architecture plus agréable que régulier. » Comme tous les hommes de son temps, il ne voit guère de perfection architecturale que dans la « rassurante solidité ». La régularité, la symétrie, l'expression de la solidité, tels étaient encore les principes et les traditions de ceux dont les ancêtres méconnaissaient les beautés de l'art ogival, et qui l'avaient surnommé *gothique*, comme ils l'eussent appelé *tudesque* ou *barbare*. Aussi, Jomard n'admire au Caire que la porte Bâb en-Nasr, ouvrage classique et byzantin qui n'a rien de la fantaisie que nous aimons dans le style arabe.

Les dessinateurs de l'expédition française nous ont légué sur Le Caire une collection de dessins d'autant plus précieux que bon nombre d'édifices et de sites ont disparu ; mais leur exécution sèche et sans grâce n'en rend pas l'effet et montre que leurs auteurs, imbus de principes exclusivement classiques, ne les voyaient pas sous leur vrai jour. Il en est même qui semblent avoir voulu corriger les édifices qu'ils dessinaient : c'est ainsi que l'architecte Protain, chargé d'étudier et de relever sous toutes ses faces la mosquée de Hassan, a partout supprimé l'épaisse corniche en stalactites qui en est le plus bel ornement (1). Si l'occupation française avait pu durer, elle eût certainement rendu beaucoup de services à l'Egypte, mais l'activité novatrice de la colonie aurait rapidement fait du Caire ce qu'on a fait d'Alger, une ville bâtarde, moderne et personne de notre génération n'aurait pu voir ce que nous en admirons encore.

Au reste, il n'y a qu'à jeter les yeux sur les correspondances des compagnons de Bonaparte en Egypte, pour sentir combien tous ces hommes du XVIIIe siècle ont méconnu et dénigré « cette fameuse capitale », qu'ils se figuraient peut-être comparable à Versailles et à la place Louis XV. Quant à Bonaparte, avec son imagination orientale et son génie d'assimilation, il aimait singulièrement les petites ruelles du Caire à cause du sentiment de liberté infinie dont on y jouissait.

Attardés à ces souvenirs, nous reprenons au crépuscule le chemin sur lequel se rencontraient jadis savants et guerriers quand ils échangeaient visites ou services entre l'Institut et le quartier général de Bonaparte, situé à plus d'une demi-lieue d'ici, sur l'Ezbékîyèh, dans le palais d'Elfy-Bey, devenu l'hôtel Sheepsherd. Cette route est restée une suite interminable de circuits délicieux parmi lesquels on voyait naguère apparaître Bâb en-Nasryèh, ancienne porte dont les défenses échelonnaient parmi les bois de palmiers leurs tours et leurs tourelles crénelées (2). La route se prolonge, bordée

(1) Voir l'aquarelle originale, exposée à la Bibliothèque nationale de Paris.

(2) La porte Nasryèh aura sans doute été rasée pour livrer passage à un de ces boulevards vides et poudreux qui viennent en ligne droite de

de jardins, de palais et de mosquées ; elle serpentait autrefois parmi des étangs qui, du fort de l'Institut à l'Ezbékîyèh marquaient l'ancien lit du Nil tel qu'il était au XIIe siècle. Vers 1827 Ibrahim-Pacha fit combler ces bas-fonds avec les *koum* ou monticules de décombres qui les séparaient et c'est ainsi que le fort de l'Institut disparut dans l'étang de Kâcim-Bey sans qu'il soit resté trace de l'un ni de l'autre.

MAISON DE BONAPARTE ET DE KLEBER, SUR L'ANCIEN ESBEKÎYEH, AUJOURD'HUI HÔTEL SHEEPSHERD

Le peu qui subsiste de ces bas-fonds, presque entièrement comblés, mais encore entourés de hautes maisons, est extrêmement curieux. Dans un coin de ces places qui paraissent fermées de toutes parts, on a conservé une fosse remplie d'eau et entourée de palmiers où les chameaux viennent s'abreuver. Une population pauvre et bruyante habite aujourd'hui ces demeures de riches marchands ou de mamlouks dont le plaisir était, au temps de l'inondation, de se promener le soir en barques illuminées et pavoisées sur les eaux

l'Ezbékîyèh. Le palais de l'Institut a été complètement métamorphosé à l'intérieur. Les jardins ont, croyons-nous, disparu sous des constructions modernes.

qui baignaient les escaliers de leurs palais. Tel était aussi cet Ezbékîyèh qu'en 1825 on traversait encore en bateau et qu'en 1865 on franchit à pied sec, au milieu d'aboiements féroces et autres bruits sinistres qui surgissent de tous côtés dans l'ombre nocturne de ces arbres d'apparence séculaire, qui n'ont cependant point quarante ans.

BAB EN-NASRYÈH, EN 1798

Nous passons des mondes disparus à celui de l'avenir. Nous voici revenus à l'hôtel d'Orient. La salle des ingénieurs de l'Isthme est pleine d'entrain et brillamment éclairée. Chaque repas amène ici quelque nouveau convive qui revient de Suez ou du Soudan ou bien y retourne et qui, naturellement animé par la vie active ou gagné par l'aisance et la liberté d'esprit que M. de Lesseps communique à tout ce qui l'approche, raconte avec bonne humeur ce qu'il sait, ce qu'il a vu ou ce qu'il imagine. Pour la première fois nous apercevons parmi les convives Mariette-Bey, le célèbre fondateur du musée de Boulak.

Il est très effrayant, le Bey, avec sa haute taille, son tarbouch très enfoncé, sa figure sévère et accentuée, son parler bref et ses redoutables lunettes noires, bombées, qui lui font des yeux apocalyptiques. Mais bientôt, sentant qu'il est entouré d'intelligences attentives et sympathiques, il s'anime et devient étincelant de verve et d'esprit — et les heures s'envolent... comme jadis dans les jardins de l'Institut d'Egypte.

UN ZIKR
Dessin d'après nature par P. Chardin

LA FOIRE DE TANTAH

« ..... Et puis le diable faisait comme si toute la forêt eût été remplie de diables... redonnant dans le cercle comme des élans et foudres, comme des coups de gros canons dont il semblait que l'enfer fût entr'ouvert.

(G. de NERVAL, *la Légende de Faust*).

1er janvier 1865.

Le bourg de Tantah ne serait pas la capitale de la fertile province de Gharbyèh, au centre du Delta, qu'il mériterait encore d'être visité deux ou trois fois l'an pour sa foire célèbre qu'enrichit le grand pèlerinage au tombeau du santon Ahmed el-Bedawy. Veut-on savoir en quoi peut consister un saint populaire de premier ordre? Voici le portrait qu'en trace dévotement l'historien arabe Soyoûty : « Ahmed el-Bedawy (c'est-à-dire le Bédouin), né à Fez, en 596 de l'hégire (1200), fit en 609 le pèlerinage de La Mecque, où il séjourna jusqu'en 619... Il refusa de se marier, pour se consacrer au service de Dieu. Il savait le Coran par cœur, et quelque chose du droit selon le rite châféite. Il était grand et basané : on l'appelait

Atab (le colérique) à cause des coups fréquents qu'il distribuait à ceux qui lui faisaient du mal. Puis il se voua au silence, ne parla plus que par signes et se sépara de tous. Son cerveau se dérangea. En 633, il eut un songe qui lui prédisait une haute position... Ahmed resta alors quarante jours sans boire, manger ni dormir ; ses yeux étaient fixes et semblables à des charbons ardents... Puis il entra en Égypte en 634 et se fixa à Tantah. Il ne bougea plus du toit d'une maison, d'où il poussait des cris continuels quand il était en extase. Il fit nombre de miracles »... et il ne cessa pas d'en faire. Tant de mérites ont valu à la tombe du Bédouin d'être visitée depuis six cents ans par des foules innombrables de croyants qui s'y rendent chaque année, mais ne s'en retournent qu'après s'être enrichis à la foire ou endettés à des réjouissances qui rappellent les orgies canopiques de l'antiquité.

A six heures, départ pour Tantah, où l'on nous promet des choses extraordinaires à voir : marchés d'esclaves, danses d'almées, dévotions antiques et physionomies mahométanes.

Dans les longs corridors de l'hôtel, nous rencontrons comme d'habitude M. de Lesseps qui, levé avant tout le monde, va et vient en tarbouch et longue abayèh, une plume à la main, ayant déjà expédié la meilleure partie de son courrier quotidien.

Le chemin de fer nous emporte jusqu'à Kafr ez-Zayyât, à mi-chemin d'Alexandrie, où il nous faut, bon gré, mal gré, déjeuner, car à Tantah on ne mange qu'avec les doigts, si toutefois on peut manger... Délivrés de ce soin, nous revenons sur nos pas jusqu'à Tantah, situé plus près du Caire. Cette bourgade est comme les autres un monticule d'antiques décombres sur lequel s'entassent depuis des siècles d'éphémères masures et des fellahs tous pareils de père en fils. Mais un mouvement extraordinaire y règne aujourd'hui, avec un entrain juvénile que protège un beau ciel. On ne voit partout que marchands de petites choses où l'orange tient le premier rang, des chanteurs, des faiseurs de tours, riches de verve et pauvres d'engins.

Avec une grâce et une élégance innées dont il ne se doute pas lui-même, chaque virtuose ici semble tout tirer de soi : mais il n'en faut pas davantage pour amuser ces bons fellahs, toujours disposés à se réjouir et à *faire fantazîa* de rien. C'est à ce point qu'en temps ordinaire il suffirait à la première créature venue de s'en aller par les ruelles avec un tambourin en criant : « *Fantazîa ! Fantazîa !* » pour qu'aussitôt toutes les autres la suivissent confiantes et répétant ce mot magique, sans demander où on les mène, ni ce qu'on leur prépare.

Bientôt, nous tombons en une place cahoteuse et irrégulière de tout point, où la foule est grande et recueillie : évidemment il s'y passe quelque chose de sacré... En effet, tout au fond, dans une cour entourée de portiques à jours qui, avec l'aide du temps et d'Allah, deviendront peut-être une mosquée, une immense ronde d'énergumènes procède à un *zikr* gigantesque. C'est une fête étrange et effrayante que l'on donne à sa dévotion et à ses sens en cherchant l'ivresse violente du santon El-Bedawy.

Cette chaîne de quatre à cinq cents croyants qui avancent et reculent, se tordent, baissent et relèvent la tête en même temps avec des convulsions délirantes, ressemble à quelque monstre énorme aux mille pattes, vomi par l'enfer. Tous ces démons poussent ensemble le cri d'*Allah !* qui résonne comme un roulement de tambour sourd et caverneux. Au centre du cercle infernal, un être fantastique et bestial, un fakir à face de bouc, les excite et les dirige avec une autorité redoutable ; il se tourne en délire vers tous les points du cercle, varie incessamment les gestes et les exercices en les compliquant et chaque fois les poitrines épuisées rendent un son plus sourd, plus rauque, plus machinal ; les yeux s'injectent et ressortent, les gestes tournent à l'épilepsie : le fanatisme s'exalte, ainsi que la volupté, de toutes les fureurs de l'ivresse qui saisit les convulsionnaires.

Il faut les voir surtout lorsqu'un des leurs, plus emporté que les autres, jette à travers la saturnale le nom d'*Allah!* sur un long cri aigu, plaintif, caressant comme une ardente prière mêlée de souffrance ! Une commotion électrique les saisit tous, comme si l'être invisible qu'ils fatiguent de leurs cris venait enfin de se manifester à l'un d'eux pour faire pressentir son approche. Mais s'il pouvait venir ou au moins leur envoyer son prophète, ce serait pour leur dire avec le Coran : « Pense à Dieu dans l'intérieur de toi-même, avec humilité et avec crainte, ou prononce son nom tout haut, mais sans élever la voix ; » ou avec l'Evangile : « Le royaume des cieux n'est pas pour celui qui crie : Seigneur! Seigneur ! » Et comme bien des fakirs d'Occident, ils lapideraient leur prophète : mais lui ne dirait plus qu'une chose : « *O sancta simplicitas !* le mot de Jean Huss à une dévote qui ajoutait un fagot à son bûcher.

La patience manque pour attendre la fin de ce sacrifice de cervelles humaines qui offre une certaine grandeur terrible au premier aspect, mais se perpétue pendant des heures avec une implacable monotonie.

Orchestre populaire, par Dauzats

Cependant, les gens sérieux parmi nous demandent à voir ou à acheter des esclaves puisqu'il y en a marché. A force de chercher, on nous indique une certaine masure où un marchand vient d'enfermer, dit-on, des esclaves circassiennes de grande beauté, et de très haut prix.

Au dernier étage d'un vieil escalier de mauvaise mine, dans l'ombre d'une porte close, une forme diabolique s'est subitement dressée : c'est le marchand ou *jellâb*, sorte de Bédouin à profil de vautour et œil de faucon, qui veille sur son trésor, car il sait bien que son commerce, qui convient à tant de gens ici, n'est avoué de personne, ni toléré officiellement : l'Orient se range en vérité ! Le cadi, qui est peut-être la meilleure pratique du marchand, se verrait forcé, à son corps défendant, de le mettre en prison et de confisquer sa marchandise au profit de l'Etat : supposition jusuifiée par l'attitude du Bédouin qui refuse absolument de nous laisser entrer, en dépit des petits doigts, des museaux roses et des yeux brillants de curiosité qui s'agitent derrière lui dans l'entre-bâillement de la porte et ne demandent qu'à voir et à se montrer.

L'intraitable marchand comprend que des Européens ne sont pas des acheteurs mais des curieux qui pourront le dénoncer et le perdre ; et pour toute réponse à nos négociations aimables, il fait trois pas en avant, la main crispée sur l'arsenal de yatagans passés à sa ceinture. Nous reculons faute de mieux ; mais il nous foudroie et nous poursuit encore de ses yeux flamboyants, de ses imprécations violentes et saccadées qui ressemblaient déjà fort à des coups de poignard...

Laissons donc ce magnifique bandit à ses affaires, satisfaits du moins de n'emporter aucune déception sur le mérite des circassiennes qui, après tout, ne sont probablement pas ce qu'elles devraient être, ce qu'avait rêvé Mahomet pour les houris du Coran, c'est-à-dire « des vierges au regard modeste, aux grands yeux noirs, et semblables par leur teint aux œufs d'autruche cachés avec soin ! »

Il ne faudrait pas trop s'apitoyer sur le sort de ces pauvres âmes enlevées à leur patrie et vendues au premier venu : l'esclavage est généralement fort doux en Orient, on pourrait même dire qu'il n'existe pas, tant l'esclave peut aimer son maître, en être aimé et s'incorporer à sa famille. Aussi, a-t-il le plus grand désir d'être acheté, car il est à peu près assuré d'être plus doucement traité par son seigneur et maître que par tel père ou telle mère, capables de l'avoir vendu de leur plein gré au marchand et de l'oublier dès qu'il sera parti pour jamais. L'esclave qui est toujours étranger ou le domestique fellah peuvent être bâtonnés pour une faute, mais à part cela, on a souvent pour eux des égards touchants. Les hôtes de maisons aisées du Caire ont pu voir le maître du logis préférant se passer des choses qui lui étaient nécessaires ou même se les procurer lui-même plutôt que de déranger ses gens pendant qu'ils prenaient leurs repas. En retour, on a vu des esclaves qui, ayant amassé un petit pécule, s'en servaient pour soutenir leurs maîtres devenus malheureux ou même le leur abandonnaient. Un domestique ne salue jamais son maître le premier quand il le rencontre dans la rue ; le respect le lui interdit, car il ne sait pas s'il convient au maître d'être reconnu ; mais si ce dernier fait un signe, alors seulement le domestique s'arrête et lui fait avec tout le cérémonial de l'Orient un salut discret, plein de démonstrations soumises et affectueuses.

Que de larmes cependant et quel désespoir si l'esclave est une jeune fille enlevée, volée à ses parents, bien loin de l'Egypte, par le bandit jellâb, qui la livrera à un harem où la jalousie des premières favorites l'attend, implacable et féroce !

Nous rencontrâmes encore d'autres sortes de marchands : mais ceux-là ne se cachaient pas, ils étaient sur le pas de leur bouge et nous priaient d'entrer. L'un d'eux tira d'un galetas et poussa dehors deux malheureuses créatures à moitié idiotes et tremblant la fièvre, qu'il forçait à rire pour qu'elles eussent meilleur visage. Ce rire abruti, cette misère et cette déchéance étaient chose hideuse. Nous tournâmes le dos avec un sentiment de tristesse et de dégoût indicibles.

Un marchand voulait absolument nous vendre deux négrillons du plus beau noir : laine frisée, lèvres épaisses, museau écrasé, yeux vifs de faïence à prunelles jaunes, tout était en règle. On demandait 1.800 fr. de chacun d'eux ; c'était un peu cher et très embarrassant. L'un des négrillons, qui venait de Khartoum, nous regardait d'un air suppliant et mourait d'envie d'être acheté pour aller à Paris.

HAMIDA, GHAWAZY, EXILÉE A ASSOUAN
Dessin inédit de Th. Devéria

Il nous restait encore à voir ces *ghawâzy* tant vantées que l'on expulse aujourd'hui vers les frontières de Nubie, au risque de laisser perdre un art qui avait eu sa beauté. Aussi ces étranges danseuses se cachent-elles comme les marchands d'esclaves et, quand elles existent encore, est-il assez difficile de les trouver.

A force de chercher cependant, nous en découvrons un nid

et, avec assez de répugnance, nous montons un autre escalier de brigands, conduisant à une petite pièce entourée de divans de mauvaise mine, sur lesquels il faut bien consentir à s'asseoir.

Une grande femme d'une quarantaine d'années, à l'aspect bohémien et toute chamarrée de chaînes et de sequins, vient s'informer de ce que nous désirons : *Ghawâzy*, demandons-nous. C'est le nom qu'on donne aux danseuses, celui d'*almeh* n'appartenant en réalité qu'aux chanteuses de profession. L'Egyptienne réfléchit, nous examine, fait quelques difficultés, prend des arrhes et, enfin, au bout de peu d'instants, nous envoie trois tristes *ghawâzy*, courtes, décharnées et toussant comme les chiens errants d'Alexandrie ; couvertes d'oripeaux, dont le fond est un large pantalon formant jupe, elles entrent frissonnantes, honteuses, pour se blottir dans un coin sous nos regards peu encourageants, et sans avoir l'air de songer qu'il faut plaire et danser. Mais notre drogman, qui a une grande expérience de ces choses, puisqu'il a fait danser toute la Haute-Egypte, se met à leur parler familièrement en arabe, à les encourager, à leur promettre de bons bakhchîch. On fait apporter du raki, eau-de-vie blanche qu'elles boivent à pleins verres et qui délie leurs langues et leurs mouvements : cette liqueur violente à l'état pur est tolérée par les croyants parce qu'elle ressemble à de l'eau claire.

Enfin, la danse commence. On étend un petit tapis sur le plancher ; un vieux nègre aveugle entre avec son tambourin ou *tarabouk ;* la danseuse ôte sa ceinture faite d'une écharpe et n'a plus sous sa veste, très courte et très ouverte, qu'une chemise de gaze fort transparente.

Au son du tarabouk soutenu par une psalmodie nasillarde, elle avance et recule à petits pas sur le tapis, en balançant le haut du corps et les bras armés de crotales de cuivre qui pressent le rythme. Bientôt, les hanches ont des frémissements, la ceinture entre en trépidation et exécute des bonds et des mouvements prodigieux que la danseuse dirige avec précision en les accélérant au fur et à mesure qu'elle s'anime. Tout ce que la nature a formé pour être immobile dans le corps humain se meut ici avec une aisance qui constitue tout l'art de la danse et tout son mérite, quand elle est poussée au plus haut point. Mais que ne faudrait-il pas de grâce et d'élégance pour rendre supportables ces singuliers exercices, qui ne sont autre chose qu'une tradition de l'antiquité parvenue jusqu'à nous. Malheureusement, les sujets vulgaires que nous avons sous les yeux se succèdent sans pouvoir atteindre ces régions élevées de leur art, et nos applaudissements restent froids. Ce que voyant, la matrone vient nous révéler avec le plus grand mystère, qu'elle possède un trésor, une fille de dix-huit ans, instruite par elle-même qui fut une célébrité dans son jeune âge. Elle propose de nous la faire habiller pour la danse, si nous voulons bien donner un bakhchich en plus. On lui promit tout ce qu'elle voulut, et elle s'en fut chercher sa fille ou son trésor.

En attendant, et jugeant sans doute qu'elles allaient être effacées, les autres *ghawâzy* devenaient de plus en plus expansives et charmantes à leur façon : elles buvaient et voulaient nous faire goûter à leur breuvage avec des agaceries qui consistaient à répéter les gestes de la danse en offrant un affreux verre plein!... Puis, au moment où l'on était sans défiance, elles se jetaient à notre cou avec des airs de tendresse filiale et une odeur alcoolique insupportables.

Par chevalerie française, en cette dure extrémité, les gens de sang-froid se bornaient à chasser ces mouches impures d'un geste amical, en disant doucement : *Lâh! Lâh!* Mais quelques-uns, manquant tout à fait de présence d'esprit, ne surent pas cacher leurs franches nausées à l'égard de ces masques flétris et empestés; pris de panique, ils s'enfuyaient de sofa en sofa, poursuivis par les danseuses étonnées... Ils allaient s'évader quand la belle *Habibèh*, fille de l'hôtesse, fit son entrée comme une reine, au milieu des cris d'admiration de ses compagnes, que peut-être elle bat tous les jours.

Habibèh est une petite jeune fille de taille médiocre, assez maigre, peu jolie, et dont le teint a quelque chose de hâlé ou de malpropre ; mais elle est extrêmement gracieuse, a de la dignité et un air virginal, emprunté ou non, qui rassied l'âme après les petits dégoûts de tout à l'heure. Son grand œil noir, avivé par le kohl, est bien celui d'une odalisque ou d'une gazelle. Son habillement mérite attention. Elle porte un long et large pantalon d'un jaune moucheté d'écarlate, serré à la cheville et formant collerette au-dessus d'un pied mignon qui lutine une babouche brodée, toujours près de fuir ; une veste de soie bleu de ciel, galonnée d'argent, s'ouvre par devant sur une chemise de gaze transparente ; autour de la taille, une ceinture de soie rayée; au cou des colliers de poissons d'or creux et autres pendeloques bruyantes. Enfin, au sommet de la tête et fort en arrière, une calotte d'orfèvrerie cousue sur un tarbouch d'où s'échappe à longs flots la chevelure noire, étoilée de sequins d'or ; le tour de la tête, le haut du visage jusqu'aux sourcils, en portent qui bruissent comme des écailles au front d'une chimère et battent les tempes au moindre mouvement, donnant ainsi à la physionomie une haute et piquante saveur orientale et judaïque, demi-fée, demi-serpente.

On lui fait mille compliments qu'elle accepte sans gaucherie ni orgueil ; elle s'approche de nous, vient causer familièrement, avec gentillesses et manières d'enfant. Puis la danse commence. Elle dénoue sa ceinture et dégage sa taille élancée. Le vieux nègre a rajeuni ; il tourmente son tambourin, dont les coups plus vifs et plus coquets viennent toujours couper à syncopes ce petit flottement de voix insaisissable comme le chant de la bouilloire, et qui provoque chez la danseuse quelques trémolos des hanches, rapides comme le frisson. Les jambes fléchissent en mesure et se redressent gracieusement, pendant que les pieds, incertains, semblent chercher et caresser le sol.

Le torse ondoie et se balance; les bras s'enguirlandent autour de la tête qui, renversée en arrière, agite ses sequins d'or sous les crotales de cuivre au timbre excitateur. La danseuse avance et recule à petits pas, tourne sur elle-même et, dans chacune de ces figures, trouve une grâce nouvelle. Les mouvements s'accélèrent ; la région demi-nue des hanches et du ventre exécute des mouvements d'une précision et d'une force qui seraient horribles à voir, sans cette harmonie, cette aisance, cette convenance de tous les gestes que n'avaient pas les autres *ghawâzy*. On peut l'affirmer, de même que les *Vénus antiques* sont parfaitement convenables et que bien des portraits de grandes dames mises à la dernière mode le sont moins, de même les pas de Habibèh, quoique *sans fard*, sont plus décents que bien des figures de danse qui se tolèrent chez nous publiquement.

En un mot, c'est de l'art véritable et, pour qui le comprend, l'art voile, relève ou ennoblit les choses dont la nature ne s'oppose pas absolument à la sienne. La naïveté, la bonne foi sont les éléments qui lui conviennent ; aussi, les coutumes populaires et primitives sont-elles pleines de poésie et d'un art qui s'ignore lui-même, tandis que les civilisations raffinées le mettent en fuite en le cherchant souvent.

Il nous restait à demander discrètement un dernier exercice, bien plus célèbre : c'est la fameuse *danse de l'abeille*. La danseuse se suppose piquée par une abeille et, tout en dansant, la poursuit dans ses vêtements, qu'elle est bien obligée d'enlever, toujours cherchant ; quand elle l'a trouvée, elle les remet dit-on en cadence. Tout ceci, bien entendu, n'est qu'un motif à pantomimes très gracieuses, à gestes très naïfs et très chastes, puisque la danseuse est forcée pour bien faire d'ignorer qu'on la regarde.

Au mot d'*abeille*, la dame du lieu enlève Habibèh en criant qu'elle ne dansera plus, « même pour son pesant d'or ». Nous l'approuvons ; mais avec des promesses, on décide la meilleure des autres danseuses à se sacrifier et à nous montrer ce que c'est que l'abeille tant vantée. Par pudeur, elle renvoie ses compagnes et le vieux nègre aveugle, lequel paraît ne s'en aller qu'à regret.

Plus embarrassée que confuse, elle exécute on ne sait quelle sauterie absurde en hurlant un refrain ridicule. Quelques hardes disparaissent, mais l'art et la grâce ne viennent pas ; évidemment elle ne sait pas danser *l'abeille*, elle ne connaît que le *bakhchich* et ne nous offre qu'un spectacle fait pour des barbares. Plus mal à l'aise qu'elle-même, et bien avant qu'elle eût trouvé son abeille, nous la priâmes de ne plus la chercher et tournâmes le dos, pleins de commisération.

Il paraît, au reste, que cette danse, la plus gracieuse de toutes, est en voie de disparaître ; ses traditions se perdent, remplacées par celles de l'opéra : l'abeille s'est envolée devant les rats.

On nous assure que les *ghawâzy* finissent souvent très bien ; elles amassent un pécule, se marient, font la loi à leur époux et ne sont plus déconsidérées. Cela se comprend assez dans un pays où la femme n'est souvent qu'un objet de caprice ou de propriété ; aucun état ne la déshonore : c'est le bon côté d'une chose triste.

Aux bazars, grande animation, puis grandes richesses pour nous : bracelets et colliers d'orfèvrerie ancienne, torsades de poils de chameau garnies de fils d'argent, délicieuses *abâyeh* blanches, brodées d'arabesques sur les bords. Drapés nous-mêmes de la longue abâyeh fauve et rayée des patriarches, nous nous mêlons encore à la foule circoncise qui se porte au devant de la procession du prophète.

C'est une effrayante cohue de fanatiques et d'énergumènes, qui se ruent par les ruelles tortueuses à la poursuite des étendards verts brodés d'or que l'on conserve à Tantah depuis Amrou et que l'on y promène deux fois l'an à l'occasion des fêtes ; c'est à qui approchera le plus près de la hampe des bannières, aux pointes desquelles flamboie le monogramme de Mahomet, découpé dans le fer doré. Tout cela hurle « *Allah !* » en cadence, et passe comme un tourbillon, comme un rêve fantastique, comme le vol des sorcières du Brocken. Et l'on a entrevu des choses disparues qui font fermer les yeux : d'horribles serpents ruisselant sur le cou terreux de psylles ou charmeurs ; des bouches humaines mâchant du verre ensanglanté et montrant les dents ; des enfants livides, nus et ventrus comme des gnomes, hurlant à cheval sur des têtes humaines à turbans verts ; des spectres jaunes et maigres qui se flagellent... Le flot débouche en courant dans la ruelle, roule comme un torrent qui écume en battant ses rives, et disparaît avec des mugissements.

L'origine de cette coutume serait une querelle héréditaire entre deux familles de Tantah pour la garde de certaines reliques du grand saint guerrier Ahmed, le cheikh des Bédouins ; de là une lutte et des efforts désespérés, comme chez nos paysans se disputant la possession pour une année de la statue porte-bonheur d'un saint révéré. Toujours est-il que le chef des derviches, Ahmed, représentant spirituel du cheikh El-Bedâwy, a besoin d'une petite cohorte de soldats pour repousser les derviches de la secte opposée qui l'assaillent et veulent lui arracher le turban...

Aux fêtes religieuses se mêle assez souvent un élément comique : à la grande foire de Tantah, on fait revêtir à certains individus des pièces d'armures soi-disant remontant aux croisades, mais ne provenant sans doute que du pillage de quelque galère vénitienne ou génoise du XVIe siècle. On fait courir ces masques, tandis que la populace cherche à les fustiger. Serait-ce la trace d'une vieille rancune contre les croisades, plus vivace qu'on ne le pense ? en tout cas, dans ces innocentes manifestations populaires, nos ridicules sont souvent visés : témoin cette scène où l'on caricaturait les figures encore assez rares du touriste et du peintre européen chargés de leur bagage ou de leur attirail d'artiste. Les acteurs s'affublaient de notre vilain chapeau tubulaire, objet d'horreur pour eux, mais ils en arrachaient les bords dont ils ne comprennent pas l'utilité.

Le dernier objet bizarre que nous voyons en laissant Tantah est une femme santon, c'est-à-dire une folle, ou soi-disant, réputée sainte par compensation ; car selon la croyance populaire, les fous et surtout les idiots sont des créatures d'élection dont l'âme et l'esprit ont été d'avance retirés de ce monde, pour aller vivre dans le sein d'Allah qui leur accorde une grande influence sur le sort des mortels toujours prêts à les invoquer au ciel et sur la terre, à leur octroyer toutes les libertés imaginables. Couverte d'habits étranges, cette sainte gambade sur la place en chantant à tue-tête et en distribuant à tous venants, selon le rite du Bedawy, de grands coups de courbache qu'ils reçoivent avec onction ; évitant ses bienfaits, nous regagnons l'embarcadère. Devant la porte se tient un autre saint qui ne cesse de gémir sur le nom d'Allah et exécute avec sa tête un moulinet d'une violence à en faire sauter la cervelle et la raison, s'il en reste. On lui jette un bakhchîch : le mouvement s'arrête, l'homme ramasse, empoche et remercie fort sensément avec des yeux très calmes et nullement égarés ; puis après une courte pause, il reprend son délectable exercice.

Nous allons de nouveau chercher notre vie à Kafr ez-Zayyât et, revenus vers minuit au Caire, nous pensons avec délices à la journée du lendemain qui sera consacrée au musée de Boulak ; enfin, nous songeons à la journée du surlendemain 3 janvier, où nous devons, avec Mariette, explorer Memphis et le Sérapéum de Sakkara, lieu saint où dorment les soixante-quatre *Apis*, perdus pendant mille cinq cents ans et retrouvés depuis quelque temps.

A cette pensée chacun court avec transport s'engloutir dans les flots transparents de sa moustiquaire, à travers lesquels le petit bourdonnement strident des *zizari* semble murmurer « Memphis !... Memphis !... »

LE MUSÉE DE BOULAK

I

PRÉLIMINAIRES INÉVITABLES

Lorsqu'on veut voir de près l'Egypte antique telle qu'elle se présente dans un musée, il ne faut pas toujours y chercher l'art pour l'art, mais il convient de se rappeler ce qu'a dit Mariette : La recherche désintéressée du beau n'a pas été l'idéal de l'Egypte, elle reste le privilège de quelques races moins anciennes et mieux douées.

Dès l'origine, le sentiment religieux qui s'éveille chez le peuple égyptien s'imprègne, comme son caractère, de la paix et de la régularité dont la nature lui présente le tableau. Le peuple avait, comme il l'a encore, un fond de quiétude et de douceur qu'il devait sans doute à l'influence de cette nature féconde où le climat permet le travail et l'activité, où le ciel clément prédispose à la joie. Les Egyptiens ont commencé, comme tous les autres peuples, par former les dieux à leur image ; la bonté et la douceur paraissent avoir été les attributs de leurs dieux et de leurs rois, elles se reflètent sur leurs effigies.

Les causes premières qui hâtèrent l'éclosion de cette civilisation primordiale devinrent bientôt celles qui l'immobilisèrent. Ce qui avait fait sa force amena sa faiblesse : la facilité de l'existence, l'absence de besoins écartèrent de l'esprit égyptien ce trouble incessant de la recherche et de la lutte, cette ardeur persévérante dans la poursuite du progrès dont la récompense est l'apparition du génie personnel éternellement rénovateur.

Quarante siècles avant notre ère, tandis que l'Occident

était encore dans la période préhistorique, et on peut dire sauvage, il y avait sur les rives du Nil un peuple pourvu d'une administration centralisée et compliquée, d'une religion établie selon des lois morales, possédant une langue toute formée qui se traduisait en signes graphiques déjà très anciens. Ce peuple pratiquait les arts de l'architecture, de la sculpture et du dessin avec une perfection et un talent d'imitation qui, sous certains rapports et pour certaines œuvres, n'ont jamais été surpassés.

Vers l'an 3000 avant Jésus-Christ ses rois entreprenaient des travaux d'utilité publique d'un caractère grandiose. Seize siècles avant notre ère, on retrouve ce peuple maître du monde ancien depuis les profondeurs du Soudan africain jusqu'au delà des extrémités septentrionales de la Syrie dont les noms de villes se lisent encore sur les murailles des temples égyptiens et établissent un véritable répertoire géographique de la Palestine antébiblique.

Vers l'époque présumée de la guerre de Troie, au XIIIe siècle, alors que la Grèce est encore une sorte de Calédonie barbare, divisée en clans ennemis, que Rome attendra cinq siècles avant d'exister même de nom, ce peuple en est déjà au point où l'on verra les Romains du IVe siècle de notre ère : il lutte contre les barbares qui, combattus et refoulés depuis mille ans, sont près de l'envahir. En ce pays singulier tout s'accomplit dans des proportions colossales de résistance et de durée. Les luttes pour la défense durent cinq cents ans et, pendant cinq siècles, l'invasion est repoussée. Les Ethiopiens, les Assyriens, les Perses se le disputent et s'en emparent successivement. Rien ne l'abat : la première accalmie lui donne un renouveau de jeunesse et de prospérité. Au milieu des troubles et des calamités, les prêtres et les scribes de l'Egypte conservent, accroissent sans relâche leurs archives millénaires au fond des sanctuaires. Les architectes, les sculpteurs élèvent des temples et gravent des inscriptions pour l'éternité, selon le rite ou la coutume des premières dynasties. Le culte ne fait même que gagner en splendeur et les idées, les croyances, les produits du pays se répandent sur le monde, tandis que ses dynasties nationales survivent et reprennent le dessus à la moindre défaillance des envahisseurs.

L'Egypte voit passer sur son sol les inévitables conquérants grecs et romains, ces nouveau-nés pour elle, qui apportaient un danger encore inconnu à son autonomie : celui d'une civilisation plus forte et plus avancée. En vain, Memphis, Thèbes et Saïs, déchues du rang de capitales, sont remplacées par Alexandrie, ville tout européenne; en vain les divinités de l'Olympe se mêlent aux dieux indigènes, l'Egypte ne se rend pas; elle n'abandonnera ses croyances et ses rites primitifs qu'après les persécutions répétées de l'empereur Théodose et, plus tard, devenue musulmane, elle conservera dans l'île sainte de Philæ, jusqu'au VIIe siècle après Jésus-Christ, son dernier temple d'Isis. Certes, ces quatre ou cinq mille ans de vitalité et de résistance, dont on connaît aujourd'hui presque toutes les phases, n'ont pas eu sur le monde actuel l'influence directe et féconde des mille ans qu'ont vécu la Grèce, la Judée ou Rome; mais ils en eurent une considérable sur le monde qui a précédé le nôtre. Pour les Hébreux, les Grecs et les Romains, nos devanciers dans l'histoire, l'Egypte a eu l'importance que ces peuples éteints ont eue pour nous.

Grâce aux progrès de la science égyptologique fondée par Champollion, on a pu remettre à leurs rangs d'ancienneté tous ces vieux monuments, jadis confondus sur le même plan, et en rétablir un enchaînement dont l'œil suit maintenant les modifications progressives, en observant les indices des causes secrètes qui les ont préparées ou développées.

Tout important que soit leur témoignage, il n'a pas suffi cependant pour permettre encore de fixer d'une façon unanime les dates reculées de la chronologie ; les points d'appui manquent pour établir leur concordance, et dans l'attente de découvertes nouvelles de papyrus et d'inscriptions, force sera de rester à cet égard dans une prudente réserve. « Dans l'état actuel des études égyptologiques, dit Mariette, il est assez facile de déterminer la dynastie à laquelle appartiennent les monuments dont on demande l'âge ; mais quand cette dynastie se classe à un rang antérieur à la XVIIIe (au XVIIe siècle environ av. J.-C.), il est impossible d'en donner la date sans s'exposer à une chance considérable d'erreur », et ailleurs, Mariette dit encore : « Quant à la date absolue à assigner à chacune de ces familles royales, et par suite aux monuments contemporains, je dois avertir que pour toutes les dates antérieures à l'avènement de Psammitichus Ier (665 av. J.-C., XXVIe dynastie), il est impossible de donner autre chose que des approximations qui deviennent de plus en plus incertaines à mesure que l'on remonte le cours des âges. La chronologie égyptienne présente en effet des difficultés que personne jusqu'ici n'a réussi à vaincre. L'habitude de compter par les années du roi régnant a toujours été un obstacle à l'établissement d'un calendrier fixe, et rien ne prouve que les Egyptiens aient jamais fait usage d'une ère proprement dite. Au milieu de ces ténèbres, c'est encore *Manéthon* qui est notre meilleur guide. Malheureusement, dès qu'on jette les yeux sur ce que certains écrivains chrétiens nous ont conservé de son œuvre, on aperçoit des traces manifestes d'altérations ou de négligence. » D'après ces affirmations, nous pourrons considérer les dates précises données dans certains ouvrages plutôt comme des termes de rapports marquant approximativement les intervalles que comme des quantités absolues.

Ce que l'on peut établir, c'est que l'époque historique de l'Egypte commence pour nous à la première dynastie de cette monarchie qui eut Ménès pour fondateur et réunit le nord et le sud sous le même sceptre, dans un état de civilisation fort avancée déjà. De la longue période qui précéda l'avènement de cette royauté et vit cette civilisation se former, nous ne connaissons rien que quelques fables très vagues qu'il est impossible de réduire à l'état de faits historiques. Sur l'origine des Egyptiens, sur la provenance de leurs traditions, on ne peut faire encore que des conjectures, et quant à leurs monuments, les plus anciens que l'on connaisse, contemporains des premières dynasties, sont aussi les plus parfaits et les plus gigantesques : il suffit de nommer le sphinx colossal et les grandes pyramides de Gizèh. Les fouilles de l'avenir feront sans doute sortir de terre les essais primitifs d'un art archaïque et les rares monuments d'une épigraphie dont les formes embryonnaires fourniront des indices plus certains sur l'origine du peuple égyptien (1).

(1) Voir à ce sujet, dans la *Revue des Etudes ethnographiques et sociologiques* l'étude de M. Ch. Boreux : *Les poteries décorées de l'Egypte prédynastique*, janvier 1908.

Depuis une quinzaine d'années les fouilles de MM. Quibelle à Hiérakonpolis, de Morgan à Negadeh, Flinders Petrie et Amélineau à Abydos, nous ont rendu cette Egypte préhistorique qu'on croyait perdue à jamais.

BIBLIOGRAPHIE SOMMAIRE. — Mariette-Bey. *Aperçu de l'histoire ancienne d'Egypte*, 1re éd., 1864. *Album du Musée de Boulak* comprenant 40 pl. photogr. par Delié et Béchard, avec un texte explicatif par Aug. Mariette. Le Caire, Mourès, 1872, in-fol. — Georges Perrot, de l'Institut, et Ch. Chipiez,

Pour se frayer une route commode à travers les obscurités d'un passé plusieurs fois millénaire, il est bon d'avoir sous les yeux les divisions sommaires de l'histoire ancienne de l'Egypte dans ses grandes lignes.

Les trente-quatre dynasties égyptiennes peuvent se répartir en cinq grandes époques, dont chacune inaugure une phase de renaissance et de prospérité et se termine par quelque catastrophe.

I. — L'ANCIEN-EMPIRE. — De la Ire dynastie à la XIe ou du Le siècle avant Jésus-Christ au XXXe (durée de deux mille ans environ).

II. — LE MOYEN-EMPIRE. — De la XIe dynastie à la XVIIIe ou du XXXe siècle au XVIIe (durée de douze cents à treize cents ans).

Aux cinq cents dernières années de cette période se placent la grande invasion et la domination des Hyksos ou Pasteurs, venant d'Asie.

III. — LE NOUVEL-EMPIRE. — De la XVIIIe dynastie à la XXXIIe, ou du XVIIe siècle à l'an 332 avant Jésus-Christ (durée de douze cents à treize cents ans).

Vers la fin de cette période, l'Egypte est soumise aux dynasties *éthiopiennes*, puis *saïtiques* (avec Psammitichus qui y introduit pour la première fois les Grecs); enfin aux Perses, avec lesquels finit son histoire véritablement nationale.

IV. — L'EGYPTE MACÉDONIENNE ET GRECQUE. — XXXIIe et XXXIIIe dynasties, ou de l'an 332 avant Jésus-Christ à l'an 30 après Jésus-Christ (durée de trois cent deux ans).

V. — L'EGYPTE ROMAINE. — XXXIVe dynastie, an 30 après Jésus-Christ (durée de quatre cent onze ans).

Histoire de l'art dans l'antiquité, 1er vol. illustré. *Egypte*. Paris, Hachette, 1882, in-8°. — G. Maspero, directeur général du service des antiquités de l'Egypte, *Histoire ancienne des peuples de l'Orient classique*. Paris, Hachette, 1905, 3 vol. in-8° ill. — *Histoire ancienne des peuples de l'Orient*. Paris, Hachette, 1 fort vol. in-12 ill. — *Etudes de Mythologie et d'Archéologie égyptiennes*. Paris, E. Leroux, 1893-1900, 4 vol. parus, in-8°. — *Lectures historiques*, Hachette, in-16 ill. — *L'Archéologie égyptienne*. Paris, A. Picard, 2e édition, 1907, in-8°. — *Causeries d'Egypte*. Paris, Guilmoto, 1907, in-8°. — On lira avec un vif intérêt les *Lettres et souvenirs personnels* de M. Edouard Mariette, le digne frère de l'égyptologue. Paris, Jouve, 1904, in-8°. — Amélineau. *Histoire de la sépulture et des funérailles dans l'ancienne Egypte*. Paris. E. Leroux, 2 vol. ill., in-4°. — G. Bénédite, conservateur au Musée des antiquités égyptiennes du Louvre. *Guide en Egypte*, Hachette.

En l'an 381, l'édit de l'empereur Théodose le Grand porte le dernier coup à la civilisation égyptienne en amenant la fermeture des temples et la destruction des statues de dieux. Quarante mille statues périrent, tous les temples furent dépouillés et leurs précieuses archives perdues pour jamais. Au milieu de ces ténèbres et sur ces ruines, il ne resta qu'un christianisme divisé par les schismes et qui, deux siècles et demi après, disparaissait lui-même devant l'invasion arabe et mahométane, ne laissant d'autre trace que les *Coptes*, classe d'Egyptiens chrétiens qui s'est conservée jusqu'à nos jours.

La haute antiquité attribuée aux premières époques pourra peut-être effrayer plus d'un esprit encore habitué aux fausses chronologies que l'on établit autrefois sans critique comme sans hésitation. Très chercheuse, mais plus prudente, la science moderne ne s'appuie que sur les faits, et s'ils lui paraissent insuffisants, elle se garde bien de rien affirmer.

La silhouette de l'histoire humaine, telle qu'on l'entrevoit aujourd'hui, pourrait se comparer à celle de ces colosses de glace qui flottent à la dérive sur l'océan des mers polaires : ils ne peuvent surnager et se dresser au-dessus des eaux que parce qu'ils sont portés par une base dix fois plus grande qui plonge dans les abîmes et que nul œil ne voit.

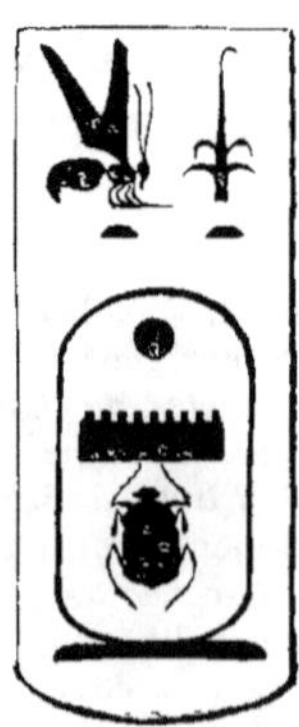

La nageuse, cuiller de bois antique

II

LE MUSÉE

SOUVENIRS ET CAUSERIES

Devant l'hôtel d'Orient, sous les sycomores géants de l'Esbékîyèh, aux branches énormes et capricieuses, les caravanes se meuvent ou se reposent. Aussi loin que la vue porte, ce ne sont que défilés d'hommes et de chameaux marchant sans bruit dans toutes les directions, au travers des taches d'ombre et de lumière épandues sur le sol poussiéreux. Au sortir de cette oasis si pleine d'une sauvage grandeur, on rencontre, vers le nord, une avenue d'arbres majestueux qui s'arrondissent en berceau, admirable promenade par laquelle passent à une certaine heure du jour les carrosses des harems princiers qui se rendent à l'avenue de Choubrah. En s'engageant dans le chemin qui conduit au lointain faubourg de Boulak, on laisse à droite le palais turc de Kiamil-Pacha, situé à l'endroit même où siégeait l'état-major de Bonaparte et près duquel s'élevait le palais du mamlouk Elfy-Bey, devenu la résidence officielle du général en chef, et où périt Kleber ; c'est aujourd'hui l'hôtel Sheepsherd. On suit alors une interminable chaussée, frayée à travers des terrains arides semés de monticules de décombres qui, au XIIe siècle, formaient encore le lit du Nil capricieux (1) ; au bout d'une demi-lieue, on trouve sur la gau-

(1) Cette plaine basse et déserte est aujourd'hui couverte de quartiers neufs construits à l'européenne.

che une petite place à l'entrée d'un vieux quartier, un grand portail dans un grand mur et l'on entre : c'est le musée de Boulak.

Quelque chose de riant et de charmant apparaît tout d'abord : c'est une assez longue esplanade parsemée de vieux arbres, devant laquelle on voit couler le Nil au pied des fourrés de sycomores et de dattiers qui couvrent la rive opposée ; au delà, des plans successifs de verdure qui s'effacent et se perdent dans l'éloignement, puis les deux plus grandes pyramides de Gizèh qui se confondent presque dans la même silhouette.

A l'extrémité gauche du terrain s'élève la rustique habitation de Mariette et de sa famille ; à l'opposite à droite, la façade du musée reproduisant les lignes simples et le caractère vigoureux des constructions de l'Egypte antique. La chienne *Bargoût*, gardienne du musée et contemporaine de sa fondation, fait son kief sous un arbre et *Finette*, la gazelle favorite, qui s'est levée à notre approche, bondit à travers la cour, paraît et disparaît derrière les stèles et les statues débarquées depuis peu qui sont encore à l'étude. Les bureaux du musée font face au Nil, près du portail d'entrée. Devéria nous y introduit et nous trouvons Mariette-Bey dans une grande pièce remplie de livres et d'antiquités, d'où la vue plonge sur les ravissantes perspectives du fleuve et de l'île verdoyante de Boulak. Quelques années plus tôt, sous le règne de Saïd-Pacha, nous n'aurions vu ici qu'une réunion confuse de masures délabrées sur un terrain à peu près abandonné. Pour comprendre cette rapide transformation quelques mots d'histoire rétrospective sont nécessaires.

Dans une première mission en Egypte, accomplie de 1851 à 1854, et dont nous parlerons en son lieu, Mariette avait fait la découverte retentissante du Sérapéum de Memphis, nécropole des taureaux Apis, que depuis l'expédition de Bonaparte on avait cherchée sans succès.

Rappelé à Paris par M. de Niewerkerque, surintendant des Musées, il reprit son poste au Louvre et accomplit différentes missions scientifiques en Allemagne, en Angleterre, en Italie ; il en revenait chargé d'honneurs et de considération, mais il ne retrouvait que la vie monotone et plate du savant sédentaire, alors qu'il avait pris l'habitude et la passion de la vie libre, active, pleine de fécondes surprises. Du fond de

Vue générale du musée de Boulak, d'après une photographie de l'*Album*, édité par Mourès en 1872

son cabinet du Louvre, il songeait donc avec mélancolie aux lointains horizons du Nil, que sans doute il ne reverrait plus, quand on lui fit une proposition inespérée qui décida de son existence et du sort immédiat des monuments pharaoniques.

AUGUSTE MARIETTE, FONDATEUR DU MUSÉE DE BOULAK

En 1854, au moment où Mariette avait quitté l'Egypte, M. Ferdinand de Lesseps y arrivait pour demander au nouveau vice-roi Saïd-Pacha, son ami de jeunesse, la concession d'un canal des deux mers (1). Visitant le cours du Nil en

(1) Sur ces préliminaires si intéressants, lire les jolies lettres de M. de Lesseps dans le 1er vol. des *Lettres, Journal et documents pour servir à l'histoire du canal de Suez*. Paris, Didier, 1875. — La notice la plus complète sur la vie et les travaux de Mariette a été publiée par M. Maspero en tête du tome I de la réédition des œuvres du fondateur du musée de Boulak. E. Leroux, 1904, in-8°.

novembre et décembre 1855 et voyant tant de beaux monuments antiques encore à demi-enfouis ou livrés à une destruction journalière, M. de Lesseps et M. Barthélemy Saint-Hilaire, secrétaire général de la Compagnie de Suez, songèrent à la nécessité d'obtenir du vice-roi la création d'un service capable de les préserver. Mais ce n'était pas chose facile que de faire entrer une idée aussi neuve dans l'esprit du vice-roi. Les Orientaux, quoique gens d'imagination, peuvent être néanmoins les plus positifs du monde et pour eux, les vieux monuments n'étaient alors que des carrières, bonnes à fournir des matériaux de construction. Méhémet-Ali en usa ainsi, lorsqu'il couvrit le sol de l'Egypte d'usines aujourd'hui abandonnées. Il fallait donc guetter un hasard favorable pour amener Saïd-Pacha à entrer dans des voies conservatrices; l'occasion se présenta d'elle-même. A la fin de 1857, le vice-roi eut à faire de grands préparatifs pour recevoir le prince Napoléon qui avait annoncé sa prochaine visite. M. de Lesseps l'assura qu'il ne pourrait mieux le fêter qu'en lui montrant des fouilles archéologiques et en lui offrant les antiquités fraîchement sorties du sol. Il lui prouva aussi que Mariette était le savant le plus apte à préparer pour le prince un voyage d'autant plus intéressant qu'il serait agrémenté de surprises et de trouvailles.

Arrivé en Egypte et accrédité auprès du vice-roi, Mariette eut beau s'effacer, ne demander que mille francs par mois pour lui et son personnel, il faillit succomber sous les intrigues d'ignorants ou de rivaux qui le représentaient comme un ambitieux, un fantasque, un destructeur insatiable : il ne leur donna pas la satisfaction de se décourager, et sans savoir encore quand et comment se résoudrait la question de son cher musée, il se mit bravement et joyeusement à remonter le Nil pour organiser les fouilles et former la collection qu'on devait offrir au prince Napoléon. C'est alors que deux grandes déceptions l'atteignirent et lui firent craindre que tout ne fût perdu : ni le prince Napoléon, ni M. de Lesseps ne vinrent en Egypte à ce moment décisif pour l'avenir de l'archéologie égyptienne.

Le Louvre rappelait de nouveau Mariette à son poste : mais heureusement la collection d'antiquités qu'il venait de former dépassait les espérances qu'on avait conçues; le vice-roi, enchanté du résultat, offrit cette collection au prince et chacun fut si satisfait que tout tourna à l'avantage de la science et de Mariette. A la fin de 1858 le mot de musée pouvait être prononcé tout haut devant Saïd-Pacha, qui bientôt se décidait à en confier la direction au savant français. Dans l'automne de 1858, il retourna donc se fixer en Egypte pour ne plus la quitter. Doué d'un caractère très gai, d'une intelligence remplie de séduction, d'infiniment d'esprit, il plut tellement au vice-roi, lui-même homme d'esprit, qu'il finit par l'habituer à l'idée encore bizarre pour un Oriental, d'en-

LA VIEILLE MAISON DE MARIETTE-BEY
d'après une photographie de M. Em. Brugsch. 1881

tretenir et de faire respecter des ruines et d'immobiliser des collections inaliénables : son ami Mariette, dont il ne pouvait se passer, fut promu au grade de bey sans toutefois être obligé de se faire musulman, mais ce titre l'investissait d'une haute autorité pour accomplir son œuvre difficile : « Vous veillerez, dit le vice-roi dans son ardeur de nouveau converti, au salut de tous les monuments : vous direz aux moudyrs (gouverneurs) de toutes les provinces que je leur défends de toucher une pierre antique : vous enverrez en prison tout fellah qui mettra le pied dans un temple ! » Cependant les habitudes de dévastation étaient telles que, le souverain conquis, il restait tous ses sujets à combattre, depuis le plus haut placé jusqu'au moindre fellah vivant des antiquités trouvées dans les ruines. De même que M. de Lesseps, Mariette eut plus à lutter contre les hommes que contre les difficultés inhérentes au sol et au climat. Dans ces contrées, où tout est difficile et compliqué, l'Européen qui se trouve aux prises avec les indigènes est insensiblement entouré d'un réseau de petites intrigues, ténues comme des toiles d'araignées, qui finissent par paralyser ses mouvements. Il a fallu la droiture et la ténacité de Mariette, son prestige personnel et parfois même sa force

JARDIN ET FAÇADE DU MUSÉE DE BOULAK

physique pour imposer sa volonté aux récalcitrants et, sinon faire comprendre ses idées, du moins les faire respecter.

Pendant qu'il multipliait les ateliers de fouilles sur le site des villes antiques, dans les nécropoles et autour des grands temples enfouis sous les décombres et les masures, le musée de Boulak se formait peu à peu du produit de ses recherches : mais Mariette était obligé de l'organiser avec une extrême réserve ; Saïd-Pacha était sans doute un protecteur intelligent et zélé, mais capricieux, souvent obéré, toujours traqué par des solliciteurs impudents. Il était parfois mêlé à des entreprises si vastes, comme celle du canal de Suez, qu'elles agitaient la politique européenne en ébranlant son pouvoir. Il fallait donc ne pas l'importuner par des demandes considérables de fonds pour l'érection d'un musée monumental que, d'ailleurs, on aurait pu confisquer un jour pour en faire un ministère ou une écurie, un harem ou une caserne. Le plus sage était de prendre racine sans bruit pour se développer sans frais, et c'est ce que Mariette fit sur ce terrain du port de Boulak dont on lui avait fait l'abandon.

Ce terrain est, comme nous l'avons dit, un enclos rectangulaire, de médiocre étendue dont un des grands côtés forme au couchant, sur le Nil, un quai très élevé, quoique parfois insuffisant lors des fortes crues. Les trois autres côtés étaient occupés par des hangars et des magasins délabrés ayant appartenu à la Compagnie de remorquage, en faillite depuis la création du chemin de fer d'Alexandrie au Caire. C'est là que, pendant des siècles, on abordait quand on venait du nord, et que mirent pied à terre tous les voyageurs célèbres, y compris M. de Lesseps et Mariette. On dit que celui-ci a voué tant d'affection à ce lieu qu'il a juré secrètement de ne jamais l'abandonner. Le magasin du sud servit d'habitation, et pendant nombre d années Mariette et sa famille durent se contenter de ce rez-de-chaussée humide, dépourvu de caves et de foyers et exposé à l'inondation périodique du Nil. Avant qu'on ne l'exhaussât d'un étage, la famille était obligée de se réfugier sur le bateau à vapeur du musée, amarré au pied du quai, une véritable fournaise où l'on était dévoré par les moustiques dès que revenait le printemps.

Peu à peu, on replâtrait les murs des magasins et, pour voiler leur misère, Mariette décorait de fresques à l'égyptienne quelque chambre où il exposait, avec le goût qui le caractérise, des groupes de statues nouvellement découvertes. Un plafond venait-il à fléchir, on demandait la permission de le reconstruire, mais en l'exhaussant sur un rang de fenêtres ; et c'est ainsi que furent refaites la salle centrale et la plupart des chambres du musée. De temps à autre, on obtenait une parcelle du terrain voisin et on y construisait une annexe. Un jour vint bientôt, dès 1863, où la capitale de l'Égypte se trouva en possession d'un musée élégant, riche de monuments inestimables, de provenance connue, mais assez légèrement construit et de dimensions insuffisantes pour permettre d'y exposer tout le contenu des magasins de dépôt.

Sans daigner y entrer jamais, Saïd-Pacha et son successeur Ismaïl sont devenus très fiers du musée, et Mariette est resté chargé d'en faire les honneurs aux têtes couronnées, aux princes, aux ambassadeurs, aux célébrités du monde entier.

Au début, l'idée d'une fondation stable, inaliénable et intangible était tellement étrangère à tous les esprits qu'il fallut la vigilance et l'énergie de Mariette et de ses premiers collaborateurs pour empêcher les visirs et les pachas d'emporter les objets dont ils avaient envie. Ils eurent encore à lutter contre les actes superstitieux et dévastateurs du menu peuple qui croit à la vertu des vieilles pierres pour la guérison de tous les maux et qui se livre à des frottements, à des léchages et à des grattages pour en avaler la poussière.

Le fondateur du musée de Boulak, qui habite l'un des plus beaux sites du monde, qui peut fouiller à sa guise tous les points encore insondés de la vallée du Nil à l'aide d'un navire à vapeur à lui seul destiné, peut apparaître comme l'un des hommes les plus heureux qui soient. Cela est vrai pour une large part, mais en y regardant de près, on s'aperçoit que cet homme heureux dépend entièrement du bon plaisir d'un maître capricieux, ignorant des choses du passé, sans cesse en butte aux influences ennemies. Sur de simples calomnies Mariette a failli disparaître plus d'une fois, avec le fruit de tous ses travaux ; son bateau à vapeur, organe indispensable de sa mission, lui est sans cesse redemandé, disputé par la jalousie des fonctionnaires vice-royaux. En 1863 et en 1864, il a fallu la présence de la mission officielle du vicomte Emmanuel de Rougé, membre de l'Institut, conseiller d'État, puis le voyage tardif du prince Napoléon pour rendre tous ses privilèges et tout l'exercice de son autorité à Mariette, encore une fois victime de machinations souterraines et secrètes que l'apparition de tels personnages a suffi pour dissiper. Il y avait enfin à triompher des déceptions et des mauvaises humeurs du prince oriental. Bien des fouilles durent se faire en présence de Saïd-Pacha qui voulait à chaque instant que l'on trouvât des trésors. Comme les fouilles étaient souvent stériles, « le vice-roi, dit Mariette, nous prenait pour des maladroits ».

De la première cour d'entrée, si amusante avec son mouvement : allées et venues du personnel, déballage des antiquités au milieu du saut des singes et du bondissement des gazelles, on passe par une porte de côté dans la cour proprement dite du musée, séparée de la première par une grille de bois dont les piliers de maçonnerie sont surmontés par des moulages de ces petits sphinx ptolémaïques qui, en 1851, mirent Mariette sur les traces du Sérapéum de Memphis. Cette seconde cour, également riveraine du Nil, est un agréable et paisible jardin où les buissons de lauriers-roses et de palmiers poussent en liberté et s'entremêlent aux sarcophages

ARRIVÉE D'UN SPHINX DE TANIS

antiques et aux sphinx royaux, recueillis çà et là dans la vallée du Nil. Au fond se développe le jeu des façades simples et sévères du musée que couronne cette puissante corniche concave rehaussée de vives couleurs, qui donne un caractère de sérénité religieuse aux monuments de l'Egypte antique.

L'organisation intérieure du musée, conçue avec un goût parfait, est en soi-même une véritable œuvre d'art qui réjouit les yeux. D'un vieux hangar à marchandises, Mariette a fait surgir la salle centrale du musée, en lui donnant l'aspect d'une salle de style égyptien. L'ornementation, sobre et riante, est composée de bordures à couleurs vives encadrant des panneaux blanchis à la chaux. Quatre piliers quadrangulaires décorés de même sorte soutiennent les angles d'un plafond très élevé. Un cordon de fenêtres carrées, placées très haut tout autour de la salle, verse une lumière discrète qui éclaire les moindres détails des objets exposés.

SOUVENIR DE LA SALLE CENTRALE
d'après l'ALBUM édité par Mourès en 1872

De grandes armoires vitrées sont adossées aux murs, et des vitrines circulaires surmontées des plus rares monuments de la sculpture antique, occupent le milieu de la salle. De distance en distance, dans les vides, se dressent sur des socles élevés des statues de choix et d'autres monuments de grandes dimensions. Tous les meubles, assortis de formes et de couleur, ont été construits d'après les profils d'un modèle minuscule, délicatement travaillé, trouvé dans un tombeau de la XIe dynastie, et dont les panneaux sont noirs avec encadrements de bois naturel à teinte claire.

Quatre grandes cages vitrées s'élèvent dans les angles de la salle, de façon à mettre en vue les objets les plus précieux et correspondent aux quatre grandes divisions du musée : monuments religieux, monuments funéraires, monuments civils et monuments historiques (1).

Parmi les monuments rares et importants qui illustrent cette sorte de *tribuna* du musée de Boulak, celui qui attire le plus l'attention est la célèbre statue de bois, haute de trois

(1) Voici en quels termes absolument vrais et charmants, M. Maspero, lors de l'inauguration du monument élevé à Mariette par le gouvernement égyptien (17 février 1904), a parlé du musée de Boulak : « C'est là que vinrent se ranger en moins de vingt ans, et le Khéphrên de diorite, et l'immortel Cheikh-el-beled, et le couple de Meïdoum, et la Taïa, et l'Améniritis en albâtre, et tant d'autres chefs-d'œuvre d'un sentiment si haut ou d'une vérité si expressive. Mariette les y installait avec amour, les remuant de salle en salle, et dans chaque salle de place en place, jusqu'à ce qu'il eût trouvé pour chacun d'eux l'endroit qui lui convenait le mieux et le jour qui en faisait ressortir les qualités maîtresses. Nous qui les avons connues, nous les regretterons toujours ces salles d'un aspect si intime et si doux, d'une lumière tempérée si adroitement, d'une disposition et d'un charme si subtils, qu'à peine y avait-on mis le pied, on se sentait entraîné à les parcourir jusqu'au bout, et que, pour s'y être aventuré une fois, on voulait y revenir sans cesse. Les objets les plus beaux ou les plus caractéristiques d'une époque étaient classés de manière à forcer l'attention du visiteur, mais ils la forçaient si discrètement que nul ne s'apercevait de la violence qui lui était faite. Si distrait qu'il fût, il fallait qu'il les vît, qu'il essayât de les comprendre, qu'il les comprît. Ils n'étaient plus pour lui ces choses mortes qu'ils sont si souvent dans les musées d'Europe, mais ils lui racontaient, chacun pour soi, un peu de ce grand passé auquel ils avaient appartenu, tant qu'enfin il entrait sans presque s'en douter en pleine communion avec l'âme de l'antiquité. Lorsque des puritains de science reprochaient à Mariette ce qu'ils appelaient ses étalages inutiles, il avait beau jeu à leur répondre : « Si le Musée, ainsi arrangé, plaît à ceux auxquels il est destiné, s'ils y reviennent souvent, et en y revenant s'inoculent l'amour des antiquités de l'Egypte, mon but est atteint, et je suis content. »

Voyez encore : *Boulak et Sakkarah* dans *Histoires orientales* par E. Melchior de Vogüé. Paris, Calmann-Lévy, 1880, in-12, et du même, *Auguste Mariette*, article nécrologique, *Revue des Deux Mondes*, 15 février 1881. Gabriel Charmes : *Réorganisation du musée de Boulak en 1880*, dans *l'Egypte*, Paris, Calmann-Lévy, 1891, in-12.

pieds, qui fut trouvée dans un tombeau de la nécropole de Memphis et qui remonte à la IVe dynastie, c'est-à-dire à une antiquité de six mille ans. Elle représente un personnage d'une soixantaine d'années, nommé Ra-em-ke, qui marche avec dignité, un bâton à la main, comme s'il visitait ses propriétés ou surveillait les ouvriers construisant les pyramides. La tête est bien celle d'un fellah doué d'intelligence, de douceur et d'autorité, comme il s'en rencontre encore parmi les reiss ou surveillants des fouilles de Mariette, lequel se loue hautement de l'honnêteté et de la fidélité sans bornes de beaucoup d'entre eux.

Les yeux de la statue sont agencés de façon à illuminer son visage des rayons de la vie et de l'intelligence, car ils sont formés d'un globe de quartz blanc au fond duquel brille un clou d'argent derrière une prunelle de cristal de roche. Le torse nu touche à l'embonpoint et respire le bien-être ; la taille est prise dans une jupe collante, le pagne ou la schenti qui descend jusqu'aux genoux et constitue un vêtement sommaire et commode qui fut représenté sur les monuments aussi longtemps que dura l'art égyptien. Les pharaons, les rois grecs et les empereurs romains portent dans les bas-reliefs cet unique vêtement qui remonte aux âges préhistoriques et qui peut-être de leur temps n'était plus de mise que chez les gens du peuple et les fellahs.

Dans aucun pays, l'esprit humain ne s'est mieux modelé sur le climat ; de même que dans l'air sec des nécropoles tout se conserve indéfiniment, de même l'Egypte perpétuait en les consacrant comme des rites, les modes, les usages, les croyances des époques les plus reculées : dans les représentations figurées, les dieux et les pharaons les plus renommés sont habillés comme les sauvages primitifs ; mais ces sauvages sont devenus riches, et leurs pagnes, faits des tissus les plus précieux, teints des couleurs les plus vives, sont ornés de pièces d'orfèvrerie.

Chose curieuse, le caractère de la race a si peu changé que quand on découvrit la statue de Ra-em-ke, les fellahs, frappés de sa ressemblance avec leur chef de village, crurent que c'était son portrait et le décorèrent de son titre, le *Cheikh-el-beled*.

En suivant les regards du Cheikh-el-beled et la direction de sa marche, on découvre de l'autre côté de la salle un personnage sombre, assis sur un trône avec une majesté royale qui impose encore.

LE CHEIKH EL-BELED AVANT SA RESTAURATION PAR FLORIS
Photographie inédite de Prisse d'Avennes

Quelles ne furent pas la surprise et la joie de Mariette lorsque, déblayant aux frais du duc de Luynes le temple de granit rose qui est au pied du grand sphinx de Gizeh, il vit sortir d'un ancien puits d'ablutions cette magnifique statue de diorite ou prime d'émeraude sur laquelle se lit le cartouche du roi *Schafra*, le fameux Chéphrên, qui éleva pour sa sépulture la seconde des grandes pyramides, la seule qui dans sa partie supérieure ait gardé son revêtement de pierre lisse.

Ce fut une révélation, car alors apparut pour la première fois une œuvre d'un caractère élevé, réalisant le type idéal du souverain et du dieu. La plus dure des roches se trouve assouplie sous un ciseau délicat et puissant à la fois. Point de recherche dans la pose du personnage : c'est toujours l'attitude droite, simple et un peu gauche de toutes les statues égyptiennes, mais on sent du moins que la tradition seule n'a pas créé cette figure, œuvre naïve par certains côtés, mais faisant resplendir les caractères de « Vie, Santé, Force », qui sont les attributs des pharaons adorés comme des dieux véritables, descendants et héritiers des dieux qui, croyait-on, avaient autrefois régné sur l'Egypte.

La tête de Chéphrên, d'une physionomie sereine et ferme, est couverte du *klaft* royal, cette belle coiffure à forme pyramidale qui encadre si bien le visage et descend sur les épaules, en formant des stries horizontales qui ressemblent aux assises des monuments. Le visage a des traits originaux qui révèlent un portrait, miroir de cette puissance sans appel que le pharaon exerçait comme intermédiaire entre les hommes et les dieux ; le modelé du corps est sobre et fin ; son assiette est magnifique, et ce qu'on pourrait appeler son architecture, traitée avec autant de justesse que d'ampleur. Chéphrên porte dignement les titres de *Fils du soleil*, de *Seigneur des deux mondes*, de *Seigneur vie-santé-force*, de *Stabilisateur de justice*, de *Vivant à toujours*, qu'avec beaucoup d'autres on donnait habituellement aux pharaons. En le voyant, on croit être devant le trône d'un dieu regardant avec sérénité jusqu'au fond de cette vie éternelle qu'il possède et qui l'entoure d'une atmosphère de puissance et de respect, dont on reçoit encore aujourd'hui l'impression : tels devaient apparaître au fond des temples et des palais, ces rois immobiles et isolés dans leur divinité, qui planaient sur un peuple d'esclaves et d'adorateurs gravitant autour d'eux dans des orbites invariables (1), à moins que trop ennuyés dans leur isolement, ils ne se livrassent parfois à tous les excès et à toutes les faiblesses d'une vie purement humaine qui n'a pas de frein dans sa puis-

(1) Cf. A.Moret. *Du caractère religieux de la royauté pharaonique*. Paris, E. Leroux, 1902, in-8°.

sance. Huit autres statues du pharaon Schafra, mais de moindre valeur et très mutilées, ont été trouvées au fond du puits où elles avaient été précipitées en un jour de tourmente révolutionnaire ou religieuse.

LE PHARAON CHÉPHREN

La découverte de ces statues, a écrit Mariette, est un événement : « Belles en elles-mêmes, elles restent belles encore quand on les compare aux œuvres des dynasties que l'on croit représenter les siècles florissants de l'Egypte. Elles ont, en outre, l'avantage d'être les témoins en quelque sorte parlants d'une civilisation sérieuse et avancée ; enfin, elles fournissent à la philosophie de l'histoire un chapitre nouveau en montrant qu'au moment où Schafra ornait les temples de ses images sculptées, l'Egypte portait la marque désormais implacable de ce lent travail sacerdotal qui pétrifia tout chez elle, les formules de l'art comme les formules de ses croyances, et qu'à ces époques reculées elle avait eu le temps déjà de couler le bronze de ce moule inflexible dans lequel elle se façonna elle-même pendant quatre mille ans. »

A côté de ces statues plus ou moins belles, selon le talent des imagiers, mais toutes frappées de rigidité, il existait un assez grand nombre de figures funéraires conçues avec une certaine liberté de mouvement et une grande variété de poses. Mariette, qui paraît avoir une prédilection pour cet âge d'or de l'art égyptien et qui tient à honneur d'en faire connaître toutes les beautés, nous entraîne aussitôt dans la petite salle de l'Ouest, entièrement consacrée aux ouvrages de l'Ancien Empire. Là se voient nombre de figures en calcaire peint, hautes d'environ un pied, qui représentent tout un petit peuple de travailleurs populaires pris sur le fait dans le cours de leurs travaux domestiques : une femme agenouillée, sans doute une esclave, pétrit le pain du mort que l'on fabriquait assez grossièrement, comme le façonnent encore les fellahines de la Haute-Egypte. Cette œuvre est pleine de souplesse et de grâce et la pose n'en est certes pas hiératique. L'exécution du modèle est distinguée : on y reconnaît la complexion fine,

UN BRASSEUR

la physionomie ouverte, aimable et animée du bon sourire de la toute jeune femme égyptienne qui, aimante et dévouée, était partout recherchée dans l'antiquité pour ce caractère sympathique et gai qu'elle a conservé jusqu'à nos jours. Les bras, tendus pour le travail, sont souples et élégants, les muscles des jambes repliées sont finement accusés. Tout auprès un homme, assis à terre, tient entre ses jambes un vase qu'il est occupé à enduire de poix avant d'y verser le vin du mort, afin sans doute de lui communiquer cet affreux goût d'amertume tant aimé des Orientaux et même des Grecs. Un autre homme touche sa tête en signe de deuil ou d'adoration. Une statuette de bois représente un homme qui se drape dans une ample couverture. « Son attitude, dit Mariette, appartiendrait plus à une statue du temps des empereurs, dans le style égyptien qu'à une œuvre antérieure de trente ou quarante siècles à l'époque romaine. »

Il est encore d'autres broyeurs et broyeuses de grains, pétrisseurs de pâte, brasseurs qui étaient considérés comme les serviteurs du mort, que l'on déposait dans les salles secrètes et à jamais closes des tombeaux où revenait le double ou en quelque sorte l'ombre du trépassé. On enfermait encore dans les chambres funéraires ces statues prodigieuses de ressemblance dont nous avons parlé et sur lesquelles l'ombre du défunt venait se reposer.

Le scribe agenouillé

L'une des plus vivantes est celle du Scribe agenouillé qui depuis lors a été si bien décrite par M. Maspero.

« Le *Scribe agenouillé* de Boulak, dit-il, appartenait aux

rangs les moins élevés de la petite bourgeoisie, telle qu'elle existe aujourd'hui encore ; s'il n'était pas mort depuis six mille ans, je jurerais l'avoir dévisagé, il y a six mois, dans une des petites villes du Saïd. Il vient d'apporter à l'examen de son Chef un rouleau de papyrus ou une tablette chargée d'écritures. Agenouillé selon l'ordonnance, les mains croisées, le dos arrondi, la tête infléchie légèrement, il attend qu'on ait fini de lire. Pense-t-il ? Les scribes n'étaient pas sans éprouver des appréhensions secrètes lorsqu'ils comparaissaient devant leurs supérieurs. Le bâton jouait un grand rôle dans les relations administratives : une erreur d'addition, une faute d'orthographe, une instruction mal comprise, un ordre exécuté gauchement, et les coups allaient leur train. Le sculpteur a saisi on ne peut mieux l'expression d'incertitude résignée et de douceur moutonne que l'habitude d'une vie entière passée au service avait donnée à son modèle. La bouche sourit, car ainsi le veut l'étiquette, mais le sourire n'a rien de joyeux. Le nez et les joues grimacent à l'unisson de la bouche. Les deux gros yeux en émail ont le regard fixe de l'homme qui attend sans vouloir arrêter sa vue et concentrer sa pensée sur un objet déterminé. La face manque d'intelligence et de vivacité ; après tout, le métier n'exigeait pas une grande agilité d'esprit. »

Cette figurine est de la même famille que le petit scribe accroupi du Louvre, découvert par Mariette dans la nécropole de Memphis, alors qu'il était envoyé en mission par le gouvernement français. Mais celui-ci représente un autre type de scribe ; c'est le serviteur intelligent, rompu et stylé, toujours aux aguets, toujours prompt à saisir au vol la pensée du maître.

Si libres d'allure que paraissent ces figurines bourgeoises à côté des statues royales, princières, de Schafra et de Ra-Nefer ou des bas-reliefs de bois de Hosi, il n'en est pas moins vrai que le sculpteur égyptien choisissait des attitudes simples, régulières, symétriques. Jamais de flexion de l'échine ou du cou vers la gauche ou vers la droite. A aucune époque de l'art égyptien, même sous la domination grecque et romaine, a-t-on jamais adopté le *hanchement* de la figure humaine, c'est-à-dire cette rupture d'équilibre qui fait porter tout le poids du corps sur une seule jambe et qui, en modifiant l'assiette des hanches et des épaules, imprime une flexion harmonieuse à tout le corps et lui communique la vie et le mouvement dans le repos ? Il a fallu la finesse d'observation, le sens exquis des artistes grecs et une longue série d'efforts pour arriver à cette évolution qui met une démarcation profonde entre la sculpture égyptienne et celle des Grecs et des Latins.

Il faut bien en convenir, l'art égyptien qui a souvent rencontré le beau idéal ne s'en proposait pas uniquement la recherche : cet art restait emprisonné dans les superstitions ou les prescriptions religieuses et par cela même demeurait soumis à l'utile ; ainsi, les statues funéraires n'avaient point pour but d'orner des sépultures puisque les vivants ne devaient pas les voir ; elles n'étaient là que pour assurer et perpétuer le retour de l'ombre ou de l'âme au tombeau dans le cas où la fragile momie viendrait à disparaître. Pour l'Egyptien antique une statue divine n'aurait eu aucune valeur si elle n'eût été que belle comme une Vénus ou un Apollon : l'effigie ne comptait que si elle portait les attributs consacrés du dieu, tels que la tête de grenouille, d'hippopotame, de lionne, d'ibis, d'épervier ou d'un autre animal, pour nous effrayant ou repoussant, restes probables d'un fétichisme primitif. Le plus réussi de ces mélanges, beaux parfois jusqu'au sublime, le sphinx à tête humaine, n'est pas une fantaisie de l'imagination, c'est la figure du roi régnant auquel on donnait le corps du lion, hiéroglyphe de la force et du courage. Les avenues de Karnak, bordées de lions couchés à têtes de béliers, pouvaient présenter aussi une sorte de beauté sauvage dans leur ensemble grandiose, mais le détail en était laid et monstrueux. L'Egyptien, même instruit, n'en souffrait point car il lui suffisait de reconnaître dans ces profils busqués, encadrés de cornes exagérées l'emblème de son dieu Amon, le maître de la fécondité, le ressort caché qui pousse la nature à se renouveler sans cesse. Qui ne sait que l'enfant, si friand de contes bleus, ne s'amuse et ne se plaît qu'aux récits répétés dans les mêmes termes et sans variantes.

La salle de l'Ouest est pourvue d'une terrasse découverte dont le mur plonge dans les eaux du Nil qui viennent avec un frais murmure le battre de leurs vagues et de leurs remous, surtout quand passent lentement les lourdes barques à voilures entre-croisées ; l'un des bateliers récite ou improvise toujours quelques litanies interminables auxquelles l'équipage répond en cadence, lançant des salves d'encouragement dès que le choriphée s'est surpassé. Ainsi faisaient déjà leurs aïeux lorsque, naviguant en vue des pyramides toutes neuves, ils chantaient les louanges des pharaons Chéops et Chéphrèn au lieu de les maudire ouvertement comme au temps d'Hérodote : On peut croire que sous l'Ancien-Empire les immenses tombeaux des rois semblaient des arches d'alliance entre les dieux et les hommes plutôt que des monuments de vanité rappelant les corvées et la misère du peuple.

La terrasse de l'Ouest est la station favorite de Mariette, nous dit Devéria. C'est là qu'il s'abandonne parfois à la causerie, ranimé par la fraîche senteur des eaux, ému par la splendeur incomparable des couchers de soleil qui font flamboyer les lointaines pyramides. Il dévoile alors l'Egypte primitive et laisse entrevoir des impressions intimes et profondes qu'il se décide trop rarement à communiquer, comme s'il craignait de commettre un sacrilège ou de s'attirer la critique de jeunes savants qui n'ont vu de l'Egypte que ses hiéroglyphes.

La salle de l'Est est consacrée aux antiquités du Moyen-Empire. Nous sommes obligés de laisser derrière nous quelques milliers d'années, désignées sous le nom de *vide monumental*, car après la VIe dynastie on ne trouve presque plus de monuments, ce qui semblerait indiquer une période obscure, encore inconnue. Le pays aurait-il subi des invasions dévastatrices, des oppressions paralysantes? La monarchie se serait-elle fractionnée en petits États dont les rois auraient régné simultanément et non successivement, ce qui réduirait beaucoup la durée de cette période nébuleuse? Les progrès de la critique, un heureux coup de pioche élucideront peut-être un jour cette question.

Dans la salle de l'Est, on revit avec les hommes du Moyen-Empire presque aussi bien que nous le faisions tout à l'heure avec ceux de l'Ancien-Empire. Une époque de renaissance apparaît sous la XIe dynastie. Memphis n'est plus la capitale unique du Nord et du Sud. C'est Thèbes qui, pour la première fois, devient le siège de la puissance souveraine et si les œuvres d'architecture et de sculpture sont très rares, du moins les tombes de la nécropole, située au lieu dit Drah-Aboul-Neggah, abondent en objets variés. C'est tout le mobilier intime des vieux Thébains que nous touchons du doigt et dont nous pourrions nous servir encore grâce à son admirable état de conservation. Sur ces tabourets de construction si élégante qu'ils mériteraient d'être grecs, l'hôte millénaire ne manquerait pas de nous faire asseoir en nous offrant, chargés de fruits, ces jolis paniers multicolores en jonc tressé dont la fabrication s'est perpétuée jusqu'à nos jours dans l'île d'Eléphantine. Ces toiles légères que nous voyons ici tristement suspendues pourraient flotter sur les murs de la maison thébaine ou devant ses portes béantes par lesquelles nous verrions passer dans la campagne des files d'esclaves demi-nus allant aux champs, avec ces houes de bois que Mariette nous met dans la main et qui sont si rudimentaires qu'il faut, bien malgré lui, les traiter de préhistoriques et

SARCOPHAGE DE L'ANCIEN-EMPIRE
reproduisant la structure d'une maison de Memphis

même de sauvages... Très simple, mais charmante assurément devait être la salle des hôtes : peu de meubles, des divans sommaires au pied de murs élevés, sobrement décorés comme ceux du Musée ; quelques tabourets épars, quelques guéridons chargés abondamment de fleurs et de fruits, de gargoulettes d'eau fraîche et, arrivant vers l'hôte, légère, ondoyante et souriante, la maîtresse du logis, non recluse, non voilée, semblable à cette blanche statue de la reine Améniritis qui, hélas ! demeure figée au fond de la grande salle du Musée de Boulak.

Si les sépultures nous ont assez bien transmis une grande partie du mobilier de la vie antique, presque rien des maisons n'a été conservé : à peine quelques traces de fondations enfouies sous les terres et les détritus, qu'il s'agisse de palais ou de villas princières. Les habitations étaient généralement construites en briques crues qui se sont désagrégées : elles ont disparu avec leur luxe de peinture murale, leurs belles dispositions et leurs jardins remplis de bassins d'arbres et de fleurs. Le peu que l'on sait de l'aménagement des maisons et de leur décoration intérieure provient de quelques représentations peintes ou gravées sur des parois d'hypogées (1). Les matériaux durables étaient réservés pour les tombeaux, appelés *maisons éternelles*, reproduisant souvent l'aspect, la structure des habitations fragiles de la vie terrestre et aussi pour les temples, sorte de citadelles construites « en belles pierres pour l'éternité » sur des proportions colossales et entourées de remparts épais, sur lesquels on pouvait circuler en char. C'étaient des sanctuaires inexpugnables, faits pour frapper l'imagination et inspirer la terreur sacrée où l'on conservait dans des chambres obscures, dans des cachettes pratiquées sous les dalles et dans l'épaisseur des murailles les archives millénaires, les vêtements des dieux, les trésors des prêtres et peut-être ceux des rois et des riches initiés. Il y avait des magasins dans lesquels on entassait les denrées qui composaient les revenus du temple et lui servaient pour les échanges, car l'usage des monnaies n'était pas connu.

Auprès de ces frêles objets mobiliers, il en est d'autres ici tout différents de nature et d'aspect, et qui promettent de longues discussions aux savants. Ce sont ces sphinx et ces statues étranges que l'on a tirés de l'immense ville ruinée de Tanis, aujourd'hui Sân, devenue un pauvre village de la Basse-Egypte, non loin du lac Menzaleh.

A la XIIe dynastie, l'Egypte était arrivée à l'apogée de cette renaissance du Moyen-Empire qui la rendit de nouveau si florissante et si puissante : mais la terrible invasion des Hyksos

(1) Des fouilles commencées en 1888 ont mis à jour des débris importants du palais d'Aménophis III. Voir dans les *Causeries d'Egypte* de G. Maspero : *Le palais d'un pharaon égyptien à Thèbes*, p. 257.

ou Pasteurs, qui fit irruption par le nord-est, la surprit sous la XIVe dynastie (vers 2200) sur la pente d'une nouvelle décadence causée par l'anarchie et la replongea dans un état de malheur et de servitude qui, selon les historiens anciens, n'aurait pas duré moins de cinq cents ans.

Ce qui paraît certain c'est qu'en arrivant de la Syrie les

SPHINX DE TANIS

Hyksos s'emparèrent de Tanis, ville frontière, s'y fortifièrent militairement, la gardèrent comme capitale pour se jeter sur les provinces voisines qu'ils rendirent tributaires. Lors des fouilles commencées en 1860, au milieu de ce prodigieux amas de ruines bouleversées par les tremblements de terre et saccagées par les hommes, Mariette, cherchant à se frayer un passage vers le sanctuaire du grand temple, rencontra l'ancienne avenue de sphinx qui y conduisait ; quatre de ces sphinx, échappés à la mutilation étaient encore debout, vrais témoins d'un passé prodigieux et agité. Ces colosses de granit noir ont environ 2 m. 50 de long et leurs corps sont modelés d'après les traditions du grand art égyptien : même ampleur nerveuse, même assiette empreinte d'énergie et de majesté ; mais les têtes ont un caractère différent de ce que l'Egypte a toujours produit.

« Les sphinx d'origine égyptienne, écrivait Mariette à M. de Rougé lors de sa découverte, frappent surtout par leur tranquille majesté. Les têtes sont le plus souvent des portraits,

STATUE ET SPHINX DU PHARAON THOUTMÈS III

et cependant l'œil est toujours calme et bien ouvert, la bouche toujours souriante, les lignes du visage toujours arrondies. Surtout, remarquez que les sphinx égyptiens n'abandonnent presque jamais la grande coiffure aux ailes évasées, le *klaft*, qui se marie si bien à l'ensemble paisible du monument. Ici, vous êtes loin de reconnaître ce type. La tête des sphinx de Sân est d'un art auquel je ne saurais véritablement rien comparer. Les yeux sont petits, le nez est vigoureux et arqué en même temps que plat, les joues sont grosses en même temps qu'osseuses, le menton est saillant, et la bouche se fait remarquer par la manière dont elle s'abaisse aux extrémités. L'ensemble du visage se ressent de la rudesse des traits qui le composent, et la crinière touffue qui encadre la tête dans laquelle celle-ci semble s'enfoncer, donne au monument un aspect plus remarquable encore. A voir ces figures étranges,

Groupe de Tanis

on devine qu'on a sous les yeux les produits d'un art qui n'est pas exclusivement étranger, et l'on en conclut *déjà* que les sphinx de Tanis pourraient bien offrir cet immense intérêt d'être du temps des Hyksos eux-mêmes. « Ils portent tous sur l'épaule le cartouche hiéroglyphique du roi pasteur Apophis, endommagé, il est vrai, par ses successeurs égyptiens et remplaçant lui-même le nom de quelque prédécesseur. Ce nom gravé, ce caractère mi-égyptien, mi-asiatique fait que depuis cette découverte l'opinion générale est assez bien établie, que ces monuments sont des portraits des rois pasteurs et des spécimens de la race hyksos. »

L'année suivante, en 1861, la présence de ce style hybride se manifesta de nouveau. Mariette trouva à Tanis un groupe de granit gris, formé de deux personnages de grandeur naturelle, placés côte à côte devant des tables d'offrandes chargées de poissons, de volatiles et de fleurs de lotus.

« La parenté de ces personnages avec les quatre sphinx est évidente, écrivait encore Mariette à M. de Rougé : c'est la même figure que les artistes ont reproduite de part et d'autre... Le premier aspect de notre groupe laisse penser que ce monument est plus asiatique qu'égyptien, fait important pour les conséquences qu'on en pourrait tirer. Mais la pose des personnages et l'unique vêtement, la *schenti,* qui couvre leur corps, nous rapprochent tout à coup de l'Egypte. »

Ce qui ajoute à l'intérêt de ces statues, c'est qu'elles semblent pour ainsi dire des portraits pris sur les individus de cette race différente des fellahs, qui peuple encore l'ancien territoire des Pasteurs : « Le fellah égyptien est grand, svelte, léger dans sa démarche ; il a les yeux ouverts et vifs, le nez petit et droit, la bouche bien dessinée et souriante, la marque de la race est surtout chez ce peuple dans l'ampleur du torse, la maigreur des jambes et le peu de développement des hanches. Les habitants de Sân, de Matarieh, de Menzaleh et des autres villages environnants ont un aspect tout différent, et dès le premier abord dépaysent en quelque sorte l'observateur. Ils sont de haute taille, quoique trapus ; leur dos est toujours un peu voûté, et ce qui les fait remarquer avant tout c'est la robuste construction de leurs jambes. Quant à la tête elle accuse un type sémitique prononcé ».

« Loin de sembler étrange, le groupe de Sân apparaît donc, au sein des ruines où il a été trouvé, comme dans son véritable milieu. Ce sont les mêmes hommes que vous avez vus dans votre route, que vous voyez en quelque sorte sculptés en granit. Les uns et les autres arrivent à vous les mains pleines de poissons et de gibier sauvage, et autour de leurs poignets s'enlacent comme d'épais bracelets les tiges des nénuphars » (1).

(1) Les vues de Mariette sur les sphinx de Tanis ont été pendant longtemps

Entrés en Egypte à l'état de hordes barbares et sanguinaires, les envahisseurs de l'Est se civilisèrent et s'amollirent peu à peu au contact des vaincus ; ils régnaient sur le Delta et sur Memphis, levaient partout des tributs et tenaient en respect tous les princes féodaux de la Haute-Egypte dont l'énergie se réveillait et dont la haine s'accumulait par degrés devant l'insolence des étrangers. Un moment arriva enfin où l'Egypte leva l'étendard de la révolte et réussit, après d'interminables luttes, à chasser les Hyksos qui ne revinrent point. Quelques unes de leurs tribus restèrent oubliées autour de Tanis, tolérées au même titre que les Israélites, mais elles n'eurent pas d'exode. Ce sont ces étrangers, au type sévère et accentué, qui peuplent encore aujourd'hui les bords du lac Menzaleh.

L'avènement de la XVIIIe dynastie (environ 1600 ans avant J.-C.) amène une renaissance qui porte le nom de Nouvel-Empire, et elle inaugure l'ère la plus glorieuse et peut-être la plus brillante de l'histoire d'Egypte. Les Hyksos, qui obstruaient la vallée du Nil vers le Nord et lui barraient le chemin de la Syrie, son débouché naturel, viennent d'être expulsés définitivement par le pharaon Ahmès ou Amosis, roi unique du Nord et du Sud

Aussitôt l'Egypte se relève plus puissante que jamais : avec le pharaon Thoutmès III, « elle pose ses frontières où il lui plaît », du Soudan africain aux bords de l'Euphrate et du Tigre ; son rôle politique devient immense dans le monde oriental. La monarchie centrale renouvelle en les agrandissant les temples écroulés, donne de l'extension à la prospérité agricole et commerciale.

Les monuments que nous a laissés cette époque sont nom-

---

adoptées sans discussion. C'est seulement il y a une vingtaine d'années que M. Maspero, en examinant un de ces sphinx, constata que la poitrine en avait été martelée afin de recevoir le cartouche d'un roi de la XXIe dynastie, appelé Paselkhanut. Dès lors, il devenait évident que ce dernier avait usurpé le monument du Pharaon ayant régné avant lui. Mais ce Pharaon lui-même, devait-il être classé avant ou après la période des Hyksos ? Golénischeff, dans un article du *Recueil* (t. XV, p. 131 et suiv.) a démontré, par une comparaison entre le sphinx de Tanis et une statue de l'Ermitage, que le Pharaon en question était Amenemhat III, XIIe dynastie.

Le style étrange de ces monuments viendrait seulement de ce qu'ils reproduisent le type, resté le même encore aujourd'hui, des riverains du lac Menzaleh. Ce serait de l'art local, et non plus de l'art exotique, exécuté par les Hyksos et reproduisant leur type.

breux en tous genres : le style des œuvres statuaires, bien que moins large, moins vigoureux que sous l'Ancien et le Moyen-Empire, se manifeste cependant par des œuvres d'un grand caractère. Les monuments d'architecture, moins sévères, moins parfaits dans leur exécution, atteindront l'apogée de la magnificence colossale. Le Nouvel-Empire donnera naissance aux monuments gigantesques de Karnak, de Louqsor, de Médinet-Abou, aux colosses dits de Memnon, au temple funéraire d'Abydos, etc. Les grands hypogées royaux, inaccessibles aux vivants, se creusent dans le flanc des montagnes de Thèbes, et les parois de leurs souterrains, uniquement couvertes de scènes mythologiques toujours compliquées, souvent effrayantes au point de vue des dangers à courir dans la vie d'outre-tombe, nous révèlent que la centralisation sacerdotale et monarchique est arrivée à son comble.

Une autre preuve de ce fait nous est donnée par la rigidité de l'art statuaire et de l'architecture qui se sont laissé emprisonner par des lois inflexibles excluant toute velléité de changement dans les modèles.

L'art des différentes époques ne varie plus que par des nuances que l'on a appris à la longue à déterminer, et surtout depuis le déchiffrement des hiéroglyphes. Une seule fois dans le cours des siècles, l'art égyptien a manifesté la volonté et réalisé le désir de sortir de sa routine : c'est environ seize siècles avant notre ère, sous le règne du pharaon Aménophis IV, de la XVIIIe dynastie. On suppose que les grands prêtres d'Amon, à Thèbes, étaient devenus si riches et si puissants qu'ils envahissaient le pouvoir ou les prérogatives royales. Ce qui est certain, c'est que le roi fit un schisme religieux, quitta la résidence de Thèbes pour construire une nouvelle capitale, au lieu dit Tell-el-Amarna et y arbora une nouvelle religion ou plutôt y rajeunit un vieux culte tout différent de celui des prêtres. La rupture avec le passé fut si radicale que l'art lui-même en prit un essor nouveau auquel on ne se serait jamais attendu. Les tableaux gravés sur les murs des nécropoles nous font voir des scènes de la vie profane toutes différentes des représentations monotones et rigides du culte orthodoxe. A considérer cette poussée de liberté, de gaieté et même d'esprit, on croirait que l'art égyptien revient à la prime jeunesse de l'Ancien-Empire et qu'il va fournir une carrière nouvelle ; mais à la fin de ce

que temps les ouvriers de M. Mariette trouvèrent à *Drah-abou'l-neggah*, partie de la nécropole de l'ancienne Thèbes, une momie beaucoup plus belle que d'ordinaire ; l'extérieur de la caisse est entièrement doré, et les yeux, de pierre dure, sont entourés de paupières d'or massif.

« M. Maunier, qui fut prévenu de la découverte, envoya à M. Mariette une copie de l'inscription qui décore le cercueil, assez lisible pour que nous ayons pu reconnaître que c'était la momie d'une reine nommée Aah-Hotep. M. Mariette ordonna de la faire venir à Boulak par un vapeur spécial et sans aucun retard : mais par malheur, le gouverneur de la province, avant que la lettre arrivât, fit ouvrir la momie par curiosité ou zèle malentendu, on ne sait trop. Quoi qu'il en soit, je ne voudrais pas me trouver à la place dudit gouverneur, la première fois que M. Mariette le rencontrera ! Après l'ouverture du cercueil, on jeta comme de coutume la toile et les os au tas d'ordures, en ne conservant que les objets qu'on y trouva renfermés. Un surveillant arabe au service de M. Mariette lui envoya un inventaire de ces objets. Le gouverneur de la province en adressa un autre au vice-roi et écrivit à Son Altesse qu'il les lui envoyait directement. Ce voyage était la perte inévitable de beaucoup d'objets, sinon de la totalité. Les deux listes comparées se trouvaient assez d'accord, mais elles nous parurent singulièrement exagérées pour le nombre et le poids des objets d'or dont elles font mention. Malgré tout, la découverte était certainement intéressante. M. Mariette eut l'heureuse idée de se faire donner un ordre ministériel qui lui conférait le droit d'arrêter tous les bateaux portant des antiquités et de les prendre à bord de son vapeur. Aussitôt l'ordre délivré, c'est-à-dire hier matin, nous partîmes pour nous mettre en croisière aussi haut sur le Nil que le manque d'eau nous permettrait d'aller. A peine étions-nous arrivés à un point où nous ne pouvions plus avancer que nous avons aperçu la fumée du bateau qui portait les restes de la momie pharaonique.

« Une demi-heure après les deux vapeurs s'abordaient. Il y eut alors force pourparlers ; voyant qu'il n'arrivait à rien, et poussé à bout par une résistance opiniâtre, M. Mariette en vint au seul moyen reconnu par tous ici comme efficace, — à l'*ultima ratio*... : il distribua force coups de poings, proposa à l'un de le jeter à l'eau, à un autre de lui brûler la cervelle, à un troisième de l'envoyer aux galères, à un quatrième de le faire pendre, et ainsi des autres. Enfin, et grâce à cela on se décida à remettre lesdites antiquités à notre bord contre reçu.

« Dix minutes après cette scène, nous repartions pour Boulaq, emmenant prisonnier le surveillant fautif qui avait livré la momie au gouverneur. Il était fort meurtri, mais fumait philosophiquement son chibouk. Nous sommes arrivés à Boulaq un peu avant dîner, et là seulement nous avons pu ouvrir la fameuse boîte en dépit des cachets qui la fermaient. Notre surprise a été grande en y trouvant une quantité de bijoux et d'insignes royaux qui portent presque tous les noms du premier roi de la XVIIIe dynastie (Aahmès ou Amosis), tandis que le nom de la reine inscrit sur le cercueil ne s'y trouve pas une seule fois. Leur finesse d'exécution est plus remarquable que le peu que l'on connaissait du même genre et, si je ne me trompe, il y a près de deux kilos pesant d'or ainsi merveilleusement travaillé avec des incrustations de pierres dures et d'émaux de couleur.

« Outre la valeur intrinsèque de ces divers objets, ils ont une très grande importance historique... Leur antiquité est environ de seize siècles avant notre ère. M. Mariette est parti ce matin pour faire voir tout cela au vice-roi Saïd-Pacha. »

La reine Aah-Hotep Ire, épouse et mère de rois, vécut au milieu des dernières luttes qui mirent fin à la domination des Hyksos et ce fut même son gendre Amosis qui eut la gloire de les terminer, ce qui fit pour longtemps vénérer les souvenirs de cette famille. L'opulence de cette sépulture serait-elle une preuve de vénération, ou serait-elle un exemple conservé entre mille de la richesse habituelle des tombes royales ? L'Egypte abattue, effacée depuis des siècles par l'oppression étrangère, se relevait péniblement, luttait avec acharnement pour sa délivrance ; elle n'avait perdu aucune de ses traditions, pas même celle de la bonne humeur et de la gaieté et elle avait su se maintenir dans la voie du talent le plus délicat et du luxe le plus raffiné.

Autour du cou de la momie s'enroulait plusieurs fois une chaîne d'or, flexible comme un fil et longue de près d'un mètre, à laquelle était suspendu un volumineux scarabée d'or massif, aux élytres rayés en long de lignes d'un bleu pâle en pâte de verre alternant avec des lignes d'or cloisonnantes.

La plus riche et la plus intéressante de toutes les pièces du trésor de la reine est une hachette à tranchant d'or, construite et décorée avec un soin, un luxe et un goût que l'on n'avait pas encore rencontrés en Égypte dans les objets de cette nature.

Le manche de cette hache est de cèdre recouvert d'une feuille d'or repercée d'hiéroglyphes à jour, ce qui produit des figures noires s'enlevant sur un fond brillant : on y lut pour la première fois au complet le protocole d'Amosis. Ce manche, qui se termine par une sorte de crosse ou de pommeau où la main s'adapte à merveille, a une légère courbure

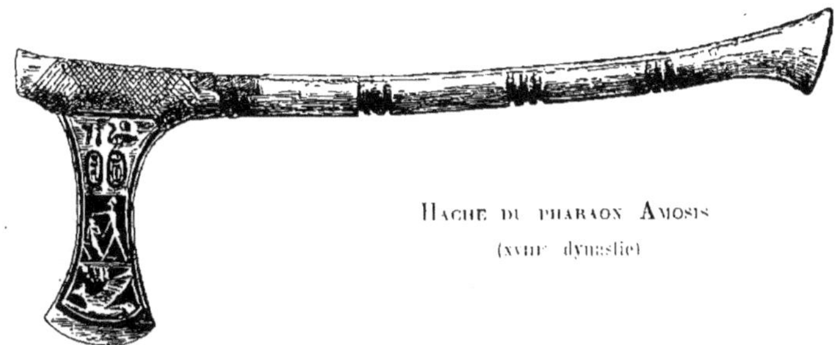

HACHE DU PHARAON AMOSIS
(XVIIIe dynastie)

et est orné de distance en distance d'anneaux en incrustations de lapis, de turquoises et de pierres colorées. Le taillant est de bronze : l'une de ses faces est recouverte d'une feuille d'or sur laquelle se dessinent des bouquets de lotus de pierres dures ; l'autre face, enduite d'une pâte bleue extrêmement résistante, est ornée de la figure en or d'Amosis terrassant un barbare. Au-dessous du roi se tient un griffon allongé comme un sphinx : c'est Month ou Montou, le dieu des combats, assimilé à Mars et auquel les poèmes égyptiens comparent les rois combattants.

L'objet que nous avons sous les yeux ne saurait être considéré comme une arme réelle destinée à l'usage du combat : il est probable qu'il faut y voir un insigne de commandement plus riche et plus soigné que ceux de même nature qui se rencontrent parfois dans les tombes de chefs militaires, et en même temps peut-être, un emblème de divinité, approprié au caractère et aux titres divins, toujours décernés aux personnes royales.

On sait qu'en effet, dans l'écriture hiéroglyphique, le signe de la hache exprime le mot *dieu* qui fait partie des titres royaux et que, répété neuf fois, il désigne l'ensemble des dieux : ainsi on voit parmi les objets précieux tirés de la momie, neuf très petites hachettes votives, trois d'or et six d'argent, dont le sens symbolique est évidemment voisin de celui de la grande hache et dont la présence a pour but de constater la divinité de la personne royale.

Un simple regard jeté sur cette arme nous montre sa complète similitude de construction avec les haches préhistoriques de l'âge de pierre et de l'âge de bronze. Celles de la pierre polie étaient attachées au manche par des tendons ou des lanières de peaux d'animaux entre-croisés et posés à l'état frais, qui en séchant et en se resserrant produisaient une grande solidité. De nos jours, tels étaient aussi les casse têtes en pierre des sauvages de la Polynésie.

L'archéologie et l'ethnographie sont d'accord sur ce point que, partout où il y a eu des peuplades sauvages, dans l'antiquité comme aux âges modernes, elles se sont servies d'armes en pierre avant de connaître le métal et elles ont été amenées par la nécessité à se servir du même mode de construction à ligatures. Or, la hachette d'Amosis et d'autres encore plus simples, trouvées dans le cercueil sont également construites à ligatures, mais ces liens entre-croisés sont ici des lamelles d'or et de bronze, selon la richesse des objets. Pourquoi l'emploi de cette forme surannée à une époque de grande civilisation où l'on savait à merveille forger le fer et le bronze et faire des haches de guerre munies de douilles, autrement commodes et solides que le casse-tête préhistorique ? Tous les peuples antiques et surtout les Egyptiens avaient un profond esprit de conservation pour les dogmes, les coutumes et les formes d'objets anciens. Beaucoup devenaient sacrés, religieux et par conséquent immuables ; de plus, chez tous les peuples, les armes les plus utiles, les plus essentielles, presque les seules connues, le casse-tête, la hache, le glaive devenaient personne sacrée, étaient adorés comme dieu ou représentaient une divinité. Comme la shenti ou pagne dont nous parlions tout à l'heure, la hachette d'Amosis est encore un casse-tête de sauvage, mais ce sauvage est devenu riche et civilisé, il orne tant qu'il peut son arme et son vêtement sans changer leur forme, car ils sont inviolables, sacrés, magiques.

La hachette d'or a-t-elle été fabriquée tout exprès pour la sépulture de la reine-mère, comme l'étaient beaucoup d'objets votifs destinés aux morts ? ou bien Amosis, le pharaon au casque d'or, lancé sur son char de bataille, n'a-t-il pas brandi très haut ce sceptre de guerre, avec des incantations religieuses et de grands signes magiques, pour mettre en déroute et balayer les derniers barbares du Nord ? Toujours est-il que cette arme, la plus belle qu'on pouvait faire, porte son nom et a dû être placée par lui auprès de la morte, sans doute pour mettre sa vie royale sous sa protection et sous sa dépendance mystique et maintenir entre eux la filiation divine.

POIGNARD DE LA REINE AAH-HOTEP

Le chef-d'œuvre de la collection est un poignard, objet que l'on est fort étonné de rencontrer sur une momie, attendu qu'il n'a rien de symbolique et se trouve en dehors des prescriptions du rituel funéraire. Le pourtour du tranchant de cette belle arme est d'or massif et rattaché à une bande de bronze noirâtre qui forme le milieu et comme l'échine de la lame. Sur cette bande médiane se détachent vivement des figures et des hiéroglyphes au cartouche d'Amosis, damasquiné d'or. La poignée, plus étroite que la lame et sans quillons, est de bois revêtu d'or avec incrustations de pierres dures de couleur ; elle est ornée à la base d'une tête d'Apis renversée, dont les cornes viennent embrasser et contenir le talon de la lame ; le pommeau d'or, formé de quatre têtes de femmes adossées, est une œuvre parfaite de goût et d'à-propos. Rien de plus élégant que cette arme dont les formes et la structure rappellent néanmoins celles des coutelas qu'on voit encore suspendus au bras des Nubiens par une torsade de cuir, comme aussi des poignards et des épées préhistoriques de bronze. A un point de vue purement esthétique, il faut reconnaître que les épées et les poignards, par la simplicité nécessaire de leur structure, fournissent des objets supérieurs comme dessin de la forme aux autres armes ou ustensiles ; il n'est presque pas d'industrie, si reculée qu'elle soit, qui ne nous présente de beaux et purs modèles de ce genre. Un fourreau d'or complète ce magnifique monument auquel étaient joints deux autres poignards beaucoup plus simples. On peut croire que tous étaient placés là pour permettre à la morte de se défendre contre les périls semés sur la route de l'autre vie.

Sur le velours rouge de la vitrine des bijoux, un riche collier funéraire en or, de ceux appelés *ousekh*, étale ses rangs concentriques de figurines de toutes sortes. Il couvrait toute la poitrine pour former, selon l'usage mortuaire, une sorte d'armure mystique contre les dangers du passage d'outre-tombe,

COLLIER FUNÉRAIRE DE LA REINE AAH-HOTEP

et se terminait sur les épaules par deux agrafes en forme de têtes d'éperviers, symboles du *soleil levant* ou d'*Horus*, c'est-à-dire de la résurrection. Il en est fait mention dans le chapitre CLVIII du *Rituel funéraire* ou *Livre des morts*, ce code sacré, long et compliqué qui accompagne les momies et détermine les cérémonies des funérailles, ainsi que les formules magiques qui aideront le mort à triompher des périls et des difficultés du voyage d'outre-tombe. Le prêtre devait réciter une prière sur ce collier au moment où l'on en parait la momie, rite qu'il accomplissait, du reste, pour chaque partie de l'ensevelissement. Ces colliers sont ordinairement de verroteries de couleur ou de cartonnages gaufrés, peints et dorés : mais celui-ci est d'une richesse inusitée : ses rangs, tous variés, représentent, les uns des fleurs crucifères, les autres des lions et des antilopes courant, des chacals assis, des éperviers, des vautours, des vipères ailées, des croix ansées et autres figures symboliques ayant un sens profond dans le sens de la préservation magique. Tout ce petit peuple éblouissant de figurines d'or était cousu au linge qui couvrait la poitrine de la momie et figurait une riche broderie.

Nous avons ici un exemple de ce qui a précédé la broderie d'or, art qui a pris naissance du moment où la tréfilerie a su produire des fils d'or assez fins pour permettre à l'aiguille de les mettre en œuvre.

Au-dessous de son collier, la momie portait sur la poitrine le pectoral en mosaïque de pierres dures cloisonnées d'or qui

PECTORAL

BRACELET

BRACELET

DIADÈME

Photographie de Th. Devéria, 1865

a la forme trapézoïdale d'un *naos* ou chapelle dont la corniche concave pose sur des parois inclinées comme celle des temples égyptiens. On y voit le roi Amosis debout sur la barque sacrée et aspergé par les dieux Amon et Râ de l'eau de purification. C'est là un bijou considérable et grave comme un texte religieux, qui paraîtrait mieux fait pour la poitrine d'un vieux pontife que pour celle de la plus séduisante des reines; mais on ne peut nier que cet ornement ne dut produire un effet de splendeur sacrée dans l'ensemble du costume royal lorsque la large surface de cette plaque brillante et colorée étincelait sur la gorge nue de la princesse vivante, entre le bord supérieur du corselet de lin brodé, aux couleurs éclatantes et les épaulières couvertes de pierres fines destinées à soutenir cette riche ceinture. Une jupe collante, sorte de fourreau d'étoffe quasi-transparente, complétait le costume féminin.

Pour se faire une idée plus complète de la toilette d'une reine d'Egypte, remettons-lui par la pensée cette profusion de bracelets et d'anneaux de jambes en or massif et ces larges bracelets d'or pour les poignets dont la surface est ornée de dessins géométriques rehaussés de cornaline, de feldspath vert et de lapis lazuli. Au sommet de la tête brillait un diadème d'or en forme de cercle que ses faibles dimensions feraient prendre pour un bracelet d'humérus si l'on ne savait que la chevelure de la momie s'y trouvait engagée.

Rendons enfin à la princesse ce chasse-mouches ou *flabellum* à manche d'ébène et d'or, autrefois paré de plumes d'autruches, insigne de souveraineté que l'on balançait au-dessus de sa tête dans les longues processions triomphales où le peuple à genoux acclamait la libératrice de l'Egypte, traînant derrière son palanquin les captifs hyksos, l'échine courbée et les coudes garrottés, puis ce court bâton de commandement d'or et d'ébène en forme de crosse, enfin ce miroir à main de métal poli que sans doute elle ne quittait guère.

A voir cette abondante provision de richesses et d'objets usuels pour la vie d'outre-tombe, on peut se demander comment une momie si exceptionnelle n'a pas été trouvée dans un tombeau digne d'elle, mais simplement enfouie sous le sable et comme au hasard dans la nécropole thébaine de Drah abou'l neggah.

L'étude que des savants égyptologues ont faite de certains papyrus antiques en donnerait l'explication. Environ douze siècles avant notre ère, l'Egypte déclinait comme nation politique et influente ; elle perdait ces possessions de l'Asie d'où Thèbes, l'immense métropole, tirait ses meilleures ressources. Ainsi qu'il devait en arriver à la Rome impériale, son territoire était devenu insuffisant pour entretenir le luxe de ses rois, de ses prêtres et de ses grands seigneurs. Elle sentit la gène, et le pouvoir royal, tombé aux mains des grands prêtres d'Amon qu'environnaient non des légions de guerriers mais des armées de scribes, ne trouva plus la force de ranimer la nation, de s'opposer à ses révoltes et de remédier à sa détresse. Des corporations d'ouvriers affamés en venaient aux outrages envers la personne du pontife roi. Une vaste affiliation de voleurs, parfois haut placés, se mit à exploiter les nécropoles pour en tirer les richesses enfouies et respectées depuis des siècles. L'administration des tombeaux s'émouvait et en appelait au pharaon. Il y avait des enquêtes, des poursuites, des condamnations avec force nez, oreilles, poignets et têtes coupés, surtout parmi les subalternes dont beaucoup étaient sans doute des gardiens de confiance. Il est probable qu'après avoir enlevé et caché le riche cercueil de la reine Aah-Hotep, les voleurs furent mis en fuite au moment d'emporter leur butin, et c'est ainsi que le secret de leur cachette n'aurait été découvert qu'en 1859, quelques trois mille ans après, par leurs imitateurs héréditaires, les fellahs d'aujourd'hui, à qui Mariette a su faire rendre gorge à l'aide de quelques horions seulement.

Il n'y a que l'Egypte qui puisse donner des exemples de pareille conservation : il ne pleut pour ainsi dire jamais dans la Thébaïde et, sur les parties hautes où l'eau ne peut arriver par inondation, le sol prend la texture du sable et garde une siccité absolue qui conserve les objets les plus délicats (1).

C'est à droite de la porte d'entrée que Mariette a fait dresser l'effigie dorée de la reine Aah-Hotep, la plus séduisante figure de cette XVIIIe dynastie qui délivra l'Egypte et étendit sa domination du Soudan africain aux rives du Tigre et de l'Euphrate. Est-ce par une de ces idées d'artiste ou de poète dont il est coutumier, sans jamais l'avouer, que le Bey a placé juste en face, et au fond de la grande salle, la statue d'Améniritis, cette reine qui peut personnifier le déclin de l'Egypte? Ainsi Aah-Hotep, la reine du matin, et Améniritis, la reine du soir, se contemplent fixement à travers les sept

(1) Pour se faire une idée de cette conservation particulière à l'Egypte, on peut lire le travail de M. Maspero sur la Découverte des Momies royales de Deïr el Bahari dans les *Mémoires de la Mission archéologique française au Caire*, 1er vol., 4e fascicule. Paris, E. Leroux, 1889, et les comptes rendus que nous avons donnés de cette découverte dans la *Gazette des Beaux Arts*, janvier et février 1883 et dans le journal *Le Temps*, 31 mai et 12 juin 1882.

ou huit siècles qui les séparent dans l'histoire, et leurs regards se croisent au-dessus de la multitude de petits dieux de bronze à la physionomie béate et bourgeoise, de scarabées royaux dont plusieurs sont tout ce qui reste d'un règne inconnu, d'amulettes mystiques destinées à garder les morts d'accidents fâcheux et à leur procurer de grands avantages, choses qui recèlent les secrets millénaires du monde antique et que toutes les collections possèdent en quantité.

Dans cette succession de siècles qui séparent les deux reines, l'art égyptien et les formes du culte religieux suivirent en paix leur route presque inflexible au milieu des vicissitudes de gloire, de puissance ou de désastres. La XIXe dynastie sut conserver l'héritage de la précédente et se servir des richesses accumulées, pour embellir les rives du Nil, les villes et les temples. Le personnage le plus illustre de cette famille est Ramsès II auquel la tradition et la légende ont donné le nom de Grand Sésostris : sorte de Louis XIV qui régna soixante-sept ans, fut grand guerroyeur et surtout grand bâtisseur. Il n'est pas une ruine du territoire où l'on ne retrouve sa trace, car il toucha à tout et fit mettre son nom, inscrit dans son cartouche royal, à la place de ceux de ses prédécesseurs, ce qui déroute l'archéologue ; aussi Mariette déteste-t-il ce pharaon. Dans une de ces comiques boutades qui lui sont familières, il nous déclare que si jamais ce glorieux revenait ici avec son grand profil de cheval, il lui refuserait sa porte.

Ce qu'il ne faut pas trop demander à Mariette, c'est de donner son avis sur la croyance assez répandue que Ramsès II est le pharaon dont le règne interminable aurait empêché Moïse, compromis à sa cour, de rentrer en Egypte pour en tirer le peuple d'Israël.

Mariette est tout près de se fâcher lorsqu'on fait allusion devant lui à des suppositions ingénieuses pour lesquelles il n'existe pas de preuves authentiques : M. de Lesseps le sait bien, lui qui cède toujours à la tentation d'amuser ses invités par des légendes sur Joseph et la dame Putiphar, sur Moïse et sur l'exode et qui n'en n'a pas moins l'imprudence de demander publiquement son avis à Mariette...

Evitant ce terrain brûlant et mal assuré où Devéria devient froid et Mariette tout rouge, signe chez lui d'une colère qui approche, nous continuons notre pèlerinage vers la reine Améniritis. Elle régnait à Thèbes avec le titre désormais bien illusoire de régente du Nord et du Sud, à peu près vers l'époque où Rome commençait d'exister. Descendante légitime de cette dynastie éthiopienne qui à son tour avait subjugué l'Egypte, elle avait été épousée par un aventurier de peu de renom,

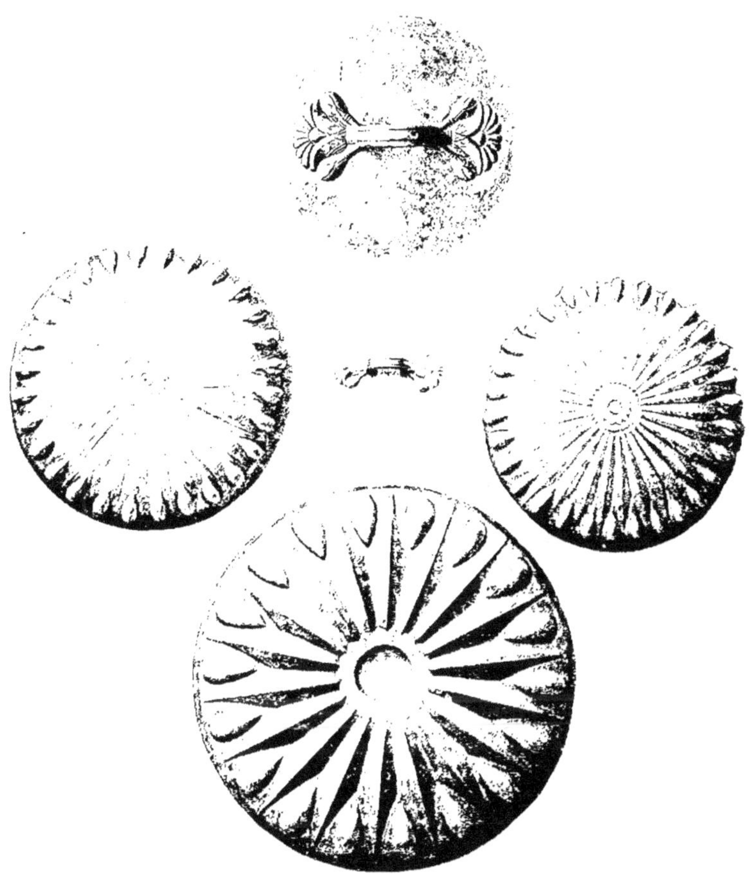

VASES SACRÉS, EN ARGENT, DU TEMPLE DE THMOUIS
Époque saïtique

Piankhi II, qui par ce mariage et en l'absence d'héritiers directs, avait pu devenir roi de Thèbes. Ce fut après ces époques confuses, pleines de trouble et de désolation, que dans la Basse-Egypte, s'organisa enfin contre l'anarchie cette forte et pacifique dodécarchie qui subsista quinze ans, mais fut elle-même renversée par l'un de ses douze rois, le fameux Psammitichus qui dut, comme on le sait, sa fortune aux oracles et fonda la XXVIe dynastie (665 à 535). Pour consacrer sa royauté sur la Haute-Égypte où restaient encore beaucoup d'Ethiopiens attachés à leurs rois, il épousa la fille d'Améniritis. Il ouvrit le premier l'Egypte aux Grecs qui l'avaient secondé et par son génie et son activité provoqua une troisième renaissance, connue sous le nom de renaissance saïtique, du nom de Saïs, sa capitale.

L'art reçut alors une nouvelle impulsion, et il entra dans une voie de rénovation qui lui donna une physionomie assez particulière pour constituer dans la statuaire une quatrième et dernière période bien marquée.

STATUE DE LA REINE AMÉNIRITIS

La gravure des hiéroglyphes devient admirable de finesse. Les statues, taillées dans les matériaux les plus fins et les plus durs, prennent une élégance extrême, sans atteindre cependant la grandeur et la hardiesse d'autrefois : il semble qu'une influence du génie grec à l'état naissant s'y fasse sentir à son insu par la vie, la grâce innée qui se répandent tout à coup dans les membres très rigides Quand l'art grec, désormais dans sa maturité, entrera en maître avec les Ptolémées, le joli art saïte, qui a résisté aux invasions des Mèdes et des Perses, mourra en donnant naissance à un art hybride où l'union de qualités contraires ne pourra plus produire que des défauts : le modelé dans la statuaire prendra une souplesse molle et ronde en opposition avec la rigidité traditionnelle des membres.

Contemporaine de Numa Pompilius et de la nymphe Egérie, très petites gens en comparaison d'elle, la reine Améniritis, dernière descendante des pontifes rois de Thèbes, se dresse à la place d'honneur comme la dernière venue, car elle a été trouvée tout récemment à Karnak, la face contre terre, devant une des chapelles de l'enceinte du temple. C'est une figure de grandeur naturelle, svelte et gracieuse, malgré la roideur de pose dont elle est frappée, comme toute statue égyptienne. La tête porte la grande perruque des déesses, surmontée d'une couronne qui devait être ornée autrefois de deux longues plumes d'or. La main gauche tient le fouet symbolique d'Osiris. Le corps est pris dans une sorte de fourreau étroit qui dessine ses formes élégantes et souples sans pour ainsi dire les voiler ni cependant les exposer. Ce sont toujours les modes collantes et demi-nues portées par les déesses, les princesses et les femmes, aussi bien que par les dieux, les rois et même les simples mortels. D'après les monuments, il ne semblerait pas que le costume ait jamais changé depuis les temps les plus reculés ; mais toutes les représentations proviennent des temples et des tombeaux et par conséquent sont consacrées et invariables comme des rites. Ne se pourrait-il que dans la vie quotidienne le roi et ses sujets n'allassent point toujours demi-nus comme leurs ancêtres sauvages, et que les femmes se permissent des draperies, des voiles dont la coupe pouvait changer, en ajoutant de la grâce et de l'ampleur à ce déshabillé sommaire.

Dans la statuaire romaine la tenue héroïque était la nudité complète, parée d'un casque et d'un baudrier. Est-ce à dire que les héros se montraient ainsi par les rues ?

« Merveilleusement douée pour la durée et l'immobilité, dit Mariette, l'Egypte ne pouvait que perdre au contact de cette civilisation qu'on appelle le progrès. Les Grecs avaient à peine un pied en Egypte, que déjà on devait prévoir qu'ils n'en sortiraient plus, et qu'une fois les deux principes en présence, l'un finirait tôt ou tard par effacer et absorber l'autre. » Mais alors l'Egypte avait accompli sa mission, elle avait trouvé les premiers éléments de la civilisation, et pendant que les ténèbres de la barbarie couvraient le reste du globe, elle avait conservé le feu sacré.

Le génie grec était né et grandissait pour le bonheur de l'humanité ; il allait l'éclairer d'une philosophie féconde, d'un goût exquis et puissant, affranchi enfin d'entraves et d'infirmités.

Mais malgré l'originalité, la précision et la clarté de ses idées, la Grèce ne méprisa jamais ces vieilles images naturalistes et mystiques de l'Egypte, formes nécessaires de la pensée qui s'éveille et cherche à se fixer dans les symboles. L'Egypte devint même si à la mode pour les Grecs qu'ils venaient, comme Platon, y faire de longs séjours pour s'y instruire et s'enrichir dans le négoce, puis retourner chez eux, ainsi qu'ils le font encore de nos jours.

Voilà ce dont nous nous entretenions en quittant les salles du musée, et nous faisions honneur à Hérodote qui avait mis l'Egypte en vogue dans le monde antique en écrivant son fameux livre consacré à la muse Euterpe...

« Laissez-moi donc tranquille avec votre Hérodote, s'écria subitement Mariette avec impatience. Ce brave homme a tout brouillé ; il a mis Louis XIV avant Charlemagne et narré gravement de sottes anecdotes qui n'ont rien à voir avec l'histoire. J'en veux à ce voyageur qui vient en Egypte au moment où on parle la langue égyptienne, qui voit de ses yeux tous les temples encore debout, qui peut demander au premier venu les noms du roi régnant et de son prédécesseur, qui peut entrer dans le premier temple pour se renseigner sur l'histoire et la religion du pays le plus intéressant du monde et qui, au lieu de cela, nous répète gravement un conte ridicule sur la fille de Chéops. Ce n'est pas cela qu'on devrait attendre d'Hérodote, et pour ma part, je regarde comme un coupable celui qui, pouvant dire tant de choses, ne nous dit que des niaiseries. Etant donné le nombre considérable d'erreurs qu'on trouve dans Hérodote, et qui à chaque instant nous gênent, n'aurait-il pas mieux valu qu'il n'eût jamais existé ?

« Réellement, Hérodote nous est nuisible : comparez l'histoire telle qu'il la raconte avec celle que nous font les monuments. »

Le Menschieh, bateau de Mariette-Bey, stationnant devant le musée de Boulak

Photographie inédite de Th. Devéria, 1865

Le Nil a Boulak

MEMPHIS ET LE SÉRAPÉUM

« Memphis élève à peine un murmure confus... »
V. Hugo. *Odes et ballades*

3 janvier 1865.

Sous le ciel clair de la nuit, la longue chevauchée du Caire à Boulak s'accomplit aux étoiles, aux cris des oiseaux de nuit, parmi les fantômes des chiens errants qui se pourchassent et s'évanouissent dans le désert.

Il est près de sept heures du matin quand nous faisons notre rentrée dans le jardin du musée ; la nuit règne encore, mais elle est si brillante que l'on distingue parfaitement sur la rive opposée du Nil les palmiers de l'île de Boulak ; au bas du quai le bateau chauffe, et sous les arbres de la cour, la grande ombre de Mariette s'agite en nous attendant. Il serre impétueusement les mains tendues vers lui et nous précipite aussitôt par le petit escalier du quai sur le pont de son vapeur, le célèbre *Menschieh*, couvert, heureusement, de vieux divans qui en font un véritable salon à la belle étoile, semblable aux terrasses des palais égyptiens.

Nous voici donc lancés pour la première fois sur le Nil, à l'heure où tout s'éveille, change et s'éclaire de minute en minute. Rien ne peut donner une idée du charme divin répandu sur ces paysages de l'Egypte renaissante : le cours du Nil, dès qu'on quitte la rive, prend une majesté, une ampleur qu'augmentent au crépuscule les mystérieuses profondeurs de ses courbes. L'eau est sombre encore sous nos pieds, mais au loin, elle se couvre de reflets clairs et moirés qui révèlent les approches du jour.

Bientôt les rives grisâtres se précisent, s'imprègnent de lueurs roses qui çà et là font briller le sable humide comme de la poudre d'or. Les palmiers, en dessinant plus nettement leurs ravissantes silhouettes, semblent s'avancer sur un fond rose et nacré, mélange de nuances indéfinissables qui changent graduellement, puis s'évaporent à l'apparition du soleil, dans une atmosphère limpide et fraîche. C'est souriant, calme et grandiose comme le génie de l'Egypte. On y sent l'éternité radieuse et le réveil jamais maussade. La température est délicieuse et nos minces abbayeh, sur nos vêtements de printemps, nous suffisent contre la brise et la rosée.

Barques du Nil, d'après Denon, 1798

Çà et là s'éparpillent comme des flocons de duvet posés sur l'eau, les voilures des djermes égyptiennes qui s'inclinent et s'enflent au vent sur leurs antennes obliques à courbures gracieuses. Nous côtoyons le Vieux Caire qui se mire dans le fleuve en s'éveillant ; son murmure qui grandit nous arrive porté sur les eaux du milieu de ses coupoles, de ses minarets aux cimes toutes réjouies de lumière, et de ses bosquets qui percent entre les édifices ou viennent se pencher sur la rive, tout perlés de rosée. A droite, derrière les villages qui bourdonnent déjà comme des ruches, derrière les oasis de dattiers, surgissent à l'horizon les pyramides de Gizeh, dont les masses roses et violettes étincellent de lumière au-dessus des rideaux de sombre verdure. Longtemps après avoir dépassé le Caire, on aperçoit encore les cimes rocheuses du Mokattam rougissant aux feux du soleil levant qui les piquent de points brillants, tandis que de fines marbrures d'un bleu pâle dessinent leurs ombres naissantes.

A mesure que le soleil nous échauffe la conversation s'anime; Mariette-Bey pétille de verve et d'originalités à soubresauts ; il s'établit entre nous un feu roulant d'idées vives qu'alimentent les moindres incidents du voyage.

Le bateau s'arrête tout à coup, comme foudroyé : il a heurté le lit du fleuve ; nous voici du même coup jetés à la renverse et engravés. Mais personne ne s'émeut : Arabes et fellahs courent aux gaffes, poussent en cadence, chantant sur un

Rivage de Bedreichyn

mode plaintif ces vieilles mélopées qui ont bercé à leur naissance les métropoles de l'ancienne Egypte et leur survivent. L'Egyptien ne fait pas un effort manuel sans proférer son cri doux et triste comme celui de certains animaux qui se cachent et n'élèvent l'unique note de leur voix que le soir dans le silence. Ne sont-ils que deux, ils se répondent en modulant sur le nom d'Allah auquel ils semblent offrir leurs efforts en litanies.

Le bateau se dirige vers la pointe de Bedreichyn, puissante tranche de terre brune, et nous mettons pied à terre sur le rivage où devait se trouver le port de Memphis. Nous entrons dans un bois d'immenses palmiers où de grands oiseaux de proie s'élèvent en tournoyant vers la fraîche lumière qui se joue dans les hautes branches ; dans l'azur naissant, leur silhouette se balance, hiératique et rigide comme celle des éperviers sacrés aux ailes éployées, gravés sur les parois des temples ou ciselés sur les bijoux sacerdotaux.

En avançant, quelle surprise ! Les digues sont rompues, l'inondation s'étend à perte de vue, le fleuve sacré règne sur la plaine. On ne voit de tous côtés qu'îlots de palmiers jetés sur des lacs sinueux dont les méandres s'arrondissent en formant des golfes charmants et des promontoires où le dernier palmier du groupe vient pencher sa tète au-dessus des eaux.

Ici la nappe de ces eaux fécondes s'étale, s'élargit et s'endort sur cette vieille terre qu'elle enrichit en regardant le soleil ; là elle se resserre, fuit entre deux pointes boisées qui se contemplent et va s'épanouir plus loin. Par cette échappée on aperçoit encore des lagunes sans nombre, la plaine brune et fertile qui envahit les tertres croulants de Memphis, puis le désert, puis les pyramides, comme lui éternelles et muettes.

Ainsi, quelques monticules de terre, quelques pans de briques retournant en poussière, des huttes de fellahs sous les dattiers, quelques blocs de pierre perdus sous la vase, et bien loin dans les sables éternels, un cordon de pyramides presque méconnaissables enserrant la plaine déserte, voilà tout ce qu'il reste de Memphis, de cette cité géante, une des plus anciennes capitales de l'Égypte et du monde. Là où le bruit de la fourmilière humaine ne s'est pas arrêté pendant des milliers d'années, alors que tout dormait ailleurs, règne aujourd'hui le silence d'un monde primitif, et l'on pourrait traverser Memphis sans se douter que ce lieu fut jadis autre chose qu'une solitude. En 1828, Champollion reconnaissait encore l'emplacement d'une grande cité aux blocs de granit qui trouaient çà et là sa surface : mais il prévoyait leur disparition prochaine, car les alluvions du Nil montent comme une marée qui finit par tout engloutir. Mariette dit avoir trouvé sous terre, dans ses fouilles de 1853, d'énormes soubassements, des architraves colossales, des colonnes monolithes, qui montrent que Memphis n'a pas été complètement absorbée par les constructions arabes du Caire. Sa disparition s'est faite à mesure que cette ville s'embellissait : dans ses édifices on retrouve en effet les matériaux de Memphis, reconnaissables aux cartouches des Pharaons qui les firent extraire et aux marques de carrière qui en désignaient la destination ; quelques pierres restées longtemps en chantier portent les cartouches de trois règnes successifs.

Au XIIIe siècle, les ruines de Memphis étaient encore splendides, d'après le récit du médecin Abd-Allatif de Bagdad ! En ce temps-là il fallait, dit le voyageur, une demi-journée de chemin en tous sens pour traverser les ruines apparentes de Memphis. Selon son expression, c'est une réunion de merveilles qui confond l'intelligence et que l'homme le plus éloquent entreprendrait inutilement de décrire.

On y voyait nombre de piédestaux établis sur des bases énormes, de grands pans de murailles encore debout, une

Colosse de Ramsès II a Memphis

immense porte monumentale dont les murs latéraux étaient faits d'une seule pierre, et dont l'architrave, également monstrueuse, était tombée devant le seuil ; puis des figures de toutes sortes, parmi lesquelles on remarquait deux lions colossaux se faisant face, enfin un colosse humain, haut de plus de trente coudées, sans compter le piédestal, et d'une largeur de dix coudées. Aussi les habitants de ces ruines contaient à Abd-Allatif, et il les excusait de le croire, que ceux qui avaient élevé toutes ces choses étaient des géants qui vivaient des siècles et qui usaient de pouvoirs magiques sans limites.

Mais ce qui indigne Abd-Allatif et ce qui l'indignerait encore,

Vue de Mît Rahînèh, par P. Chardin

c'est le vandalisme : il ne tarit pas en malédictions contre les chercheurs de trésors qui minent les fondations de tous les monuments et provoquent ainsi leur chute. Il attribue même en partie la destruction de Memphis à la cupidité infatigable des Arabes qui croyaient que les monuments et surtout les colosses recelaient des trésors, et qu'en mutilant ces derniers ils les privaient du pouvoir de se venger. Chercheur de trésor d'un nouveau genre, Méhémet-Ali a fait main basse sur les monuments antiques dont les matériaux ont servi à la construction d'usines aujourd'hui abandonnées.

En suivant les sinuosités des digues, nous arrivons dans le voisinage du désert en un des points les plus vénérables de Memphis et l'un des plus beaux du monde, le village de Mît Rahînèh, situé, dit-on, sur l'emplacement du temple de Phtah, le grand dieu de Memphis, auprès duquel vivait heureux et fêté, Apis, le dieu-taureau.

Lorsqu'on double l'extrémité gauche de la lagune qui dort devant Mît Rahînèh, le spectacle devient enchanteur : à gauche, les cases du village, échelonnées sur le tertre jusqu'au bord d'un étang qui fuit sous les dattiers vers le désert où surgissent quelques silhouettes de pyramides ; ce sont là les restes du lac sacré du temple de Phtah ; le temps, la ruine, l'abandon n'ont pu changer les lignes du décor primitif. Au fond de l'anse où nous sommes, mais un peu en arrière, gît le seul vestige apparent de Memphis, un fragment du colosse de

Rhamsès II dont la face imposante est intacte, avec son grand nez aquilin et sa bouche lippue et souriante.

Arrivés au cœur de Memphis sans en avoir rien vu ni deviné, les questions naissent d'elles-mêmes et se formulent en hypothèses sur la disposition et l'aspect d'une métropole antique, hypothèses erronées puisque l'impatience gagnant Mariette, il se décide à parler : « Ne croyez donc pas, dit-il, que nos villes modernes ou les villes musulmanes puissent donner la moindre idée d'une ville égyptienne des temps pharaoniques. La ville égyptienne paraissait faite pour *le temple* ou l'ensemble des temples qui occupaient parfois la plus grande partie de son territoire ou de sa population ; au dire de Strabon, le temple d'Héliopolis occupait plus de 13.000 fonctionnaires. Les édifices sacrés étaient agglomérés sur un point et ne se mêlaient pas aux édifices privés ».

« En Egypte, tous les temples remontent comme origine à de très anciens cultes localisés qui, entretenus, relevés de règne en règne ont peut-être donné naissance aux villes, en ce sens que l'innombrable peuple des prêtres et des desservants de toutes classes, appelait nécessairement une agglomération de producteurs, de denrées, de fournisseurs, de corps de métiers en tous genres. »

« En dehors de la cité des temples, il est probable qu'il ne faut voir dans des villes comme Memphis et Thèbes, par exemple, que des champs couverts de fermes et d'enclos jetés sans symétrie, sans rues alignées, sans places publiques et sans monuments civils. Il ne faut pas oublier que l'Egypte était avant tout un pays agricole et que chez elle tout tendait à la vie des champs. Memphis et Thèbes étaient donc des territoires sillonnés de canaux bien plus nombreux qu'aujourd'hui, qui devaient tenir lieu de rues et servir aux communications journalières. »

« Néanmoins, il est assez difficile de se faire une idée exacte de l'ensemble d'une ville égyptienne. Les peintures et les bas-reliefs de Tell-el-Amarna, la capitale éphémère d'Aménophis IV, peuvent nous donner une idée de ce qu'étaient les habitations riches ; elles se présentent sous la forme de constructions régulières, placées au milieu d'enclos et de dépendances nombreuses, véritables établissements agricoles, où les objets nécessaires à la vie sont fabriqués sur le domaine ; ainsi pourvues de toutes les denrées, possédant des serfs appartenant aux différents corps de métiers, les riches domaines pouvaient se suffire à eux-mêmes, acheter peu par voie d'échange et plutôt écouler leurs produits au dehors, puisqu'ils devaient ne pas tout consommer sur place. Mais alors comment se passaient les transactions ? »

« Quant aux habitations pauvres, elles paraissent avoir eu la plus grande analogie avec les huttes des fellahs actuels, à en

THÉODULE DEVÉRIA

juger par certains modèles grossièrement façonnés en terre cuite rouge et trouvés dans des tombeaux. Les rues étroites et sinueuses n'apparaissent qu'avec les villes grecques des temps ptolémaïques. Point de bazars sans doute, puisqu'il n'y avait pas de monnaie. Le laboureur, son sac de blé sur le dos, devait aller de masure en masure, offrant du blé pour des oignons ou pour tel autre objet de première nécessité. Tout dans la classe secondaire devait se faire par voie d'échanges, ainsi que cela se voit sur les bas-reliefs de certains tombeaux. De là, sans doute, mille contestations bruyantes, mille fraudes dans la mesure de l'infiniment petit, comme cela se passe de nos jours dans les faubourgs et les villages des fellahs. »

Or, tandis que nous écoutions Mariette, tout en côtoyant les rives et en franchissant les isthmes des lagunes, des porteurs de mauvaises nouvelles, parlant tout bas, se succédaient auprès de lui. On nous annonce à la fin une chose inquiétante : les eaux ont emporté les digues, et avec elles le chemin qui relie la plaine de Memphis à la nécropole de Sakkarah et au Sérapéum ! « — En ce cas, dit le Bey faisant volte-face, retournons au Caire ? » Et le voilà qui se dirige à grands pas vers le Nil... Moment d'angoisse, de silence et d'immobilité. Mais M. Sciama toujours irrésistible, et Devéria persuasif, entourent le Bey, le conjurant de tenter au moins le passage ; nous nous joignons à eux, nous entraînons ce groupe qui porte notre sort en sa triade... Bref, un instant après, nous chevauchions allègrement sur nos ânes derrière *Abydos*, le cheval blanc de Mariette, en suivant la crête d'une de ces digues qui se détachent de la rive du Nil et courent en serpentant au milieu des eaux, vers les plateaux du désert de Sakkarah.

On passe au pied d'un kôm couvert de palmiers qui enveloppe sans doute les restes importants de l'un des édifices sacrés de la ville disparue. Des huttes de terre battue se sont blotties à l'abri de l'inondation sur ces collines artificielles que leurs habitants rongent comme des rats pour en tirer le sebakh. Le sebakh est cet engrais puissant que fournissent les briques décomposées, mêlées de paille et de détritus de toutes sortes accumulés par les générations d'hommes et d'animaux qui depuis l'antiquité n'ont pas cessé d'occuper les ruines abandonnées.

Au bas de la digue où nous marchons, la terre, encore ruisselante de l'eau du Nil, reluit au soleil ; des fellahs, demi-nus et brunis comme le limon dont ils semblent pétris, puisent des semences dans des couffes ; des buffles, attelés comme aux âges pastoraux, se meuvent péniblement sur le sol détrempé pour y enfouir le grain en traînant des fagots d'épines.

Plus loin nous traversons le Bahr-el-Yousef, canal de dérivation naturel qui se relie à d'autres canaux du même genre dont le système fertilise toute la rive gauche depuis la Haute-Egypte.

Aux confins de l'Egypte habitable, au pied des escarpements rocheux de Sakkarah, nous attendait l'épreuve de la journée, l'obstacle qui aurait pu et pourrait encore l'abréger et la perdre. En cet endroit, la chaussée est coupée, anéantie par une large brèche, à travers laquelle se précipitent joyeux un torrent d'eau et une trombe de vent.

Mariette-Bey triomphait, son geste semblait dire : « Vous voyez bien, le passage est impossible ! » En effet, la violence de l'eau enlevait à chaque instant de gros fragments au tronçon de digue sur lequel nous étions comme à l'extrémité d'une jetée. Mais M. Surell, qui connaît à fond les torrents puisqu'il en a écrit l'histoire, ne peut pas reculer devant celui-ci (1).

Un signe rapide du Bey fait surgir de terres des fellahs, vrais colosses de bronze florentin, ses génies subalternes, qui en un instant amènent un radeau. M. Surell s'y précipite le premier ; on s'y jette après lui, et nos fellahs, nageant comme des dauphins nous remorquent en soufflant. Le radeau heurté par la vague tremble sous nos pieds, mais il tient bon. On lui fait suivre un long détour pour éviter la force du courant, et l'on gagne une anse écartée où le flot qui dort nous porte doucement sous les palmiers de Sakkarah. Les fellahs nous prennent alors délicatement sur leurs épaules, et nous déposent avec soin sur le sable sec, comme s'ils craignaient de nous briser.

Le radeau repart, Devéria et le Bey s'aventurent à leur tour. On voit la silhouette imposante de ce dernier raser l'eau, grandir, écraser un fellah ou deux et retomber à peu près d'aplomb sur le rivage où nous attendions.

LA NÉCROPOLE DE MEMPHIS

Alors nous gravissons, derrière nos égyptologues, les rampes de ces hautes collines de sable et de rochers qui mettent fin à la plaine cultivée, et où se retranchèrent jadis, à l'abri de l'inondation, les *demeures éternelles* des plus anciens de la terre de *Misraïm*.

A mesure que nous montons la vue se découvre : le Nil s'é-

(1) *Etude sur les Torrents des Hautes Alpes*, par feu Alexandre Surell. Paris, Dunod, 1870, in-8°.

panche au milieu de son lit verdoyant qu'encadre le rideau vaporeux et brillant des monts Arabiques. Nous dominons l'immense plaine de Memphis, parsemée de nappes d'eau dans lesquelles se mirent les oasis immobiles à la sombre verdure. Dans les airs un silence infini et des torrents de lumière où flotte un monde d'énigmes et de souvenirs.

Parvenus sur le plateau, nous tournons le dos à la plaine pour nous enfoncer dans ce chaos de la mort où au premier aspect tout n'est qu'incertitude et confusion : on heurte à chaque pas quelque débris méconnaissable, quelque vestige incompréhensible que le sable a recouvert d'un suaire. Le sol est jonché de tessons, de bandelettes, et l'on fait rouler en passant plus d'un vieux crâne qui a possédé les secrets tant cherchés des âges fabuleux.

Derrière une des cimes désolées, sur le point le plus élevé du plateau, nous apparaît la grande pyramide à degrés (Plan I, *a*, page 196), qui serait le plus ancien monument connu de l'Egypte, puisqu'il a précédé les trois grandes pyramides de Gizèh. C'est le noyau de l'immense nécropole dont l'étendue montre quelle fut l'importance et l'antiquité de la ville de Memphis.

La construction de cette pyramide est très primitive, faite de matériaux qui ne sont pas de dimensions colossales encore, et forment six énormes gradins où le sable s'amoncelle et se repose quelque temps avant de reprendre son vol éternel vers le Sahara ou le Sinaï.

Tout en se dirigeant vers le Sérapéum ou cimetière souterrain réservé aux taureaux Apis, Mariette nous fait parcourir le dédale des ruines, des excavations et des édicules à demi-noyés dans le sable qui sont les restes de la nécropole de Memphis. Aucun lieu en Egypte ne contient un plus grand nombre de tombes de l'Ancien-Empire, ni de plus intéressantes; or, c'est par ces monuments seuls que nous pouvons arriver à nous faire une idée de ces époques reculées, puisqu'elles ne nous ont laissé ni manuscrits, ni inscriptions officielles.

Sur l'ordre du Bey, des Arabes grattent, fouillent, remuent le sable, et en un instant déblayent des entrées de mausolées qui paraissaient enfouies et obstruées pour jamais. A notre grande surprise, nous nous trouvons, en descendant quelques marches, au milieu de jolies salles assez spacieuses et décorées de reliefs colorés où domine le rouge brun, retraçant tous les incidents de la vie privée de ceux qui vivaient sous les premières dynasties, c'est-à-dire il y a six mille ans. Dès le premier abord, on reconnaît que tout y est conçu avec un soin,

La pyramide a degrés

une solidité et un luxe faits pour défier le temps et l'ennui, et que ces tombeaux méritent bien le nom de *bonnes demeures* qu'on leur donnait.

Ces précautions en vue de la durée, ces soins dans le décor ont pour origine l'état même des croyances dont les Egyptiens, comme tous les hommes d'alors, avaient hérité des âges préhistoriques. La mort était un accident qu'on attribuait soit à la vengeance, soit aux maléfices des puissances occultes qu'il s'agissait de combattre ou de désarmer. La vie ne cessait point ; on ne faisait en mourant que changer de condition. L'individu n'était qu'un agrégat d'entités secondaires qui continuaient à graviter autour de la dépouille mortelle. En dehors de l'âme *baï* et de l'intelligence qui semblent avoir été distinguées comme entités, il y avait le *kâ* ou *double*, sorte d'ombre diaphane, identique d'apparence à l'être défunt et encore douée de mouvement et de besoins. Le *kâ* était menacé de dispersion ou d'affaiblissement si le corps disparaissait : de la l'ensevelissement sur les plateaux sablonneux et secs, puis avec les progrès de l'embaumement, la momification poussée à sa perfection ; de là aussi les dotations funéraires à perpétuité qui devaient assurer la tranquillité et l'innocuité du *double*, ainsi que les inscriptions soigneusement rédigées constatant les droits du mort pour le sauver de l'anonymat et ces statues, reproductions minutieuses de l'être vivant qui, à défaut de la momie périssable, devaient servir de support au *double*. Les tableaux qui décorent les murs, figuraient là non par luxe ou dilettantisme, mais pour donner au *double* la réalité des occupations et des plaisirs dont une âme peut jouir (1).

La partie extérieure du tombeau est le *mastaba* ou chapelle funéraire, construction élevée sur un plan rectangulaire, aux murs massifs et légèrement inclinés en talus dont la hauteur, nous dit Mariette, peut atteindre de 8 à 9 mètres et la longueur varier de 8 mètres à 50 ; la forme pyramidale était réservée pour les rois et les familles royales. Ces édicules sont jetés sans ordre dans le désert, mais leur façade est, à moins de quelque empêchement particulier, toujours orientée vers l'est, c'est-à-dire vers la région d'Horus qui est le soleil levant. Le sommet du mastaba est une plate-forme unie, habituellement parsemée de vases de poterie grossière ayant contenu de l'eau du Nil. Réunis par groupes d'une douzaine environ, au-dessus du vide des chambres intérieures, ils aident ainsi à faire reconnaître leur emplacement avant même que l'on ait ouvert le monument.

L'intérieur d'un tombeau de l'Ancien-Empire se compose invariablement de trois parties ou pour mieux dire de trois régions distinctes qui forment ce que l'on pourrait appeler une trilogie : on y trouve la *chambre* consacrée à la mémoire du défunt, le *serdab* ou corridor secret, et le *puits* invisible avec le caveau souterrain de la momie, si l'on peut donner ce nom à ces ébauches primitives et incomplètes d'embaumement.

(1) La théorie du *double*, aujourd'hui universellement admise, n'était pas soupçonnée lors de notre voyage en 1865. C'est M. Maspero qui, le premier, en a fait un exposé systématique au Congrès de Lyon en 1878. (Voir dans le 1er vol. de la Bibliothèque Egyptologique : G. Maspero, *Études de Mythologie et d'Archéologie égyptiennes*, tome I). Il nous était difficile dans une nouvelle édition de parler des tombeaux sans tenir compte de cette théorie qui seule explique d'une façon complète tout l'appareil compliqué des sépultures égyptiennes. De là dans notre récit un anachronisme inévitable.

La chambre s'ouvre à l'est par la porte de la façade, et dans les tombeaux les plus luxueux elle est précédée d'une sorte de péristyle à colonnes. La porte est ordinairement surmontée d'une invocation à *Anubis*, le dieu des nécropoles, représenté par la figure allongée du chacal. On lui demande d'accorder une bonne sépulture « après une vieillesse heureuse et longue », puis de faciliter au défunt le voyage des régions d'outre-tombe et enfin d'assurer l'apport des *dons funéraires*, véritable service religieux fondé à perpétuité et auquel on semble avoir attaché une importance majeure.

La chambre du tombeau restait accessible aux vivants, et les grandes pyramides même ne faisaient point exception à cette règle : la pyramide était close et inviolable, mais à sa base ou à quelque distance s'élevait un temple ouvert au public, desservi par des prêtres et spécialement consacré au Pharaon défunt. Les tombes royales devinrent des hypogées après que la capitale eût été transportée de Memphis à Thèbes, ville située à proximité des falaises à pic et des hauts massifs rocheux des montagnes libyques dans lesquelles on pouvait creuser des cryptes inaccessibles dont l'ouverture même était perdue avec soin.

Au fond de la chambre d'entrée se dresse contre la paroi une stèle recevant les rayons du soleil levant et toujours couverte d'inscriptions, même quand les murs de la salle sont nus : elle en est donc l'objet principal, l'âme pour ainsi dire ; et cela se conçoit puisque cette stèle a pour objet de perpétuer les noms et les qualités du défunt.

Sur les parois de la salle et à l'entour de la stèle qui forme centre, on voit se dérouler de véritables archives de famille sous la forme de bas-reliefs finement modelés et rehaussés de vives couleurs : c'est le récit en image de l'existence toute pastorale du défunt que ces sculptures reconstituent pour son double (1).

La vie militaire et la vie sacerdotale étaient alors à l'état rudimentaire. Sous leur beau climat, avec leurs mœurs naturellement douces et pacifiques, les habitants de cette pure et saine Egypte primitive vivaient bien et aimaient la vie ; dans leurs tombeaux point d'idées lugubres, de terreurs religieuses

(1) Voyez au Musée égyptien du Louvre le beau mastaba rapporté de la nécropole de Memphis par M. Georges Bénédite, conservateur du musée et remonté par les soins de M. Charles Boreux, attaché à la direction.

ni des dangers imaginaires : point de représentations d'un dieu jaloux que l'on apaise à grands frais et que l'on flatte de son mieux.

Les pauvres gens qui cherchent leur sépulture dans les sables ne demandent qu'à revivre dans les champs d'outre-

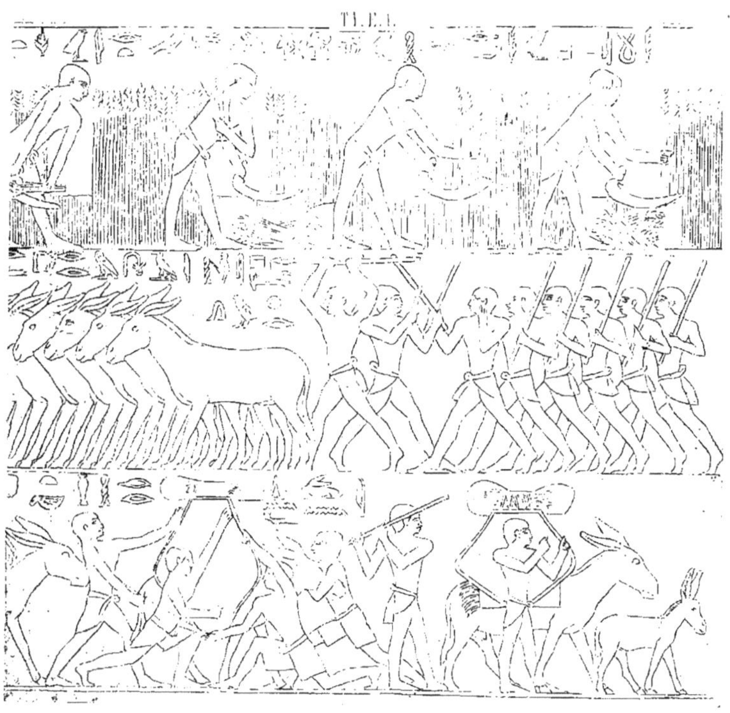

UN PANNEAU DU TOMBEAU DE TI
Scène relative à la moisson

tombe, un peu plus heureux et moins battus sans aspirer à sortir de leur condition. Dans son tombeau le grand seigneur n'est entouré que d'idées riantes et des souvenirs de sa vie terrestre. Son nom et son image, représentés à chaque pas, nous le montrent toujours dans l'exercice de ses occupations et de ses plaisirs habituels. Mariette nous fait voir des types de tombeaux bien complets, ceux de Ti et de Phtah-Hotep, hauts fonctionnaires et grands seigneurs (Pl. I, *c*, *d*) : le défunt préside à des scènes intimes très variées et très animées : il cultive ses fleurs ; il assiste à des danses accompagnées de chants et de musique, puis à des joutes sur l'eau et à des jeux de force et d'adresse de toutes sortes : plus loin, il pèche, il chasse dans les roseaux des marais ; il surveille ses constructions et les ateliers où se fabriquent les objets mobiliers de sa maison ; il dirige les travaux de ses terres, et ses serviteurs lui présentent des produits que de grandes barques aux voiles carrées emportent sur le Nil pour en faire à son profit l'objet d'un commerce étendu et actif. Il se complaît à énumérer ses richesses et nous fait connaître en détail l'étendue de ses terres et le chiffre de ses innombrables bestiaux.

Il y a beaucoup de grâce, de finesse et de vérité dans l'exécution de ces sculptures à relief net et peu saillant ; le dessin en est souvent d'une correction remarquable, mais le sculpteur dessine ses figures de profil ne pouvant encore résoudre les difficultés du raccourci. Toutes les têtes humaines sont évidemment des portraits ; le scrupule de l'exactitude est poussé à ce point que les infirmités corporelles de certains serviteurs de Phtah Hotep sont reproduites minutieusement. Pour que le privilège de la possession continue, il est indispensable que le double retrouve toutes ses habitudes et qu'aucun intrus ne se glisse dans son domaine éternel.

Une série fort intéressante de ces tableaux a rapport aux mets funéraires destinés à être servis au *double*. Le titulaire du tombeau y attachait tant d'importance que de son vivant il désignait celles de ses propriétés qui devaient fournir ces offrandes funéraires ; il se faisait représenter dirigeant lui-même les opérations du labourage et de la moisson pour être bien sûr que les produits lui en reviendraient. Là encore on voit les serviteurs qui défilent, conduisant des bœufs, des antilopes, des bouquetins, des gazelles, des oies, des canards, des tourterelles et même des cygnes. On reconnaît des troupeaux passant à gué les canaux, puis des vaches que l'on trait pendant que leurs petits folâtrent autour d'elles. On assiste même à la chasse au filet des oiseaux aquatiques que l'on met en cage pour les porter en offrande au tombeau.

On aperçoit le défilé des porteurs de récoltes et des conducteurs de bestiaux qui arrivent au tombeau devant le maître lui-même, représenté vivant, assis près d'une table d'offrande et ayant son nom soigneusement inscrit au-dessus de sa tète. Les bouviers, accroupis devant leurs animaux couchés, attendent en les maintenant par les naseaux ; puis, tandis que certains serviteurs déposent sur la table des fruits, des légumes, des volailles, d'autres immolent des bœufs, des bouquetins, les dépècent et lui en présentent les membres. Ces dons, qui à l'origine étaient des plus modestes et consistaient simplement en eau, huile, linges, collyres, se compliquèrent tellement avec le temps, qu'outre les victuailles, on finit même par apporter en hommage des meubles, des outils, des vases et des boissons de toutes sortes ; notamment à Thèbes on mit dans les tombeaux des bijoux de grand prix qui, aux temps de décadence et de misère, furent exploités comme des mines de richesse.

Des prêtres parcouraient la nécropole, accomplissant des rites que les tableaux nous font connaître dans les moindres détails, avec leur assortiment, peu compliqué encore de cassolettes, de libations, de gestes et d'oraisons.

La nécropole, aujourd'hui silencieuse et dévastée, devait donc présenter un spectacle des plus animés lorsque ces nombreux cortèges de serviteurs et de troupeaux, de prêtres, de psalmistes, de pleureuses et de parents la traversaient sans cesse et dans toutes les directions ; mais la nuit tout rentrait dans le calme, car les vivants devaient redouter cet endroit, hanté par bien plus d'apparitions mécontentes que d'ombres heureuses. En effet, le silence se faisait autour de bien des morts dont le temps avait éteint la race et détourné les legs. Que devenaient alors leurs tombes abandonnées sans protection au milieu de ce flux sans cesse renaissant de la mort ?

« Il semble, nous disait Mariette, qu'elles se soient assez bien conservées jusque sous le Nouvel-Empire ; mais il est certain qu'à partir des Ramsès, les tombes de l'Ancien-Empire ont été très souvent occupées par des gens qui s'y installaient sans façon, et à l'époque des Ptolémées les cas d'usurpation devinrent extrêmement fréquents. Si les riches tombeaux de *Ti* et de *Phtah-Hotep* sont arrivés jusqu'à nous, il faut l'attribuer aux envahissements du sable, ces forces malfaisantes, devenues en ce cas une protection.

Pénétrons maintenant dans les régions inviolables de la sépulture, car le fouet d'Anubis ne s'y lève plus contre les profanateurs. Au cœur de l'édifice funèbre et dans l'épaisseur de ses murs, nous trouvons un réduit secret, muré pour l'éternité, au fond duquel apparaîtra la figure souriante et quasi-vivante du mort. Cette cachette est le *serdab* ou corridor étroit qui a pour fonction de receler ces statues de bois ou de pierre, portraits dont on admire de si remarquables spécimens aux musées de Boulak et du Louvre. Dans son mastaba le défunt est une petite divinité. On lui offre des sacrifices, on l'appelle, on l'invoque, on encense ses statues par l'orifice d'un conduit étroit qui souvent fait communiquer la chambre avec le *serdab* : mais jamais on ne l'approche : sa statue est invisible, et sa dépouille mortelle se cache sous terre, on ne sait où, par delà un puits profond, et défendue souvent par un système de détours, de feintes et d'interrup-

L'ÂME VISITANT SA MOMIE
FIGURINE ANTIQUE DU MUSÉE DE BOULAK

tions qui désespèrent et dépistent quelquefois les plus sagaces des savants ou des Arabes pillards.

« Je ne mets pas en doute, nous disait Mariette, qu'il n'y ait encore aujourd'hui des momies si bien cachées que *jamais* elles ne reverront le jour. »

Si l'on visite l'extérieur du monument, si l'on interroge son sol et ses parois intérieures, on n'aperçoit aucun indice qui révèle l'entrée de ce puits mystérieux par où le mort descendait pour prendre possession de sa demeure éternelle. Les éléments dispersés de son individu, l'âme ou *baï* figurée par l'épervier à tête humaine, l'intelligence ou *kou*, tenue pour parcelle de l'intelligence divine, rentraient à volonté par ce puits pour se réunir à la momie.

C'est sous le dallage de la terrasse supérieure que s'ouvre l'orifice du puits qui, ainsi rendu inaccessible, traverse le massif de la construction au point le plus compact et s'enfonce verticalement pour aller chercher le roc à douze, vingt ou même vingt-cinq mètres au-dessous du niveau des sables extérieurs. Cette ouverture, toujours carrée, toujours construite en beaux matériaux et plus soignée que le reste de l'édifice, aboutit à des chambres creusées dans le roc, au fond desquelles s'ouvre un corridor horizontal qui conduit au caveau funèbre. Dans un coin de ce caveau, placé au-dessous de la chambre extérieure et sous les pieds des vivants, se dresse le sarcophage de pierre, au couvercle cylindrique scellé avec soin. A ces époques reculées, l'art des embaumements était encore dans l'enfance sans doute, car en ouvrant les cercueils on ne trouve que des squelettes dépourvus de linges, exhalant l'odeur du bitume. Les ossements de bœufs immolés pour les funérailles jonchent le sol ; de grands vases à eau, des chevets de bois ou d'albâtre composent seuls le mobilier funéraire, et sur les murs on peut lire parfois de courts fragments de ce livre obscur qu'on appelle *Rituel funéraire* ou Livre des Morts. Le défunt une fois déposé dans son sarcophage, on murait l'entrée du caveau et l'on comblait le puits.

A l'époque de l'Ancien-Empire, le Livre des Morts, itinéraire qui devait le conduire à travers les redoutables difficultés d'outre-tombe, n'apparaît qu'en fragments rares et courts. Beaucoup plus tard, à Thèbes, sous le Nouvel-Empire, on le voit reproduit *in-extenso*, soit sur les murs des syringes, soit en longs fragments sur les papyrus des momies : c'est qu'alors les prêtres, les scribes et la paperasserie ont tout envahi.

C'était du vivant même du destinataire et probablement sous sa direction que le tombeau s'élevait et s'il mourait prématurément l'édifice restait inachevé : nous en vîmes ainsi dont les peintures n'ont jamais été terminées et sont restées à l'état d'esquisses mises au carreau. Elles représentent des figures dessinées au trait noir sur le mur blanc, et le tracé, qui en est très fin, a été corrigé et repris, sans doute par une main plus habile, d'après quelque modèle consacré. Du reste, les mêmes scènes étaient reproduites avec plus ou moins de développement sur tous les tombeaux selon la place dont disposait l'artiste.

La précaution que l'on prend aujourd'hui de combler avec du sable les entrées de mastabas ne les garantit pas toujours de l'impertinence des visiteurs qui ne se lassent pas d'y afficher leurs noms obscurs et leurs prétentions ridicules à l'immortalité. A l'entrée de l'un des plus beaux monuments, Mariette nous montre, avec une indignation et un étonnement qui ne faiblissent pas en lui, une suite de noms français assez connus qui s'inscrivent au plus bel endroit en caractères lapidaires profondément gravés. On devine quelle main vengeresse les a voués de son mieux au ridicule en écrivant au-dessus en plus grands caractères : Liste des Imbéciles. Notre Bey, qui veille avec amour à la conservation de cette inscription, nous disait que rien ne peut arrêter la sottise dévastatrice de nos compatriotes à l'endroit des noms et des dates infestant les murailles antiques et gâtant les inscriptions hiéroglyphiques. Les Anglais s'en abstiennent assez depuis que certains avis publiés dans les revues, les guides et les catalogues ont fait appel à leur *honorability* ; l'un d'eux, dans son zèle, a même demandé à Mariette la permission de laver à ses frais les grandes pyramides de Gizèh...

RÉCIT DE LA DÉCOUVERTE DU SÉRAPÉUM

Tout en allant de tombeau en tombeau nous nous étions avancés jusqu'à la *villa Mariette*, simples masures faites de briques antiques ramassées sur place, lieu célèbre dans l'histoire de cette découverte quasi-romanesque du Sérapéum qui pourrait se comparer à celle de Pompéi pour ses révélations et ses surprises. Le ci-devant logis du Bey est un composé de huttes de terre battue et de ruines antiques, dans lesquelles il s'est formé tant bien que mal un campement pour les années que durèrent les fouilles. (Pl. I, *e.*) Que l'on se représente une suite de chambres obscures et délabrées, si même on peut appeler cela des chambres. Une vérandah abrite une spacieuse terrasse bien dallée qui sert de salon, de cabinet de travail et de salle à manger. Cette vérandah, improvisée plutôt que construite et peuplée de petits singes turbulents, vient seule ajouter quelque gaieté à ce sombre dédale où s'ouvrent des puits de momies béants, véritables oubliettes qui recélèrent longtemps des munitions de guerre défensive et qui fort heureusement n'ont englouti aucun des nombreux enfants du Bey. Sa famille le suivit souvent au désert, mais plus souvent encore il y résida presque seul au milieu des privations, des menaces et des attaques des Arabes, puis des tracasseries du gouvernement égyptien d'alors. En revanche, il y vivait en liberté sous le plus beau ciel du monde, ayant devant lui cet océan de dunes sablonneuses dont la ligne

Maison de Mariette pendant les fouilles
Croquis de P. Chardin

d'horizon s'abaisse en un point pour faire apparaître les lointains verdoyants et les blancheurs scintillantes des minarets du Caire. C'est là qu'il poursuivait ce mystère sans cesse reculant d'une découverte unique, destinée à élargir le champ de l'histoire et à la faire pénétrer jusqu'à l'âme du vieux monde égyptien.

Mariette-Bey nous a maintes fois raconté comment s'éveilla sa vocation d'égyptologue et quelles furent les émouvantes péripéties de sa première mission en Orient. Au collège de Boulogne-sur-Mer, sa ville natale, il professait le grec, que, d'ailleurs, selon son expression comique, « il n'entendait pas », lorsque sa vocation s'éveilla devant la mince collection du musée local. Il était attiré surtout par une caisse de momie achetée aux héritiers de Vivant-Denon qui, avant que Champollion eût découvert le secret des hiéroglyphes, avaient jugé bon de la restaurer pour la rendre plus belle. Au lieu de le rebuter, les difficultés insurmontables qu'il rencontrait stimulèrent son esprit singulièrement vif et entreprenant ; seul, sans conseils, presque sans livres, il réussit à acquérir toute la science égyptologique de son temps. Les occupations qui le captivaient nuisirent à sa carrière de professeur de province : il dut renoncer à sa position et vint à Paris avec la pensée bien arrêtée de devenir un archéologue d'action, un explorateur scientifique.

En 1846 déjà, cette idée s'était formulée par la demande

réitérée d'une mission en Egypte ; il échoua, car peu auparavant la mission avait été donnée à J.-J. Ampère, qui en rapporta un livre très estimable, mais ne fit point de découvertes (1). En attendant mieux, il fut attaché, en 1849, au musée égyptien par son compatriote, le peintre Jeanron, alors directeur du musée du Louvre ; il seconda M. de Longpérier, qui avait été chargé de reconstituer les collections en y faisant entrer nombre de monuments restés en magasins. L'année suivante, plusieurs savants illustres, Ch. Lenormant, Et. Quatremère, Jomard, J.-J. Ampère, qui avaient pu apprécier toute la valeur du jeune égyptologue, lui obtinrent une mission scientifique.

Ce fut le 12 octobre 1850 que Mariette, alors âgé de vingt-neuf ans, arriva seul en Egypte, chargé par les ministres de l'Instruction publique et de l'Intérieur, sur la demande de l'Académie des Inscriptions, d'une simple mission scientifique. Il s'agissait d'acquérir de ces anciens manuscrits coptes que certains couvents détiennent, en les cachant parfois au fond de citernes abandonnées, et dont le musée britannique ainsi que d'autres avaient déjà fait faire d'amples récoltes.

On sait que les Coptes sont les descendants directs de l'ancienne race égyptienne, dont les ancêtres ont été convertis au christianisme dès les premiers siècles de notre ère ; ne s'étant pas mêlés aux envahisseurs arabes, ils sont restés à peu près ce qu'ils étaient dans l'antiquité, et s'ils ne parlent plus le copte, du moins l'ont-ils conservé dans leurs livres liturgiques, comme il en est du latin pour le rituel catholique. Aussi, l'importance du copte a-t-elle été considérable au début des études égyptologiques, alors qu'il s'agissait de reconstituer la langue primitive des hiéroglyphes, dont il n'est qu'une dégénérescence. Quant aux textes manuscrits des anciens moines coptes, ce sont pour la plupart des traductions des Écritures ou des lettres relatives aux affaires des couvents.

Il était sous-entendu que si la chose était possible, on exécuterait les recherches indiquées par Jomard pour retrouver l'emplacement de la Tombe d'Apis. La latitude laissée à Mariette montrait déjà l'estime qu'on avait pour son caractère et pour sa capacité.

(1) Voir le *Voyage en Egypte et en Nubie*, par J.-J. Ampère, Michel Lévy, Paris, 1868.

Pendant les interminables négociations nécessitées pour vaincre la défiance du clergé copte, l'activité de Mariette se tourna vers les Pyramides. Il le raconte lui-même.

« Du haut de la Citadelle, la vue du Caire est un des plus beaux panoramas que l'on puisse voir. Je m'y trouvais le lendemain de ma visite au patriarche, vers le soir. Le calme était extraordinaire. Devant moi s'étendait la ville ; un brouillard épais et lourd semblait être tombé sur elle, noyant toutes les maisons presque par dessus les toits. De cette mer profonde émergeaient trois cents minarets, comme les mâts d'une flotte immense submergée. Bien loin, vers le sud, on apercevait les bois de dattiers qui plongent leurs racines dans les murs écroulés de Memphis. A l'ouest, perdue dans la poussière d'or et de feu du soleil couchant, se dressaient les Pyramides. Le spectacle était grandiose. Il me saisissait, il m'absorbait avec une violence presque douloureuse. On excusera ces détails peut-être trop personnels : Si j'y insiste c'est que le moment fut décisif. J'avais sous les yeux Gizeh, Abousyr, Sakkarah, Daschour, Myt-Rahynèh. Ce rêve de toute ma vie prenait un corps. Il y avait là, presque à la portée de ma main, tout un monde de tombeaux, de stèles, d'inscriptions, de statues. Que dire de plus ? Le lendemain j'avais loué deux ou trois mules pour bagages, un ou deux ânes pour moi-même ; j'avais acheté une tente, quelques caisses de provisions, tous les *impedimenta* d'un voyage au désert et, le 20 octobre, dans l'après-midi, j'étais campé au pied de la Grande Pyramide. » (1)

Après avoir reconnu, étudié, classé les tombes de la nécropole de Gizeh, ou des grandes pyramides, son ardeur investigatrice le fit remonter jusqu'au désert de Sakkarah, où nous sommes en ce moment avec lui, champ beaucoup plus vaste et plus complet, puisqu'il représente toutes les époques de l'histoire depuis les plus éloignées jusqu'à la période romaine.

Or, tandis que, le mètre en main, il parcourait la nécropole, il aperçut, au nord de la pyramide à degrés, la tête souriante d'un sphinx qui émergeait à peine du sable. Il avait vu dans plusieurs jardins d'Alexandrie un assez grand nombre de

(1) Le *Sérapéum de Memphis* par Auguste Mariette, publié par G. Maspero, Paris, F. Vieweg, 1882, in-4°. — Voir encore *Missions et travaux de Mariette Bey* par Ernest Desjardins. *Revue des Deux Mondes*, 15 mars 1874.

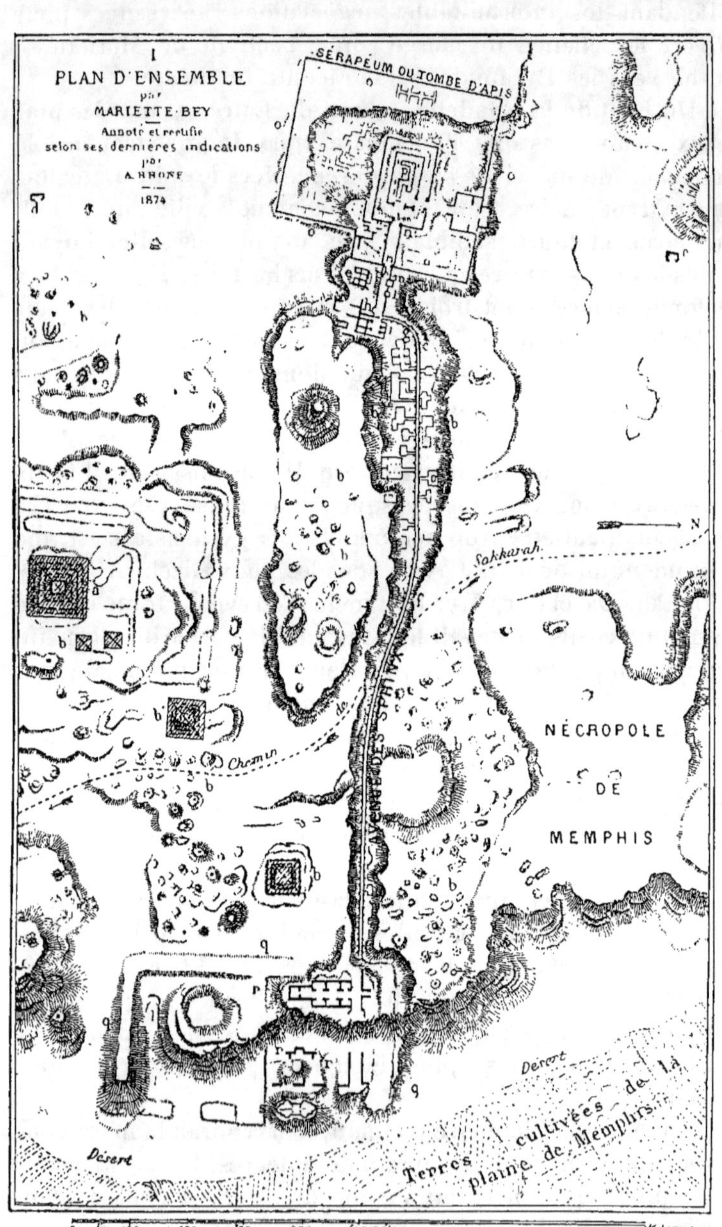
I
PLAN D'ENSEMBLE
par
MARIETTE-BEY
Annoté et rectifié
selon ses dernières indications
par
A. RHONE
1874
SÉRAPEUM OU TOMBE D'APIS
AVENUE DES SPHINX
Sakkarah
Chemin
NÉCROPOLE
DE
MEMPHIS
N
Désert
Désert
Terres cultivées de la plaine de Memphis
0 50 100 200 300 400 500 mètres
1 Kilomètre

LÉGENDE DU PLAN N° 1

a. Pyramide à degrés.
b. Tombes privées, dont la plupart remontent à l'époque la plus ancienne.
b'. Pyramides ou tombes royales.
c. Tombeau de *Ti* (Ancien-Empire).
d. Tombeau de *Phtah-Hotep* (Ancien-Empire).
e. Habitation de Mariette durant les fouilles. (La vérandah regarde le nord.)
f. Premier sphinx trouvé à sa place antique par Mariette, point où furent commencées les fouilles du Sérapéum, le 1er novembre 1850.
g. Le 135e sphinx, point où les recherches furent infructueuses pendant quelque temps, par suite de la déviation de l'allée. (1er janvier 1851.)
h. Hémicycle orné des statues de législateurs, de poètes et de philosophes grecs qui visitèrent l'Egypte ou la célébrèrent dans l'antiquité (adjonction du temps des Ptolémées). Découvert du 26 au 30 janvier 1851.
i. Chapelle égyptienne d'Apis ou *Apieum*, du règne de Nectanébo Ier (XXXe dynastie, 378 av. J.-C.).
k. Dromos, ou avenue dallée, bordée de murs supportant des statues colossales d'animaux symboliques, ouvrages grecs de l'époque des Ptolémées.
l. Chapelle égyptienne dont les murs sont couverts d'inscriptions démotiques, et où fut trouvée, en mars 1851, la statue d'Apis, aujourd'hui conservée au Musée du Louvre. (Temps des derniers pharaons nationaux.)
m. Chapelle grecque à péristyle d'ordre corinthien (adjonction ptolémaïque).
n. Premier pylône de Nectanébo Ier, ouvrant l'enceinte extérieure du Sérapéum du Nouvel-Empire. Découvert en mars 1851.
n'. Second pylône de Nectanébo. (Point où reprend le plan des parties souterraines du Sérapéum, Pl. II.)
o. Mur d'enceinte renfermant les édifices extérieurs du Sérapéum (probablement de la XXVIe dynastie, ainsi que l'allée des sphinx ; VIIe siècle av. J.-C.).
p. Rampes à ciel ouvert taillées dans le roc, descendant aux catacombes, et enfermées dans une double enceinte (marquées A sur le Plan II). Les barres détachées indiquent les cinq portes des souterrains (Pl. II B).
q. Enceinte renfermant les édifices consacrés au culte du Sérapis grec.
r. *Pastophorium*, quartier des pastophores ou desservants, renfermant l'*Anubidium*, ou temple d'Anubis, dans lequel logeaient les personnes qui venaient des provinces voisines pour sacrifier ; l'*Astarteum*, ou temple d'Astarté, près duquel étaient placées les cellules des reclus chargés d'interpréter les songes que les malades et les pèlerins venaient chercher comme oracles dans l'*Æsculaplum*, ou temple d'Esculape.
s. L'*Essign-Youcef* (lieu dit prison de Joseph), lieu consacré dans la tradition des Arabes comme étant celui de la prison de Joseph, fils de Jacob.

sphinx antiques, sculptés selon un type et des dimensions uniformes, et qu'on lui disait provenir de Sakkarah. Au Caire, il en avait retrouvé d'autres exemplaires tous pareils et provenant du même endroit : ils portaient au socle ou sur le flanc des graffiti en caractères grecs, inscriptions courantes tracées à la pointe, comme par des voyageurs et des pèlerins, et toujours il y avait lu les noms d'Osiris, d'Apis, de Sérapis.

Mariette comprit que tous ces sphinx devaient faire partie d'une de ces avenues monumentales que les Egyptiens avaient coutume de dresser sur le chemin des temples. Mais comment pouvait-il se faire que cette avenue fut à Sakkarah, c'est-à-dire sur la montagne et au milieu des sables du désert, où d'habitude aucun temple ne se trouve situé ?

Sa mémoire lui rappela ce passage de Strabon :

« On trouve à Memphis un temple de Sérapis, dans un endroit tellement sablonneux que les vents y entassent des amas de sable dans lesquels nous vîmes des sphinx enterrés, les uns jusqu'à moitié, les autres jusqu'à la tête : d'où l'on peut conjecturer que la route vers le temple ne serait point sans danger si l'on était surpris par un coup de vent. » Le jour se fit subitement dans son esprit, et il ne douta plus que les sphinx de Sakkarah ne fussent ceux dont parlait Strabon.

« Frappé du travail uniforme qui les distingue, a dit lui-même Mariette (1), frappé également des inscriptions grecques dont ils sont couverts, et apprenant en outre qu'ils provenaient tous de la plaine de Sakkarah, j'avais, dès mon arrivée au Caire et avant d'avoir vu encore une seule fois Memphis, annoncé à M. Fresnel (2) que les sphinx provenaient du Sérapéum. C'est un fait que M. Fresnel se plaisait à raconter et qu'il a communiqué entre autres à M. Oppert sur les ruines de Babylone (3). Voilà comment le passage de Strabon a produit la découverte du Sérapéum. »

« Cet endroit sablonneux où Strabon suivait l'allée des sphinx qui mène au Sérapéum, dit Mariette (4), était évidemment celui où se retrouvaient les sphinx de Sakkarah. Là,

(1) Lettre écrite le 21 mai 1856 par Mariette à M. Egger, membre de l'Institut, à qui nous avons dû la communication de cet intéressant document.

(2) Chargé par le gouvernement français de la mission archéologique en Mésopotamie.

(3) M. Oppert nous a confirmé ce fait.

(4) *Choix des monuments du Sérapéum*, p. 7. Gide et Baudry. Paris, 1856, broch., in-4°.

par conséquent, était le Sérapéum; et quand, quelques jours plus tard, parcourant cette même plaine sablonneuse, le crayon en main, il m'arriva de rencontrer un sphinx debout sur son piédestal, je n'eus plus dès lors aucun doute. Le Sérapéum était découvert. »

Le fait de cette découverte mettait Mariette dans une position embarrassante : pour remplir strictement sa mission, il lui fallait oublier le Sérapéum et ne songer qu'aux manuscrits coptes; mais, d'un autre côté, pouvait-il laisser échapper pour son pays l'honneur d'une découverte unique dont son esprit embrassait déjà la portée scientifique ?

A peine a-t-il vu le premier sphinx dégagé en entier par la main des fellahs accourus à son ordre, qu'il se décide à suivre jusqu'au bout, et au prix de tous les sacrifices, cette avenue qui s'offrait à lui comme un fil conducteur vers les mystères de Sérapis, cachés quelque part dans les profondeurs de cet océan de sables, à la surface immobile et muette.

Pour y parvenir, la marche la plus lente était la plus sûre : il fallait s'avancer patiemment de sphinx en sphinx, et suivre la direction de l'ouest, puisque celle de l'est eût conduit aux escarpements rocheux qui terminent la nécropole et dominent la plaine de Memphis. Les sphinx apparurent les uns après les autres et se montrèrent d'abord assez rapidement, car ils n'étaient enfouis que sous 4 ou 5 mètres de sable. On voyait déjà l'avenue se dessiner ; mais, comme elle avait été frayée à une époque relativement assez moderne au milieu des tombes qu'on avait voulu respecter, elle ne s'avançait pas en ligne droite, mais fléchissait comme si elle eût voulu échapper à la main des explorateurs, qui se trouvèrent plusieurs fois mis en défaut. Ce qui était plus grave, c'est que l'allée s'enfonçait rapidement sous les sables, et qu'il fallait désormais aller chercher les sphinx à une profondeur de 20 mètres ; bientôt même on dut se contenter de faire des sondages à intervalles réguliers, afin de constater seulement la présence de ces sentinelles de pierre, guides infaillibles de cette poursuite souterraine.

Mariette en était arrivé au cent trente-quatrième sphinx ; deux mois s'étaient écoulés, et près de 500 mètres avaient été parcourus pas à pas, quand les sondages cessèrent brusquement de répondre à son attente : le cent trente-cinquième sphinx ne se retrouvait pas, l'avenue s'interrompait! On comprend son anxiété : peut-être le Sérapéum avait-il été détruit de fond en comble et n'en restait-il que ce tronçon d'avenue noyée sous les sables, qui ne conduisait plus à rien!

DÉCOUVERTE DU 135e SPHINX
D'après le CHOIX DE MONUMENTS DU SÉRAPÉUM, publié par Gide et Baudry, 1856

Tant de travaux pénibles, d'argent déjà dépensé sur le budget de la mission, devaient-ils donc rester inutiles ?

On prit un grand parti : on ouvrit une profonde et large tranchée en travers de l'avenue, et l'on fouilla dans un rayon de 20 mètres de surface. Ce moyen eut un plein succès, et le cent trente-cinquième sphinx tant désiré apparut enfin, amorçant un nouveau tronçon qui tournait presque à angle droit sur le premier (Plan I, g). Tout s'expliquait et l'on continua à creuser à ciel ouvert au milieu de difficultés inouïes. La dureté des sables accumulés et tassés depuis des siècles était telle que l'on pouvait donner à la tranchée des parois presque verticales sur lesquelles rampaient d'étroits sentiers en lacet, par où les fellahs sortaient lentement, emportant sur leur tête une couffe pleine, ou pour mieux dire, un grain de sable. Il arrivait souvent qu'à l'heure où le soleil séchait la rosée déposée par la nuit, de lourdes masses se détachaient des bords de la tranchée, hauts de 60 à 80 pieds en certains endroits, et roulaient au fond du précipice, entraînant et blessant les travailleurs dans leur chute : un jour, il y en eut onze d'enfouis sous une de ces avalanches et l'on eut grand'peine à les en tirer vivants. « On aura, dit Mariette, une idée des lenteurs que l'inexpérience des ouvriers, l'absence d'outils et la nature du sable opposaient à nos travaux, quand on saura que, dans cette partie de la tranchée ouverte à travers l'allée des sphinx, nous n'avancions pas d'un mètre par semaine. »

Cette nouvelle voie ne devait pas être longue heureusement : on était arrivé au cent quarante et unième sphinx et l'on s'attendait à voir le suivant, quand, à la grande surprise de Mariette, ce fut une statue grecque de Pindare qui se dressa devant lui sur son socle antique ! Que faisait là ce poète ? N'était-il point l'indice assuré de découvertes et de surprises sans nombre ? En ce moment suprême arrive la permission du patriarche copte demandée, attendue, oubliée depuis deux mois. Les perplexités de l'explorateur furent grandes. Devait-il abandonner ces premiers résultats si pleins de promesses pour courir aux manuscrits, ou achever d'épuiser ses fonds pour une recherche dont le succès complet ne s'affirmait pas encore. Il franchit là son Rubicon en mettant la lettre du patriarche dans sa poche et en donnant l'ordre de lui amener des renforts de travailleurs.

La récompense ne se fit pas attendre : aussitôt après ce fut le tour de Lycurgue, de Solon, d'Euripide, de Pythagore, de Platon, d'Eschyle, de Sophocle, d'Homère, d'Aristote dont les statues sortirent du sable et apparurent rangées sur un mur bas formant hémicycle et barrant complètement l'avenue (Pl. I, *h*). Mariette marchait de surprise en surprise et put se croire un instant bien loin du Sérapéum tant rêvé, si toutefois il existait encore. Il reconnut bientôt qu'en cet endroit le sol de l'avenue était dallé de pierres bien appareillées et que ce dallage semblait s'enfoncer sous les sables à droite et à gau-

HÉMICYCLE DES POÈTES ET DES PHILOSOPHES GRECS

D'après une aquarelle inédite de Linant de Bellefonds

che de l'hémicycle : il y avait donc là un nouveau tronçon d'une rue transversale à l'avenue des sphinx dont elle formait la continuation. On explore d'abord la branche gauche. Là encore, le chemin est barré : c'est une chapelle (*i*) portant le cartouche royal de Nectanébo Ier (XXXe dynastie, 378 av. J.-C.), qui précéda l'avant-dernier des Pharaons indigènes. Deux sphinx égyptiens au cartouche de Nectanébo Ier se dressaient devant l'entrée du temple. Etait-ce enfin le lieu de la Tombe d'Apis ? Rien dans les chambres ruinées, rien dans les cavités voisines du rocher, rien dans les puits à momies trouvés sous le dallage de la cour ne justifia cet espoir.

Tout ceci n'était que des prolégomènes et la tombe d'Apis

DROMOS GRECO-ÉGYPTIEN CONDUISANT A LA TOMBE D'APIS

G, allée des sphinx. H, hémicycle grec. I, chapelle de Nectanébo. K, dromos orné de statues grecques symboliques. L, chapelle égyptienne. M, chapelle grecque. (Vue prise de l'entrée. N, des hypogées. — Repère du Plan I.)

reculait. Mariette en revint alors à sa première idée qui était de la placer dans le périmètre de cette enceinte carrée dont les vestiges s'accusaient vaguement sur le sable, à une centaine de mètres à l'ouest de l'hémicycle.

Il fit fouiller l'entrée supposée de cette enceinte et l'on y retrouva, avec le nom de Nectanébo II, le dernier des Pharaons nationaux, les ruines d'un pylone orné de deux lions en calcaire (1). En même temps il faisait fouiller l'espace compris entre ce point et l'hémicycle et ce fut là un nouveau champ d'énigmes et de surprises. Sur une largeur de 15 mètres apparut une avenue dallée, bordée de deux murs, deux mastabas sur environ 1 mètre de haut sur 1 m. 50 de large. Sur le mur sud se dressaient comme sur un piédestal des statues colossales d'animaux, ouvrages grecs taillés dans le calcaire friable du Mokattam : deux paons faisant la roue, montés et conduits à la bride par de petits génies, une lionne, un épervier les ailes ouvertes et coiffé du pschent royal, un sphinx femelle assis sur ses jambes de derrière, un phénix sous la forme d'un oiseau orné d'une chevelure de femme, tous également conduits par des enfants ; sur le dallage même du dromos, un Cerbère à queue de serpent.

Le mastaba nord réservait des trouvailles, non pas plus curieuses, mais intéressantes au point de vue historique : vers le milieu se dressaient, côte à côte avec une importance égale, une chapelle grecque avec péristyle à colonnes et degrés et une chapelle égyptienne dont la cellule était occupée par une statue du taureau Apis en calcaire, encore toute brillante de ses couleurs sacrées (2). On se trouvait une fois de plus en présence d'un fait qui montrait la Grèce juxtaposée pacifiquement à la vieille Égypte.

Toujours conduit par l'idée d'assimiler la tombe d'Apis aux tombes privées, Mariette en cherchait le puits d'entrée qu'il croyait caché sous les dallages. Comme au temple de Nectanébo, il travaillait à soulever les dalles du dromos. Les seu-

(1) Les lions de fonte qui ornent la façade du palais de l'Institut sont les moulages des deux lions de basalte déposés au Vatican, tirés autrefois du Sérapéum dans des fouilles entreprises au hasard, et semblables à ceux du Louvre.

(2) Cette statue a été transportée au musée du Louvre dans la salle du rez-de-chaussée qui contient les stèles votives du Sérapéum et des spécimens des sphinx qui bordaient l'avenue.

les trouvailles qu'il y fit furent des amas de figurines sacrées en bronze dont une moitié environ étaient détériorées par l'humidité.

Ces heureuses trouvailles firent éclater les orages qui s'amoncelaient déjà si sourdement contre Mariette ; le bruit courut qu'il trouvait des trésors ! il n'en fallait pas davantage pour émouvoir le vice-roi Abbas-Pacha. Les fouilles furent officiellement suspendues. Le prétexte invoqué était le manque de firman ou permission officielle. Mais comme tout le monde autour de lui fouillait sans firman, Mariette en référa au consul de France et continua ses opérations ; mais alors les cheikh el-beled ou chefs de villages environnants, petits despotes dans leurs bourgades et grands esclaves du gouvernement, empêchèrent d'abord les travailleurs de venir au Sérapéum ; il fallut aller soi-même les recruter de force et leur donner une haute paye pour les retenir. Puis l'eau et les vivres furent interceptés et, faute de bras pour relever et réparer les tentes de campement enlevées par le vent, on dut se résigner à coucher à la belle étoile par les nuits fraîches et perfides du désert.

D'ailleurs, contre un homme que rien ne décourageait, ne fallait-il pas user des grands moyens? Bientôt Mariette recevait du vice-roi l'ordre brutal de cesser les travaux, et pour comble de malheur une ophtalmie terrible, due surtout à l'alternance du froid et de la chaleur, le força d'obéir et de se réfugier au Caire pour soigner sa vue mise en danger.

Ses ennemis le crurent abattu pour toujours et l'oublièrent ; mais lui guérit sans bruit et, à peine rétabli, retourna au désert pour reprendre ses fouilles.

Les efforts furent dès lors portés vers la grande enceinte dont la clôture n'était qu'un alignement de pierres disposées en claire-voie. La butte de décombres qui en occupait le milieu fut reconnue pour les vestiges d'un temple extrêmement ruiné dont la structure échappait à toute analyse ; mais nulle part encore les indices des souterrains où nécessairement le dieu devait être inhumé.

Durant ces tâtonnements arrive de France une nouvelle importante : l'Académie a obtenu du Corps législatif un crédit de 30.000 francs pour continuer les travaux de déblaiement. Elle invite Mariette à transporter en France les objets recueillis dans ses fouilles. Cette invitation était une faute et réveilla les susceptibilités bien naturelles du gouvernement égyptien qui jusque-là n'avait pas fait mention du sort des objets trouvés. De là une suite de décisions contradictoires qui rendent la trame des événements très difficile à suivre. D'une part il est indispensable de rester en bons termes avec

MARIETTE-BEY EN 1862

D'après une photographie inédite

les autorités du pays, de l'autre il faut à tout prix sauvegarder l'intégrité de cette trouvaille dont l'importance s'affirme de plus en plus par des signes qui, comme le disait Mariette, sont comme les herbes flottantes qui, en mer, annoncent l'approche du continent.

Le gouvernement réclama son droit de propriété et pour se

l'assurer décida d'envoyer cinq officiers de bachi-bozouks avec mission de mettre sous séquestre tout ce qui sortirait des fouilles. Ceux de ces messieurs qui vinrent au désert réussirent, on ne sait comment, à dresser une liste de 513 objets découverts depuis le commencement des travaux, qui feraient retour au gouvernement égyptien. Pour apaiser l'Efendinah, il fallut donc livrer quelques-uns des monuments trouvés et renvoyer la plupart des ouvriers. Mariette ne garda que quelques travailleurs dévoués, renforcés des réïss ou conducteurs les plus éprouvés. Son plan était celui-ci : on se maintiendrait en d'excellents rapports avec les surveillants, on les régalerait, on leur livrerait tous les objets ou inscriptions sans intérêt ; il serait bon de disséminer le plus possible les chantiers de manière à rendre la surveillance moins facile pour eux, moins gênante pour les travailleurs. C'est ainsi que dans le même temps, on finissait d'explorer le mur méridional de la grande enceinte où de précieux bronzes restèrent enfouis, de déblayer à l'est le dromos dallé, et à l'ouest la chapelle d'Apis (Pl. I, *i*) dont plusieurs chambres avaient conservé leurs antiques plafonds formés de troncs de palmiers et de roseaux, marqués au cartouche de Nectanébo Ier.

Après deux mois de recherches dans l'enceinte, Mariette venait enfin de mettre la main sur l'entrée des rampes qui descendent à l'hypogée des Apis. Le vice-roi, toujours irrité, lui fit enjoindre par notre consul de suspendre les fouilles ; en revanche, on permettait l'emballage des 513 objets pour le Louvre, mais on continuait de réclamer tous les autres. Serrés de plus près par les surveillants, les travailleurs employèrent alors leurs journées à transporter les plus lourds des monuments, à faire d'interminables emballages ou à dormir. Mais quand la nuit tombait, Mariette, délivré de ses surveillants et ne pouvant se résigner à abandonner ses fouilles au moment d'en atteindre le but, retenait avec lui quelques ouvriers dévoués ; alors, jusqu'au matin, on poussait activement le travail de déblaiement, et l'on descendait au fond d'un puits à momie les objets les plus importants à conserver. Dans ce puits était installé l'atelier d'emballage pour le Louvre, et là, dans le retrait invisible d'un vaste caveau funéraire, on pouvait à toute heure du jour, sans être surpris, empaqueter les 513 objets, en grossir indéfiniment le nombre dans l'intérêt de la science et les expédier de nuit au consulat d'Alexandrie. Exaspéré par une année de privations, de souffrances, de luttes contre les caprices administratifs, Mariette aurait rendu au désert ses trésors scientifiques plutôt que de les voir disparaître entre les mains des agents égyptiens.

Un jour, l'un d'eux ayant demandé à être descendu au fond du puits, on s'empressa de le satisfaire ; mais à l'insu du maître, les ouvriers remontèrent aussitôt et, ayant retiré les cordes, laissèrent le malheureux officier y passer la nuit dans l'abandon, le jeûne et la colère. Un autre s'étant laissé choir dans un de ces gouffres en voulant y regarder de plus près, ses collègues furent pris d'une terreur à l'endroit des puits, qui délivra les travailleurs de toute « indiscrétion ». Plus tard, en un moment de « crise aiguë », ordre avait été envoyé aux fellahs de ne plus se rendre aux travaux du Sérapéum et de refuser des vivres aux travailleurs. Qu'imagina Mariette ? il détruisit en une nuit sa *villa*, qu'un petit baril de poudre fit, dit-on, sauter par mégarde. Le matin, quand les surveillants revinrent à leur poste, ils ne trouvèrent plus d'abri contre le soleil brûlant, et l'on dut se résigner à lui prêter vingt ouvriers pour reconstruire son pavillon et sauver ainsi l'*autorité*. Bien dirigés et bien payés, grâce aux 30.000 francs de crédit supplémentaire qui venaient d'arriver de France, les fellahs reconstruisaient la *villa* le plus lentement possible, ce qui était au reste dans les habitudes du pays et n'étonna personne; la nuit ils travaillaient sans relâche au déblaiement.

On était ainsi arrivé aux premiers jours de novembre 1851, et malgré tous les obstacles les travaux n'avaient jamais été interrompus : on avait reconnu toute l'enceinte du Sérapéum, puis l'aire immense qui contient les vestiges singulièrement bouleversés des édifices extérieurs, et maintenant on cherchait à pénétrer dans les parties souterraines. On approchait du but, car une rampe en pente rapide creusée dans le roc (Pl. I, *p* et Pl. II, A) et tapissée de stèles votives venait d'apparaître.

Dans la nuit du 12 novembre 1851 l'un des ouvriers dévoués à Mariette vint le réveiller en sursaut : « Levez-vous, lui dit-il, nous venons de trouver une belle porte ! »

En effet, sous le linteau d'une porte pratiquée dans la paroi sud de la rampe (Pl. II, B'), apparaissait la gueule toute noire d'un souterrain : la tombe d'Apis était ouverte !

Dans son impatience Mariette aurait voulu s'y aventurer tout de suite ; mais l'atmosphère, qui ne s'était pas renouvelée depuis plus de mille ans, était devenue mortelle : une bougie allumée attachée à une perche s'éteignit. Il fallut donc attendre plusieurs heures avant que l'air extérieur eût pénétré dans toutes les galeries souterraines. Le temps pressait, le

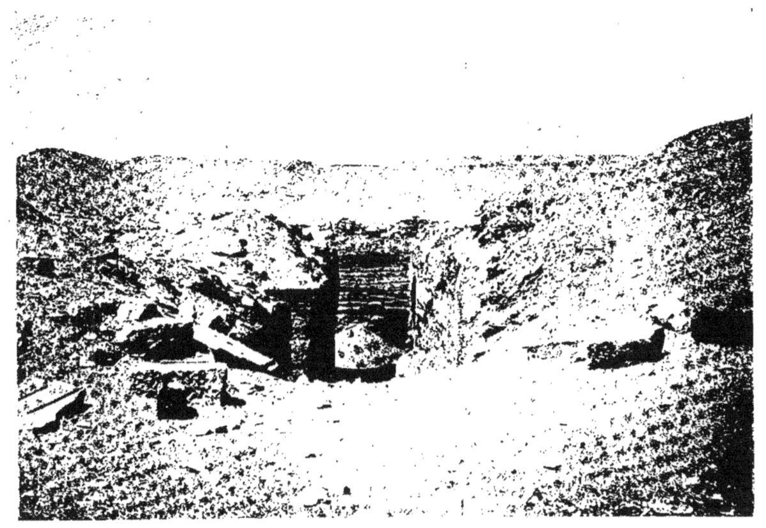

Première ouverture du Sérapéum

jour allait renaître et avec lui le retour des surveillants auxquels il fallait à tout prix cacher la découverte de ces catacombes, où les plus précieux des monuments devaient encore se trouver à leur place antique.

Mariette n'eut que le temps de parcourir rapidement ce monde souterrain qu'il avait conquis au péril de sa vie et d'en entrevoir les énigmes, les surprises et aussi, hélas ! l'effroyable ruine : au premier coup d'œil il y avait reconnu le désordre d'une dévastation furieuse et systématique : caveaux violés, stèles brisées et dispersées, sarcophages ouverts et vides, plafonds écroulés. Le signal d'alarme retentit au dehors, car le soleil se levait et le galop des chevaux turcs se rapprochait d'instant en instant. Mariette eut à peine le temps de sortir des souterrains et d'en faire obstruer l'entrée avec du sable ;

elle ne devait se rouvrir officiellement que plus de trois mois après, en février 1852, lorsque des mesures plus tolérantes permirent d'opérer plus à l'aise. En attendant, tous les efforts furent dirigés vers l'intérieur du Sérapéum, dont il était urgent de sauver les stèles et les objets les plus intéressants. Un conduit vertical de bois, sorte de cheminée, munie d'échelons intérieurs, fut appliqué contre la paroi des rochers où s'ouvrait la porte nouvellement découverte; l'orifice de ce puits, caché sous le sable pendant le jour, se rouvrait à la nuit pour y laisser descendre les travailleurs, qui en remontaient chargés de stèles gravées d'inscriptions qui forment aujourd'hui au Louvre un trésor archéologique et historique sans précédents.

PYLONE DE LA RAMPE A CIEL OUVERT

Avant sa translation au musée du Louvre, d'après une aquarelle inédite de E. Barbot, vers 1853 (1).

NOTIONS SUR LE CULTE D'APIS

Avant de descendre dans les cryptes funèbres des taureaux Apis, nous donnerons un aperçu des idées qu'on s'est formé jusqu'à présent sur ce culte si ancien qu'on n'en peut saisir l'origine.

Le culte d'Apis, ainsi que celui des différents animaux adorés dans les temples : épervier, serpent, bélier, crocodile, chat, etc., remonte probablement aux âges préhistoriques, alors que les habitants de la vallée du Nil étaient adonnés, comme tous les peuples sauvages, au fétichisme ayant pour objet les bêtes, les arbres, les rochers, les sources. Lorsque la religion évolua du fétichisme au polythéisme, l'Egypte les conserva

(1) Découvert en mai 1852. Voir Plan II, B[4].

sans doute comme des formes secondaires de ses dieux locaux. Par une sorte de travail théologique, Apis, le vieux fétiche de Memphis, serait devenu la forme secondaire et vivante de Phtah, le dieu de Memphis, en même temps qu'une manifestation d'Osiris, dieu des morts, cher à tous les vivants et dont le culte établi en Egypte après celui des dieux topiques fut adopté partout. « C'était l'âme d'Osiris et son image, dit Mariette, mais il n'en n'était pas le fils ; s'il tenait de lui sa vie, il tenait sa chair de Phtah, aussi l'appelait-on *la seconde vie* de Phtah. »

Phtah, le grand dieu du nome de Memphis, qui accomplit toutes choses *avec art et vérité*, le *Seigneur de la justice et de la vérité*, descendait vers la génisse prédestinée, sous la forme d'un feu céleste et déposait en son sein l'âme d'Osiris. « Apis était ainsi une incarnation d'Osiris par la vertu de Phtah. »

En conséquence, la mère d'Apis était révérée comme vierge, puisque le dieu avait pour père Phtah ou la Sagesse divine. La vache ne pouvait plus être mère ; on la nourrissait auprès d'Apis, et si elle n'était pas adorée au même degré que lui, du moins était-elle vénérée comme sainte (1).

Il y a là un ensemble de subtilités et d'obscurités théologiques non encore résolues qui empêchent de définir le mystère comme l'aurait fait un prêtre du dieu Phtah, si toutefois il eût pu donner une définition acceptée par les collèges sacerdotaux des autres nomes dont chacun avait son dieu principal qu'il réputait le plus grand de tous. Ce qu'on peut retenir ici, c'est l'évolution probable d'Apis dont la figure persiste au milieu des apports successifs de la religion.

Dès que les funérailles d'Apis étaient accomplies et après les délais voulus, les prêtres se mettaient à l'œuvre, cherchant de tous côtés où Osiris avait pu se manifester de nouveau. Mais ce n'était sans doute pas chose facile à reconnaître s'ils étaient consciencieux, car le veau prédestiné devait satisfaire à un examen minutieux et compliqué, présenter les vingt-huit signes secrets considérés comme les marques de la divinité pour les taureaux et que les prêtres savaient seuls distinguer. Parmi ces signes, les uns tenaient à la couleur de la robe, comme on peut le reconnaître sur les

(1) Aug. Mariette. *Mémoire sur la Mère d'Apis*, Paris. Gide et Baudry, 1806, broch. in-4°.

statuettes et les stèles d'Apis : les flancs de l'animal y portent toujours une sorte de lambel noir descendant de l'échine, et le poitrail parfois un croissant blanc : il fallait que sa tête fût noire et marquée au front d'une tache blanche triangulaire, qu'il eût sous la langue un nœud de chair capable de représenter un scarabée, etc.

Marques d'Apis d'après les épis

D'autres marques consistaient en épis de poils disposés de manière à former certaines figures : sur le garrot, un scarabée ou un globe ailé, et sur la croupe un vautour aux ailes éployées, ainsi qu'on peut le reconnaître sur les bronzes d'Apis. La parure officielle du dieu se composait, si l'on s'en rapporte à ces mêmes bronzes, du disque solaire entre les cornes, de l'uræus au front, du collier royal au cou et quelquefois d'une housse brodée sur le dos. « Il est probable, dit à ce sujet Mariette, que les Egyptiens des anciens temps attachaient aux épis les propriétés heureuses ou néfastes que les Arabes leur attribuent aujourd'hui et que, de même que ceux-ci voient sur le poitrail ou la cuisse de leurs chevaux certaines combinaisons d'épis qui leur paraissent former une *lance*, une *tente* ou tout autre objet matériel, de même les Egyptiens des Pharaons devaient distinguer sur le dos d'Apis les contours d'un *aigle* ou d'un *scarabée*. Le scarabée, le vautour et toutes celles des autres marques qui tenaient à la présence et à la disposition relative des épis n'existaient donc pas réellement. Les prêtres, initiés aux mystères d'Apis, les connaissaient sans doute seuls et savaient y voir les symboles exigés de l'animal divin, à peu près comme les astronomes reconnaissent dans certaines dispositions d'étoiles les linéaments d'un dragon, d'une lyre ou d'une ourse. » Ces différentes catégories de signes, séparées forcément dans les diverses représentations figuratives, devaient se trouver réunies sur l'individu, mais d'une façon évidemment tout idéale.

A peine le nouvel Apis était-il préconisé que l'Egypte entrait en liesse, car tout retard dans l'accomplissement du mystère de l'incarnation d'Osiris était considéré comme un signe de la colère céleste, et l'on frémit en songeant que plus d'une fois il survint dans l'étable de Memphis des interrègnes de près d'un siècle. Le jeune taureau Apis allait rendre visite à Mnevis, taureau sacré d'Héliopolis, car tous les dieux se visitaient beaucoup en Egypte. On le ramenait ensuite à Memphis où l'on célébrait des fêtes qui duraient sept jours. On l'installait enfin dans le temple du dieu Phtah, où il demeurait sa vie durant, servi par des prêtresses, entouré des honneurs divins, recevant les sacrifices et les adorations des prêtres, des rois, des grands et du peuple, et répandant son haleine sur ceux qui voulaient obtenir le don de prophétie. « Son sêcos, dit Strabon, est précédé d'une cour contenant un autre sêcos qui sert à loger sa mère. A une certaine heure du jour on lâche Apis dans cette cour, surtout pour le montrer aux étrangers, car, bien qu'on puisse l'apercevoir par une fenêtre dans son sêcos, les étrangers tiennent beaucoup aussi à le voir dehors en liberté ; mais, après l'avoir laissé s'ébattre et sauter quelque temps dans la cour, on le fait rentrer dans sa maison. »

Quand Apis mourait, il devenait l'Osiris-Apis, ou Osor-Hapi, assimilé comme tout défunt et plus encore que lui à Osiris. C'est de ce nom que les Grecs firent celui de Sorapis ou Sérapis, à l'époque du règne des Ptolémées qui, en habiles dominateurs, donnèrent une extension et une magnificence nouvelles au culte de ce dieu national de l'Egypte, et l'adorèrent pour eux-mêmes en y apportant des modifications qui en firent un culte mixte pour les deux peuples (1).

A la mort d'un Apis, l'Egypte prenait le deuil et le taureau était inhumé dans les souterrains du Sérapéum ou temple de Sérapis, que nous allons visiter. Mais si le taureau parvenait à l'âge de vingt-huit ans, celui même d'Osiris quand il succomba par la trahison de son frère Typhon, qui l'avait enfermé dans un coffre et jeté à l'eau, il devait se résigner à périr aussi de mort violente. Les prêtres en deuil le conduisaient vers les eaux sacrées du Nil, probablement au joli lac de Mît-Rahinèh et l'y noyaient avec égards et cérémonies, puis le peuple entier se lamentait.

Alors commençaient les funérailles qui se prolongeaient

(1) Cf. *Histoire du Culte des Divinités d'Alexandrie, Sérapis, Isis, etc.*, par G. Lafaye. Thorin. Paris, 1884, in-8.

pendant soixante-dix jours, durée ordinaire de la préparation des momies. Elles se célébraient avec une telle magnificence, rapporte Diodore de Sicile, que de simples particuliers allèrent parfois, dans leur dévotion, jusqu'à dépenser pour Sérapis des sommes équivalentes à 500.000 francs de notre monnaie. C'était pendant ces soixante-dix jours seulement que la foule des adorateurs pouvait pénétrer dans les souterrains du Sérapéum ; les plus dévots consacraient le souvenir de leur visite par de petites stèles ou tablettes de pierre couvertes de leurs *proscynèmes* ou actes d'adoration que l'on appliquait sur la fermeture ou les parois voisines du tombeau. Dès qu'un nouvel Apis avait été reconnu, on passait du deuil aux réjouissances publiques.

Ce fut à Memphis, au milieu de fêtes pareilles, que Cambyse, revenant d'une expédition malheureuse en Ethiopie, arriva (le 1er juin 525 av. J.-C. En tyran irascible, épileptique et frappé peut-être d'insolation, il crut, ou feignit de croire que l'on insultait à ses désastres, fit tuer les magistrats qui s'efforçaient de lui faire entendre la vérité, ordonna de fustiger les prêtres et les fidèles, poignarda le jeune Apis, et ne cessa plus de dévaster les temples de Memphis, d'ouvrir les tombeaux et de bouleverser les vivants et les morts ; on dit qu'il en frémit lui-même à sa dernière heure.

Le site de Memphis était à tel point oublié qu'il fallut le soin et la sagacité des savants de Bonaparte pour l'identifier. Jomard, le premier, eut une conception assez vraie de l'emplacement de la tombe d'Apis : il raisonnait juste en la plaçant sur le plateau qui domine Memphis, dans le voisinage de la pyramide à degrés où Mariette l'a retrouvée ; mais l'occupation française ne dura point, et les indications un peu vagues de Jomard ne furent relevées par personne ; d'éminents explorateurs cherchèrent ailleurs le Sérapéum et ne le reconnurent pas à certains signes dont Mariette sut profiter.

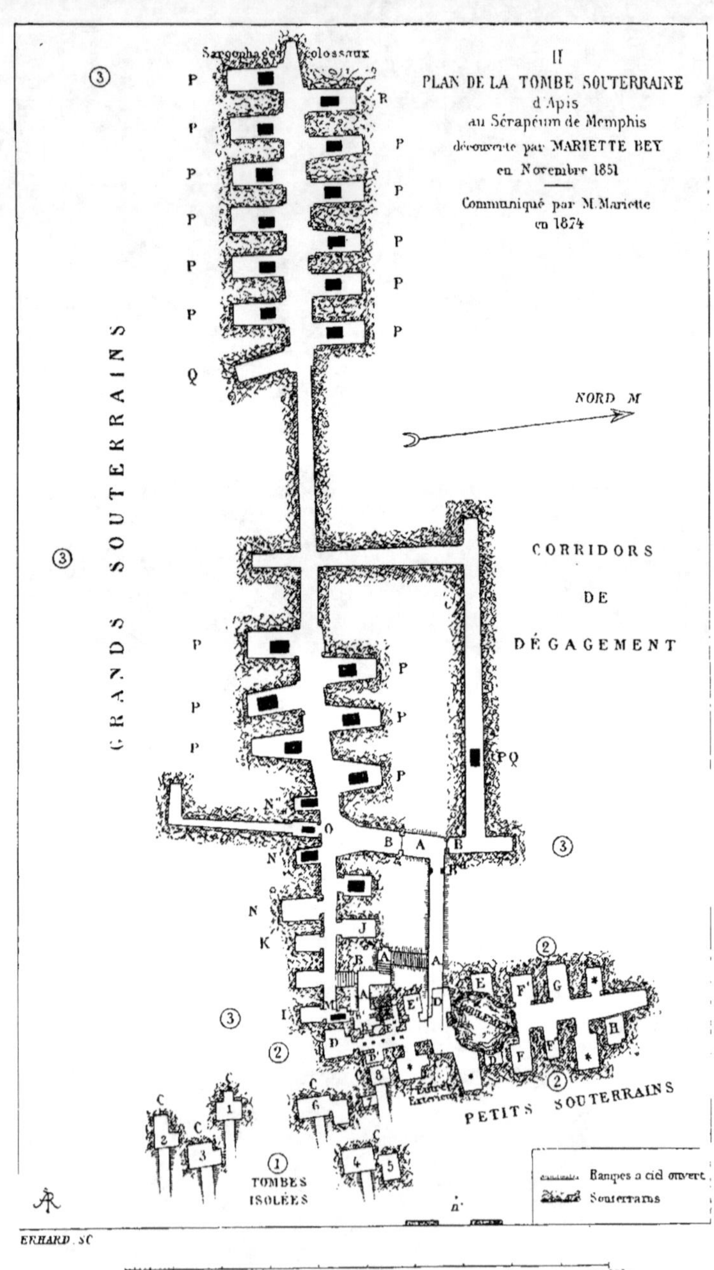
II
PLAN DE LA TOMBE SOUTERRAINE
d'Apis
au Sérapéum de Memphis
découverte par MARIETTE BEY
en Novembre 1851
Communiqué par M. Mariette
en 1874
Sarcophages colossaux
GRANDS SOUTERRAINS
CORRIDORS
DE
DÉGAGEMENT
NORD M
PETITS SOUTERRAINS
TOMBES
ISOLÉES
Rampes a ciel ouvert
Souterrains
ERHARD. SC
0 5 10 20 30 40 50 60 70 80 90 100 Mèt

LÉGENDE DU PLAN N° II

n' Emplacement du second pylône, porte de l'enceinte extérieure des hypogées.

A. Rampes et escaliers taillés à ciel ouvert dans le roc et descendant à plus de 12 mètres aux portes des souterrains. Découverts le 6 novembre 1851.

B, B'. Les cinq entrées de la tombe d'Apis. B', porte par laquelle Mariette a pénétré pour la première fois dans les souterrains, le 12 novembre 1851.

B[4] Porte extérieure dont les montants de pierre, appliqués contre les parois de la tranchée, sont couverts d'inscriptions *démotiques*. Découverte le 19 février 1852, puis transportée au Louvre.

1. **TOMBES ISOLÉES** (partie la plus ancienne). — Découvertes le 24 février 1852.

XVIIIe *Dynastie*, cinq Apis. — C[1] Caveau de l'Apis le plus ancien trouvé dans le Sérapéum du Nouvel-Empire. Règne d'AMÉNOPHIS III (XVI siècle env. av. J.-C.).

C[2] Caveau attribué au règne de RATHOTIS.

C[3] Caveau attribué au règne de TOUT-ANKH-AMEN.

C[4],[5] Double caveau du règne d'HORUS ou HARMABI, contenant deux Apis. Le caveau 5 était inviolé et montra une sépulture d'Apis intacte, mais très pauvre.

XIXe *Dynastie*, neuf Apis. C[6] Caveau du règne de SETI Ier (XVe siècle av. J.-C.).

C[7],[8] Dernières *tombes isolées*, découvertes du 15 au 19 mars 1852. Règne de RAMSÈS II. Le caveau 8 était seul intact et montrait des traces de pas humains.

2. **PETITS SOUTERRAINS**. — Découverts le 10 février 1852.

DD' Chambre des cinq autres Apis du règne de RAMSÈS II comblées par un ÉBOULEMENT. Dans l'une se trouvait la momie du prince royal KAMOUAS. D', chambre dont la paroi Est, en rendant au choc un son caverneux, avertit du voisinage d'un caveau inviolé, C[8].

XXe *Dynastie*, 9 Apis. — E. Tombe du règne de RAMSÈS III (XIIIe siècle av. J.-C.).

E' Tombe du règne de RAMSÈS IX.

E" Tombe du règne de RAMSÈS XII. La plupart de ces chambres, déjà bouleversées dans l'antiquité, avaient servi à de nouvelles sépultures et plusieurs (marquées *) n'ont pu être identifiées. On y a retrouvé quelques traces de RAMSÈS VI, RAMSÈS VII, RAMSÈS XI.

XXIe *Dynastie*. — X. Chambre creusée sous la précédente. Vestiges de trois Apis inconnus.

XXIIe *Dynastie*. — F. Tombe du règne de Sheshonk III (X[e], IXe siècles). Deux Apis d'OSORKON II, de TAKELLOTIS II.

F'. Cette tombe a révélé pour la première fois le règne d'un SHESHONK IV, qui régna au moins trente-sept ans, et de son prédécesseur PIMAÏ.

F" Tombe de l'an 37 de Sheshonk IV, dernier de cette dynastie.

XXIIIe *Dynastie*. — Lacune de quatre-vingt-neuf ans dans la série des Apis.

XXIVe *Dynastie*. — G. Tombe de l'an 6 de BOCCHORIS (715).

LÉGENDE DU PLAN N° II (*suite*)

XXV° *Dynastie*. — Les stèles mentionnent les deux Apis de SABACON et de TAHRAKA (VIII° siècle).

XXVI° *Dynastie*, 5 Apis. — H. Tombe de l'an 21 de PSAMMITIK Ier (645), dernière des *Petits souterrains*, qui furent abandonnés à la suite de l'éboulement.

3. **GRANDS SOUTERRAINS.** — Partie la moins ancienne, découverte la première, le 12 novembre 1851.

I. — Tombe de l'an 52 de PSAMMITIK Ier (611). Stèle officielle constatant une restauration motivée par le mauvais état de l'ancien lieu de sépulture.

J. Tombe de l'an 16 de NECHAO II (595). Stèle officielle.

K. Tombe de l'an 12 d'APRIÈS (578). Stèle officielle.

L. Tombe de l'an 23 d'AMASIS (549). La première pourvue d'un sarcophage colossal de granit portant le cartouche du roi ; jusque-là les Apis étaient ensevelis dans des sarcophages de bois dont il n'est rien resté. Stèle officielle.

XXVII *Dynastie*, Perse, 5 Apis. — M. Tombe de l'an 6 de CAMBYSE (521). Petit sarcophage, non poli, de granit gris, portant le cartouche hiéroglyphique de CAMBYSE, et placé devant la porte B', dans le vestibule de l'Apis de Psammitik. Stèle officielle.

N. Tombe de l'an 34 de DARIUS. Stèle officielle.

O. Tombe de l'an 2 de KHIBASH (484), nom inconnu avant les fouilles.

N' Tombe de l'an 34 de DARIUS Ier (489). Stèle officielle.

N" Tombe de l'an 11 de DARIUS II (412). Les stèles mentionnent quelques-uns des derniers pharaons nationaux, NÉPHÉRITÈS, ACHORIS, NECTANÉBO Ier, et le dernier de tous, NECTANÉBO II.

P. Sarcophages colossaux de granit noir poli, du poids moyen de 65.000 kilogrammes. Ils sont ornés des rainures verticales traditionnelles, mais dépourvus de légendes et de cartouches royaux. Probablement de l'époque des Ptolémées, dont plusieurs sont mentionnés dans les stèles éparses : PHILADELPHE, EVERGÈTE Ier, PHILOPATOR, EPIPHANE, PHILOMÉTOR, EVERGÈTE II, SOTER II.

PQ. Sarcophage inachevé, laissé en route dans le corridor de dégagement. Peut-être destiné à la chambre Q.

R. Sarcophage pourvu de légendes, mais dont les cartouches royaux sont vides. Probablement du règne de l'un des derniers Ptolémées.

Parmi les stèles, la dernière en date est de CLÉOPATRE et mentionne la naissance de CÉSARION, fils de la dernière reine d'Egypte et de JULES CÉSAR.

La collection des stèles de la tombe d'Apis est conservée au Louvre.

DESCRIPTION DES SOUTERRAINS

La seule partie des souterrains que l'on visite aujourd'hui sans danger est la moins ancienne, mais la plus belle, car le luxe alla toujours croissant dans les rites religieux de Sérapis. La région la plus vieille des catacombes, appelée *Petits souterrains*, inaugurée sous le règne de Ramsès II, tombait en ruines près de cent ans avant la fondation de la république romaine, sous le règne de Psammitik Ier, et c'est alors qu'on dut l'abandonner pour commencer l'excavation des *Grands souterrains* où nous allons pénétrer d'abord.

Au premier aspect les traces de destruction ne frappent pas les yeux : une austère perspective de piliers ménagés dans le roc des deux côtés du large souterrain fuit et s'enfonce dans l'obscurité ; tout paraît conservé dans l'état normal des choses qui ne peuvent périr. Mais on s'aperçoit bientôt qu'il n'y a plus là qu'un squelette ; entre chacun de ces piliers un mur épais cachait pour toujours les chambres sépulcrales des Apis et les visiteurs de l'antiquité ne pouvaient voir qu'un corridor de cave aux murs ininterrompus couverts de stèles votives. Derrière la base de ces cloisons, aujourd'hui renversées, s'ouvrent de profonds caveaux dont chacun a son entrée sur la galerie et renferme un sarcophage de granit dans lequel reposait la dépouille divine : le moins grand péserait encore 65.000 kilogrammes. Ils sont vides aujourd'hui, les couvercles déplacés en laissent voir la béante nudité; trente personnes debout pourraient y trouver place.

Sur chacun de ces couvercles énormes, le fanatisme des dévastateurs antiques avait élevé, en signe de mépris, un pan de mur grossièrement construit, que Mariette a fait disparaître (1). Il faut se rappeler en effet que la terre funèbre était sacrée et devait appartenir sans partage au mort qui s'y confiait. Autrefois, chez toutes les nations d'Orient, et encore aujourd'hui chez quelques-unes, construire sur un tombeau était le suprême outrage. Ce ne sont donc pas de vulgaires maraudeurs qui prirent la peine d'amasser un tel fardeau sur le faîte de vingt-quatre sarcophages, ni de marteler partout les titres d'Apis. Cet outrage et la dévastation du Sérapéum doivent avoir été faits par des religionnaires, des rivaux victorieux dont l'animosité couvait depuis longtemps contre le

(1) Voir p. 225.

dieu de Memphis. Ce n'étaient pas les conquérants arabes, si tolérants pour les chrétiens, qui pouvaient avoir cette haine patiente contre une religion morte et oubliée depuis trois cents ans, ni connaître le secret, alors perdu, des signes hiéroglyphiques du nom d'Apis : et quant aux Perses, aux Grecs, aux Romains, ils avaient encouragé ce culte, puisque la série des sarcophages se continue sous leur domination et ne s'arrête ici que sous les derniers Ptolémées, aux confins de l'ère chrétienne.

Tout porte à croire que la destruction du Sérapéum remonte à l'édit de l'empereur Théodose, qui au IVe siècle de notre ère abolit la religion égyptienne ; nous aurions ainsi sous les yeux un exemple de la malheureuse dévastation que les chrétiens firent subir aux monuments de l'Egypte, dont la plupart portent encore les traces d'incendie et de martelage.

Au milieu de cette dévastation qui ne fit que s'accroître jusqu'au moment où la partie souterraine du Sérapéum se perdit sous les sables, quatre tombes d'Apis furent seules trouvées intactes parmi les soixante-quatre que Mariette a pu y reconnaître (1) ; presque toutes les cloisons qui formaient les caveaux funèbres ayant été renversées, les stèles qui les couvraient et donnaient un enchaînement continu de dates, sont tombées en même temps sur le sol ; elles ont été dispersées.

On comprendra quel travail ce fut que de se diriger au milieu d'un désordre, tel, dit Mariette, qu'à première vue il lui parut impossible de s'y reconnaître jamais. « Il a fallu, ajoutait-il, recueillir avec un soin minutieux les indices que le temps avait respectés, s'inspirer de la vue des lieux, reconnaître les modes divers de constructions, interroger les inscriptions qui étaient encore en place, rapprocher de celles-ci les monuments de même style trouvés sur le sol, compter les chambres et les sarcophages, et de tout ceci reconstituer la tombe comme elle avait existé au temps de sa splendeur. » C'est grâce à ce travail persistant qu'il a été possible de recueillir plus de sept mille monuments divers dont trois mille relatifs à Apis, consistant pour la plupart en stèles et en inscriptions, plus précieuses encore que les objets de prix jadis pillés par les dévastateurs : ces inscriptions don-

(1) « Renseignements sur les soixante-quatre Apis trouvés dans les souterrains du Sérapéum », par Auguste Mariette, dans le *Bulletin de l'Athenæum français*. Paris, 1855, in-4°.

Grands souterrains de la tombe d'Apis

D'après le Choix de monuments du Sérapéum, publié par Gide et Baudry, 1856.

nant les dates de la naissance, de l'intronisation, de la mort et des funérailles des Apis par années, mois et jours, et cela relativement à l'ère du roi régnant, aident merveilleusement à souder les règnes les uns aux autres, à combler des lacunes, et partant à rétablir l'enchaînement de plusieurs points de la chronologie égyptienne.

Le triage des inscriptions permit de replacer les soixante-quatre Apis dans leur ordre chronologique, et il devint possible de reconnaître les différentes périodes de développement du Sérapéum et l'extension toujours progressive du culte d'Osiris-Apis.

La plus ancienne tombe découverte jusqu'à ce jour dans

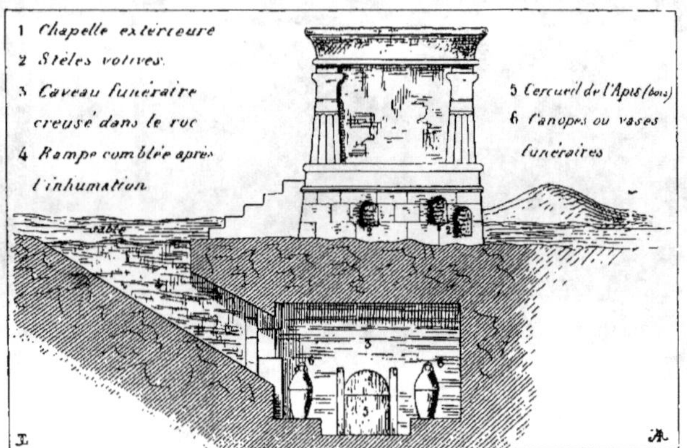

Profil et coupe d'une tombe isolée

l'enceinte du Sérapéum remonte au règne d'Aménophis III (Pl. II c[1]), le fondateur du temple de Louksor et des colosses dits de Memnon (xvie siècle av. J.-C., XVIIIe dynastie). A cette époque, les longs souterrains n'étaient pas encore commencés ; on ensevelissait les taureaux sacrés dans les Tombes isolées composées d'une chapelle extérieure où s'encastraient les stèles votives des adorateurs, puis d'un caveau souterrain dans lequel on introduisait le sarcophage par une rampe taillée dans le roc, dont on murait la porte et que l'on comblait ensuite. Deux de ces tombes furent seules trouvées intactes.

Au cours des fouilles on découvrit un assez beau caveau du règne d'Horus (xvie siècle av. J.-C.) (c[4]) ; le mobilier funéraire en était détruit, mais les parois, encore revêtues de stuc et de peintures bien conservées, présentaient un grand intérêt. Tout en les examinant, Mariette eut l'heureuse idée d'interroger les murs en les frappant, pour voir s'ils ne récèleraient pas quelque cachette murée, masquée par l'enduit de stuc. Effectivement, la partie nord rendit un bruit caverneux très différent du son mat produit par le roc plein ; il reconnut que c'était une cloison de maçonnerie et, ayant fait desceller quelques pierres, y rencontra un caveau plus petit que le premier (c[5]), où personne n'avait encore pénétré depuis l'époque de la consécration, près de trente-quatre siècles auparavant. Mais à cette époque le culte d'Apis devait être fort simple, car cette sépulture était aussi pauvre que possible : il n'y avait au centre du réduit qu'une construction en pierre blanche, renfermant un cercueil de bois dépourvu de peintures et orné seulement, sur chacune de ses faces, de panneaux rectangulaires et verticaux, au milieu desquels apparaissait plusieurs fois la légende consacrée : *Apis-Osiris, dieu grand qui réside dans l'Amenti vivant à toujours*. Cependant, à sa grande surprise, Mariette ne trouva point la momie de bœuf qu'il s'attendait à y voir et, au premier abord il crut même, que la tombe était vide. Mais en regardant de plus près, il aperçut au fond du sarcophage le crâne décharné du taureau, posé sur une masse noirâtre de forme ovale, mesurant 1 mètre de long sur 30 centimètres de hauteur et autant de largeur, qui lui servait comme de support : c'était un amas confus de bitume et de gros ossements de bœuf brisés, amoncelés sans ordre sous une enveloppe de toile fine ; du reste, pas une amulette ni une statuette. Ce mode d'inhumation, si différent de ce que l'on avait toujours vu en Egypte, était-il un cas exceptionnel ou constituait-il une règle au Sérapéum ?

Transportons-nous maintenant par anticipation dans une région moins ancienne du cimetière, c'est-à-dire les PETITS SOUTERRAINS, qui en forment comme la seconde partie. C'est en l'an XXX du règne de Ramsès II (environ 1380 avant J.-C.), qui fut, comme nous l'avons déjà dit, une ère de luxe et de puissance, que le culte du taureau Apis venant à prendre une nouvelle extension, on renonça aux tombes isolées pour creuser dans le roc ce premier corridor souterrain, bordé de chambres que l'on murait au fur et à mesure des inhumations.

Le 15 mars 1852, Mariette, ayant pénétré dans la chambre n° 2 des Petits souterrains (D'), reconnut qu'elle était dévastée ; mais ayant heurté ses murs avec une masse de fer, la paroi de l'est rendit un son caverneux, l'avertissant encore une fois qu'il y avait là quelque espace vide où vraisemblablement personne n'avait dû pénétrer depuis l'origine. En examinant ce point de l'extérieur, il y découvrit, le 19 mars, une rampe taillée dans le roc à ciel ouvert ; dans la paroi gauche s'ouvrait un caveau déjà dévasté, mais au bout de la tranchée, sous les sables, se dressait une autre porte encore murée, que n'avaient point aperçue les spoliateurs de l'antiquité. Comme on était encore surveillé de très près par les agents du gouvernement d'Abbas-Pacha, Mariette attendit avec une impatience facile à se représenter, que la nuit fût arrivée. Le parti était sage, car c'était la plus belle découverte du Sérapéum qui allait s'effectuer.

Le moment venu, Mariette fit ouvrir la porte, et la tombe d'Apis lui apparut telle qu'elle avait été laissée l'an XXVI du règne de Ramsès II (c[8]), plus de trois mille ans auparavant : « Les doigts de l'Egyptien, dit-il, qui avait fermé la dernière pierre du mur bâti en travers de la porte étaient encore marqués sur le ciment. » Le caveau, assez vaste, contenait deux sarcophages encore intacts, dont l'un était entouré par quatre de ces grandes urnes d'albâtre veiné à couvercles en forme de têtes humaines, et que l'on a nommées des *canopes*. La base des cercueils et le pied des murs revêtus de feuilles d'or pâle sur tout leur pourtour, scintillaient à la lueur des bougies ; le sol était jonché de parcelles d'or. Mais au milieu de ce luxe, une chose tout ordinaire et pourtant merveilleuse arracha des larmes à Mariette : « Quand j'y entrai pour la première fois, dit-il, je trouvai, marquée sur la couche mince de sable dont le sol était couvert, l'empreinte des pieds nus des ouvriers qui, trois mille deux cents ans auparavant, avaient couché le dieu dans sa tombe ! »

Le contenu de cette tombe, qui renfermait deux Apis morts à dix ans d'intervalle, l'an XVI et l'an XXVI de Ramsès, répondait d'ailleurs aux espérances qu'elle avait fait naître : sa richesse était bien en rapport avec l'époque de gloire et d'opulence de Ramsès II, celui même dont le colosse est gisant à Memphis, près des ruines du temple de Phtah et d'Apis vivant. Sur les murs du caveau se déployaient les peintures du roi Ramsès et du quatrième de ses 170 enfants, le prince Khamouas, gouverneur de Memphis. Dans des niches, dans des trous du sol, étaient entassées près de 250 statuettes funéraires de pierre dure, de calcaire et de terre cuite émaillée, portant les noms des principaux personnages de Memphis avec leurs titres officiels : c'était toute l'aristocratie de la métropole, parmi laquelle un assez

UNE CHAMBRE INTÉRIEURE DE LA TOMBE D'APIS
D'après le CHOIX DE MONUMENTS DU SÉRAPÉUM, publié par Gide et Baudry, 1856.

grand nombre de femmes, qui étaient venues là, escortant le prince royal, vice-roi de Memphis.

Le premier sarcophage, de bois peint en noir, portait des inscriptions de couleur blanche aux noms du prince Khamouas et d'Apis ; il renfermait deux autres coffres de bois uni et soigneusement ajusté, sans peintures ni légendes. Sous ces trois premières enveloppes, on vit apparaître une grande boîte de momie au visage doré, sans *uræus* ou insigne de royauté, mais pourvue de la légende sacramentelle d'Apis mort. Ce cercueil n'était pas complet : il n'y avait là qu'une sorte de couvercle posant directement sur le roc, et évidé par dessous en une cavité de quatre pieds de long sur deux de large. En levant ce couvercle, on ne rencontra point de momie mais il resta sur le sol du rocher un monceau tout noir ayant la forme de la cavité du bois dans laquelle il s'était moulé : c'était encore une matière bitumineuse très odorante, tombant en poussière au toucher et remplie de petits ossements déjà brisés avant la sépulture. Ce résidu contenait, avec beaucoup de paillettes d'or, une quinzaine de statues funéraires à têtes de taureau et légendes d'Apis ; d'autres du prince et de quelques-uns des membres de la famille royale ; enfin une dizaine de bijoux d'or aux noms de Khamouas et d'autres personnages d'un rang élevé dans Memphis. Parmi ces bijoux, tous d'une grande richesse et d'une ampleur remarquable de composition, nous mentionnerons une belle colonnette symbolique de feldspath vert, pourvue d'une base et d'un chapiteau d'or ciselé, selon le modèle des colonnes de temples qui figuraient la tige épanouie du lotus ; elle porte le nom d'un gouverneur de province ou de *nome*, appelé Psar. Le plus remarquable de ces bijoux est un épervier d'or à tête de bélier, aux ailes éployées. La tête de bélier symbolise le soleil nocturne, c'est-à-dire Osiris ou les régions d'outre-tombe ; l'épervier, c'est Horus, son fils ou le soleil levant, le soleil diurne, c'est-à-dire la résurrection, la *sortie au jour*. Les ailes sont couvertes de pierres dures cloisonnées formant une riche mosaïque de couleur. Quant à la petite tête de bélier, elle est ciselée avec une vérité et une finesse remarquables. Ce bijou, ainsi que tous ceux trouvés dans les premières fouilles du Sérapéum, alors que Mariette était au service de la France, ont été portés au Louvre, où l'on peut les voir dans la vitrine centrale de la *Salle historique* du musée égyptien.

Pas plus que le premier, le second sarcophage ne montra le crâne d'un taureau sacré ; il renfermait, posé sur l'amas de bitume, un grand et beau pectoral d'or massif, couronné d'une épaisse corniche évidée en gorge comme celle des temples ; le champ, découpé à jour d'après la figure des signes et des animaux qui symbolisent la royauté, la résurrection, l'éternité, est couvert d'une mosaïque de plaquettes de verre coloré, et porte le nom de Ramsès II. Ce magnifique bijou, dont le dessin est grandiose, on peut le dire, constituait donc l'offrande funéraire du souverain lui-même, et rien ne prouve qu'il n'ait pas brillé longtemps sur sa poitrine parmi les ornements de son costume pharaonique.

L'inspection de ces tombes inviolées fournit donc trois exemples qui permettent peut-être d'entrevoir un fait que l'on n'aurait jamais supposé : tandis que les corps humains étaient momifiés avec un soin et une habileté tels, que l'on parvenait à leur conserver presque indéfiniment leur couleur et leur élasticité, les membres des taureaux divins auraient été dispersés, et ce qu'il en pouvait rester, embaumé sommairement. Etaient-ils partagés en quatorze morceaux que l'on envoyait dans les provinces, ainsi qu'il en était arrivé, disait la légende, pour le corps d'Osiris après sa mort violente ? En ce cas, ces morceaux devenaient-ils des reliques, ou bien les mangeait-on pour s'incorporer les vertus du dieu selon une coutume conservée des temps préhistoriques où l'on mange les yeux et le cœur du chef vaincu afin de s'approprier ses vertus de courage et de sagacité. On ne peut rien affirmer mais ce qui paraît probable, c'est que tous ces grands sarcophages du Sérapéum ne devaient contenir que quelques débris du squelette et des chairs : c'étaient donc plutôt des monuments commémoratifs que des tombeaux véritables ; des cénotaphes élevés surtout pour éterniser le passage du dieu sur la terre (1).

Cependant toutes ces belles découvertes d'objets précieux

---

(1) Dans ses fouilles de 1881 auxquelles nous avons eu le bonheur d'assister, M. Maspero, successeur de Mariette, a trouvé dans la Pyramide du roi Ounas un texte magique des plus curieux ; le défunt ou plutôt son Double est représenté traitant les dieux comme autant de victimes qu'il prend au lasso, tue, fait cuire et mange pour s'assimiler leurs vertus magiques, souvenir évident d'une époque déjà très lointaine où l'anthropophagie avait été pratiquée comme chez tous les peuples primitifs du monde par besoin, par goût, enfin par superstition. « Assimilation de la victime au dieu, puis absorption du dieu lui-même, voilà les procédés auxquels l'Egyptien devait recourir pour prolonger sa vie au delà de la tombe et pour échapper à l'anéantissement. » Voir G. Maspero : « La Pyramide du roi Ounas, » dans *Recueil de travaux relatifs à la philologie et à l'archéologie égyptiennes et assyriennes*, vol. IV, 1883, et pour plus amples éclaircissements. *Etudes de mythologie et d'archéologie égyptiennes*. T. I, p. 145.

avaient eu du retentissement au désert, et elles occasionnèrent à Mariette des désagréments qui eussent pu devenir sérieux, mais, grâce à son énergie et à sa belle humeur tout se termina en une sorte d'aventure de brigands fort pittoresque, dont il sortit sain et sauf. Les Bédouins des alentours, incapables de comprendre qu'il pût chercher autre chose que des trésors, se tenaient aux aguets, et dès qu'ils surent qu'on avait trouvé de l'or, la tentation devint trop forte : ils l'assiégèrent à main armée dans sa petite maison. C'était alors un simple cube de maçonnerie que l'on peut reconnaître encore au milieu des adjonctions successives, à gauche du corridor, en tournant le dos à la terrasse. Prévenu à temps, Mariette s'était armé jusqu'aux dents ; et comme les officiers d'état-major turcs, chargés de le surveiller, avaient fui, sans doute pour ne pas se mêler de ce qui ne les regardait pas, il soutint seul le siège avec son aide, Bonnefoi, et après un feu bien nourri, eut le plaisir de mettre en fuite toute la horde en burnous, qui ne reparut pas.

Le long règne de Ramsès II devait donner ici des surprises de plus en plus étranges ; en poussant ses investigations dans la partie nord-est des Petits souterrains, creusés dans une roche friable, Mariette reconnut les traces d'un grand éboulement (E), à la suite duquel quatre chambres avaient été en partie comblées : il était facile de reconnaître qu'on n'avait jamais tenté de remédier à cet accident, et dès lors il devenait probable que les restes du mobilier funéraire s'y retrouveraient, bien ou mal conservés. L'année suivante, en 1853, Mariette déblaya ces caveaux en faisant sauter à la mine les quartiers de roches éboulées qui les encombraient. Il y trouva un sarcophage dont une moitié avait été écrasée par la chute des voûtes, et dont l'autre moitié était, par un hasard heureux, restée intacte dans le vide d'un espace préservé ; mais, chose singulière, ce n'était pas un cercueil de taureau : « Qu'on se figure, dit Mariette, une momie de forme humaine, détruite dans toute sa partie inférieure à partir de la poitrine. Un épais masque d'or couvrait le visage. Au cou étaient passées deux chaînes également d'or, à l'une desquelles trois amulettes étaient suspendues. Quant à l'intérieur, il ne présentait plus qu'une masse de bitume odorant, mêlée d'ossements sans forme, au milieu desquels furent trouvés deux ou trois bijoux à cloisons d'or emplies de plaquettes de verre. Enfin auprès de ce singulier monument, je ramassai un gros scarabée en stéatite grisâtre, une colonnette de feldspath vert et une vingtaine de statuettes funéraires de forme humaine. Voilà notre Apis et l'on aura la mesure de l'embarras dans lequel cette découverte doit nous mettre quand on saura que

DERNIÈRE CHAMBRE DES PETITS SOUTERRAINS AVEC SA CLOISON ET SES STÈLES ANTIQUES
D'après un dessin de Mariette, au Louvre

tandis que tous les monuments trouvés sur la momie ne portent rien autre chose que le titre et le nom du prince Khamouas, tous ceux au contraire trouvés dans les environs mentionnent le nom et les qualifications habituelles d'Osor-Apis (ou Apis mort). Est-ce là un Apis ? Est-ce la momie de Khamouas, qui mort en l'an LV du règne de son père (comme le marque la date tracée sur le mur), aura tenu à être enterré dans la plus belle des tombes qui ornaient le cimetière de la ville dont il était le gouverneur, à l'exemple des autres grands de l'Egypte qui se faisaient ensevelir à Abydos, près de la tombe d'Osiris ? »

D'après l'inspection des autres caveaux de cette région, il semblerait que la ferveur ne se conserva pas au même degré sous toutes les dynasties suivantes, car la plupart des sépultures portent la marque d'assez grandes négligences : les taureaux n'y sont pas toujours inhumés dans des sarcophages, mais parfois seulement dans les cavités du rocher, que l'on recouvrait d'une dalle. Le grand intérêt de ces tombes, qui paraissent d'ailleurs avoir été bouleversées pendant les guerres civiles et religieuses de l'antiquité, réside dans les inscriptions des stèles qui ont révélé les noms de rois encore inconnus, et ont ainsi donné le moyen de combler les lacunes de la chronologie.

La dernière chambre des Petits souterrains (H) offre un grand intérêt, car le mur élevé selon l'usage en avant de la sépulture fut trouvé presque intact avec toutes les stèles qui le couvraient. Quelques pierres arrachées à cette cloison avaient suffi aux dévastateurs pour se glisser dans l'intérieur de la chambre sépulcrale et en retirer les restes du taureau. Puis, pour consommer leur outrage envers le dieu égyptien, ils avaient martelé sur toutes ces stèles le nom et jusqu'aux têtes de la figure d'Apis ; ce qu'ils n'ont pas fait là où la chute des cloisons devait entraîner leur dispersion.

Au milieu de la surface du mur on voyait encore, à sa place antique, la grande stèle aujourd'hui conservée au Louvre, qui porte l'épitaphe officielle de l'Apis né l'an XXVI du conquérant éthiopien Tahraka et inhumé l'an XXI de Psammitik Ier (vers 645 av. J.-C.). C'est le roi qui, nous le savons déjà, délivra l'Egypte des dominations étrangères, l'ouvrit pour la première fois aux peuples de la Grèce, et inaugura la dernière renaissance et la dernière époque florissante de l'indépendance nationale. La période de tranquillité qui succédait alors aux époques troublées des guerres éthiopiennes et assyriennes explique bien le luxe, le soin dont on eut le temps et la liberté d'entourer cette sépulture, puis la recrudescence de dévotion dont elle fut l'objet. Cent soixante-huit stèles aux noms des principaux habitants de Memphis, dont aucun n'est plus étranger, entouraient l'épitaphe officielle. Les dates de la mort et de l'inhumation que fournissaient plusieurs d'entre elles et qui, réduites en dates modernes, se traduisent par le 16 janvier et le 26 mars, nous montrent que la durée des funérailles était bien de soixante-dix jours ; aucun des proscynèmes, ou actes d'adoration, ne porte une date qui ne soit celle de l'un de ces soixante-dix jours : ce qui prouve, comme le dit Pausanias, que la tombe était fermée avant et après ce délai.

Une chose intéressante à noter, c'est que cette dernière chambre des *Petits souterrains* reproduit le fait que nous avons observé pour la dernière des *tombes isolées* (c[5]); par son faste, qui tranche avec l'état des précédentes, elle indique une époque de luxe et de paix intérieure dont la religion du Sérapéum bénéficie tout de suite et de plus en plus. A huit cents ans de distance, les règnes de Ramsès II et de Psammitik Ier sont deux époques également remarquables entre toutes ; et de même que la première chambre de Ramsès avait immédiatement précédé l'innovation des *Petits souterrains*, de même ceux-ci furent remplacés, après le premier Apis de Psammitik, par les *Grands souterrains*.

Effectivement, la plus ancienne chambre de ces Grands souterrains (I) date de l'an LII de ce même règne de Psammitik Ier : il faut dire que dans l'intervalle avait eu lieu très probablement le grand éboulement (E) qui préserva miraculeusement la momie du prince royal Khamouas. Mais on en profita pour abandonner les *Petits souterrains*, devenus trop étroits, et en creuser d'autres plus vastes, où le luxe monumental pût se développer à l'aise : une grande stèle admirablement gravée et conservée au Louvre, mentionne le rapport qui fut fait au Pharaon sur le mauvais état de la tombe d'Apis, l'ordre qu'il donna de lui rendre sa splendeur, et enfin tout le détail de l'inhumation du dieu.

Quel que fût alors l'accroissement du luxe dans les funérailles d'Apis, les premiers rois de la dynastie Saïtique n'avaient encore rien changé au mode d'ensevelissement consacré. Les restes du dieu, renfermés dans plusieurs cercueils de bois précieux, étaient déposés au fond d'une cavité creusée au milieu de la chambre sépulcrale et recouverte d'un sarcophage de maçonnerie : telles sont les chambres de Psammitik Ier (I), de Néchao II (J) et d'Apriès (K).

Il appartenait à Amasis, roi dont le faste et la prodigalité en matière de construction sont restés célèbres, de doter pour la première fois Apis d'un gigantesque sarcophage de granit rose, le plus beau qui soit au Sérapéum (L.) ; et depuis lors tous les rois qui se succédèrent en Egypte, même les conquérants étrangers, se crurent obligés de ne pas faire moins que leurs prédécesseurs.

Le sarcophage suivant (M.) vient justement appuyer cette hypothèse en confirmant un fait historique depuis quelque temps reconnu : c'est que Cambyse, fils de Cyrus, ne fut pas toujours pour l'Egypte ce tyran farouche qui, au dire d'Hérodote, profanait à plaisir les temples et les tombeaux. Il commença au contraire par restaurer la religion égyptienne, par se faire initier à ses mystères et à observer tous les rites religieux de la consécration des anciens Pharaons, auxquels il se substitua très habilement. Tout ceci est raconté avec détail dans les inscriptions qui couvrent une statuette funéraire égyptienne du temps de Cambyse. conservée au Vatican (1). Le nom du conquérant perse y est mentionné sous sa forme égyptienne de Kambatt ou Kambousa. « On lui donna, dit l'inscription, un titre égyptien en le nommant roi de la Haute et de la Basse Egypte, *Ramesout* (fils du Soleil). » Or ce sont justement ces deux noms de Cambyse et de Ramesout que l'on trouve juxtaposés sur la stèle votive qui accompagnait le sarcophage en question (M.) placé dans le vestibule de celui de Psammitik Ier ; on y voyait même le vainqueur agenouillé devant le dieu égyptien. Nous avons donc par là une preuve nouvelle que Cambyse suivit d'abord la politique humaine des derniers conquérants de l'Egypte ; mais après l'issue malheureuse de trois expéditions mal conduites, furieux contre les dieux qui avaient si mal récompensé son zèle royal, mécontent des autres et de lui-même, il se livra à tous les excès dont parle Hérodote. Et si, dans un moment de fureur, il blessa de sa main le successeur de l'Apis qu'il avait fait inhumer avec tant de respect, la victime n'en mourut pas, quoi qu'en dise l'historien grec : elle vécut encore huit ans, jusqu'à l'an IV du règne de Darius, successeur de Cambyse, qui la fit ensevelir avec honneur, comme l'a montré l'épitaphe, aujourd'hui au Louvre, du sarcophage suivant (N.), où quelques ossements ont été retrouvés. Un troisième sarcophage du temps de la domination des Perses est placé à côté du précédent (O.) : il porte le nom inconnu jusqu'alors de *Khibasch*, qui devait être celui de quelque satrape, gouvernant l'Egypte au nom du roi Xerxès, ou peut-être révolté contre lui.

La partie ouest des Grands souterrains contient une suite non interrompue de sarcophages colossaux dont le plus grand nombre, malheureusement dépourvus d'inscriptions, se succèdent de règne en règne, de conquérant en conquérant, jusqu'au temps de Cléopâtre.

(1) E. de Rougé. « Mémoire sur la statue naophore du musée Grégorien au Vatican. » (*Rev. arch.*, 1851.)

Une stèle trouvée dans le sable près de la porte B[d], a fourni une belle inscription datant de ce règne, et offrant cette particularité intéressante de mentionner la naissance de Césarion, fils de Jules César et de la dernière reine d'Egypte (1).

Les Ptolémées avaient donc soutenu magnifiquement ce culte national de Memphis, et embelli les abords du Sérapéum ; mais après eux les Romains, dominateurs puissants par la force, et indifférents en matière de religion, ne jugèrent sans doute pas utile de continuer l'œuvre mi-politique, mi-superstitieuse des successeurs d'Alexandre, autour de laquelle, se rassemblaient peut-être les derniers ferments d'un vieux fanatisme encore prompt à la révolte. La tiédeur croissante de la masse du peuple égyptien et la prépondérance rapide d'Alexandrie sur Memphis aidant, Apis cessa d'obtenir une aussi royale sépulture, mais il continua sans doute de se renouveler. Ammien-Marcellin (liv. XXII, 6) parle d'un Apis qui se manifesta encore sous le règne de l'empereur Julien, moins de trente ans avant l'édit de Théodose ; mais ce fut peut-être le dernier, car bientôt l'action du christianisme vint balayer cet antique centre d'une foi surannée.

Pourquoi faut-il malheureusement que toujours les idées nouvelles et généreuses prennent une forme radicale, et s'abaissent à provoquer la destruction d'objets matériels dont la conservation n'entraverait pas leur marche irrésistible, mais constituerait un véritable trésor devant l'impartialité intelligente des générations futures ? Ce sont les mêmes hommes, on pourrait le croire, qui dans l'antiquité ont dévasté les souterrains du Sérapéum, ont au moyen âge incendié les bibliothèques d'Alexandrie et de Palestine, et de nos jours violé les tombes royales de Saint-Denis !

Le luxe des derniers temps avait accompli pour l'embellissement de la tombe d'Apis des prodiges d'habileté mécanique et de savoir faire qu'avec nos engins perfectionnés nous ne saurions dépasser aujourd'hui : au centre de toutes ces chambres dont le sol est plus bas de deux à trois mètres que celui du corridor central, et au fond d'un encastrement profond d'un mètre, taillé dans le roc à leur mesure, les énormes sarcophages monolithes sont enchâssés avec la précision d'une pierre précieuse dans son chaton. La plus grande difficulté

(1) Musée du Louvre. Salle du Sérapéum, n° 335.

n'était pas d'amener les monolithes dans la galerie centrale. On a trouvé ici les rouleaux et les treuils en bois de sycomore qui avaient servi à l'opération. Mais du corridor, comment les faire descendre dans ces chambres qui bien juste sont taillées pour leurs dimensions ? Ceci se faisait par le moyen le plus simple : on remplissait de sable le fond de cuve de la chambre jusqu'au niveau du corridor, et le sarcophage était roulé sur le sable jusqu'à l'emplacement désigné. Armés de couffes de palmiers comme les fellahs d'aujourd'hui, les fellahs antiques enlevaient le sable avec beaucoup de régularité et la masse descendait très doucement. Mariette nous raconte qu'un de ces sarcophages n'avait pas été descendu jusqu'au fond de la cavité taillée à sa mesure dans le roc ; il put se donner le plaisir facile de terminer l'opération interrompue depuis deux mille ans. Il fit placer quatre hommes dans les niches taillées sur les quatre côtés de l'encastrement et, leur ayant fait retirer avec beaucoup d'ensemble le sable qui restait sous le tombeau, on vit ce dernier descendre doucement dans son alvéole.

Pourquoi, dira-t-on, ces bas-fonds, ces alvéoles qui semblent rendre le travail plus compliqué ? Pensons aux énormes couvercles monolithes dont il fallait coiffer les cuves. Si le sol des chambres avait été au niveau de la galerie, le sarcophage l'eût dominé de toute sa hauteur et pour y jucher son couvercle, il eût fallu des plans inclinés ou du sable, à tout combler, à ne plus savoir comment se mouvoir ni respirer. N'était-il pas plus simple de rouler le couvercle jusqu'au bord de la tranchée qu'il franchissait sur un peu de sable pour venir, sur plan horizontal, s'ajuster sur son lit de pose ?

Si le vieux sanctuaire funèbre de Memphis est redevable à Mariette d'être à jamais sauvé de l'oubli, il lui doit encore d'avoir revu quelques-unes de ses splendeurs passées : de nos jours le Sérapéum a ses fêtes et retrouve, de temps à autre, un peu de ses pompes éclatantes d'autrefois. Nous n'avons pas été assez heureux pour jouir de ces surprises que Mariette a l'art de préparer et de ménager ; mais, selon notre coutume, nous ne résisterons pas au plaisir de citer une page de la correspondance de notre ami Devéria qui, en 1859, assista à l'une des grandes illuminations des souterrains.

« Mariette, dit-il, nous conduisit au Sérapéum qu'il avait fait préparer pour notre visite. En entrant, il nous retint quelques instants dans un endroit obscur, puis il nous introduisit tout à coup dans la galerie principale qui était éclairée par des centaines d'enfants assis à l'égyptienne, immobiles comme des statues et tenant chacun une bougie allumée. On ne peut se figurer l'impression produite par l'aspect de cet immense souterrain dont l'éclairage ainsi disposé semble avoir quelque chose de fantastique. Ce qui ajoute encore à l'effet général, c'est que dans toute la largeur de cette galerie, qui paraît avoir au moins un demi-quart de lieue, s'ouvrent des chambres latérales dans lesquelles sont, parfois à demi brisés, parfois tout entiers, les immenses sarcophages des Apis. Chacune de ces salles était éclairée comme le reste, et des enfants avec leurs bougies avaient été postés jusqu'au sommet de ces tombes gigantesques.

« Après avoir parcouru une partie de la galerie principale, on en rencontre une autre qui la croise à angle droit. Là, de quelque côté que l'on se tourne, l'effet est véritablement magique, car l'œil se perd dans la profondeur des voûtes illuminées, sans pouvoir en trouver l'extrémité.

« Nous avons ensuite visité en détail un des tombeaux des taureaux sacrés : c'est un sarcophage d'environ 3 mètres de haut, sur 2 mètres de large et 4 de long, admirablement taillé dans un seul bloc de granit orné d'hiéroglyphes à l'extérieur et poli partout comme une glace. Nous y sommes entrés huit, et nous aurions pu facilement nous y asseoir autour d'une table. »

Le dernier mot de ce récit trouvera son développement dans la relation de M. de Saulcy qui vit aussi les surprises du Sérapéum :

« Arrivés devant celui de ces sarcophages monstres qui a servi à l'Apis mort sous Cléopâtre (II ?), nous trouvons une échelle appliquée contre sa partie antérieure, et Mariette m'invite à y monter. Je ne me le fais pas dire deux fois, et quand je suis au sommet, je vois dans l'intérieur une table recouverte d'un riche plateau d'argent, supportant des verres d'argent ciselé, appartenant au service du vice-roi, et quelques bouteilles de champagne. Des candélabres sont établis aux coins postérieurs du sarcophage qu'ils éclairent parfaitement, et dix pliants ouverts autour de la table n'attendent plus que les convives de cet étrange banquet funèbre (1)... »

(1) *Voyage en Terre Sainte*, t. I.

On assure même qu'au fond de ces sarcophages de sérieux égyptologues ont valsé !

VESTIGES DU SÉRAPÉUM GREC

Si les sables envahisseurs, voués à Typhon, l'ennemi d'Osiris, n'avaient pas achevé l'œuvre du temps et des hommes, nous sortirions à peine des souterrains où le vieil esprit égyptien s'était concentré pur de tout mélange, que nous verrions apparaître les vestiges du monde grec mêlés à ceux de l'Egypte.

Mais que sont devenus le parvis dallé avec ses animaux fantastiques, les deux chapelles d'Apis, l'hémicycle des philosophes grecs et l'allée des sphinx de Strabon ? Le désert, jadis contenu ou refoulé par les soins incessants de la population sacerdotale et un instant écarté par Mariette, s'est rué de nouveau sur ces restes déjà très mutilés, et les a engloutis sous des masses colossales que l'on ne remuera plus.

Quant aux édifices qui terminaient, à l'Est, l'autre extrémité de l'allée des sphinx et où ce monde grec des Ptolémées avait encore juxtaposé ses sanctuaires à ceux de l'Egypte pour y adorer Sérapis à sa manière, ils n'ont laissé que des vestiges très effacés et très confus. Fort heureusement, le sable nous a conservé une foule de documents, inscriptions et manuscrits, qui viennent jeter quelque lumière sur l'organisation intérieure du Sérapéum à l'époque ptolémaïque et sur la nature du Sérapis grec, si différent de celui des Egyptiens.

Ce qui paraît probable quant aux origines de ce culte mixte, c'est que les prêtres égyptiens, thaumaturges, prophètes et devins par nature, exercèrent de tout temps avec avantage une sorte de médecine empirique, accompagnée de magie et d'actes superstitieux qui leur donnaient une importance redoutable. On les appelait même de fort loin pour rendre la santé aux rois étrangers, qui s'inclinaient alors devant les dieux de l'Egypte et ne leur ménageaient point les libéralités (1). On conçoit que de la sorte certains cultes, tels

(1) Voyez à ce sujet : *Etude sur une stèle égyptienne appartenant à la Bibliothèque impériale*, par E. de Rougé (*Journal asiatique*, 1856-1858.) Le roi Ramsès XII (celui de la chambre F. des Petits souterrains) a adressé à un roi de la Mésopotamie, son allié, un médecin égyptien pour guérir une

que celui d'Isis, divinité médicale par excellence, que l'on ne séparait pas d'Osiris-Apis ou Sérapis, aient pu se répandre au loin et se populariser en Grèce et dans l'Asie occidentale.

Selon l'opinion de Brunet de Presle, le culte du Sérapis médical des Egyptiens aurait été ainsi porté jusqu'en Babylonie, d'où les Ptolémées, successeurs d'Alexandre le Grand, ont pu le ramener en Egypte, mais dépouillé désormais de son caractère primitif d'incarnation renouvelable d'Osiris. Que cette divinité soit revenue de Babylone, où selon Arrien elle avait un temple médical du vivant même d'Alexandre, ou bien qu'on l'ait prise à la ville de Sinope, d'après le récit un peu fabuleux de Tacite, toujours est-il que dès le règne des premiers Ptolémées, Alexandrie, leur capitale, voyait s'élever le plus beau des Sérapéum grecs, et que le nouveau Sérapis revenait de là vers Memphis, son point de départ, pour se juxtaposer au plus ancien, avec lequel il n'avait plus qu'une ressemblance douteuse et ne pouvait se confondre. Il en avait bien plus avec le dieu grec Esculape auquel on l'assimilait, et même avec Bacchus ou Dionysos, qui, comme lui, était un dieu taurocéphale et avait le taureau pour symbole.

Les restes du Sérapéum font voir clairement cette ligne de démarcation tranchée qui, dans le fond, subsista toujours entre les deux cultes mixtes, malgré leur voisinage immédiat. Au dehors de l'enceinte sacrée, la statuaire, l'architecture et l'écriture des Grecs se mêlent à chaque pas aux créations antérieures de l'Egypte, et souvent, comme si elles avaient pour mission de les compléter et d'embellir leur ensemble.

A l'intérieur, au contraire, dans les souterrains, qui sont le lieu primitif et saint par excellence, rien de grec n'a pénétré ; tout reste purement égyptien, et les conquérants étrangers eux-mêmes n'inscrivent officiellement leurs noms sur les stèles des sarcophages que sous la forme et selon les rites prescrits par la tradition indigène.

Ce voisinage, sans doute antipathique au fanatisme du vieux

---

personne de sa famille, atteinte d'un mal nerveux ou, selon la croyance du temps, possédée d'un démon. Le médecin ne réussissant pas, on fait demander au Pharaon d'envoyer la statue du dieu *Chons*, la divinité alors la plus révérée à Thèbes. Le dieu Chons part avec ses prêtres, et guérit si bien le malade que le roi de Mésopotamie ne veut plus le laisser retourner en Egypte. Il le garde trois ans dans son palais, mais à la fin, un songe, puis un mal subit lui font craindre la colère du dieu qu'il s'empresse de faire reconduire à Thèbes avec grand honneur.

parti égyptien, était cependant très profitable aux intérêts de leur religion, à laquelle la politique conservatrice des Ptolémées servait de sauvegarde et d'encouragement : « Loin d'imposer aux vaincus, dit Mariette, des usages étrangers qui n'auraient fait qu'entretenir chez eux des germes de rébellion, les Ptolémées, au contraire, maintinrent les antiques coutumes et, sans cesser d'être Grecs, se firent Egyptiens en s'honorant de l'être (1). » La considération officielle qu'ils donnèrent au culte d'Apis et de Sérapis fut-elle, comme on l'a dit ailleurs, un véritable coup d'Etat religieux, exécuté rapidement dans le but d'accomplir une fusion, de maintenir la paix intérieure et d'asseoir leur puissance en Egypte ? Ce que l'on peut du moins affirmer, c'est que le vaste système d'embellissements, d'adjonctions, d'agrandissements dont la tombe d'Apis devint l'objet dès le commencement de la domination grecque, demeure comme un témoignage évident de cette politique pleine de tact et de sagesse, si digne encore de servir d'exemple.

Toutefois, si impartiale et si efficace que pût être la justice des rois grecs d'Alexandrie à l'égard des vainqueurs et des vaincus, il ressort des documents authentiques recueillis au Sérapéum que ce lieu n'était point un séjour de paix : on y voyait des rixes fréquentes, et souvent les fonctionnaires grecs du temple avaient à souffrir des vexations, des violences et des détournements commis à leur préjudice par les agents subalternes ou supérieurs des Egyptiens, contre lesquels ils demandaient justice, parfois au roi lui-même, toujours fort dévot à Sérapis ; on s'aperçoit enfin que malgré les efforts du gouvernement et d'assez fréquentes alliances entre les individus des deux races, celles-ci ne peuvent arriver à se fondre.

Les manuscrits du Sérapéum ont fait connaître encore quelques points curieux de l'organisation intérieure du temple et de la dévotion superstitieuse des pèlerins grecs pour leur Sérapis. La vaste enceinte de l'est (Pl. I, *q*) contenait divers sanctuaires très voisins (*r*). C'étaient entre autres l'*Anubidium,* ou temple d'Anubis, « divinité, dit Alfred Maury, qui ne fut jamais séparée à Rome et dans les contrées helléniques de l'adoration des trois divinités, Osiris, Sérapis et Isis, qui finirent par personnifier pour les Occidentaux la théogonie égyptienne ». Il s'y trouvait encore un

(1) *Aperçu de l'Histoire d'Egypte.*

temple d'Astarté ou *Astarteum;* puis un temple d'Esculape, où les malades, selon l'usage répandu en Grèce, venaient dormir et chercher leur guérison dans des songes qui devaient leur transmettre les oracles ou les conseils de la divinité sur le traitement à suivre. On sait que dans l'antiquité la croyance en la valeur surnaturelle des songes était générale : la plupart des philosophes, et même les plus illustres, partageaient avec le vulgaire cette idée fausse que durant le sommeil l'âme est plus dégagée des liens du corps et qu'elle peut se trouver alors dans une relation immédiate avec la divinité. Comme, malgré tout, les songes restaient souvent d'une obscurité désespérante, on se les faisait expliquer moyennant redevance par de certains fonctionnaires qui avaient fait vœu de réclusion et ne communiquaient avec le public que par le soupirail des cellules dont ils ne pouvaient jamais sortir. Tous ces édifices étaient compris dans le *Pastophorium* (*r*), c'est-à-dire le quartier des *pastophores* ou desservants dont une des fonctions paraît avoir été d'accomplir chaque jour un grand nombre de libations d'eau du Nil.

Ceux qui se trouvaient soulagés ou distraits de leurs maux par une hygiène et des remèdes faciles à adapter aux prétendus oracles le célébraient ordinairement dans une inscription. Lorsque la guérison ne suivait pas l'oracle rendu, le malade supposait naturellement que les immortels étaient irrités contre lui : alors une offrande expiatoire, souvent accompagnée d'une inscription votive, venait au moins soulager sa conscience et le prestige du dieu n'en souffrait point.

Au printemps de 1853 la tombe d'Apis était complètement déblayée. « Lorsque les fouilles intérieures furent terminées, raconte M. de Saulcy, Mariette transporta ses ouvriers au commencement de l'allée des sphinx, et là il reconnut que l'endroit marqué par le docteur Lepsius comme présentant une pyramide ensablée contenait en réalité un temple grec que certains papyrus grecs de l'époque de Ptolémée désignent sous le nom de temple d'Esculape (*r*). Coïncidence curieuse, les mêmes papyrus désignent en avant de ce temple un bois d'acacias épineux, et ce bois y existe toujours.

« Lorsqu'il fallut mettre la main à l'œuvre, Mariette eut à combattre la répugnance la plus marquée de la part de ses ouvriers arabes. Ce lieu (*s*.) était connu d'eux sous le nom de Essign-Youcef (la prison de Joseph) et ils lui expliquèrent qu'il ne leur était pas permis d'y fouiller pour la raison suivante : « Dans le temps passé, lui dirent-ils, un certain « cheikh, *Youcef ibn Yakoub* a été mis en prison à cet « endroit pour certaines affaires qu'il avait eues à Memphis. « Comme c'était un juste, sa prison a toujours été respectée « depuis, et les chrétiens surtout l'avaient en grande vénération. « Ils ont tracé des croix sur ses murs, croix que nos pères « y ont vues souvent. Sous terre, tu trouveras le tombeau du « cheikh Youcef au point où tu vois cet oualy que nous avons « construit en son honneur : il n'est pas permis de troubler « le repos d'un homme de Dieu. »

« Cette histoire était bien faite encore pour piquer la curiosité de Mariette. Il assembla donc les cheikhs de Sakkarah et s'engagea devant eux à faire construire à ses frais un cénotaphe bien plus beau que celui qui y était enterré, s'ils parvenaient à le découvrir. Malheureusement, il y avait en ce point de telles quantités de sables mouvants à écarter que la fouille dut être abandonnée.

« Mariette n'hésite pas à croire que la tradition qui lui fut transmise a quelque fondement, et à ce sujet il nous apprend que parmi les Arabes de Sakkarah la tradition des faits bibliques est pour ainsi dire vivante et aussi juste d'ordinaire que je l'ai trouvée moi-même parmi les Bédouins des déserts de la Judée et de l'Arabie Pétrée. Ainsi dans les villages voisins du Caire et placés sur les bords du fleuve, jeunes et vieux montrent le même point de la rive du Nil comme étant celui où Moïse enfant fut trouvé sur les eaux. Tous encore désignent unanimement le village moderne de Bessatîn comme étant le lieu de rendez-vous que choisirent les Juifs à leur sortie d'Egypte. Ce qui est certain, c'est qu'en ce point existe toujours un immense cimetière, lieu de rendez-vous des Juifs de nos temps. »

Voici maintenant l'opinion de Mariette sur l'*Essign-Youcef* : « Je crois, quant à moi, dit-il dans le mémoire inédit lu à l'Académie en 1854, je crois à l'existence d'un lieu de réclusion dans cette partie du Sérapéum, et des fouilles persévérantes le feraient sans doute retrouver. Mais si cette prison n'est pas précisément celle où le patriarche hébreu fut enfermé, il n'est pas impossible que les sables, dont je n'ai pu venir à bout, recouvrent soit les prisons elles-mêmes de Memphis, soit plutôt les κάτοχοι des papyrus, c'est-à-dire les cellules dans lesquelles les reclus et recluses du Sérapéum subissaient la claustration à laquelle ils s'étaient volontairement condamnés. En tout cas, ce qui est rendu certain par la découverte que j'ai faite en cet endroit même de nombreuses momies de chacals, c'est qu'il faut y reconnaître *l'Anubidium* compris, selon les papyrus, dans le temple de Sérapis, — et comme *l'Anubidium* à son tour était attenant aux cellules des κατοχοι et que celles-ci elles-mêmes étaient voisines du temple d'Astarté, il s'ensuit que le commencement de l'allée des sphinx nous met en présence de l'ensemble nommé dans les papyrus le παστοφόριον, ensemble tout entier grec du reste, et qui formait un temple situé en dehors de l'enceinte du Sérapéum proprement dit, puisqu'il en est distant de près de deux kilomètres. La tradition conservée par les Arabes peut donc ne s'être pas trompée en ce qui concerne l'existence d'un lieu de réclusion au milieu des ruines où j'ai retrouvé l'Anubidium ; mais je ferai remarquer que vraisemblablement elle n'a pas été aussi scrupuleuse sur le nom du personnage et que, cherchant à conserver le souvenir des songes qui, sous les Grecs, se produisaient et s'expliquaient dans cette partie du Sérapéum, elle s'est laissée dévier jusqu'à Joseph et aux songes dont l'interprétation a valu au patriarche une si rapide élévation. »

La plaine de Memphis était dans toute sa splendeur quand, vers la fin du jour, nous nous retrouvâmes au bord des escarpements rocheux qui dominent l'oasis. Derrière nous le soleil descendait sur la plaine funèbre, au milieu d'une arche de feu rouge dont l'auréole magnifique s'élevait jusqu'au zénith, et se fondait à l'azur du firmament par les nuances délicieuses de l'arc-en-ciel. A nos pieds, dans la plaine inondée, la grande forêt de palmiers resplendissait de reflets pourpres d'une teinte admirable, et les eaux qui la baignent, pareilles à un miroir d'or, semblaient rendre au ciel déjà voilé tous les feux qu'elles en avaient reçus pendant les ardeurs du jour. Plus loin, au delà de ces houles de panaches dorés où l'eau qui miroite dessine cent clairières, nos yeux pouvaient apercevoir quelques flots du Nil scintillant çà et là comme des serpents de flammes. A l'horizon, une nuit diaphane s'élevait lentement derrière les cimes encore vermeilles de la chaîne Arabique, et s'avançait sur tout le front de la voûte céleste avec ce calme religieux, cette grandeur sereine dont le génie primitif de l'Egypte a été le reflet.

Une légère brise s'était levée, les voix profondes de la forêt murmuraient sur les lagunes, et des vols d'oiseaux aquatiques y sillonnaient l'air assombri, en laissant après eux comme le bruit d'un long soupir.

Nous reprîmes ensuite notre route sur les digues : des groupes de fellahs à la physionomie riante s'y rendaient de toutes parts et s'acheminaient vers leurs villages dont les habitations, par leurs formes, rappellent de loin les monuments antiques. Parfois, sur le bord du chemin, se trouvait arrêté quelque vieillard des tribus bédouines, de figure hautaine et drapé dans ses longs vêtements noirs et blancs, comme les patriarches bibliques dont il semblait une vivante image.

La dentelure noire des pyramides échelonnées dans les sables éternels se dessinait sur les derniers feux du couchant, et des caravanes de chameaux y profilaient encore leurs silhouettes bizarres qui se meuvent d'un pas lent, monotone et cadencé comme les mélopées qui se chantent le soir en Orient.

Il faisait nuit quand nous atteignîmes la rive du Nil : mais c'était une nuit resplendissante où la brise douce et tiède apportait par instant ces aromes et ces harmonies vagues du désert où l'on croit saisir le murmure des millions d'âmes ou d'ombres errantes qui sortent des abîmes du temps et ne retrouvent plus d'apaisement sur le champ bouleversé de la nécropole.

Linteau de porte, au bazar des aiguilles (xve siècle)

PETITS COINS DU CAIRE

Tandis que M. de Lesseps entraîne les plus aventureux d'entre nous au bain arabe, les autres, peu soucieux d'affronter la malpropreté traditionnelle de ces lieux et les redoutables manipulations des masseurs, s'en retournent aux bazars et aux mosquées. Les petits bourriquiers ont beau nous poursuivre en criant : « Boum bòdé ! Bôdé Moussiou Lesseps ! Va comme lou Pélouzé (1) nous leur échappons pour conserver notre précieuse liberté ; car la vraie flânerie ne se fait bien qu'à pied, et il n'en n'est pas de plus agréable que celle des bazars du Caire, une première fois surtout.

On n'y trouve pas d'objets bien rares ni bien précieux, mais tous ont des formes, des couleurs, des usages nouveaux pour nous. Dans ces quartiers animés, si pleins de lumière, de coloris et de tourbillons, nous avions entrevu le premier jour de notre arrivée au Caire un bazar opulent qu'il nous fut impossible de retrouver. C'était une ruelle sinueuse, très étroite, frayée parmi de hautes et vieilles constructions à la base desquelles s'ouvraient, comme des terriers, de toutes petites boutiques encadrées d'arcatures de bois ajouré. Par devant, elles avaient des estrades couvertes de coussins et de tapis sur lesquels reposaient de vénérables orientaux en turban, fumant le chibouk sans parler ni remuer. Leurs étalages regorgeaient de tissus sagement pliés ou d'étoffes follement

(1) *Le Péluse*, le plus beau bateau des Messageries maritimes en 1865.

déployées qui, accrochées les unes au-dessus des autres, escaladaient les hauteurs des murs et flottaient à la brise : brocards d'or, écharpes soyeuses, burnous blancs rayés d'azur et d'argent, abayèhs noires ou blanches, brodées à la façon des cachemires ou étincelantes d'or comme des chasubles. A tout ce décor bruissant et chatoyant se mêlaient des armes anciennes, des bassins et des aiguières aux belles formes qu'une vive lumière frappait çà et là en tombant par les intervalles des bannes de toile tendues au-dessus de la ruelle.

Cette vision rapide nous imposait le désir impérieux de retrouver ce lieu enchanté. Ne pouvant y parvenir, le mieux était de se laisser emporter par le torrent humain qui roule dans le Mousky. Nous fûmes entraînés sur la droite dans une de ces ruelles en zig-zag qui descendent comme des ruisselets vers le grand bazar grec du Hamzawy. Mais là on ne rencontre guère que des galeries solidement couvertes, droites et régulières, avec des boutiques de drogues asphyxiantes, et de foulards aveuglants. En furetant de porte en porte, dans la dernière rue à droite, nous voilà dans un jardin carré au milieu duquel s'élève une église grecque, dorée, blanchie et orthodoxe... C'en est trop ! Prenons ce passage d'où reviennent tant de gens à la mine béate et rafraîchie. Suivons d'abord ce boyau obscur, long et tortueux ; tout à coup le jour reparaît et nous voici sur le seuil d'une porte béante qui, dans un élouissement de lumière, laisse voir l'intérieur d'une salle haute et grande, ayant pour plafond le ciel brillant, pour sol une riche mosaïque de marbre et pour décor mural de grands arcs en ogive sous lesquels s'abritent des divans découverts ou surmontés de baldaquins en boiserie, d'un dessin turc plutôt qu'arabe... Le murmure de l'eau qui s'épanche dans une vasque centrale se mêle à de furtifs grognements de béatitude. C'est la salle du *kief* où l'on se repose après le bain pris au hammâm appelé *esch-Choraïby ;* au pied de l'un des divans s'ouvre une petite porte en ogive faisant face à la porte d'entrée. A la colonne du dernier lit est accroché un miroir rond à long manche sculpté, marqueté. « On ne le vend pas, dit le serviteur, car il porte bonheur au hammâm ». Cette glace ternie est donc un vrai miroir magique.

Notre bruyante venue ne dérange personne, car en cet aimable pays de kief perpétuel, il est tout simple que le lieu du rêve éveillé serve de passage aux gens de la rue qui, avec ou sans baudets, traversent la salle afin de raccourcir leur chemin.

Au sortir du hammâm, près des bazars tumultueux, on est tout étonné de rencontrer un petit quartier clos, solitaire et charmant ; partout des okels, grandes cours entourées de galeries couvertes servant d'entrepôts pour les marchandises des bazars voisins : à droite, le grand porche sculpté de l'okel Choraïby, source des richesses du marchand qui jadis construisit le hammâm ; à gauche, l'okel Sabky el-Adym dont la cour intérieure est un modèle intéressant du genre avec ses auvents à plafonds de bois décorés d'entrelacs et de caissons en reliefs rouges sur fond vert, avec ses bancs à hauts dossiers en balustres, avec ses grilles de bois éclairant les salles basses des magasins, tandis que de grands moucharaby s'accrochent à toutes les hauteurs pour former un système de surveillance et satisfaire la curiosité. Au milieu de la cour s'élève un grand mastaba ou massif de maçonnerie qui porte un jardinet entouré d'une treille formant kiosque : c'est là que le riche marchand d'autrefois recevait ses visites d'affaires et accomplissait les prières prescrites, sans quitter de l'œil ses scribes et ses commis.

De détour en détour, on arrive à une petite place sur laquelle végète un grand arbre éploré ; elle est si tranquille, si enfermée qu'on ne saurait dire si c'est un carrefour, une place publique ou une impasse servant de cour commune à deux riches maisons anciennes et à la pauvre mosquée El-Araby. L'oratoire de Sidi Mohammed el-Araby a beau être délabré, son porche trilobé, percé d'une baie obscure, n'en forme pas moins un fort joli tableau, placé comme il l'est entre l'arbre imprévu, venu là par hasard, et le portail en retour d'équerre de la somptueuse demeure de défunt mamlouk Aly-Kikhyeh el-Khourbatly. Tout était grand et princier chez le bey. Volney et Savary, qui virent l'Egypte avant l'expédition française, ont pu connaître la somptuosité de ces princes. Pourquoi, au lieu de tant s'embarrasser du climat et des longitudes immuables, ne nous ont-ils pas parlé des mœurs de cette noblesse militaire, détruite par Bonaparte.

Une nuée de serviteurs armés gardaient sans doute ce porche dont le plan tracé en bayonnette offre des saillants et des rentrants favorables à la défense et bien faits pour

Ancienne maison d'Aly-Kikhyeh et oratoire El-Araby

Dessin de P. Chardin

empêcher les regards curieux. La foule sollicitait l'entrée du palais : mamlouks, messagers, marchands, tenanciers, tous selon leur rang s'échelonnaient sur la longueur de la cour intérieure jusqu'au pied de cette loggia couronnée d'une triple arcade, svelte et légère comme un ouvrage de fée. Tandis que les pauvres diables accroupis le long des murs atten-

BOISERIE FORMANT CORRIDOR AU FOND DE LA LOGGIA

daient leur tour d'audience pendant des journées entières, un bey, ami ou rival du maître, faisait son entrée en écartant la foule avec éclat ; tous les officieux de la maison s'empressaient autour de lui ; couvert de son costume de bataille épais et lourd comme une armure, il descendait péniblement de cheval et soutenu sous les aisselles, il franchissait le perron demi circulaire pour gravir le raide escalier de la loggia. Le manieur d'argent juif ou copte, que rien n'intimide, se faufilait derrière le guerrier, presque certain du reste d'être hué et contraint de battre en retraite.

Nous aimons à évoquer, près du balcon de la terrasse, la

figure du bey mamlouk assis sur son divan et entouré de mamlouks inféodés à sa maison, de scribes assis par terre, chiffrant sur leur main, de kahvédjis et de tchiboukdjis, toujours prêts à servir le café et à présenter le chibouk. Le bey se lève gravement à l'arrivée du noble visiteur qui peut à peine incliner la tête, tant lui pèse l'énorme turban officiel. Il l'invite à s'asseoir à l'autre bout du divan avec cette dignité plus ou moins défiante qui se remarque encore chez quelques survivants circassiens de la garde de Méhémet-Ali. Les deux personnages s'observent dans un duel de paroles courtoises, comme gens qui, sous le couvert de propos banals, se tâtent par monosyllabes et glissent des sous-entendus.

Au fond de la loggia, il existe encore une arcature supportée par de fines colonnettes de bois qui étaient jadis tendues de ces épaisses étoffes de Karamanie, au travers desquelles les femmes du harem pouvaient voir sans être vues au moyen de petites fentes ménagées dans la trame ; entendre surtout, car les femmes, contre la croyance générale avaient une influence sur le train des affaires. Derrière ce paravent naturel se trouvait l'entrée secrète du haremlik réservée au maître ; l'audience terminée, il pouvait passer derrière le paravent, entrer dans son harem, et tout ce qui avait été réponses évasives prenait à l'aide du conseil des femmes, une forme définitive. Selon l'intérêt ou le caprice des favorites, l'intrigue nouée pouvait se terminer dans le sang ou dans la bouffonnerie. Le grand salon de famille et de réception des femmes paraît étroit à cause de la hauteur extrême des plafonds ; une de ses extrémités enjambe la rue voisine à l'aide d'un plancher soutenu par des charpentes. Les femmes, invisibles derrière leurs moucharaby, pouvaient suivre du regard les passants et leur envoyer ces sons de guitare, ces battements de tarabouk et de crotales de cuivre qui donnent même aujourd'hui tant d'attrait aux ruelles mystérieuses du Caire. La ville est encore pleine de ces passages aériens qui procurent de l'ombre fraîche aux promeneurs et des distractions aux recluses.

Comme tous les salamliks, celui d'Aly-Kikhyeh se termine par une estrade entourée de divans à la façon d'un triclinium antique. Une fontaine jaillissante réjouit les yeux et des alcarazas sont posés sur une délicate crédence de marbre. Tout autour de la pièce sont des moucharaby, des armoires d'at-

Chambre haute d'un ancien palais abandonné, aux murs revêtus de carreaux de faïence

D'après une aquarelle inédite de P. Chardin, 1879

tache panneautées de boiseries comparties, et des piles de coussins. Près de l'entrée du salamlik, on remarque une grande alcôve à devanture de boiserie sur laquelle s'ouvre une porte secrète qui communique par un couloir avec un cabinet isolé. Ce délicieux réduit que baigne un jour tamisé par une dentelle de bois tendue devant un lit de pierre, était la chambre à coucher et le retrait favori du maître. L'escalier compliqué du haremlik sur lequel s'ouvrent de distance en distance des petites chambres, dessert le bain et conduit à un belvédère d'où l'on aperçoit d'un côté le beau minaret d'une mosquée du sultan Baïbars, et de l'autre, toute la secrète et curieuse région des terrasses où les femmes pour assouplir leur peau, raconte un indiscret, s'exposaient à un soleil ardent après s'être enduites de graisse.

Là, sous un auvent destiné à celles qui aimaient à passer les nuits d'été en plein air, il y a une porte à serrure de bois, encore très difficile à ouvrir et qui donne accès dans la partie la mieux conservée du palais : c'est une chambre haute, claire, absolument intacte en son décor de boiseries et de faïences émaillées. Tout le côté nord est occupé par des divans placés devant des fenêtres ; les trois autres parois sont revêtues de beaux carreaux de faïence à fond blanc et à dessins bleus dans le goût persan. La saleté des bourriquiers, devenus locataires de ce palais, a donné par place des tons roussâtres de vieux cuirs de Cordoue à ces beaux revêtements de faïences. Ce qui se remarque ici, montre qu'il en fut des palais du Caire comme des temples de l'antique Egypte. Après leur décadence, on habita longtemps les meilleures parties des bâtiments en laissant le reste tomber en ruines. Quand il n'y eut plus au Caire de ces princes militaires, dont les moindres entretenaient chez eux une cavalerie de deux cents mamlouks, leurs maisons échurent à des gens qui, ne pouvant les occuper en entier, y plaçaient des locataires peu exigeants, puis des individus de la dernière classe lorsque le quartier n'était plus en vogue.

Dans le palais du bey Aly-Kikhyeh, on voit que les appartements du harem ont été les derniers qui aient eu des hôtes, car dans le reste de l'habitation, la destruction s'est lourdement abattue sur tous les points. Le beau sélamlik placé dans la région du palais réservée aux hommes est complètement en ruines ; sur les dalles autrefois couvertes de tapis, et aujourd'hui souillées de poussière, infestées de scorpions, et auprès de la vasque tarie, de pauvres gens dorment avec béatitude sur leur natte nubienne, les yeux tournés vers les plafonds dorés, tout crevassés de lézardes béantes. On peut

RUELLE DU CAIRE
Dessin de P. Chardin

sans crainte enjamber les dormeurs pour aller admirer à l'autre extrémité de la salle un délicieux panneau de moucharaby et des vitraux dont les reflets, semblables aux lueurs de l'aurore, portent avec eux la joie et la sérénité. C'est de là, sans doute, que le brillant guerrier Aly-Kikhyeh sera parti pour aller dans la plaine des Pyramides châtier ces brigands si mal vêtus et ce petit chef qui avait nom Bonaparte.

Ce palais fait connaître la manière de vivre d'un riche et puissant chef militaire ; il est encore bâti selon les traditions anciennes, mais on y sent la redondance turque. Au siècle dernier, l'architecture et les arts décoratifs s'alourdissaient tous les jours ; l'introduction du goût européen sous le règne de Méhémet-Ali faisait disparaître les derniers vestiges de cet art local si bien approprié au climat brûlant de l'Egypte.

A côté de ce palais de grand seigneur, nous avons la maison du riche marchand, Ahmed el-Mahroûky, le premier des négociants du Caire, au temps de Bonaparte, pour les marchandises de l'Inde et de l'Arabie. Ici, plus de vastes dépendances ni de grands espaces pour recevoir les solliciteurs et les cavaliers, mais un joli petit jardin, au fond duquel un retrait à colonnettes de marbre, ménagé sous le plancher du premier étage, abrite les divans hospitaliers, propres à nouer les bonnes affaires. Un escalier, coupé de paliers, au-dessous desquels se découpent des arceaux en bois ajouré, conduit à un salon à la dernière mode du Directoire ; le plafond est tendu d'une jolie soie claire, à plis rayonnants, dont la vue a dû rappeler à plus d'un de nos soldats les coquets boudoirs parisiens où s'exerçaient les grâces de Mme Tallien, de Mme Récamier, de Mme Bonaparte et de tant d'autres beautés vêtues à l'antique.

La flânerie nous conduit dans un endroit si joli, si engageant qu'on s'y arrête tout naturellement, et avant même que l'on ait eu la peine d'ouvrir la bouche pour crier : « Yâ Oualad » ou de lever les mains pour frapper l'appel, un serviteur vous apporte le *findjân* de métal qui soutient la tasse de café, le chibouk allumé, puis la koulla d'eau fraîche. Nous sommes dans un café populaire et la ruelle est devenue insensiblement une allée couverte, tournante, irrégulière, puis un carrefour abrité sous des auvents et des toiles tendues entre lesquelles passent des rayons de soleil qui éclairent un instant des formes humaines sortant de l'ombre et y rentrant avec un murmure doux et continu. Nous étions là bien tranquilles, quand l'un de nous poussa un cri d'horreur : il avait surpris le maître du café broyant avec ses dents, et sans cesser de parler à tue-tête, le sucre qu'il mettait dans les tasses...

Une troupe de moineaux ne se disperse pas plus vite que

Rue couverte devant la mosquée du sultan El-Ghoury
Dessin de P. Chardin

ne le fit la nôtre. Les murs d'une petite mosquée nous barraient le chemin; sur son flanc se dessinaient des couloirs clos de portes basses, si encombrées de gens accroupis et de choses en désordre que nous les prîmes pour des impasses ; mais une lueur de soleil, perdue au fond de l'un de ces pertuis, nous attira. Le dernier obstacle surmonté, nous nous retrouvons sans l'avoir prévu au plus bel endroit de la rue du sultan Kansoùh El-Ghoùry, entre sa mosquée et son tombeau. Ainsi la petite mosquée rose, aperçue du café populaire, n'était autre chose que le revers de la grande mosquée du sultan mamlouk El-Ghoùry ! Simple et modeste quand on l'aperçoit par son côté privé, elle devient altière et superbe sur la place publique. Tel fut son fondateur : familier et paternel dans le particulier, magnifique dans l'exercice de son pouvoir.

La chatière par laquelle nous avons débusqué au milieu de ces étonnants décors est percée sous le perron même de la mosquée, composé d'une douzaine de marches rampant le long de la façade.

Construite entre 1501 et 1503 selon le plan de la mosquée de Hassan, celle d'El-Ghoùry en diffère complètement par l'effet général : beaucoup plus petite, d'un style fleuri, elle correspond assez à notre style du temps de Louis XII. Elle se compose d'une salle centrale, flanquée de quatre enfoncements surmontés d'arcs en ogive outrepassée; elle reçoit le jour par un lanternon qui lui verse une lumière discrète. Les arcs ogives, fortement outrepassés, portent sur des piédroits très bas. Le tracé en fer à cheval a une séduction irrésistible pour l'Oriental. On dirait que les contours, en quelque sorte élastiques et ductiles, de l'arc outrepassé s'écartent à plaisir pour permettre au vide de s'élargir en un point où l'œil attiré cherche au delà quelque ligne d'horizon imaginaire, quelque lointain bleuâtre et doré comme l'infini du désert ou de l'extase en Allah. Les salles de prière ne sont pas voûtées, mais plafonnées à solives apparentes ornées de dorures et d'ornements peints. Les revêtements de marbre, les appliques en bronze ajouré des portes, les boiseries des meubles et des plafonds, ont pris ces belles teintes que les siècles seuls peuvent donner. Les nuances claires et mates des frises de marbre blanc incrusté de filets noirs, les teintes jaunies des arceaux de pierre au galbe si fin et si hardi, forment un heureux contraste avec l'obscurité de la maksoûra qui ne reçoit de lumière que par les reflets que lui envoient ses vitraux en ondées de saphirs, de topazes, d'opales et de rubis.

Quel était ce sultan Kansoûh El-Ghoûry dont le nom reste attaché à tant de beaux ouvrages et qui se fit construire trois tombeaux dont aucun ne renferme ses restes ?

Lors de son avènement c'était un vieux mamlouk de soixante ans, pauvre, énergique, resté étranger à toute intrigue malgré les hautes fonctions qu'il exerçait encore en 1501 après six années d'anarchie, pendant lesquelles ses collègues avaient assassiné ou déposé quatre ou cinq sultans; si bien que le peuple, dégoûté des incapables, des fous et des exploiteurs de désordre, osa enfin se montrer, et poussa ses cheikhs vers les émirs du gouvernement et tous ensemble allèrent trouver le vieux mamlouk pour le nommer sultan ; mais il refusa cet honneur, prétextant qu'ayant toujours obéi, il ne saurait commander. On eut mille peines à le faire monter sur le trône, mais quand il y fut, il sut s'y maintenir et, tout en réformant les abus, embellir le Caire et rétablir la paix intérieure. Les ennemis du dehors étaient les plus redoutables; il fallut combattre sans succès les forces navales des Portugais qui accaparaient le commerce de l'Inde et qui, sans la mort d'Albuquerque, allaient peut-être détourner le Nil dans la mer Rouge pour affamer l'Egypte. Au nord, en 1516, les Turcs envahissaient la Syrie et promettaient de descendre jusqu'au Caire. El-Ghoûry se porta au devant de Sélim Yâvoûz, le joignit près d'Alep, et au moment de mettre son armée en déroute, perdit l'avantage par la trahison d'un de ses émirs, ce Khaïr-Beg qui, pour sa récompense, devint ensuite le premier gouverneur turc et l'oppresseur du Caire. El-Ghoûry avait alors soixante-quinze ans : la fatigue et le désespoir le tuèrent; il fut frappé d'apoplexie et tomba de cheval en fuyant. Ses émirs lui coupèrent la tête pour qu'elle ne fût point portée ni exposée à Stamboul, et le corps resta abandonné. Voilà pourquoi le soldat à barbe blanche ne repose dans aucun de ses tombeaux superbes qui étaient un des luxes préférés de son temps. Les tourbeh qu'il fit élever resteront du moins comme les derniers monuments du plus bel art arabe de l'Egypte, car l'année suivante, en 1517, le pays devenait la proie des Turcs, ces frères des Huns et, comme ils le disaient eux-mêmes avec orgueil : là où le cheval d'un osmanli pose le pied, l'herbe ne pousse plus.

On ne peut corriger les fautes de l'histoire : mais il est

Intérieur de la mosquée d'El-Ghoury

permis de se demander si les croisés n'auraient pas mieux fait de concentrer leurs forces pour éloigner les Turcs déjà menaçants ; au lieu d'ébranler imprudemment le trône millénaire de Byzance, ils auraient dû chercher à le consolider et à le rajeunir ; alliés aux forces des Syriens, ils auraient repoussé l'invasion turque et permis aux générations du XVe siècle d'arriver à temps pour sauver la ville de Constantin, héritière des chefs-d'œuvre et des lumières de la Grèce antique. Quant au Caire, il ne retrouvera plus sous la domination turque cette sève créatrice, cet élan, cette fécondité dans l'ornement qui fait de l'art arabe du Caire, un ensemble unique dans le monde oriental.

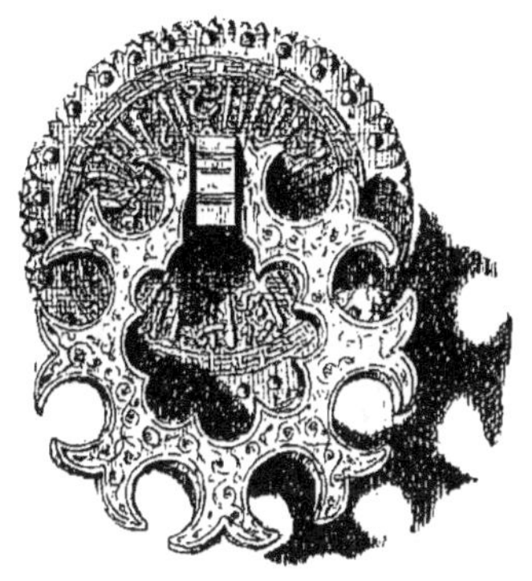

Galerie principale du Khan-Khalil.
Dessin inédit de Paul Chardin.

Anciens carreaux de faïence, style persan

LE QUARTIER DU KHAN-KHALIL

Nulle part, dans la ville, le tableau de l'activité populaire ne se déploie dans un cadre plus brillant et plus riche en souvenirs de tous les âges.

Engageons-nous dans le tronçon gauche de cette rue qui termine le Mousky et dont nous avons déjà visité la partie droite, en montant à la Citadelle ; on y tient en ce moment un marché à la criée pour toute espèce de choses vendables ou non, et chaque individu de cette foule enturbannée montrant un objet quelconque, légume ou haillon, clame un prix de vente à son voisin occupé lui-même à prôner ce qu'il porte à la main. C'est presque un de ces marchés par échange, représentés dans les peintures des tombeaux égyptiens ; tels devaient être les marchés de Thèbes et de Memphis en cet âge d'or pharaonique où la monnaie n'était pas inventée. Au milieu de ce peuple en ébullition, on soupire après un refuge sous l'un ou l'autre de ces porches vénérables, tantôt sacrés tantôt profanes qui s'échelonnent des deux côtés de la rue. Nous tendions vers la droite, sans préférence aucune, et voilà qu'un remous causé par un chameau nous rejette à gauche sous un porche qui a gardé, mais à tort, le nom séculaire de Bâb ez-Zouhoûmah, « porte des odeurs de cuisine », à cause d'une porte du Grand palais des Califes qui, sous ce nom, s'élevait à peu près en face. C'est en ce lieu, dit-on, que dans les premiers temps de l'expédition française périt le général Dupuis, commandant de la place, le matin même de l'insurrection du 21 octobre 1798 : traqué de toutes parts, il fut poussé dans ce défilé et massacré avec son escorte de cavaliers.

A côté du porche de Bâb ez-Zouhoûmah, sous lequel nous nous sommes réfugiés, s'élève un autre beau porche donnant accès dans un caravansérail zébré de rose qui porte le nom d'*Okel du Danouchery* et dont les galeries intérieures sont encombrées de caisses d'emballage, pleines ou vides. Au moyen âge c'était le marché aux lances qui venait après celui des sabres.

En face de la Danouchéryeh, se trouve le vieux khân de Mesrour, l'ancien bazar des armures, devenu plus tard un marché d'esclaves blancs et noirs et appelé aujourd'hui le *Khân-el-Hamîr* ou caravansérail des ânes, parce que c'est là qu'on remise les montures des gens ayant affaire dans les bazars. Près de l'humble bourrique de louage, courageuse, battue et mal nourrie, stationne la monture plus coquette de l'efendi petit-maître qui aime à la chamarrer de glands d'or et de floches de soie.

L'air aimable et empressé, un fonctionnaire en turban blanc et en robe violette se tient sous le porche de ce khân. C'est le peseur public : muni des poids du gouvernement, il vérifie les pesées des marchands à la requête des acheteurs. On dit que sa place est bonne, car s'il montre son registre à l'administration, il ne parle pas de ses bonnes relations avec les marchands. Toutefois, il y a progrès, car on ne voit plus ici ou là des marchands prévaricateurs cloués par l'oreille au volet de leur boutique. Naguère, le bourreau avait soin de clouer le patient de manière que ses talons ne pussent toucher le sol, ce qui donnait lieu à l'industrie si lucrative du pousseur de caillou sous le talon. Celui-ci, à la requête du marchand fatigué, lui posait sous la plante des pieds une petite pierre ; le patient, soutenu par ses seuls orteils, en demandait une plus grosse, et l'autre d'augmenter le prix jusqu'à ce que la victime lui accordât tout ce qu'il voulait pour obtenir d'être suffisamment calé ; vaincu par la fatigue, le condamné trop avare se laissait choir et un morceau de son oreille restait accroché au volet.

Nous voici arrivés à une sorte de cité ouvrière d'orfèvres et de bijoutiers, les *saghah*, qui depuis le XIIIe siècle fabriquent toujours les mêmes choses dans des locaux qui n'ont guère changé. Sur les deux côtés de boyaux étroits s'alignent des logettes dont chacune contient un orfèvre en turban, placé entre sa caisse de sûreté en tôle bardée de fer et l'établi où il fabrique en quelques instants des bijoux d'or et d'argent d'un dessin peu varié, d'un fini assez rudimentaire, mais qui du moins ne tombent jamais dans les fantaisies d'un goût imprudent (1).

Un bruit croissant de cuivre battu nous attire invinciblement, et nous tombons dans une autre série d'allées occupées par des chaudronniers, les *nahhâsin* : à mesure que nous avançons, nous sentons notre raison s'évaporer au choc des marteaux. Dans chaque recoin de ces allées qui s'entre-croisent, des ouvriers de tout âge battent sans relâche ni ménagement la tôle de cuivre rouge et la façonnent avec prestesse et sûreté de main. De minuscules apprentis en chemise bleue traînante, à la mine éveillée, de vrais petits singes aux oreilles écartées, sont aux prises avec des chaudrons dans lesquels ils pourraient se noyer. Ils paraissent tout fiers de faire du bruit, de rudoyer la grosse matière et de gagner dix sous par jour. Leurs aînés, leurs oncles ou leurs pères, sont moins satisfaits en gagnant trois fois plus et on les entend se plaindre de ce que les ouvriers de Paris ont bien plus de profit que ceux du Caire ; ils ignorent que l'ouvrier parisien dépense en huit jours plus que celui du Caire en une année.

En sortant de l'antre des cyclopes, on a devant soi le mélancolique minaret du sultan *Negm-ed-Dîn Sâlih Ayyoûb*. Il s'élève en retrait de la rue, au fond d'une courte allée qui, après avoir franchi son portail, continue de l'autre côté sous forme de ruelle solitaire, pittoresque et tentante. L'allée du minaret est un de ces coins où l'on aime à s'arrêter ; les splendeurs délabrées du XIIIe siècle contrastent avec l'aimable laisser aller de la vie populaire qui envahit les ruines comme le lierre couvre les vieilles murailles. Nous cheminons parmi des échoppes d'où s'exhale un fumet accentué : des rôtisseurs sont occupés à préparer le *kébâb*, tant aimé du fellah, ce plat de cinq sous que s'accordent seuls les heureux de la journée. C'est avec un air de convoitise, non partagé par nous, que les amateurs demi-nus contemplent le rôtisseur

(1) Sur la genèse d'un bracelet d'or, voir le joli livre de feue Mme Lee Childe, *Un Hiver au Caire*, Calmann-Lévy, 1885.

pétrissant à pleines mains de petits morceaux de viande de mouton et les embrochant pour les griller. Sur les étals s'entassent des fagots de brochettes chargées de ce kébàb, grillé, ou à griller, « selon qu'on aime à manger froid ou chaud. » Sur un rayon placé au-dessus de l'étal. s'aligne un rang de jolis plats de cuivre, à couvercles et à rebords denticulés contenant nous ne savons quelle pitance. L'heureux fellah qui la tient enfin, se munit d'une galette de pain sableux, choisit une bonne place à l'ombre, va boire une gorgée au sébîl voisin, puis s'étend parmi les chiens pour dormir sa sieste confiante ; si voulant se garder purs, bêtes et gens n'échangent jamais une caresse, du moins ils ne se fuient pas. Le chien ne sait point que son ami le fellah le considère comme *impur*, mais il reste néanmoins sur la réserve.

Pour ceux qui aiment les ruines que nulle main profane n'a perverties, le dessous du minaret de Sàlih Ayyoùb est un charmant séjour, plein d'échauffourées d'ombre et de lumière. Sous deux arcades s'ouvrent des passages voûtés qui donnent accès aux ruines des oratoires et du monument où le sultan magnanime avait placé deux à deux les facultés des quatre rites orthodoxes de l'Islam : Chaféïtes et Malékites, Hanéfites et Hanbalites.

En franchissant l'arcade située à main gauche, on pénètre dans la cour immense et entourée de portiques à demi ruinés du collège des Chaféites et des Malékites ; là, auprès des piliers rompus, au milieu des galeries privées de leurs toitures, les marchands déballent, emballent ou entassent les objets de leur commerce, parmi lesquels on remarque surtout de grandes aiguières en cuivre jaune d'une forme superbe.

Voici une ruelle jadis fréquentée par les étudiants et abritée à leur intention d'une couverture ; les poutres brisées s'avancent çà et là dans le vide, entre les grands murs décrépis de la *madraçah*. Tout au bout, le cul-de-sac de la ruelle forme, comme dans les quartiers de Venise, une *piazzettina* devant les marches de l'oratoire abandonné de Bedr ed-Dîn où l'on va spontanément s'asseoir ; maintenant qu'il ne vient plus d'étudiants, c'est l'asile poétique du silence et de la solitude. Nous revoyons à distance ce minaret carré sous lequel nous venons de passer ; il semble d'une structure un peu lourde avec sa coupole en forme de bonnet cannelé, surtout si on le compare aux œuvres sveltes et fleuries du xve siècle ; mais on aime l'austérité de ce vieux style, devenu fort rare, qui a des délicatesses idéales. Ainsi, voyez ces longues fenêtres dont la baie s'étrangle, puis déborde pour

MINARET SUR VOUTE DE LA MADRAÇAH DU SULTAN SALIH AYYOUB, XIIIe SIÈCLE

se découper en lobes d'une fantaisie ou d'une ténuité charmante : leur dessin ne rappelle-t-il pas le caprice des rêveuses mélopées arabes que Félicien David a imitées avec une si juste poésie dans son *Chant du mouezzîn* ?

Sur la gauche de cette ruelle, il en est une autre qui se

creuse en manière de *fissure*, comme notre ancienne rue de l'*Homme armé* ou du *Chat qui pêche*. Elle mesure à peine 1 m. 30 de large ; elle serpente parmi de hautes maisons dépourvues de fenêtres et dans la nuit perpétuelle qui la baigne, des cavalcades d'ânes et des troupeaux de moutons pris de vertige ou de terreur la longent dans une course effrénée. On est bien aise alors de se réfugier dans le coude formé par une déviation brusque de la ruelle. Il fait si sombre que c'est à tâtons et par instinct de conservation que l'on y découvre une de ces portes de quartier, fortement bardées de fer, que la police de Bonaparte a presque partout supprimées. Au temps, peu éloigné encore, où les rues du Caire étaient exposées la nuit aux incursions des Bédouins pillards, et durant le jour aux luttes des factions mamloukes, ces portes de sûreté rendaient encore plus de services que, dans le Paris du moyen âge, les chaînes tendues à l'entrée des ruelles. On pourrait se rendre compte ici de l'étendue d'un de ces quartiers ou *khatt* si la vieille femme revêche, qui paraît en être le seul habitant, consentait à nous laisser entrer. La porte se ferme, se rouvre un instant et alors un coup d'œil a suffi : le quartier inutilement défendu par la vieille est une cour qui ressemble fort à un puits sans eau, mais non sans fraîcheur.

Si amusant qu'il soit de conter ses surprises, il est prudent de ne pas s'égarer en descriptions peut-être inintelligibles pour le lecteur qui a déjà grand'peine à nous suivre, surtout si on ne lui a montré, comme c'est la coutume, que l'Ezbekîyèh, le Mousky et le Khân-Khalîl. C'est à ce bazar, le plus fameux de tous, qu'il faut maintenant le ramener.

Revenons sur nos pas et plaçons-nous comme tout à l'heure un peu en arrière du minaret de Sâlih Ayyoûb, le dos tourné à la grande rue des Chaudronniers et le nez à la fumée des rôtisseurs : le premier passage couvert à main droite nous reste à voir et on y entrera avec plaisir car, animé sans être bruyant, il est très séduisant avec sa demi-obscurité où brillent, comme limons et grenades sous le feuillage sombre, des espaliers de babouches jaunes, rouges ou brodées d'or. C'est là seulement qu'on peut juger combien il doit y avoir de pieds mignons chez les dames orientales du Caire. D'apparence moins brillante, le côté gauche du passage est surtout consacré aux livres et aux manuscrits arabes.

Cette courte allée débouche dans l'artère principale du *Khân-Khalîl*. A la place de cette galerie, il y avait au XIIe siècle

DERNIÈRE BOUTIQUE ANCIENNE DU KHAN-KHALIL, XVIe SIÈCLE
Transportée à Paris, dans la collection A. Baudry.

une rue qui bordait la région du Palais où était placée la nécropole des califes fatimites. A la suite du changement de dynastie amené par Saladin, tout disparut et, de même qu'à Rome, les thermes de l'amphithéâtre des Flaviens firent oublier au peuple les jardins et les fêtes de Néron, de même, le riche bazar s'éleva peu à peu sur l'emplacement des sépultures

LOGGIA DU GRAND OKEL DES TAPIS

princières. Aujourd'hui, vieux de six siècles, il porte un nom aussi usé que lui-même, car le langage populaire ne le désigne que par la forme écourtée de *Khân-Khalil,* d'après le nom de l'émir Djaharkas-el-Khalily qui fonda, vers 1380, le principal des six caravansérails dont la réunion a formé la grande cité marchande que nous parcourons. Quoi de plus pauvre à première vue que ce bazar rectiligne et long de deux cents mètres, aux murs blanchis à la chaux et bordés de ces chatières minuscules et de ces échoppes misérables ? Oui, mais cette longue enfilade n'est pas absolument droite, et par là elle échappe à la monotonie. Ses parois restées sans crépi ni grattage depuis des siècles offrent aux yeux ce ragoût de vétusté qui plaît tant aux peintres, nos maîtres en fait de *murailles*. Le plafond troué, rapiécé, quasi-translucide, juché à une hauteur considérable, abrite des oiseaux jaseurs. Quant aux boutiques, à peine viennent-elles de s'ouvrir qu'elles se décorent d'étoffes, d'armes, de bassins, de carreaux de faïence émaillée qui brillent et réchauffent le regard. Plus que partout ailleurs, elles sont riches en fantaisies et surprises que le marchand tire de son antre noir, où nul avec lui ne peut guère pénétrer : coffrets de l'Inde, contemporains peut-être de Vasco de Gama ou d'Albuquerque ; luths et mandolines qui ont distrait les ennuis du harem ; petits poignards féminins, tout d'or et de lapis ; *koursy* à parure de nacre sur lesquels on a pu maintes fois servir *le mauvais café ;* bourses de mamlouks brodées d'or, de celles peut-être que les soldats de la République pêchaient au fond du Nil après la bataille des Pyramides, ou que les fellahs récoltaient à la Citadelle après le massacre de 1811. Ils ont servi à tout, ces vieux objets de famille qui dormaient au fond des harems et que la civilisation en expulse pour prendre leur place sous forme de produits manufacturés et d'articles de Paris ! Les plus précieux, les plus délicats se cachent sous de pauvres petites vitrines exposées au premier rang : ce sont les joyaux, les chapelets de pierre dure, les armes courtes, bonnes à cacher dans la ceinture, et les pièces d'argenterie toutes empreintes d'un *rococo* jadis apprécié en Italie et à Stamboul (1).

A l'entrée de la galerie principale s'ouvrent de petits *okels* ou enclos abrités qui ne sont pas un des moindres charmes du bazar, car on y exhibe toutes les variétés de tapis et de tentures du vaste Orient. Rien de séduisant comme ces oasis d'ombre traversées de rayons d'or : fort misérables en eux-mêmes, ils se transforment en un instant quand le marchand et ses acolytes se mettent à dérouler, éparpiller et

(1) Nous parlons de ce qu'était le bazar en l'année 1865.

entasser des tapis grands et petits, qui vous entourent, vous serrent de près et vous tentent. Alors bruit à vos oreilles le parler doux et engageant de cette bande d'associés dont vous avez accepté le chibouk et le café.

La plus célèbre de ces souricières est la caverne d'Abdallah, barbarin vieillot, bon enfant, noir de cœur et de visage, une célébrité, un potentat millionnaire qui, avec un zèle, un charme et des prétentions sans bornes, déroule indéfiniment ses tapis dans la poussière. Une élégante logette est pratiquée dans la muraille ; on y monte par un escalier clos d'une bonne porte. Ce fut dans cette tribune, auprès de la colonnette qui en divise la baie d'ouverture que, durant des siècles, vinrent se placer les épouses des mamlouks afin de se distraire des ennuis du harem en faisant un choix parmi les marchandises apportées par la dernière caravane. On revoit en imagination ces capricieuses beautés qui babillent sans savoir prendre une décision ; l'eunuque noir de la famille se tient devant l'escalier bien fermé et sert d'intermédiaire obligé entre les dames et le marchand, auquel il fait, tout en ayant l'air de le rudoyer, des signes d'intelligence qui amèneront des dinars d'or dans sa ceinture.

C'est en continant de monter l'allée, de visiter ses recoins et de séjourner dans ses antres que l'on apprend à se familiariser avec les Turcs impassibles, avec les Persans mystérieux et cruels, avec les Levantins ou les Grecs insinuants. Au milieu de la galerie, à un carrefour, s'ouvrent des perspectives nouvelles : à gauche le luxe architectural des anciens âges contraste avec la simplicité de l'ensemble. Un portail de grande mosquée n'est pas mieux orné, ni conçu d'une façon plus grandiose que ce porche profond et compliqué que décore le cartouche du sultan Kaït-Bây. Qu'y a-t-il au delà ? Rien qu'une cour longue, irrégulière et à peu près déserte qui vers le nord communique avec la ruelle des étudiants.

Nous arrivons trop tard pour connaître les mystères de cette cour, car les marchés publics d'esclaves sont supprimés depuis Méhémet-Ali et c'est là, dit-on, que se tenait le plus important de tous, celui peut-être où Gérard de Nerval rencontra cette femme jaune qui lui causa tant de tribulations, mais à laquelle il doit sa réputation d'homme d'esprit.

Quand l'Orient s'aperçut que la vieille dame qu'on appelle

l'Influence européenne commençait à le regarder de travers en détournant ses yeux pudibonds, il se mit à rougir de ses *almées*, de ses santons vagabonds et de ses marchés d'esclaves, comme il rougit encore, et cette fois bien à tort, de ses

PORTAIL CONSTRUIT SOUS LE RÈGNE DE KAÏT-BAY, XVe SIÈCLE

ruelles pittoresques. En attendant qu'elle pût se donner la satisfaction de détruire ses beautés natives pour s'affubler *alla franca,* la ville des califes courut au plus pressé, elle supprima, au moins, en apparence ses marchés d'esclaves. Evidemment l'Egypte a bien agi en éloignant de la vue cette mise en scène affligeante, mais peut-être a-t-elle bien fait de ne pas abolir le principe de l'esclavage qui en Orient ne ressemble en rien à ce qu'il était en Amérique au temps de *l'oncle Tom*. Quoi qu'on dise ou qu'on fasse, l'esclavage y fut toujours et restera longtemps encore la forme la meilleure et la plus douce de la domesticité fidèle, comme de l'adoption familiale: ce n'est qu'un contrat par lequel l'enfant abandonné, l'adulte sans protection entre dans une famille et peut souvent parvenir au rang le plus élevé. Les vivaces dynasties des Mamlouks ne se recrutaient que par l'achat de jeunes esclaves : celui d'entre eux qui arrivait par hasard à la dignité de sultan s'honorait de joindre à ses titres pompeux le nom de son ancien maître et le chiffre de la somme qu'il lui avait coûté, surtout si cette somme atteignait le maximum de mille dînars ou environ 15.000 francs de notre monnaie, d'où le surnom de *el-Elfy*, *le milliaire*, donné à plus d'un émir.

Aujourd'hui encore, la jeune esclave qu'une princesse royale ou une vice-reine a choisie et adoptée peut aspirer au rang de sa maîtresse qui, la plupart du temps, n'a pas elle-même une autre origine : et l'esclave mâle peut parvenir aux premières dignités; on lui fera toujours honneur d'avoir appartenu à tel ou tel maître haut placé.

Le somptueux portail de Kaït-Bây donne à penser qu'il est un reste des anciennes splendeurs du Khân-Khalîl. Le vieux et naïf traducteur du géographe Léon l'Africain, qui décrivait l'Egypte au commencement du XVIe siècle, dit de ce bazar que c'est une réunion de magasins où logent les marchands de Perse. « Il est de telle grandeur qu'il a la forme d'un somptueux palais de quelque grand seigneur. Car il est très hault et fort, de mesmes bâty à trois étages ayant plusieurs chambres basses. Dans icelles les marchands donnent audience et font échange de grosses marchandises ; n'étant permis à d'autres marchands qu'à ceux qui sont opulents et ont de quoy demeurer en ce lieu-là ; où ils tiennent leurs marchandises qui sont épiceries, pierreries, toiles Indiennes, comme voiles et telles autres choses. »

Le Caire était alors l'entrepôt de l'Inde et de Ceylan, de la Perse et de Bagdad, comme des Flandres, de Gênes, de Florence et de Venise. Existe-t-il encore de ces toiles fabriquées dans le Levant, merveilles de finesse et de fermeté, qui servaient, dit naïvement Léon l'Africain « pour les chemises des plus apparents et gens de réputation » ? C'était ici, rapporte le même géographe, que se trouvaient « les plus riches et nobles draps qui se facent en Italie, comme draps d'or, veloux, damas, satins, taffetas », et d'autres encore fabriqués en Orient, dont les premiers n'approchaient pas

COLONNES ET CHAPITEAUX BYZANTINS UTILISÉS AU KHAN-KHALIL

en « perfection et naïveté ». On voyait encore dans ce fameux bazar des revendeurs d'habits de grand luxe, ayant appartenu à de hauts personnages. Notre auteur y vit mettre en vente un pavillon entièrement fait à l'aiguille et couvert de perles.

Les écrivains et les voyageurs du XIVe siècle, eux aussi, ne tarissent pas en étonnement sur le luxe des vêtements et la splendeur des étoffes dont les plus recherchées étaient alors tirées de Venise.

« Le 23 du mois de schawwâl de l'année 793 (1390 de J.-C.)

dit Makrizy, il fut proclamé au Caire une ordonnance portant défense aux femmes de faire usage de chemises d'une grande ampleur et d'employer plus de quatorze *dirâ* d'étoffe pour tailler une chemise. Les femmes en avaient porté

MOHAMMED EL-CHIRAZY, GRAVEUR PERSAN

l'ampleur à un tel excès que l'on employait pour tailler une chemise quatre-vingt-douze *dirâ* d'étoffe de Venise, dont la largeur est de trois *dirâ* et demi : ainsi une seule robe contenait plus de trois cent vingt *dirâ* carrés d'étoffe. Ce scandale alla si loin que l'habillement des femmes du commun ressemblait à celui des femmes des rois et des grands seigneurs. »

Le grand porche de Kaït-Bay est tout ce qu'il nous reste de

ces splendeurs passées, et on peut se demander s'il n'était pas l'entrée du « somptueux palais » dont parle Léon l'Africain ; cet établissement, peut-être analogue au célèbre khân du bazar de Damas, aurait donc occupé la place de la cour délabrée des esclaves ; il sera tombé en ruines et il aura disparu lorsque la décadence s'appesantit sur le marché du Caire où s'étaient rencontrées les plus belles marchandises de l'Occident et de l'Extrême-Orient.

Le meilleur point pour voir à sa distance le portail de Kâït-Bây est le fond de l'allée qui s'ouvre devant lui : alors apparaît un des plus jolis tableaux qui soient au Caire : au fond, ce morceau d'architecture très noble, autour duquel se groupent avec bonhomie des ouvrages et des outils d'artisans ; la voûte large et profonde de Kâït-Bây que surmontent de royales inscriptions laisse entrer quelques brisures de la lumière du dehors ; une haute niche trilobée la couronne et se perd dans les ombres d'une coupole qui vient retomber sur un arc ogival. Il n'est pas un recoin qui ne soit occupé par des étalages ; la plus fameuse de ces échoppes, située à gauche de l'arcade du transept, est celle de Mohammed el-Chirâzy, Persan aux traits majestueux qui s'occupe sans relâche à couvrir d'arabesques et d'inscriptions des plateaux en laiton, avec la célérité, la sûreté de main qu'il tient de ses ancêtres du bazar dont il est peut-être le dernier héritier.

Continuant de remonter la grande galerie du Khân-Khalîl, un plan de 1798 à la main, on constate avec plaisir que depuis l'expédition de Bonaparte, rien n'y a changé que quelques dispositions intérieures des okels qui la bordent. Si donc le Khân-Khalîl n'est plus ce qu'il était au XVIe siècle, on a au moins la consolation de se dire qu'il n'a pas encore subi l'action du siècle présent.

En sortant du bazar, nous rencontrons bientôt un de ces angles rentrants dont l'ancienne coutume savait tirer parti pour faire de petites retraites favorables au repos : en travers de la rue s'avancent la madraçah et le haut minaret du sultan Dâher Baïbars ; à droite le portail et le minaret de Sâlih Ayyoûb ainsi que l'école à arcades élégantes qui l'accompagne, mais comme le bâtiment menace ruine à cause des six siècles qui ont passé sur ses murs, la classe des écoliers est descendue dans la rue et se tient sous le portail ; le seuil élevé de quelques degrés et le passage voûté de l'arcade sont obstrués par de tout jeunes enfants assis à terre autour d'un pédagogue en turban qui les gouverne du haut d'un vieux divan de bois, une verge à la main. Tous ces petits êtres, à la mine espiègle, sont attentifs et gais, et tandis que dans la rue les marteaux résonnent, les chameaux beuglent, les gens du marché piaillent et le barbier du coin radote, eux balancent

ÉCOLE TENUE SOUS LE MINARET DE SALIH AYYOUB

leurs corps en cadence et triomphent de tout ce bruit en apprenant à gorge déployée leur leçon ; à tour de rôle, ils la récitent au magister dont la voix grêle perce à travers le tumulte : au delà du portail à jour, aussi loin que le regard puisse atteindre sur le sol de l'allée, on ne découvre que jonchées de petites têtes enjouées à calottes fauves et à oreilles écartées qui se balancent en psalmodiant : mais que leur apprend-on ? Rien que lire, écrire et réciter le Coran. On ne leur enseigne ni l'histoire de leur nation ni celle de leur ville natale ; ils ignorent qu'ils sont assis à l'endroit où elle fut fondée, il y a neuf siècles, et qu'ils sont les hôtes du grand sultan Sâlih qui repose auprès d'eux dans son *tourbeh*.

Mélik-Sâlih Negm-ed-Dîn Ayyoûb est ce sultan d'Egypte qui, le 29 juin 1247, laissa prendre Damiette par notre roi Louis IX et, soit de rage, soit de maladie, mourut en novembre 1249, trois mois avant le combat de Mansourah. C'était un sultan de la race de Saladin, fort beau, fort respecté et pas plus cruel que son intérêt ne l'exigeait. Son tombeau fut élevé par son esclave favorite, la princesse *Chadjarat-ed-Dorr*, *l'Arbre de perles*, une femme supérieure qui sut cacher cette mort aux émirs et au peuple pendant cinq mois, c'est-à-dire jusqu'après la bataille de Fareskour, où saint Louis fut pris. Elle avait suivi la politique du silence pour conserver le pouvoir et éviter l'anarchie au moment du danger. Elle sut se faire donner le titre et les pouvoirs de reine d'Egypte, chose qui ne s'était pas vue depuis Cléopâtre et qui ne se renouvela pas. Après une suite d'imprudences, d'intrigues et de crimes dont la trame est difficile à suivre, elle périt, assommée dans le harem d'une rivale, fut jetée aux chiens du haut de la Citadelle, puis ensevelie honorablement près de la mosquée de Sitti-Nafîça, où son tombeau existe encore.

On suit l'histoire agitée des mamlouks presque pas à pas en parcourant cette rue bordée par leurs monuments funéraires et qui fut si longtemps l'artère principale d'El-Kâhira. Le sultan Dâher-Baïbars qui, n'étant que simple émir, s'était préparé des chances pour l'avenir en donnant le premier coup de lance au fils de Sâlih Ayyoûb, a élevé ici son tombeau à côté de celui du père de sa victime. Entre ces deux édifices, il y a comme une mare de sang, c'est-à-dire un changement de dynastie : les Ayyoûbites, descendants de Saladin, anéantis ou remplacés par les mamlouks bahrites, ceux qui, par précaution, s'étaient retranchés dans l'île de Rauda. Baïbars, lui aussi, a fondé là une école qui fonctionne pour les fils de marchands et d'efendis et dressé un minaret à coupole qui s'élève en arrière de l'angle saillant que l'on voit sur la droite de notre dessin (1).

Ces fondations pieuses furent faites en 1261, lorsque Baïbars venait de se frayer un chemin vers le trône par un coup de

(1) Voir p. 279. Faute de savoir ou de vouloir le restaurer, on a laissé ce minaret s'écrouler en juin 1882, et depuis lors ce point de vue admirable a changé d'aspect.

poignard bien appliqué à son prédécesseur, lequel en avait fait autant pour le sien, et ainsi de suite en remontant d'assassinat en assassinat jusqu'au meurtre commis en présence de saint Louis. Comme ceux qui ont marqué dans l'histoire en ayant l'habileté de régner longtemps, Dàher-Baïbars, dès qu'il eut conquis le pouvoir suprême, pratiqua la justice et resta libéral pour le peuple. Il acquit de la gloire et construisit nombre de beaux ou d'utiles édifices qui rendent encore son nom populaire ; en effet, si vous demandez au premier passant en chemise bleue le nom de n'importe quelle mosquée se dressant devant vous, il répondra presque toujours : Baïbars, et toujours : bakhchich !

Frise provenant de la maison du cadi

EL-KÂHIRA

ET LE PALAIS DES CALIFES FATIMITES

« C'est là surtout que le voyageur trop
« pressé court le risque de ne rien com-
« prendre ; c'est là que l'amateur curieux,
« qui se donne le temps de connaître, est
« sûr d'être largement payé de sa peine. »

G. Boissier (*Description du Palatin.*)

Le Soûk en-Nahhâsin, rue des Chaudronniers, a pris ou plutôt gardé l'antique nom de *Beïn-el-Kasreïn*, rue *Entre-les-deux-Palais*, parce qu'elle passait entre le *Grand palais oriental* des califes, placé à droite et le *Petit palais occidental*, situé à gauche. L'un et l'autre ont disparu peu à peu, du jour où la dynastie fatimite fut remplacée par celle de Saladin qui transporta le siège du gouvernement au *Château de la Montagne*, c'est-à-dire à la Citadelle où il est resté fixé jusqu'à nos jours ; mais Kâhira, la ville fondée tout d'une pièce en 969 par les califes fatimites ne disparut pas avec eux, et continua d'être habitée par la noblesse ; aussi est-ce dans ce quartier, resté à la mode au moyen âge et sur les ruines des deux palais, que les plus anciennes ou les plus brillantes mosquées funéraires ont été élevées par les premiers sultans mamlouks.

Après avoir passé la mosquée de Baïbars, tout l'intérêt se reporte sur le côté gauche de la rue à l'endroit où était le

Petit palais, remplacé au cours des âges par de splendides monuments de l'art arabe ; ils forment le plus beau décor monumental de Kâhira. On reconnaît en parcourant la rue d'Entre-les-deux-Palais, que les sultans se sont affranchis des traditions encore simples de leurs premiers prédécesseurs. Le style des monuments change, leurs proportions grandissent et leur luxe efface celui du passé. Sur une longueur de deux cents pas s'aligne sans interruption une rangée de mosquées s'annonçant de loin par une suite de portails. de hautes façades zébrées de rose, flanquées de contreforts, couronnées de crêtes fleuronnées, de coupoles et d'admirables minarets d'un galbe élégant et hardi qui laissent loin derrière eux les minarets à dôme de style archaïque.

Le premier de ces édifices, dont une portion fait saillie sur la rue et s'emboîte pour ainsi dire dans le rentrant du tombeau de Sâlih-Ayyoub, est le célèbre *Maristân*, le grand hôpital du sultan El-Mansoùr Kalaoùn, vaste ensemble, dont une bonne moitié est occupée par la mosquée, la madraçah et le tombeau de ce souverain, mort en 1290. Au fond du retrait qui suit l'avancée de la madraçah de Kalaoùn, dans la première travée de ces contreforts reliés par des arcs ogivaux, qui décorent la façade, s'ouvre l'entrée principale de cette cité de la mort et de la douleur dont l'aspect n'éveille pourtant que des idées de splendeur. La porte, surmontée de l'inscription qu'y fit sculpter le fondateur, emprunte ses seuls ornements aux deux colonnettes gothiques encastrées dans les angles des contreforts voisins. Lorsqu'un sultan voulait élever un oratoire ou un couvent, il chargeait ses corvées de lui apporter des colonnes, des colonnettes et des chapiteaux antiques ou chrétiens que ses architectes utilisaient un peu à la diable pour soutenir les ogives des nefs ou des mihrâbs et les arêtes des contreforts. C'est ainsi que les Vénitiens pillèrent l'Orient pour édifier leur basilique de Saint-Marc.

La porte du Maristân donne accès à un corridor très élevé, qui pénètre dans les profondeurs de l'hôpital. après avoir décrit vers la gauche un de ces coudes *à baïonnette* si fréquents dans les entrées bien défendues. Ici comme toujours le fondateur garde lui-même l'entrée de sa dernière demeure : les premières portes que l'on trouve à droite en entrant dans le corridor sont celles du *tourbeh ;* voici la salle du dôme où se dresse le catafalque du sultan, enfermé dans un

Le souk en-Nahassîn, bazar ou rue des Chaudronniers
Dessin de P. Chardin.

cercle de piliers et de colonnes antiques et séparé du vestibule par une clôture de bois ajouré. Des arceaux étroits en ogives outrepassées, légers comme une ronde de houris qui de leurs bras levés soutiendraient un voile, s'élancent du haut de ces colonnes pour soutenir le tambour octogone de la coupole, dont chaque pan verse la lumière par une large fenêtre géminée. Rien de mieux conçu que l'ordonnance de ce tracé architectural : on passe d'un vestibule de style élégant et grave aux colonnes qui font une ceinture, une *halka*, une garde au tombeau du sultan et laissent entrevoir d'un côté le fond calme du sanctuaire et de l'autre la rue murmurante. C'est le défunt placé entre la vénération des vivants et l'adoration qu'il reporte au nom de tous vers Allah.

Il n'est pas difficile de se figurer l'aspect de cette belle salle lors des cérémonies dont elle fut le théâtre au moyen âge, pendant la durée du gouvernement des mamlouks ; soit politique, soit dévotion à la mémoire de Kalaoûn, on avait conservé, même au temps de la décadence, la coutume de conduire en grande pompe devant son tombeau le mamlouk dont il plaisait au sultan régnant de faire un émir ; et là, devant ses compagnons d'armes, le nouvel élu prêtait un serment de foi et d'hommage. Tous, parés de leurs somptueux costumes, passaient dans l'oratoire pour dire une prière de deux rikaas en s'inclinant devant le mihrâb, à rangs superposés de colonnettes et d'incrustations de nacre, déjà fameux au moyen âge comme un chef-d'œuvre. Ainsi les sultans dont les monuments font revivre le nom, ceux dont la trahison a fait l'élévation, ont dû passer par cette salle et y prêter serment de fidélité.

Le cortège remontait à cheval, à la lueur des *fanoûs* et des *machâls*, et rentrait au Château de la Montagne par les ruelles illuminées en y faisant largesse. Le peuple commentait le plus ou moins d'influence, de libéralité ou d'avidité du nouveau dignitaire dont il aurait bientôt à sentir la main, cette main qui un jour arriverait peut-être à tenir haut le cimeterre et le Coran comme souveraine « des nuques et des cœurs. »

El-Mansoûr Kalaoûn, esclave circassien devenu émir, puis roi par un crime traditionnel chez ses pareils, a laissé un nom qui personnifie une ère de splendeur pour Le Caire et de puissance pour l'Egypte. Son caractère est un singulier mélange de sagesse et de sauvage fureur, de bienfaisance et de cruauté, de grandeur prévoyante et de caprice. C'était le type du soldat mamlouk couronné, tel qu'il se retrouvera

ENTRÉE DU GRAND MARISTAN DE KALAOUN
d'après une aquarelle d'Ambroise Baudry.

chez Méhémet-Ali et ses fils, les vice-rois Ibrahim et Saïd : sous la bonne grâce et l'esprit de l'homme du monde, sous le couvert d'idées de progrès, ils conservaient un fond de routine, de caprice et même de férocité, encouragés par l'adulation et l'effacement du peuple auquel ce mélange de vice et d'énergie convenait mieux que douceur et faiblesse. « Un grain de peur, dit un proverbe oriental, vaut mieux qu'un quintal d'amitié. »

BOIS SCULPTÉ. STYLE DU XIe SIÈCLE
Collection A. Baudry.

Le grand Maristân vint à point pour remplacer les anciens et rudimentaires hôpitaux, créés dès le IXe siècle. Parachevé, doté, entretenu par la lignée des successeurs de Kalaoûn, l'établissement a pu servir presque jusqu'à nos jours tant il était bien construit et aménagé avec intelligence; on y avait même établi des ruisseaux d'eau courante pour rafraîchir les chambres; des musiciens étaient chargés de calmer les aliénés. De tout ce bel état de choses, il est assez difficile de se rendre un compte exact, car la musique arabe d'aujourd'hui est exécutée de manière à engendrer plutôt la démence. L'administration des Wakfs a laissé tomber l'hôpital désaffecté à l'état de masure. Sauf quelques rangées de cabanons encombrés de ferrailles, on ne voit guère aujourd'hui que le patio intérieur devenu un carrefour public. Néanmoins, celui qui entrerait par la porte de derrière sans être prévenu de l'usage ancien de ces lieux, comme cela nous est arrivé une première fois, celui-là ne pourrait manquer d'être frappé par l'aspect de cette ordonnance architecturale. Il remarquerait par exemple ce svelte édicule de pierre, isolé au milieu de la cour, sorte d'oratoire ou de kiosque central, jadis ouvert de tous les côtés par de charmantes arcades portées par des colonnes. Ces arcades ont été murées et l'édifice divisé en logements pour le petit commerce.

Plus précieux encore est cet autre ouvrage d'art qui termine le corridor par lequel nous sommes entrés au patio. C'est une porte en bois sculpté dont les panneaux, décorés d'entrelacs géométriques, sont encadrés d'ornements à jour composés de méandres flexueux s'enroulant autour de figures d'animaux selon la tradition byzantine qui dominait au Caire chez les Persans, les Arabes et les Egyptiens au temps des califes, et qui après ceux-ci céda le pas aux combinaisons linéaires du style dit *arabe*. Ce morceau est donc un ouvrage de transition où la coutume byzantine est en présence du style arabe qui finira par la supplanter complètement. On sait, par des exemples analogues, devenus fort rares, que l'époque marquée par cette rencontre de motifs juxtaposés correspond à la première moitié du XIIe siècle. C'est vers ce temps-là que le calife Mostanser embellit le *Petit palais occidental* à la place duquel le sultan Kalaoûn éleva son Maristân, et il est possible que nous soyons en présence d'un vestige conservé et utilisé de cette célèbre résidence dont la façade principale devait s'élever à cet endroit. Il est à croire que cette porte n'a pas été faite pour l'emplacement qu'elle occupe, à en juger par le sciage, la diminution et le rajustement assez maladroits qu'elle a subis dans sa partie supérieure; on s'est sans doute servi d'un objet de luxe déjà ancien ; et où l'aurait-on pris, sinon à côté, dans le palais qu'on achevait de détruire pour en utiliser le terrain et les matériaux ? (1).

Ne quittons pas le Maristân de Kalaoûn, sans jeter un regard sur ce qui l'avoisine, sur cet amusant petit bazar qui s'est logé sous de jolis auvents accrochés à ses murs.

A côté de l'austère portail du grand Kalaoûn, il y a une réunion de preneurs de hachîch, de mangeurs de chanvre qui dévorent en herbe la corde destinée à les pendre.

Les Hachchâchîn sont des égoïstes qui renferment leur joie, et ne montrent que des physionomies farouches ou hébétées. Le vendeur de hachîch, ou marchand de kief, c'est-à-dire de béatitude, est plus intéressant que ses taciturnes clients, car s'il ne peut résister au plaisir de consommer sa marchandise, au moins doit-il conserver sa raison, ce qui le maintient dans une sorte d'ébriété lucide. Celui qui attire ici notre attention, a une physionomie avenante et vive, il brille dans une superbe

(1) Cette porte a été transportée dans le musée de l'Art arabe.

robe jaune d'or, comme son teint que rehausse encore l'éclat de son turban blanc et de ses yeux fébriles. Il tient à nous faire passer en revue ses drogues dont l'aspect est repoussant ; il propose de former pour nous une petite collection d'échantillons appétissants ; il y a des tablettes de sucre rouge comme du sang caillé : c'est le hachîch *méraba*, le moins cher et le plus demandé. Pour le ménage, voici celui qu'on obtient en faisant bouillir la feuille de chanvre avec du beurre ; on le mêle à la pâtisserie, aux sucreries, aux ragoûts de famille. Le plus cher est le *kafour*, sorte de pâte noire que l'on roule en cigarettes ou qu'on mélange au tabac. Il nous prône encore cette poussière de béatitude produite par la réduction du chanvre à la casserole, puis cette confiture verdâtre au miel, dont parle Gérard de Nerval, sans dire s'il en essaya comme le fit Théophile Gautier qui s'en est vanté. L'usage du hachîch ne s'avoue pas dans la bonne société : ce qui paraît certain, c'est que pour jouir de ses effets, il faut le pratiquer longtemps, car le premier essai cause des étourdissements et des nausées. Les habitués, assure le marchand, font de beaux rêves, qui les débarrassent de tout souci ; mais d'avance, ils sont voués à la ruine. Au moyen âge, les sultans, effrayés des conséquences de cette griserie, firent arracher les plantations de chanvre et mettre à mort les consommateurs. La police d'Etat finit par se relâcher, et aujourd'hui tous les gens du peuple usent du hachîch ; les chiens errants eux-mêmes participent à la démoralisation générale ! Quand vous les voyez rêveurs, riant de la gueule et titubant, ou lorsque, couchés au milieu de la rue, ils refusent de se déranger, même pour le vice-roi qui passe, c'est qu'ils ont pris leur hachîch en léchant sur le sol quelque papier qui a contenu des sucreries empoisonnées. Notre marchand est gai, inoffensif, mais vieux avant l'âge ; il possède le kief perpétuel et cela le rend tellement communicatif qu'il ne tarde pas, dans l'orgueil inhérent à ce genre d'ivresse, à nous démontrer qu'il est le premier mortel du monde.

Après la construction tout arabe du Maristân, on est surpris de rencontrer un portail gothique qui ouvre le tourbeh de Mohammed en-Nacer, fils et successeur de Kalaoûn. Beaucoup de voyageurs s'écrient : « C'est merveilleux comme l'architecture sarrasine ressemble parfois à celle des chrétiens ! On voit bien que ceux-ci ont rapporté des croisades leur style ogival ! » Pourtant il n'y a rien ici de merveilleux : le portail d'En-Nacer est celui d'une église chrétienne du XIIIe siècle transporté de Saint-Jean d'Acre au Caire par les musulmans, trophée de la guerre sainte qui, en 1291, fit tomber entre leurs mains le dernier boulevard des croisés en Syrie.

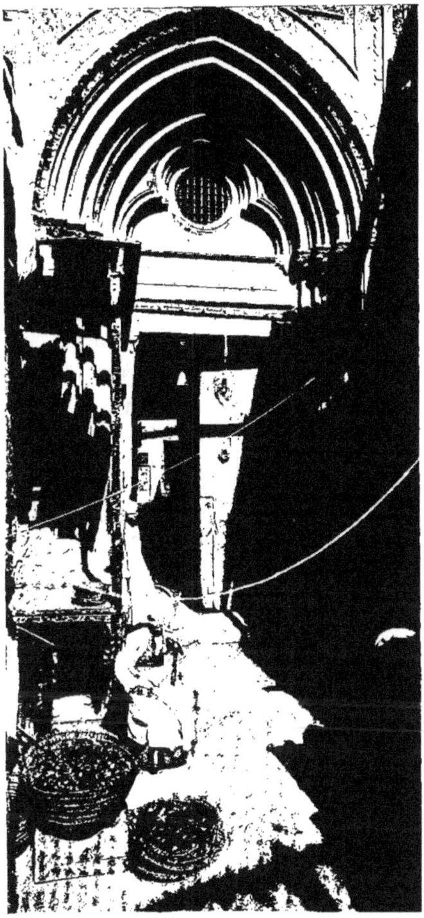

PORTAIL D'UNE ÉGLISE CHRÉTIENNE DU XIIIe SIÈCLE ornant le tourbeh du sultan En-Nacer.

Dans la longue rangée de mosquées, nous remarquons la madraçah du sultan Barkoûk, fondateur d'une seconde dynastie de mamlouks, aussi amateurs de belles constructions que leurs devanciers. C'est un des plus grands édifices de la ville, mais on ne le visite guère. Il faut dire que ces longs couloirs, pavés de marbre, ne conduisent plus qu'à une enceinte abandonnée qui, par sa structure, rappelle la grande mosquée du sultan Hassan. Le culte s'est retiré dans le *liwân* du sud. Sous de riches plafonds, se dresse un mihrâb décoré d'entrelacs découpés en fleurons noirs, jaunes ou rouges. A gauche, la tombe ruinée de Sitta Barouya, la fille préférée, la vertu terrestre de ce grand sabreur de sultan Barkoûk. De charmantes portes de bois rouge, revêtues d'appliques ajourées en bronze verdi, de longues inscriptions mélancoliques invoquant Allah pour ces morts oubliés d'il y a cinq siècles : tel est l'arrangement plein de goût de cet ensemble grandiose et simple.

La dernière des mosquées, celle appelée Kâmilyeh est fermée, signe certain de ruine. Allons nous reposer au pied de cette gracieuse fontaine du Ketkhodâ Abd er-Rahmân qui forme le décor terminal de la rue, au point où elle se bifurque en deux voies qui, chacune de son côté, va gagner les murailles de la ville par des méandres d'ombre et de mystère où la foule s'engouffre et disparait. Que les groupes populaires sont parfois charmants à leur insu, surtout si on les contemple de la fontaine du Ketkhodâ !

Penchés sur la multitude, du haut de leur immortalité, les grands ancêtres paraissent prendre part au mouvement général tant les édifices qui les rappellent vivent par le jeu varié d'alignements et de silhouettes qui semblent être l'effet d'une improvisation perpétuelle.

Selon toutes les prévisions raisonnables, ceux qui viendront ici dans cinquante ans traiteront de radotages nos descriptions enchantées. On aura peu à peu fait disparaître les irrégularités ; deux lignes bien droites et bien parallèles de constructions *alla franca* partiront du plus loin possible ; elles seront animées à intervalles réguliers par de jaunes omnibus qui balaieront le gai stationnement de la foule et on dira : Dieu, que les hommes sont laids, vus de la fontaine du Ketkhodâ ! si toutefois elle existe encore.

Nous tournons depuis des heures dans cet oasis de ruelles tranquilles, qui peu à peu se sont substituées aux masses de l'ancien palais des califes, sans en modifier beaucoup le périmètre primitif.

Cette suite de mosquées depuis le Maristân jusqu'à la fontaine du Ketkhodâ, fait face à l'emplacement du célèbre palais des califes fatimites, point initial de la ville de Kâhira. L'entrée de la ruelle qui doit nous y conduire est en face de la mosquée d'El-Kâmil ; le fond en paraît si bien barré que l'on croirait s'engager dans une courte impasse. C'est encore là un de ces coins délicieux où de pittoresques masures s'accrochent comme des plantes pariétaires aux anfractuosités de grandes et nobles ruines, ou bien s'entassent à leurs pieds. Le fond, qui paraissait barré, est un grand portail ogival, à massifs battants, qui se dessine haut et robuste comme celui d'une forteresse. C'est la porte de l'ancien château de l'émir Bechtâk qui, au XIVe siècle, démolit pour le construire une des vieilles entrées du palais des califes, appelée le *Bâb el-Bahr*.

Le mot de forteresse n'est pas exagéré pour désigner cette construction car, de même que les palais de Florence, les

SEBIL DU KETKHODA
Dessin inédit de P. Chardin.

habitations des émirs mamlouks étaient de véritables *maisons fortes*, aussi prêtes à la défense qu'à la riposte. Dans les luttes de faction à faction, il fallait avant tout se mettre à l'abri d'une surprise à main armée. Aussi les couloirs d'entrée de ces demeures ne sont-ils jamais tracés en ligne droite : on les rend aussi longs et aussi défendables que possible par des coudes successifs que battent d'étroites fenêtres pratiquées dans le haut des murs aux endroits tournants. Il n'est pas de plus beau spécimen du genre que le palais de Bechtâk dont l'appareil et les proportions formidables sont vraiment royales.

Dans le premier coude qui semblait interrompre le chemin (celui qu'on aperçoit à l'arrière-plan de notre dessin), l'odorat est saisi par la senteur âcre du hachîch : c'est que l'ancienne logette du *bawwâb* ou guichetier de l'émir Bechtâk est devenu un petit café où l'on vend le narcotique aux pauvres gens. Et si vous demandez ce que signifient ces énormes figures d'éléphants et de bêtes féroces peintes grossièrement sur le mur, il vous sera répondu avec un certain mystère qu'elles sont là pour le plaisir des consommateurs de hachîch qui, dans les hallucinations de l'ivresse, voient toutes ces bêtes se mouvoir, danser, se battre ou peut-être bien venir à eux et leur faire des révélations sur maint trésor caché, ainsi qu'elles le font souvent dans les vieux contes dont les gens du peuple ont la mémoire pleine.

Une ruelle, si tortueuse et si jolie qu'on la croirait enfantée par des siècles de vieux rêves, succède au corridor du château de Bechtâk. Au pied d'un sébîl, surmonté d'un *kouttâb* où les enfants récitent éperdument le Coran, la ruelle se resserre au point de ne plus laisser passer de front qu'un baudet ou deux piétons. Levons la tête, ou plutôt courbons-la si nous sommes sur un âne, car il s'agit de franchir une poterne assez basse que surplombe un rang de mâchicoulis supportant des meurtrières dont l'office a été plus d'une fois, n'en doutons pas, de défendre l'inviolabilité du cadi contre la manière d'agir un peu libre des anciens mamlouks. Enfin, portés ou arrêtés par la foule, comme l'est un brin de paille sur les ondes contrariées d'un ruisselet, nous sommes tout à coup, et après un dernier effort, lancés au milieu de la grande cour de la maison du cadi qui sert de communication entre deux quartiers populeux.

C'est ici le point initial de la ville de Kâhira, au centre de ce qui fut l'amas prodigieux des palais des califes fatimites.

Porte d'entrée du palais de l'émir Bechtak, xive siècle
Dessin inédit de A. Meillon, 1879.

Depuis bien des siècles, califes et palais ont disparu, mais le siège de la justice populaire est revenu occuper la même

PASSAGE COUDÉ DU PALAIS DE BECHTAK
Dessin inédit de A. Meillon. 1879.

place. Ce fait se retrouve en maint lieu du monde, à Paris comme à Londres, sans que juges et plaideurs y prêtent grande attention. Le « Palais en l'isle de la Cité » des empereurs romains, puis des rois de France est resté le *Palais de justice*. A Westminster aussi, la justice continue son office depuis que rois et reines ont choisi d'autres résidences. C'est

POTERNE FORTIFIÉE DÉFENDANT LES APPROCHES DE LA MAISON DU CADI
Dessin inédit de M. Ch. Loret, 1881.

que partout, à l'origine, l'exercice de la justice est d'abord une prérogative royale qui n'échappe au souverain que lorsqu'elle devient pour lui une charge excessive.

La maison du cadi a l'aspect d'une grande demeure d'autrefois : un préau bien clos, orné de moucharaby ; au milieu de la cour, un grand arbre dont les branches se profilent comme des arabesques sur le fond d'arcades et de colonnettes qui décorent la terrasse du palais.

LOGGIA DU PALAIS DE L'ÉMIR MAMAÏ, XVe SIÈCLE, DEVENU ANNEXE DE LA MAISON DU CADI

(Bulletin du Comité de conservation des mon. de l'art arabe, 1902).

Au pied de l'arbre, une société de gens paisibles dégustent du café ou bien tournent des yeux d'envie vers la nourriture qu'à cette heure et en vertu d'un legs pieux le *bawwâb* d'une mosquée voisine distribue à tous les chats du quartier. C'est là aussi qu'on loue les faux témoins, avant de gravir l'escalier de la *loggia* du cadi, où la justice est rendue presque en plein air et d'une manière toute patriarcale.

Au xe siècle, il n'existait de ville qu'entre l'île de Rauda et le Mokattam ; tout le reste du territoire n'était que champs cultivés et jardins ; le Nil, qui les arrosait, coulait sur l'emplacement de l'avenue de Choubrah et du plus long côté de la place Ezbekîyèh (1). La dynastie des califes abbâssides, qui régnait sur l'Egypte depuis trois siècles, s'affaiblissait ; une race plus jeune, qui se disait plus près de l'héritage légitime

(1) Aujourd'hui la rue de la Gare, l'Hôtel Sheepsherd, le New-Hôtel, etc.

COUR DE LA MAISON DU CADI

telle qu'elle était encore en 1865, avant le percement pratiqué au fond de la place pour la mettre en communication avec la rue Beïn-el-Kasreïn ; en face de la colonnade débouchait la ruelle qui commençait au portail du château de l'émir Bechtak et passait sous la POTERNE FORTIFIÉE.

Dessin de A. Dauzats, 1830.

du Prophète, guettait la proie. En 969 le calife El-Mouïzz li-Din-Allâh se faisait passer pour descendant d'Ali, gendre du Prophète ; souverain de la ville sainte de Kaïrouan en Tunisie, il n'eut qu'un coup de main à opérer sur Fostât capitale de l'Egypte musulmane, pour s'emparer du pays. Cet événement considérable se fit par l'entremise d'un Grec habile, actif, rompu à toutes les entreprises de guerre et de diplomatie, le généralissime ou *kaïd* Djauhar qui eut, comme Bonaparte, sa bataille des Pyramides près de Gizèh et suivit à peu près le même chemin pour venir camper dans la plaine déserte dont le centre est occupé aujourd'hui par la maison du cadi. Suivant la coutume immémoriale de l'Orient, il fallait, pour asseoir une dynastie, fonder une ville toute neuve, sous des présages heureux, aux portes mêmes des anciennes capitales.

Makrizy conte que Djauhar rassembla sur la place des astrologues et des maçons qui attendaient une conjonction heureuse des planètes et on choisit le passage de la planète Mars au méridien. Les astrologues devaient donner le signal pour commencer les travaux ; c'était en pleine nuit, il y eut une fausse manœuvre, la confusion se mit dans les opérations et le lendemain les habitants de Fostât-Misr, Vieux-Caire, trouvèrent les fondations creusées, les fossés alignés selon un tracé bizarre. En homme expéditif et pratique, le caïd déclara que le tracé avait été exécuté dans une nuit heureuse, à une heure bénie. Son but véritable était d'établir une place forte entre la vieille ville et les Karmates qui, comme les Bédouins de tous les temps, étaient toujours prêts à profiter d'un interrègne pour piller et brûler.

Retranché derrière le canal (le Khalig) le palais s'édifia rapidement, ceint de murs inexpugnables ; chaque tribu de l'armée était cantonnée dans un quartier. La ville s'éleva d'elle-même tout autour de la forteresse, protégée par une muraille très épaisse de briques crues, suivant le type immémorial des clôtures égyptiennes.

Quatre ans après ces événements, c'est-à-dire en 973, le palais et la ville étant à peu près achevés, le calife arriva tranquille du Maghreb et entra solennellement par la primitive porte de Zouwaïleh, suivi d'une multitude de chameaux qui portaient ses trésors. Il fit une prière, avec tous ceux qui l'accompagnaient, et pénétra, sous la conduite du kaïd

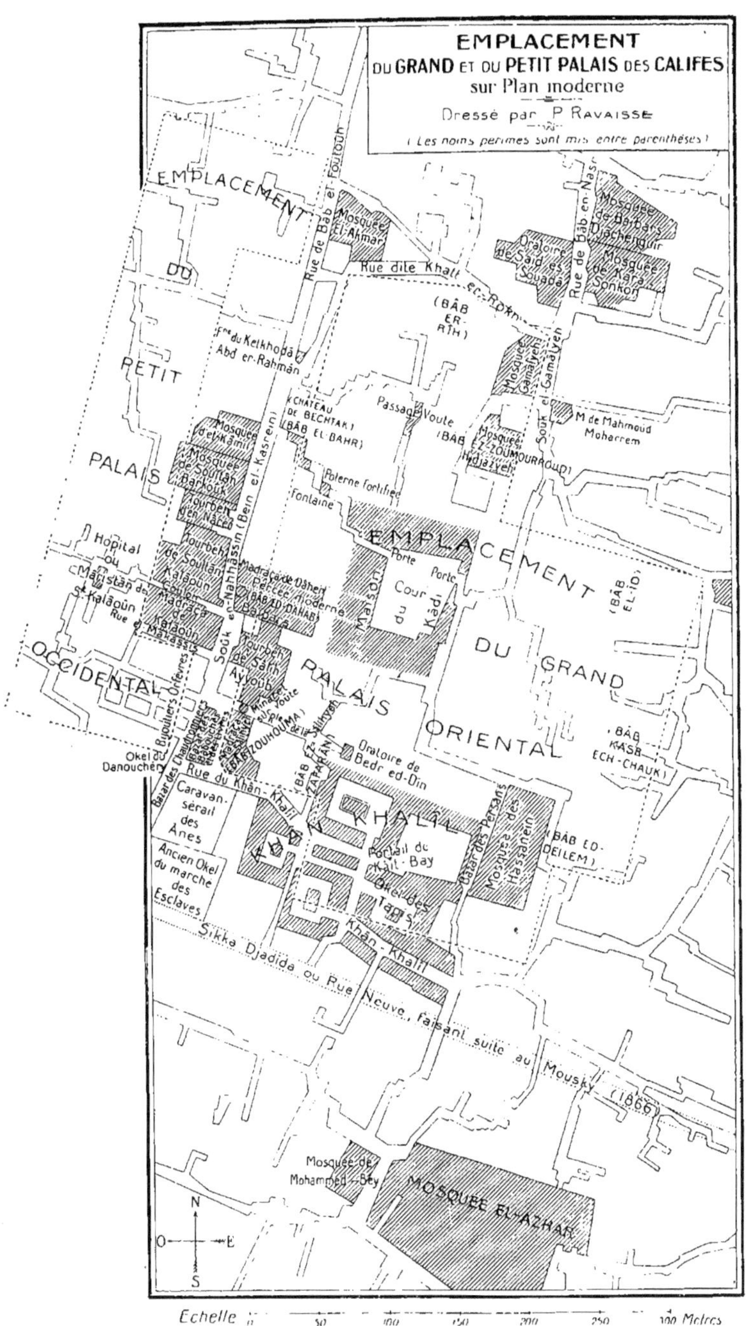
EMPLACEMENT
DU GRAND ET DU PETIT PALAIS DES CALIFES
sur Plan moderne
Dressé par P. RAVAISSE
(Les noms périmés sont mis entre parenthèses)
EMPLACEMENT DU PETIT PALAIS OCCIDENTAL
EMPLACEMENT DU GRAND PALAIS ORIENTAL
Rue de Bâb el-Foutouh
Mosquée El-Ahmar
Rue dite Khalî ec-Rocha
Mosquée de Barbars Djachenguir
Oratoire de Saïd es-Souadâ
Mosquée de Kara Sonkor
Rue de Bâb en-Nasr
(BÂB ER-RÎH)
Fne du Ketkhodâ Abd er-Rahmân
Mosquée Gamâlyeh
Souk el-Gamâlyeh
(CHÂTEAU DE BECHTAK)
(BÂB EL-BAHR)
Passage Voûte
M de Mahmoud Moharrem
(BÂB EZ-ZOUMOURROUDI)
Mosquée Hidjâzyeh
Mosquée de l'El-Kâmil
Mosquée de Soultân Barkouk
Tourbeh Ibn Nâcer
Poterne fortifiée
Fontaine
Hôpital ou Mâristân de Kalâoûn
Tourbeh de Soultân Kalâoûn
Madraça de Kalâoûn
Rue el-Nahhâssîn (Bein el-Kasrein)
Madraça de Dâher
Percée moderne
(BÂB ED-DAHAB)
Maison du Kâdi
Cour
Porte
Porte
(BÂB EL-ÎD)
Rue el-Makassis
Souk en-Nahhâssîn
Tourbeh de Sâlih Ayyoub
Bijoutiers Orfèvres
Bazar des Chaudronniers
(BÂB ZOUHOUMA)
Voûte
Oratoire de Bedr ed-Dîn
BÂB KASR ECH-CHAUK
Okel du Danoucheri
Rue du Khân-Khalîl
Bazar des Chaudronniers
(BÂB EZ-ZAFARÂN)
KHÂN KHALÎL
Caravansérail des Ânes
Portail de Kâït-Bay
Okel des Tapis
Bazar des Persans
Mosquée des Hassanein
(BÂB ED-DEILEM)
Ancien Okel du marché des Esclaves
Khân-Khalîl
Sikka Djadîda ou Rue Neuve, faisant suite au Mousky (1866)
Mosquée de Mohammed-Bey
MOSQUÉE EL-AZHAR
N
O
E
S
Echelle 0 50 100 150 200 250 300 Mètres

Djauhar, dans le palais, où il ne devait plus vivre que trois ans.

Il ne reste pas de vestiges palpables de cet ensemble qui s'annonçait de loin « comme une montagne » et que les Fatimites avaient amené au plus haut degré de splendeur. Mais en s'appuyant sur la topographie de Makrizy, on peut faire encore une exploration intéressante (1). Sur trois côtés, on suit assez bien le périmètre du palais et la place des portes est reconnaissable. La première des portes est celle de *Bâb èz-Zouhoûma*, porte des odeurs de cuisine, située à peu près au débouché de la petite ruelle des libraires et des babouches dans la grande artère du Khân-Khalîl, ainsi appelée parce que les cuisines, placées de l'autre côté de la rue où sont aujourd'hui les orfèvres et les chaudronniers, communiquaient par un souterrain et répandaient les bonnes odeurs qui devaient allécher les passants.

La seconde porte, en continuant vers le Nord, était *Bâb ed-Dahab*, la porte d'Or, ainsi dite, soit parce qu'elle était la principale et la plus ornée, soit qu'il faille accorder quelque attention aux légendes rapportées par Makrizy : le calife Mouïzz serait venu du Maghreb avec ses trésors réduits en lingots, ayant forme de meules et portés par des centaines de chameaux ; mais ne sachant où enfermer toutes ces richesses, il en aurait fait entasser une partie en manière de colonnes dans l'intérieur de son vestibule ; elles y seraient restées jusqu'à la grande famine du règne de Mostanser ; convoitées, entamées par le peuple, on les enleva par prudence. La porte d'Or du Grand palais devait être située à peu près en face de l'entrée du Maristân, mais en retrait de la rue actuelle (2).

(1) Citons dans Paris un exemple analogue : de même que le palais des califes, au Caire, le fameux hôtel Saint-Paul, tant aimé du roi Charles V et où Charles VI vécut dans la démence et l'abandon, a complètement disparu, mais son emplacement est connu ; il occupait tout le terrain compris entre le quai des Célestins, la rue Saint-Paul, la rue Saint-Antoine et celle du Petit-Musc et se composait, comme celui des califes, d'une réunion d'enclos, de jardins et d'hôtels reliés par des galeries et disposés sans symétrie ; tout cela a été remplacé, comme au Caire, par des rues et des maisons. Quelques-unes de ces rues marquent peut-être les anciennes entrées du palais, telles la rue des Lions-Saint-Paul, la rue Charles V et le passage Saint-Pierre qui longeait le flanc gauche de la vieille église Saint-Paul, démolie après la Révolution.

(2) Nous avons vu disparaître le point qui pouvait peut-être la mieux pré-

La troisième porte, ouverte et construite par El-Hâkins, vingt ans après la mort d'El-Mouïzz, était le *Bâb el-Bahr* ou porte du Fleuve, ainsi nommée parce qu'elle regardait du côté du canal et du Nil : elle se trouvait sur l'emplacement actuel du château de Bechtak, la vieille entrée de la cour du cadi. De là on arrivait à l'angle nord-ouest du palais, en face de la mosquée El-Akmar. La façade nord suivait à peu près le contour de la charmante ruelle dite Khatt-er-Rokn, ou de la Pierre parfumée, vers le milieu de laquelle s'ouvrait *Bâb er-Rîh*, la porte du Vent ou du Nord, ainsi désignée parce que le vent du Nord est le seul qui apporte la fraîcheur. Toutes les terrasses des vieilles maisons ont encore des bouches d'appel, *kamaryeh*, tournées dans cette direction.

Continuant à suivre cette ruelle vers l'Est, doublant l'angle de l'oratoire de Yoûsef Gamâl ad-Dîn, qui représenterait l'angle nord-est du palais, et de manière à enfiler le Soûk el-Gamâlyeh, nous rencontrons à droite la ruelle où semble se cacher la mosquée funéraire de la princesse Tatar el-Hidjâzyèh, petite-fille du sultan Kalaoûn. C'est là qu'il faut voir l'emplacement de *Bâb ez-Zoumouroud*, la porte de l'Emeraude, ainsi nommée du Pavillon de l'Emeraude qu'elle desservait. On y voit un très beau *zîr* ou vase pour les ablutions, de grande taille, en marbre blanc, couvert de méandres en relief qui semblent rappeler l'art des Fatimites. Serait-ce un dernier vestige du mobilier de leur palais ? (1).

En se dirigeant toujours vers le Sud, on arrive devant une des portes de la cour du cadi, passage voûté assez long qui communique avec un santon fort vénéré du populaire ; en continuant vers l'Est, un peu avant d'arriver au coin de rue où l'émir Gamâl ed-Dîn Maghlataï a bâti une mosquée en 1329, un cul-de-sac étroit et sombre indique le lieu où était placée la porte de la Fête, *Bâb el-Id*. Elle ouvrait vers le Nord, car l'enceinte, après la porte de l'Emeraude, se repliait à angle droit, laissant ainsi un grand espace découvert : « La *Rahbat Bâb el-Id*, place de la Fête, dit Makrizy, s'étendait entre la porte du Vent et le magasin des étendards. C'était une

---

ciser, dans la nouvelle rue qu'on a percée pour pénétrer jusque dans la cour du cadi : c'était le *mihrâh* ou niche à prière de la mosquée Dâher Baïbars.

(1) Ce vase est aujourd'hui conservé au Musée de l'art arabe.

vaste esplanade sur laquelle se tenaient les milices égyptiennes, infanterie avec artillerie, lorsque pendant les cérémonies des deux fêtes solennelles, elles attendaient que le calife sortît à cheval du Grand palais par la porte appelée Bâb el-Id. De là, les troupes se formaient en cortège jusqu'au *moçallâ*, situé hors de la ville près de Bâb en-Nasr, puis les prières récitées, elles reprenaient le chemin du palais où le calife rentrait par la même porte. Telle demeura cette place jusque dans les premières années du VIIe siècle de l'hégire. (1300 de J. C.). Alors seulement on commença d'y tracer des rues, d'y construire des maisons, des mosquées, etc. Ce quartier devint bientôt l'un des plus beaux de Kâhira : il prit le nom du lieu sur lequel il s'était élevé, il s'appela le quartier de la place de Bâb el-Id. » C'est aujourd'hui l'un des plus abandonnés.

ZIR EN MARBRE BLANC
Dessin de J. Bourgoin

Jusqu'ici, l'itinéraire tracé par Makrizy se suit aisément, car les lieux n'ont guère changé depuis le XVe siècle, époque où il procéda à l'identification de l'état d'alors avec l'état ancien dont les souvenirs n'avaient pas encore disparu. A partir de Bâb el-Id, il est plus difficile de suivre l'historien, à cause des nombreuses irrégularités que présente le tracé du palais.

A peu de distance de Bâb el-Id l'enceinte reprenait sa direction première, formant ainsi un vaste saillant, vestige palpable du gros village fortifié de Bâb Kasr ech-Chauk qui s'ouvrait à peu près dans le fond de l'impasse actuelle de Darb-el-Kazzâzîn, rue des Tisseurs de soie écrue.

Cette nouvelle direction de l'enceinte se maintenait parallèlement à l'impasse de Khatt-el-Kazzâzîn qui se prolongeait autrefois par l'impasse de Sitti Haloûma, puis se dirigeait vers l'Ouest, et c'est sur cette façade du palais que s'ouvrait au Sud la porte de Deïlem, sur l'emplacement actuel de Bâb el-Akdar ou porte Verte, passage voûté qui longe la paroi orientale de la mosquée d'El-Hassanéin.

Aussitôt après cette porte, l'enceinte formait un vaste saillant vers le Sud, pour englober le pavillon de Nâfii, où étaient relégués les vieux harems des princes défunts. A la suite du pavillon de Nâfii et aux confins de cette enceinte s'étendait la partie du palais réservée à la sépulture des califes, dont il ne reste plus trace aujourd'hui et qui avait reçu les reliques d'ancêtres que le calife El-Mouïzz avait apportées du Maghreb ; on la nomma *Tourbat ez Zafarân*, tombeau du Safran, parce que la coutume était d'oindre les tombes avec cette teinture. C'était une vaste nécropole dont l'aire était comprise entre la Salihyeh et le caravansérail de Djaharkas-el-Khalîly. Une neuvième et dernière grande porte du palais, appelée du même nom, était située sur l'emplacement d'un petit passage qui s'ouvre à gauche dans la grande artère du Khân-Khalîl avant d'arriver au portail de Kâït-Bây, mentionné dans notre description.

On le voit, ce palais formait une citadelle très irrégulière, défendue par une haute muraille et des saillants, sortes de bastions. Des terrains libres l'entouraient de tous côtés, servant aux fêtes et aux exercices militaires ; au XIIe siècle, après la chute de la dynastie des Fatimites, ils se remplirent de maisons tandis que les pavillons, les cours et les dépendances du palais tombaient en ruines. Seul le palais du cadi, élevé au commencement du XVIIe siècle, rappelle l'antique demeure de la justice.

Dans cette revue sommaire et forcément rapide, il ne faut pas oublier de mentionner à côté du Grand palais oriental ce qu'on nommait le Petit palais occidental, en partie situé autrefois sur l'emplacement du Maristân, mais beaucoup plus en retrait vers l'Ouest, et dont le jardin et les dépendances s'étendaient jusqu'au canal. L'entre-deux des palais, le Beïn-el-Kasreïn n'était pas comme aujourd'hui une artère étroite, il formait une vaste esplanade où dix mille cavaliers pouvaient manœuvrer à l'aise. On peut se figurer la splendeur de ces lieux, alors que le calife, placé dans le belvédère de la porte d'Or contemplait, comme dans un vaste hippodrome, ses cavaliers montés avec tout le luxe d'une époque renommée pour sa richesse et son faste (1).

On peut se former une idée de cette opulence par l'inventaire qui fut fait des trésors fabuleux des califes fatimites et que nous ont conservé Makrizy et quelques autres chroniqueurs arabes (2). On nous apprend que les mercenaires turcomans, qui protégeaient le malheureux calife Mostanser (1067) contre ses sujets, ayant élevé leurs prétentions de 28.000 dinârs (environ 300.000 francs) qu'ils recevaient par mois au chiffre exorbitant de 400.000 dinârs (environ 6.000.000), l'argent vint à manquer à ce prince sans énergie et sans talents. Plutôt que de résister, il se soumit et laissa vendre ses trésors à vil prix, ou même les fit distribuer aux rebelles en paiement des sommes folles audacieusement réclamées par eux.

L'inventaire assez détaillé signale une telle profusion de richesses en tous genres : pierreries inestimables, vaisselle d'or, armes de luxe, vases de cristal, embarcations opulentes et tentes de voyage vastes comme des palais, que l'on a peine à croire à la possibilité de réunir un nombre si prodigieux d'objets exceptionnels ; mais il faut se rappeler qu'à cette époque l'Egypte était le centre du commerce entre l'Occident et l'Extrême-Orient et que les califes recevaient de tous côtés des présents et de perpétuelles propositions d'achat auxquelles ils ne résistaient jamais.

La perte regardée comme la plus sensible, rapportent les chroniqueurs, fut celle de la bibliothèque du palais qui contint jusqu'à 120.000 volumes reliés, traitant de toutes les matières, et où certains ouvrages renommés se trouvaient à plus de 100 exemplaires. On y comptait entre autres, 18.000 traités sur la science des anciens. Lors du pillage, on

---

(1) Pour tout ce qui concerne le palais des Califes, discussions topographiques et restitutions archéologiques, citations d'auteurs anciens, consulter le beau et consciencieux mémoire de M. Paul Ravaisse, professeur à l'Ecole des Langues Orientales, ancien pensionnaire de la Mission française du Caire : *Mémoires de la Mission*, t. I. 3e fascicule [illegible] t. III. 4e fascicule. Paris, E. Leroux, 1887 et 1890 avec six cartes et [illegible]ns de restitution.

(2) Sur l'inventaire des trésors du Palais, voir le se[illegible]nd volume des *Mémoires historiques et géographiques sur l'Egypte*. l'E. Quatremère. Paris, 1811.

arracha de cette bibliothèque 2400 exemplaires du Coran, chefs-d'œuvre de calligraphie et d'enluminure, pourvus de reliures précieuses en orfèvrerie. On vit un jour sortir du palais 25 chameaux chargés des livres les plus rares qui représentaient bien une valeur de 100.000 dinârs et qui venaient d'être vendus pour 75.000 francs. Dans la suite ils furent de nouveau pillés, dispersés, détruits ; les esclaves arrachèrent des reliures pour s'en faire des souliers ; il y eut de ces livres submergés, tandis que d'autres furent abandonnés en monceaux dans les champs, se couvrirent de poussière et de terre et formèrent près d'*Abiar* des monticules de terre qui portèrent le nom de *Collines des livres*. Plusieurs années durant, les marchands d'épices du Caire se servirent des feuillets de ces livres pour en faire des sacs et des cornets.

La soif de pillage et de dilapidation a-t-elle disparu avec cette civilisation moderne dont nous sommes si fiers ? En 1793, la Convention fit vendre à vil prix ou donner en paiement à des fournisseurs les trésors d'art de toute nature que trois règnes successifs avaient accumulés dans le palais de Versailles. La vente aux enchères publiques se renouvela chaque jour et dura une année entière. Déjà Louis XIV en des moments de détresse avait fait fondre le mobilier d'argent massif de la galerie des Glaces et des grands appartements : lustres, torchères, tables, guéridons, caisses à orangers, statues, etc., dont le poids seul représenterait aujourd'hui une valeur de quinze à vingt millions de francs ; mais dans toutes ces grandes destructions des temps anciens et modernes la valeur vénale des objets précieux n'est rien en comparaison de la somme d'invention, de talent et même de génie qu'ils représentaient et dont il ne reste plus trace ; car les formes perdues ne se retrouvent pas et le vrai génie d'invention a de longues absences.

La destruction ne tarda point à s'abattre sur le palais des califes. Lorsque Saladin eut choisi le rocher de la Citadelle comme lieu de résidence d'une nouvelle dynastie, on laissa les émirs s'emparer des constructions du palais abandonné, où ils ne virent qu'une carrière de matériaux à exploiter.

Au XVe siècle, Makrizy ne connut les lieux que tels à peu près que nous les trouvons aujourd'hui et ne put décrire le palais que par ouï-dire. Mais à ces splendeurs disparues, en succédèrent d'autres d'un art peut-être moins sévère mais qui ne le cède en rien à l'exquise élégance de notre architecture occidentale du xve siècle : c'est cet admirable alignement d'édifices des sultans mamlouks dont aucune ville ne peut se vanter de posséder une collection plus enviable et plus digne d'être sauvegardée.

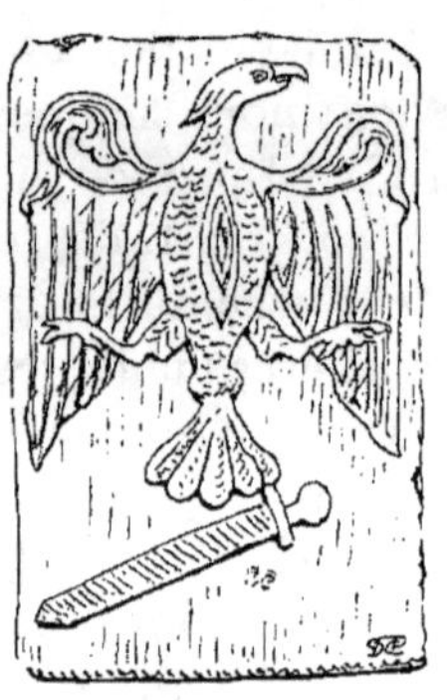

Le Palais de Mourad-Bey a Gizèh
D'après le colonel Grobert, 1801

LES VILLES MORTES

FOSTAT ET MISR

Après avoir assisté à la genèse d'El-Kâhira, il faut aller à la recherche des villes mortes ou disparues qui l'ont précédé.

Par des chemins incertains et capricieux où s'échelonnent des mosquées en ruine et des jardins déserts, on passe des bords de quelque étang à demi-desséché ou d'un canal presque comblé, aux plantations dévastées d'Ibrahim-Pacha. Ces solitudes entrecoupées de cimetières abandonnés qu'il faut traverser ou de collines de décombres que l'on doit contourner, ne laissent pas que de fournir une course fort attrayante. Lorsqu'on parcourt ces terres vagues, l'imagination s'émeut devant une telle désolation, et comme Chateaubriand, qui qualifie l'aride Judée de « terre épuisée par les miracles », volontiers on verrait là un terrain bouleversé par les vicissitudes de l'histoire. Mais il n'en est rien : la région que nous traversons est moderne, car il y a six siècles — et qu'est-ce que cela pour l'Egypte ! — le Nil, aujourd'hui distant d'une demi-lieue vers l'Ouest, le Nil y roulait ses flots, suivant cette ligne d'étangs qui sont peut-être les vestiges de son ancien lit. Il longeait le côté occidental de l'Ezbekîyèh et au bout de la rue de *Kantarat ed-Dikka* conduisant à la gare, à peu près où est le pont d'El-Lemoun, il se divisait en deux bras qui formaient une grande île et ne se rejoignaient que vers Choubrah. Ces déplacements du Nil sont perpétuels et s'accomplissent assez vite si l'on en juge par les différences considérables qui existent entre le fleuve d'aujourd'hui et celui dont les ingénieurs de l'expédition d'Egypte dessinèrent le cours à la fin du siècle dernier.

Mamlouk a cheval, près l'aqueduc du Vieux-Caire d'après le colonel Grobert. 1801.

Comme la route est encore dépourvue de ces tracés au cordeau qui, de nos jours « renversent villes et murailles », on peut arriver sans fatigue et sans ennuis aux confins de cet indescriptible territoire (1). Et là, sans trop savoir comment, on se trouve à la base d'une sorte de promontoire escarpé. A droite, c'est le petit bras du Nil, souvent tari, qui se glisse entre le rivage et la grande île de Rauda, s'enlevant d'un vert vigoureux sur l'horizon de la plaine de Gizèh ; à gauche, au fond d'un sillon fort encaissé, s'écoule à flots dormants le *Khalig* ou canal du Caire qui vient de se détacher du fleuve et va se perdre au milieu des immondices de la ville où il deviendra fangeux et stagnant. A l'arrière-plan s'élèvent les premières arches de l'aqueduc dont la file se dessinait, telle qu'une caravane dans les sables quand nous l'apercevions du haut de la Citadelle ; leurs silhouettes dorées dont les nuances violettes s'effacent à mesure qu'on s'approche, émergent de ces massifs de verdure poussiéreux et bronzés qui sont l'harmonie et la beauté des ruines africaines.

(1) Depuis 1865 ce territoire, purgé de ses buttes de décombres et de ses étangs, a été divisé en carrés au moyen d'avenues rectilignes que l'on espère voir bientôt bordées de hautes maisons de rapport, *comme à Paris*.

Le Khalig au temps des Basses Eaux
Dessin inédit de P. Chardin

Franchissant le *Pont de la Digue*, on aperçoit à deux cents pas vers la droite, la brèche faite par la prise d'eau du canal dans la berge du fleuve. C'est à ce confluent, dont l'emplacement a d'ailleurs varié au cours des âges, que reste fixé le dernier vestige des coutumes religieuses et populaires de l'antique Egypte. Lorsque la crue avait atteint un point déterminé, on rompait en grande cérémonie les barrages des prises d'eau et l'on y noyait une jeune fille de haut lignage que l'on consolait avec le titre de fiancée du dieu Nil. Depuis que l'Egypte s'est faite chrétienne ou musulmane, le vieux dieu ne reçoit plus que des simulacres de fiancées ; il n'a pas renoncé pour cela à fertiliser les domaines de ses anciens adorateurs. En revanche, il reste sourd aux prières qu'on lui fait publiquement pour qu'il modère ou augmente à propos le débit torrentiel de ses eaux.

Tandis qu'au moyen âge on déployait un luxe inouï pour le cortège du calife, on se contente aujourd'hui de faire défiler quelques troupes devant des fonctionnaires vêtus à l'européenne. Des conflits burlesques ont lieu entre les gamins de la ville et les gens de la police qui se laissent entraîner dans le lit du canal au moment où les eaux du fleuve s'y précipitent par la rupture d'un barrage de terre. On dit que c'est le vice-roi qui donne le coup de grâce à ce barrage au moyen d'une pile électrique établie dans sa tente. Du haut de ce tertre de décombres où Bonaparte s'était placé pour assister à cette même fête, les califes et les sultans mamlouks du moyen âge lançaient le javelot, comme pour ouvrir la terre devant les eaux frémissantes. A ce signal, cent barques richement pavoisées s'élançaient sur l'eau nouvelle, arrivaient jusqu'au centre de la ville dans cette avenue de kiosques, de jardins, de minarets chargés de musulmans en habits de fête, acclamant l'onde bienfaisante qui coulait à pleins bords dans le lit desséché du canal (1).

En côtoyant le Nil, à deux pas de la digue, la route est barrée par un grand porche dont l'arcade profonde et sombre ressemble à une porte de ville. Serait-ce là l'entrée du Vieux-Caire ?

Cette porte n'est en réalité qu'un pont couvert de chambres

(1) Sur la magnificence de ces fêtes au XIe siècle, voir le curieux ouvrage de Nassiri-Khosrau, traduit par M. Ch. Schefer, membre de l'Institut. Paris. E. Leroux, 1881, in-8.

Chemin du Vieux-Caire par le pont de la digue et la tête de l'aqueduc
Croquis de Paul Chardin.

que certain bey mamlouk avait jeté sans façon sur la route pour passer de sa maison des bords du Nil au jardin de son harem. Encore une de ces aimables irrégularités qui donnent de l'agrément aux habitations, procurent de l'ombre aux passants et ménagent une halte à l'honnête baudet, toujours flagellé par son cornac (1).

ROUTE DU VIEUX-CAIRE PASSANT SOUS UN PALAIS DE MAMLOUK
d'après l'Atlas de Denon.

A quelques pas de là, les montures s'arrêtent d'elles-mêmes, et comme par tradition, entre deux objets singuliers qui se font vis-à-vis de chaque côté du chemin. Ce sont deux portes, décorées avec un goût oriental si mirobolant qu'on croirait voir deux dames de harem en grande toilette se lorgnant d'un œil jaloux. A gauche c'est le harem ; à droite était le salamlik hospitalier d'un compatriote illustre : ce vieux brave colonel Sèves qui, sous le nom de Soliman-Pacha, organisa l'armée de Méhémet-Ali et la promena par la Syrie et l'Anatolie jusque devant Constantinople.

Ces deux portes sont de la main d'un pauvre artiste français du nom de Maschereau, qni vint ici en 1833 : excellent homme bien qu'un peu bohème : ne trouvant pas à s'employer comme Saint-Simonien, il se fit musulman pour devenir l'architecte. le peintre et le commensal de Soliman-Pacha (1).

---

(1) Cette porte pittoresque a disparu depuis 1865.

(2) Voir le curieux livre de Charles Edmond, bibliothécaire du Sénat, qui fut longtemps l'hôte de Soliman : *Zéphirin Cazavan en Egypte*. Paris. Calmann-Lévy, 1880.

En approchant du Vieux-Caire, jardins et maisons de plaisance disparaissent de la rive du Nil. Les cafés populaires,

BORDS DU NIL AU VIEUX-CAIRE

les gais bazars nichés sous des arbres ou des claies, puis les marchés en plein vent, où fellahs et volailles gloussent au milieu des herbes, occupent tout ce qui est ruelle ou place vague, et s'éparpillent encore sur la haute berge du Nil. Du point saillant de la rive où nous sommes placés, la vue plane librement sur l'océan du grand Nil dont les eaux semblent accourir de toutes parts pour aller se concentrer vers la droite et se diviser à la pointe de l'île de Rauda où le Mékyâs, l'ancien nilomètre des Arabes, se tient en vedette parmi des minarets villageois et de vieux palais endormis. Dans un lent va-et-vient, les *djermes* à voiles divergentes comme des ailes de goëlans, montent ou descendent le courant, les mariniers chantent ces mélopées coupées de vifs refrains qui sont aussi vieilles que l'empire des pharaons et n'ont fait que changer leurs invocations à Osiris et à la pléiade des dieux pour les litanies d'Allah et des saints de l'Islam.

Sur la rive opposée du fleuve, à près d'un quart de lieue, les blancheurs du bourg de Gizèh se mêlent aux reflets de l'eau qui passe ou de l'eau qui dort dans les étangs, parmi les champs verts, les bois de palmiers et les *tell* des villages : toute une mêlée de choses riantes et fraîches qui s'échelonnent à l'horizon jusqu'au seuil de la région calme où se dresse le groupe des Pyramides.

On ne sent plus qu'un désir : ouvrir ses ailes comme l'heureux épervier qui là-bas jette son cri aux poissons, tournoyer sur les grandes eaux, se mêler à cette nature immense : mais l'oiseau est inconscient de son bonheur, et l'homme ne peut franchir les espaces que par la pensée.

Sous nos pieds, au bas de la berge, des créatures sont contraintes au mouvement par la violence et se débattent en une sorte de cauchemar comique dont on ne prévoit pas la fin. Ce sont des ânes auxquels on veut faire passer l'eau avec le harem villageois que conduit un vieillard mécontent et revêche. La lourde felouque où les femmes s'entassent pour caqueter, les enfants pour rire ou crier, ne peut démarrer : il faut encore embarquer les montures et personne ne songe à jeter une planche de la rive glissante au bord escarpé du bateau. Si bien que chaque âne ahuri de cris, battu à outrance, ou refuse net ou saute éperdu, la tête dans la barque, la croupe dans l'eau, les tibias contre le tranchant du bois. Et pas un baudet dont l'œil ne reste calme et doux ! Bêtes et gens quittent enfin la rive dans un concert de bruits confus. Lentement ils doublent la pointe du Mékyâs ; paresseusement ils traversent le grand bras du Nil. Par instants on voit encore les points rouges des tarbouchs, les taches blanches des gandouras, on perçoit la note claire d'une voix mêlée au coup sourd d'un aviron. Le grincement des norias, le piaulement des éperviers continuent leur perpétuel duo et la barque atterrit à Gizèh.

C'est là que le soir du 21 juillet 1798 fut consommée la victoire des Pyramides. Un ouragan de flammes et d'explosions couvrait le Nil depuis Boulak et montait jusqu'au ciel. « Pendant toute la nuit, dit Napoléon, au travers des flammes des trois cents bâtiments égyptiens en feu, se dessinaient les minarets du Caire. La lueur se réfléchissait jusque sur les parois des Pyramides. »

Surpris et furieux de sa défaite, Mourad-Bey quitta précipitamment sa résidence et ses retranchements de Gizèh pour aller avec ses derniers cavaliers se perdre comme la tempête au désert. Au même moment le général Bonaparte, « le contentement peint sur le visage », arrivait tranquillement à pied et prenait place dans le palais abandonné où l'état-major, errant depuis dix-sept jours dans les sables, rencontra pour la première fois « l'exemple du goût oriental et du luxe des beys ». Cinq jours se passèrent en négociations et en reconnaissances avant l'entrée au Caire et le 25 juillet seulement. du point où nous sommes, on put voir la barque qui portait Bonaparte et sa fortune quitter le rivage de Gizèh et venir aborder dans l'île vers la pointe du Mékyâs.

Revenons maintenant aux plus lointains souvenirs du Caire, à la poussière des ruines et des décombres. Quittant les gais rivages du Nil, suivons cette ruelle déserte et croulante qui monte vers Kasr-esch-Chama, tanière où les Coptes, jadis sujets chrétiens de Byzance, restent enfermés depuis les douze siècles que dure la conquête musulmane.

Il faut dire adieu à toute apparence de verdure ou de vie : les tombes des pharaons perdues dans les montagnes de Thèbes ne sont certainement pas plus silencieuses ni plus désolées que le champ mortuaire de cette ancêtre du Caire, appelée par l'antiquité grecque la Babylone d'Egypte.

Où était-elle au juste, cette cité disparue dont il ne reste plus qu'un souvenir confus ? Non loin d'ici, probablement, mais un peu plus vers le Sud, entre le Nil et les hauteurs de Saint-Georges, sous ces amas de décombres où surnagent quelques couvents chrétiens. Mais au moins, de l'antique forteresse de la Babylone d'Egypte, appelée par les arabes

Kasr-esch-Chama, Château de la lumière, il subsiste l'entrée principale, composée d'une porte de ville, flanquée de deux tours saillantes. Les troupes du calife Omar, conduites par Amr ben-el-Aas (Amrou), l'attaquèrent en 640, après avoir pris Memphis sans coup férir et avant de s'emparer d'Alexandrie. C'est donc là le plus ancien et le plus vénérable souvenir du Caire; et ce monument n'a subsisté

RUINES DE LA FORTERESSE DE BABYLONE EN 1798
D'après l'Atlas de la Commission d'Égypte.

que grâce à sa transformation en une église dédiée à Saint-Serge. La porte, dessinée dans les planches de la Commission d'Egypte avec ses trois tours dont l'une, celle du Nord est aujourd'hui détruite, se trouve maintenant un peu plus enfoncée dans le sol qu'elle n'était alors. La façade est enterrée à près de moitié de sa hauteur : le cintre de la porte a complètement disparu sous les décombres et l'on ne peut en retrouver les claveaux qu'en écartant le sable, opération dont les habitants, descendus à notre approche, paraissent fort inquiets ; on ne voit donc plus de son ordonnance générale que le fronton qui la surmontait, et occupait presque tout l'espace entre les deux tours. La corniche horizontale qui servait de base à ce fronton et qui serait maintenant à portée de la main, est tombée ; il n'en reste que les consoles d'angles sur lesquelles viennent poser les extrémités du fronton. Les faces inférieures de ces consoles sont décorées de l'aigle romaine, sculptée en ronde bosse, dans un style qui porte sa date ; c'est de la décadence byzantine dont les caractères n'ont pas été observés par les dessinateurs de la Commission d'Egypte ; ils ont donné à ces aigles le dessin ferme et correct du style classique. En réalité, ces figures sont sculptées avec cette mollesse de contours, cet oubli ou

L'UN DES AIGLES BYZANTINS SCULPTÉS A LA BASE DU FRONTON
Croquis de C. Mauss.

cette négligence de la forme véritable qui constituent la décadence d'un art usé et annoncent la naissance d'une nouvelle manière. Ces aigles ressemblent à des *poupées de laine* et rappellent beaucoup certaines figurines d'oiseaux de l'ancien art arabe que l'on traiterait volontiers de byzantines et auxquelles des ouvriers byzantins peuvent ne pas avoir été étrangers.

Les tours ont été certainement construites à une époque postérieure, élevées avec une certaine hâte et comme appliquées à la muraille déjà existante. Elles sont faites d'assises de pierre alternant avec des lits de briques et séparées par d'épais joints de mortier. Au niveau du fronton de la porte les tours sont percées d'un rang de fenêtres étroites et cin-

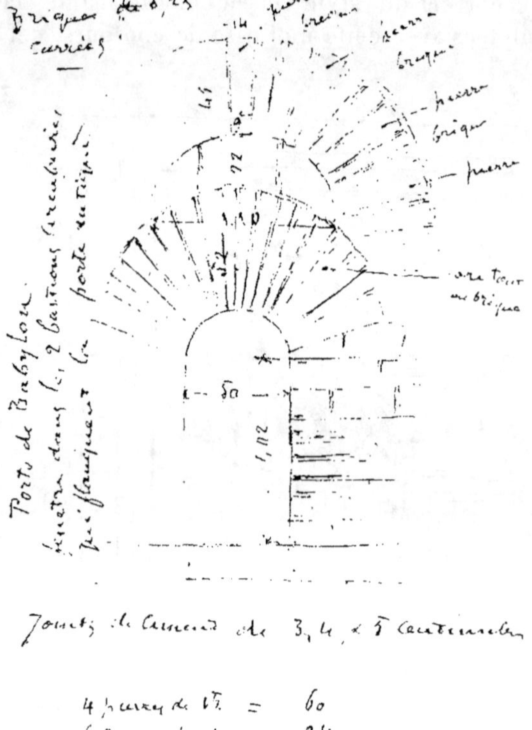

DÉTAILS DE CONSTRUCTION D'UNE EMBRASURE
RELEVÉS PAR M. MAUSS

trées dont les claveaux de pierre sont séparés par des briques et d'épaisses couches de ciment fait de chaux, de tuileau pilé et de cendres de bain. Tout ce système de construction se retrouve dans les édifices antiques de Byzance.

Le reste de l'enceinte du bourg, qui a été élargie et échancrée en différents endroits, ne présente rien de remarquable que quelques vestiges de tours du côté est ; la muraille n'est partout qu'une mauvaise construction plus ou moins moderne, qui ne permet pas de reconnaître exactement le périmètre de l'ancienne forteresse. On peut croire que la population chrétienne de la ville, tolérée par les musulmans, mais isolée dans ses mœurs et sa religion, a laissé tomber ou a détruit les fortifications désormais inutiles ; elle a senti le besoin de les remplacer par une clôture hermétique.

La forteresse commandée aujourd'hui par des collines de décombres, dominait autrefois toute la région et s'ouvrait à proximité du Nil. Actuellement le lit du fleuve en est écarté de 350 mètres et sur cet espace s'est élevé à une époque assez récente le bourg appelé Vieux-Caire.

Si l'on descend dans la bourgade par la porte du Nord, on s'enfonce dans des ruelles très étroites, bordées de hautes maisons à l'aspect sordide et pittoresque, véritable ghetto où de rares habitants glissent comme des ombres. Le soleil même d'Egypte s'arrête impuissant à éclairer ces passages tortueux ; çà et là, dans quelques recoins se blottissent de très vieilles églises coptes assez sales et délabrées, mais riches en clôtures de bois ajouré, incrustées de nacre et d'ivoire où se conservent les traditions de l'art byzantin. Nous entrons dans une cour ténébreuse et humide. Une porte basse donne accès dans l'église Saint-Serge, sanctuaire vénéré entre tous les sanctuaires chrétiens de l'Egypte. On ne saurait imaginer, dans un espace plus étroit, autant de contrastes bizarres ; la richesse la plus délicate y coudoie une misère sordide. Les fenêtres, très petites, sont comme oblitérées par des vitres verdâtres, et ce n'est qu'à regret, semble-t-il, qu'on y a laissé pénétrer une lumière douteuse. Une odeur fade est partout répandue, mélange des vapeurs tièdes de l'encens et des émanations des vieux bois pourris ; et cependant la tribune du chœur accuse encore, sous la poussière des siècles, une ornementation charmante. Comme dans les sanctuaires du rite grec, un iconostase sépare l'autel de la nef ; l'ivoire et la nacre s'y incrustent, fouillés, ciselés d'une main délicate et légère ; ici des bas-reliefs très fins, là des guenilles ; de l'or, à côté d'inscriptions taillées au couteau : des saints et des saintes d'une naïveté tout enfantine, des sièges vermoulus et, brochant sur le tout, des signatures de soldats de Bonaparte. Au-dessous de l'église règne une petite crypte, décorée de colonnettes. Selon une tradition chère aux âmes coptes, la Sainte Famille, craignant toujours le roi Hérode, y séjourna lors de la Fuite en Egypte, après son repos momentané à Héliopolis.

L'Église de la Vierge au Vieux-Caire

C'est pourtant dans ces lieux, aujourd'hui si pacifiques, si endormis, que se développa le germe de discorde qui mit fin à la puissance romaine et changea les destinées de l'Egypte en la jetant pour toujours sous la domination des musulmans.

Leur esprit de tolérance, leur foi très simple vint délasser le génie égyptien, fatigué par des siècles de disputes et de subtilités religieuses. De cet état nouveau naquit le romantique et fantaisiste art arabe qui sied si bien à l'Egypte, tout en formant un contraste absolu avec la sévérité classique du vieux style égyptien.

Les persécutions religieuses et les immenses destructions de temples et de statues, accomplies sous le règne de l'empereur Théodose, avaient fait des Egyptiens un peuple de dévots soumis, quoique d'esprit assez peu évangélique. Tombée aux mains des empereurs de Byzance dans le partage de l'empire, la province d'Egypte ne tarda pas à ressentir les effets de l'esprit grec, toujours disposé à s'absorber et à se perdre dans les spéculations chimériques de la théologie comme de la philosophie. Après les systèmes des philosophes païens, le monde grec subit les luttes des antagonistes et des hérésiarques chrétiens qui arrivaient à s'entre-tuer pour des puérilités insaisissables, tandis que les envahisseurs barbares tournaient autour des provinces impériales et les arrachaient par lambeaux.

En Egypte, les innombrables fonctionnaires byzantins partageaient naturellement les opinions religieuses de l'empereur régnant et s'en servaient pour molester, exploiter le menu peuple d'origine égyptienne devenu chrétien sous le nom de copte. De là deux sectes rivales et haineuses, les Malékites ou partisans privilégiés de l'empereur et les persécutés et les opposants coptes, nommés aussi Jacobites. Les violences, les exactions étaient arrivées à un tel point dans cette Egypte si mal surveillée par le pouvoir central que la haine contre Byzance était devenue générale et irréconciliable. Les Egyptiens clamaient à haute voix qu' « ils ne voulaient plus avoir affaire aux Grecs, ni dans ce monde ni dans l'autre », et ils cherchaient qui pourrait les en délivrer.

En face de ce pouvoir usé, divisé, grandissait la puissance des musulmans. Ils étaient dans toute l'ardeur et la force de leur énergie envahissante. Les héritiers plus ou moins authentiques de Mahomet pouvaient être en lutte de compétition les uns contre les autres, le calife reconnu exerçait une autorité absolue sur les peuples musulmans. On ne s'y perdait point en discussions théologiques, on obéissait aveuglément au chef. Du reste, pour ces hordes de l'Arabie et des pays de la soif, les rives fraîches et verdoyantes du Nil étaient un Paradis terrestre.

Tandis que l'on se disputait dans ces églises et que peut-être on s'entre-tuait dans ces ruelles, Amrou, généralissime du calife Omar, entrait en Egypte avec ses bandes invincibles. s'emparait sans coup férir de Memphis mécontente et, revenant sur ses pas, campait devant la forteresse de Babylone où s'étaient réfugiés les rares et faibles défenseurs du pouvoir impérial.

C'est à 350 mètres vers le Nord-Est que l'on rencontre la mosquée d'Amrou qui marque le point où le général musulman planta sa tente, à la distance voulue pour éviter la portée des armes de jet lancées par les machines de guerre très perfectionnées des Byzantins. Si les ruines de cette forteresse nous montrent le dernier boulevard de la puissance byzantine en Egypte, la mosquée d'Amrou nous marque le premier point encore visible de la conquête musulmane.

Aujourd'hui que douze siècles se sont écoulés, que tout est tombé en poussière autour d'eux, les champions sont restés face à face, à peu près dans la même solitude qu'au moment de leur lutte. La mosquée d'Amrou couvre plus d'un hectare et ce n'est plus qu'un champ de ruines presque abandonné. Selon la coutume orientale, on viendra peut-être lui reprendre les colonnes ou les chapiteaux de ses galeries qu'elle-même avait empruntés aux monuments antiques et aux églises chrétiennes de la période byzantine, épars alors sur la plaine de Fostât au milieu des cultures, des vignes et des jardins.

La mosquée d'Amrou qui mesure près de 100 mètres de côté, ne peut nous instruire sur l'ancien et modeste édifice auquel les historiens arabes ne donnent que les dimensions d'environ 25 mètres sur 15 mètres, soit une superficie de 315 mètres carrés au lieu de plus 10.000 qu'elle occupe. C'était une bâtisse à toit bas, dépourvue de cour centrale, au sol caillouté : toute la simplicité de l'âge héroïque. La ville que l'armée improvisa autour de la mosquée après s'être partagé le terrain par tribus était tout aussi simple que l'édifice religieux ; elle se composait de baraques de campement et la maison d'Amrou ne différait guère des autres demeures. A mesure que la ville se développe, la mosquée s'agrandit aux dépens des maisons voisines, à commencer par celle d'Amrou dont elle n'était séparée que par une venelle étroite, là probablement où on montre encore son tombeau. En 827, sous le règne du calife abbasside El-Mamoùn, elle avait déjà des dimensions d'environ 95 mètres de long sur 75 mètres de large et sa simplicité primitive avait disparu pour faire place à un grand luxe de dorures et de peintures.

Liwan principal de la mosquée d'Amrou

En 1168, l'émir Châwer fit brûler la ville de Fostât pour s'opposer à l'invasion des croisés conduits par Amaury Ier roi de Jérusalem (1). La mosquée fut en partie détruite et ne retrouva sa splendeur que sous le règne de Saladin. Elle menaçait déjà ruine en 1267. Restaurée en 1288 par le sultan Kalaoùn en même temps qu'El-Azhar, le tremblement de terre de 1302 l'endommagea à ce point que des travaux importants devinrent nécessaires.

C'est à cette époque, qu'on l'enrichit avec les débris d'autres édifices. L'année 1401, elle tombait encore en ruines, et aujourd'hui, sauf le sanctuaire, elle n'est guère moins délabrée, malgré la série de réparations partielles qu'elle subit jusqu'à la conquête française en 1798.

L'architecte Pascal Coste la vit vers 1837 bien plus com-

(1) *Campagnes du roi Amaury Ier de Jérusalem en Egypte au XIIe siècle*, par Gustave Schlumberger. Paris, Plon, 1906, in-8°.

plète qu'elle ne l'est aujourd'hui ; son plan marque une première cour d'entrée avec des bains, des écuries, des logements pour les pèlerins, tout un ensemble qui montre bien que c'était un centre d'attractions encore important.

Le vice-roi Saïd, arrivé au pouvoir en 1854, peut-être par un de ces caprices fastueux souvent sans lendemain, voulut la restaurer et l'embellir avec magnificence. Pour reconstruire la façade nord, on détruisit probablement les aménagements dont on ne voit plus de traces aujourd'hui.

L'état de caducité perpétuelle de cet édifice n'étonne pas quand on examine de près la manière hâtive, négligée dont il fut construit et réparé. Comme toutes les mosquées dont le plan est tracé d'après une tradition ancienne, elle se compose d'une cour immense, entourée de portiques ; celui du Sud-Est qui contient la maksoûra ou lieu de la prière publique est formé de six rangs de colonnes supportant des arcs de maçonnerie en plein cintre outrepassé, tandis que les galeries latérales n'ont que deux ou trois rangs de colonnes portant des ogives outrepassées. Or, ces colonnes, d'un petit calibre, sont mal plantées, mal équilibrées : le maçon prend de-ci, de-là, des colonnettes et des chapiteaux et les assemble au hasard. On trouve dans maint endroit deux colonnes accouplées dont une petite à grand chapiteau et une grande à petit chapiteau, une base renversée d'un diamètre insuffisant pour le fût de la colonne qui lui sert souvent de chapiteau. On peut affirmer que ces chapiteaux sont de toutes les paroisses. Il en est de byzantins, de grecs et peut-être d'alexandrins et de syriens ; et d'autres d'un caractère si fantaisiste qu'on ne sait comment les désigner. Relever, classer tous ces chapiteaux ainsi épars dans les mosquées du Caire serait une œuvre intéressante. Beaucoup de ces matériaux, transportés par la voie large et commode du Nil devaient arriver d'Alexandrie au Caire, à l'époque où cette première déclinait et où la seconde prenait son essor. S'il en était ainsi, l'étude que nous proposons ne donnerait-elle pas quelque indice sur cet art alexandrin, connu par son caractère composite et bizarre ?

Toutes les têtes de colonnes sont réunies par des poutrelles horizontales ou tirants, placés là pour empêcher l'écartement des arcs. Dans l'angle Sud-Ouest de la maksoûra, c'est-à-dire à droite du sanctuaire, les tirants primitifs ont été coupés au ras des chapiteaux et remplacés par d'autres, posés

La falaise du Mokattam, les nécropoles de l'imam Chaféi et des mamlouks bahrites
Vue prise des hauteurs d'Ibn Touloun, 1884

au-dessus des tailloirs et dans la maçonnerie même des arcs. Ils sont formés par des troncs de palmier non équarris mais enveloppés d'une boîte en planches qui simule l'équarrissage de la pièce. Les faces de cette caisse sont décorées d'un ornement courant en faible relief, d'un bon style et d'un

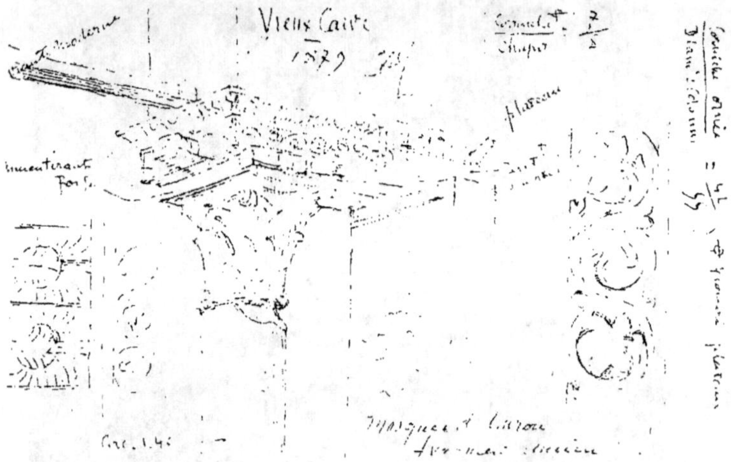

MOSQUÉE D'AMROU. DÉTAILS DE CONSTRUCTION
Croquis d'architecte, par M. Mauss. 1879

caractère assez ancien. Autrefois, sans doute, toutes les galeries de la mosquée étaient pourvues de tirants semblables, dont les ornements devaient se prêter à d'élégantes enluminures, mais actuellement il n'en reste que les amorces ; on peut saisir là une trace évidente d'une restauration déjà ancienne.

Autour de la petite et pauvre mosquée des premiers âges, s'éleva, nous l'avons dit, une cité qui ne valut guère mieux qu'elle. Que pouvaient établir de pareilles hordes sauvages ? Elles étaient si effrayantes qu'à leur premier aspect, le commandant de la forteresse de Babylone, Mokaukis faillit, selon la tradition, s'évanouir de terreur et, ne pouvant défendre la citadelle, il finit par la rendre à Amrou et par se réfugier dans l'île de Rauda. Libre alors de ses actions, le chef musulman put diriger tous ses efforts sur Alexandrie qui restait à prendre. Une jolie tradition, une légende peut-être, trouve ici sa place : au moment de lever le camp, on vint dire à Amrou qu'une nichée de colombes s'était établie au sommet de sa tente. Le général

Nécropole du petit Kerafat : Tombeaux des Mamlouks Bahrites (XIIIe et XIVe siècles)

aurait ordonné de la laisser en place jusqu'à son retour afin de ne pas déranger les oiseaux ; il ne faisait en cela que suivre l'exemple de Mahomet qui préféra un jour découdre avec son poignard la manche de sa robe plutôt que de réveiller son chat favori qui s'y était installé pour dormir. La tente d'Amrou aurait donc été le premier monument durable de la ville nouvelle qui prit le nom de Fostât, la tente. Que ce soit là une fable ou bien que ce nom soit un simple souvenir du premier campement militaire, la ville de Fostât suivit peu à peu la fortune de la mosquée d'Amrou, mais ce point initial étant l'endroit le plus bas, le plus resserré de la plaine, la ville resta toujours malsaine. Des ruelles étroites, bordées de maisons hautes et de caravansérails encombrés, servaient de voirie aux animaux morts, aux ordures et aux déjections qui allaient contaminer les eaux du fleuve. Aucune brise ne venait nettoyer l'atmosphère chargée de poussière et de fumée. De là des pestes fréquentes, et ceux des habitants qui survivaient étaient d'un tempérament souffreteux et montraient un caractère poltron, mécontent et inhospitalier : quelques-uns allèrent s'établir sur la colline du Sud, où le vent du Nord leur apportait, il est vrai, de mauvaises odeurs, mais où ils trouvaient au moins de meilleure eau.

En quittant la mosquée d'Amrou, nous passons sous l'aqueduc dont nous suivons les arcades jusqu'à la Citadelle. Devant nous, isolée dans un désert de ruines, apparaît la petite mosquée funéraire de Zéïn-el-Abidin, lieu très révéré, devant lequel coulait autrefois le Nil. Hormis son antique sainteté, elle n'offre plus à l'attention qu'une petite porte à battant de granit, enlevé peut-être à quelque église des premiers âges, ou même à un temple égyptien.

Devant nous, sur plus de 9 kilomètres carrés, s'étend une plaine aride, bornée vers l'Est par les hauteurs où se dresse la mosquée du sultan Ahmed-ibn-Toûloûn (879). Le sol de cette plaine présente un réseau de vallonnements formés de décombres, seuls vestiges de villes qui durant cinq siècles comptèrent parmi les merveilles de l'Orient. Elles disparurent du XIe au XIIIe siècle sous les fléaux les plus effroyables : la peste, la guerre civile, l'incursion des croisés, l'incendie, et le caprice des souverains.

Avant ces catastrophes, au XIe siècle, les trois villes soudées de Fostât (la tente), d'El-Asker (l'armée) et d'El-Kataï

VALLON ROCHEUX ENTRE LA CITADELLE ET LE MOKATTAM

Dessin inédit de P. Chardin

(les fiefs) offraient un magnifique ensemble de palais, de mosquées, de places populeuses, de maisons à sept étages, de bazars richement approvisionnés et de jardins toujours verdoyants. Du haut de leurs minarets, vers le Nord, on avait devant soi la nappe miroitante de Birket-el-Fîl, l'Etang de l'Eléphant, entouré de palais et auprès duquel le Khalig (canal du Caire) serpentait au milieu des jardins, des champs et des palmiers. A trois quarts de lieue on apercevait, isolée dans la plaine, l'enceinte de Kâhira, la nouvelle cité des califes fatimites et sa grande porte flanquée de tours, cette Bâb ez-Zouwaïleh qui se dresse encore au Caire, emprisonnée dans des ruelles. Vers le Nord-Ouest, c'était le Nil, côtoyant le bas-fond de l'Ezbekîyèh, entourant de ses sinuosités le bourg détaché d'El-Maks (la douane), et ce canton délicieux et fleuri de la Timbalière, chanté par les poètes (actuellement Faggâla) que le fleuve séparait de la grande île Géziret-el-Fîl (gare et avenue de Choubrah).

Les vieilles rues de Fostât succédaient à des chemins antiques. Quelques-uns des monticules de décombres sont cernés par des bases de murs dont le tracé irrégulier rappelle la forme des îlots du Caire actuel (1). Des fouilles ne donneraient probablement pas d'autres indications car au XIIe siècle, après l'incendie et la destruction des villes, les habitants enlevèrent les matériaux utilisables pour reconstruire d'autres demeures sur cet espace alors découvert qui s'étend à peu près de la mosquée du sultan Hassan à celle d'El-Mouayyed et de Bâb ez-Zouwaïleh, ancienne limite de Kâhira. La trajectoire décrite par Le Caire, depuis plus de douze cents ans qu'il existe, peut se comparer à un fer à cheval, dont les deux branches aboutiraient au Nil et dont le vide central se serait peu à peu rempli tandis que disparaissait la branche sud, celle de droite, la plus ancienne des deux.

Devant nous, à l'Est, se dresse la haute falaise à pic du Mokattam, au pied de laquelle s'étendent les immenses nécropoles arabes du petit Kerâfat, de l'Imâm Châféy et des sultans bahrites avec leurs innombrables coupoles, leurs murs dentelés et leurs vieux minarets qui ne tiennent plus que par la grâce d'Allah et du beau ciel d'Egypte. Bien souvent nous

(1) Les salles orientales du Louvre possèdent des débris de poterie, donnés par M. le docteur Fouqué et provenant de fouilles faites sur l'emplacement de ces villes disparues.

sommes revenus dans le cimetière de l'Imâm, attirés par le charme étrange de ces lieux : il n'est pas d'endroit où l'atmosphère nous ait semblé plus radieuse, où l'air et les objets soient plus imprégnés de nuances bleuâtres et rosées, où de plus beaux édifices soient mieux groupés et mieux étagés sur un sol inégal. Le site est dominé par le rocher de la Citadelle que couronne la silhouette de la mosquée de Méhémet-Ali, agréablement allégée par ses minarets turcs, hardis comme des mâtures. A droite de ce rocher, paraît la croupe extrême du Mokattam où perchent de petites mosquées aériennes.

ENTRÉE DU VALLON ROCHEUX

Un vallon étroit et rocheux, qui aux temps géologiques, alors que la mer battant ces rivages, faisait du rocher de la Citadelle un îlot détaché, conduit à la nécropole des sultans mamlouks que les drogmans persistent à appeler *tombeaux des califes*, tant ce titre est prestigieux.

Lorsqu'on s'élève sur les flancs du Mokattam, la ville du Caire apparaît avec ses minarets et ses horizons bleus derrière des collines de décombres au delà desquelles on ne devinait rien. En changeant de point de vue, quelques parties jusque-là masquées du Caire surgissent dans une direction contraire comme une autre ville qu'un mirage ferait voir au milieu des sables et des tombes en désordre.

Parvenus au sommet du Mokattam, on voit apparaître d'immenses horizons où la nature, les œuvres de l'art et les jeux de la lumière se mêlent et s'harmonisent d'une manière inattendue. Sur un tertre rocheux qui domine le plateau, la vue se découvre entièrement et n'a plus de limites. Au milieu, la Citadelle dont les murs, les tours et les courtines forment un piédestal à la mosquée de Méhémet-Ali.

Celle-ci est comme la reine funèbre d'un vaste cimetière ; la vallée des sultans bahrites, et celle des mamlouks circassiens s'étendent à droite et à gauche ainsi que les deux ailes éployées de l'épervier antique, et dans l'avenir, ne restât-il rien du Caire ancien que ses nécropoles, on en aurait encore une idée merveilleuse.

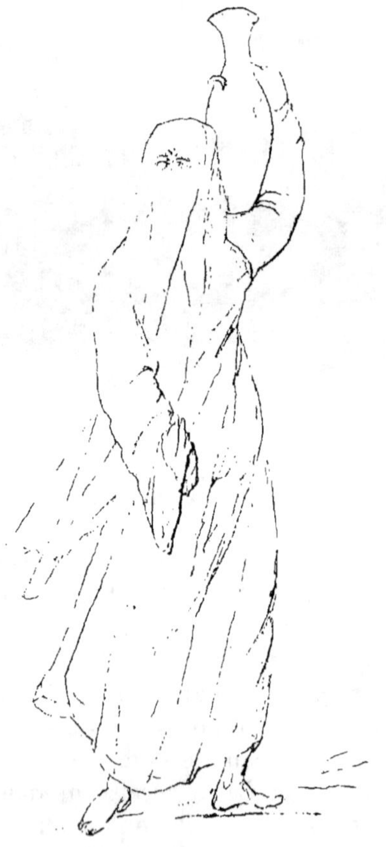

NÉCROPOLE DE KAÏT-BAY, dessin de P. Chardin

LA VALLÉE DES TOMBEAUX

La vallée des sultans mamlouks est une des plus curieuses que l'on puisse voir. Nous passons par la place de Roumeïlèh et longeant le pied de la Citadelle, que nous laissons à notre gauche, nous sortons des murailles par la porte Bâb el-Wizir. Elle s'ouvre sur une plaine sablonneuse qui disparaît parfois sous des nuées de petites tombes en désordre, où les pauvres d'aujourd'hui voisinent avec les émirs d'autrefois dont les sépultures s'abritent sous des dômes légers que soutiennent quatre colonnettes. Et l'on va ainsi longtemps au milieu de cette confusion silencieuse, environné de quartiers ruinés qui s'étagent sur les croupes de la Citadelle. On s'enfonce en plein désert, au milieu d'une vallée triste dont les flancs brûlés cachent l'horizon ; on marche péniblement sans avancer, sous un soleil de feu — et même on a grand soif — et voilà que tout à coup surgit une *ville* merveilleuse, invraisemblable de luxe au milieu de cette désolation. Coupoles innombrables et minarets entassés ou égrenés au hasard dans la plaine ; murs dentelés qui se poursuivent à perte de vue, entourant des dépendances, des cours à portiques où rien ne remue.

A chaque pas on voit quelque coupole effondrée sur le sol, comme un grand corps terrassé, la face contre-terre et les bras en avant que le sable recouvre lentement comme l'oubli : La chute a dû être brusque, foudroyante, à en juger par les pans de murs aigus, déchiquetés qui restent debout, et le jour noie maintenant les dernières enluminures de la voûte, faites jadis pour l'ombre et le mystère ; d'autres oratoires sont si lézardés qu'on évite de passer dans leur voisinage. Les legs qui soutenaient ces fondations pieuses ont disparu peu à peu, Méhémet-Ali a confisqué les derniers (1). Les plus grands édifices, faits pour loger un peuple de desservants, n'ont plus qu'un gardien qui se traîne, vêtu d'un sayon bleu et tendant la main.

TOMBE DE MAMLOUK
Dessin inédit de P. Chardin.

Nous allons d'une mosquée à l'autre, découvrant à chaque pas des points de vue nouveaux ; il y a des impasses, des rues irrégulières, des places formées au hasard. Les minarets, les coupoles semblent se mouvoir, se grouper différemment, parfois se ranger en avenues avec des dégradations de nuances changeantes : les plus éloignées, toutes roses avec des ombres bleuâtres, paraissent nacrées et quasi transparentes, tandis

(1) Aujourd'hui, le Comité de conservation des monuments de l'art arabe au Caire veille à l'entretien des plus beaux édifices et même les répare dans une mesure qui devra rester prudente et discrète.

Vue panoramique de la nécropole des sultans mamlouks circassiens prise vers le Sud

que les plus rapprochés ont des oppositions de lumière dorée et d'ombres fortes mais diaphanes.

Ici les groupes d'édifices s'allongent dans la plaine vide comme de grands promontoires sur une mer endormie ; ailleurs, ils y sont jetés comme des îlots ; en se retournant, on aperçoit au loin, vers le Sud, les grands rochers du Mokattam, l'immense silhouette de la Citadelle et de la mosquée de Méhémet-Ali qui ne paraît plus qu'une forme bleuâtre, rehaussée de quelques touches légères et brillantes ; enfin, plus loin encore, les minarets du Caire qui s'élèvent comme un autre mirage répondant au premier.

Une vieille tradition dit que cette place renfermait dans son sein une vertu paradisiaque : c'était un de ces lieux bénis comme il en existe dans tous les cultes, sorte de vallée de Josaphat où l'on tenait à se faire inhumer. En quel lieu cette attirance dévotieuse a-t-elle pris racine ? Ne serait-ce pas dans le site singulièrement beau du petit Kérâfat où se trouvent les sépultures de la première dynastie des Mamlouks ? La seconde, celle des Circassiens, ne voulant pas, selon l'usage, se confondre avec celle de ses devanciers s'est portée vers cette longue bande de désert comprise entre les murailles de l'Est et la chaîne du Mokattam où des faubourgs s'étaient déjà établis autour de tombes populaires.

Nous arrivons au charmant édifice de *Kâït-Bây* qui a donné son nom à toute la nécropole. C'est une mosquée du XVe siècle, assez petite, mais bien complète, très élégante et dominant la foule des édifices voisins. Autour d'elle se groupent des palais, des casernes, des jardins, des cours, des dépendances abandonnées où le tombeau n'occupe qu'une petite place. Le minaret, très élevé, a trois étages marqués par ces jolis balcons fort saillants que soutiennent de larges gorges formées de cordons de stalactites ; ces renflements successifs donnent à la hampe du minaret la grâce nerveuse de la tige du bambou, relevée par ses nœuds saillants. Chose assez rare, celui-ci a encore son couronnement, formé d'une sorte de fleuron ovoïde d'une élégance extrême. La coupole, située en arrière de l'édifice, est très élancée et couverte d'un réseau d'entrelacs en relief.

Théodule Devéria, artiste de race autant que savant, nous fait remarquer maints détails qui auraient pu nous échapper ; il nous montre entre autres choses comment les claveaux qui composent les arcs de décharge des linteaux des portes et des fenêtres sont découpés de façon à s'emboîter les uns dans les autres avec une précision admirable, en

MOSQUÉE FUNÉRAIRE DU SULTAN MAMLOUK KAÏT-BAY, XVe SIÈCLE
d'après une photographie de Lekegian.

formant les dessins les plus variés. Les fenêtres garnies de claires-voies de pierre d'une légèreté remarquable sont ordinairement doubles : La claire-voie de l'intérieur est formée de très petits dessins tandis que celle de l'extérieur se compose de gros entrelacs au travers desquels on distingue l'autre claustra. « Il faudrait un an, nous dit-il, pour étudier tout cela, et l'on en tirerait des motifs d'ornements dont on n'a pas idée en Europe. »

A l'intérieur de la mosquée, quatre liwâns ou galeries plafonnées de solives enluminées d'azur et d'or, entourent un parvis dallé de mosaïques de marbre où le plein ciel apparaît par une large ouverture octogonale ; sur ce lac de lumière, que traversent les aigles au plus haut du ciel, les éperviers aux ailes rigides comme ceux des bijoux pharaoniques, passent pour atterrir au minaret qui monte, et dont la cime nous renvoie des reflets brillants.

Le tombeau du sultan est dans une salle voisine, placé sous la coupole dans une clôture de boiseries ajourées ; une dalle noire portant une empreinte qui passe pour être celle du pied de Mahomet, relique douteuse, s'abrite sous une petite coupole en cuivre doré, de l'art le plus délicat. Autour du sanctuaire, encore révéré pour cette relique du prophète, tout est en ruines.

Au fond du vestibule d'entrée se creuse une niche où s'asseyaient le sultan et son vizir pour rendre la justice en certains jours. On revoit alors par la pensée ces énergiques figures d'autrefois assises dans l'ombre et perdues dans leurs beaux vêtements blancs ; puis sur tous ces degrés, ces haies de mamlouks immobiles sous leurs armes éclatantes, entre lesquelles il fallait passer pour arriver au maître des nuques et des cœurs, « pensif, féroce et doux ».

Au pied de la charmante mosquée, et à côté de l'immense bâtiment militaire qui montre de quel fastueux apparat Kaït-Bây aimait à entourer ses déplacements, est blotti un des plus misérables hameaux que l'on puisse rencontrer : C'est le reste du grand faubourg de Kérâfat, où le puissant sultan Kaït-Bây venait résider quelquefois. Mais pourquoi et comment les gens vivent-ils encore ici ? C'est ce qu'on ne peut comprendre quand on voit l'éloignement et l'aridité absolue de ce lieu.

A quelques pas de là, et toujours cheminant au milieu d'un essaim de petits dômes qui sont comme les satellites d'un astre, nous trouvons l'élégante mosquée d'El-Achraf Barsrbây, l'une des plus complètes, bien qu'elle n'ait ni fontaine, ni école publique ; quelques traces seulement d'un *tekièh* ou couvent dont les pensionnaires devaient être les gardiens de

Intérieur de la mosquée de Kaït-Bay
d'après une aquarelle d'Ambroise Baudry.

la dépouille du souverain et de ses dernières volontés, car sur les murs en ruines de l'enclos, se voient encore les dalles sur lesquelles il fit inscrire l'emploi minutieux des sommes léguées pour perpétuer sa fondation.

La mosquée proprement dite, possède une jolie porte à double perron, une coupole très élancée, couverte de riches broderies. Un minaret nu, triste, délabré, dont la cime tronquée laisse dépasser l'axe de l'escalier à vis, se dresse dans les airs comme un pal sinistre ; telle est la sépulture de cet Achraf Barsbây dont le nom se rencontre si souvent dans les beaux monuments du Caire, et qui, en 1421, de la situation de simple esclave mamlouk était parvenu selon l'usage à s'élever au rang suprême par une suite de ruses et d'usurpations. Son règne, du moins, fut long et glorieux : il mit à la raison les pirates de la Méditerranée dont le roi de Chypre se trouvait être le recéleur ; et l'on vit alors ce prince chrétien, un Lusignan, baisant la terre et payant rançon dans le palais de Saladin, devant l'esclave couronné qui, satisfait de cette soumission humiliante, le fit reconduire courtoisement dans son île.

L'intérieur de la mosquée, tracé sur un autre plan que celui de Kaït-Bây, est disposé avec une fantaisie charmante ; la décoration des murs nous a semblé une des plus complètes que l'on puisse voir. Les parois, unies et dépourvues de membrures saillantes, sont revêtues de compartiments de marbre veiné rose ou violet, entouré de larges bandes de rouge antique, bordées elles-mêmes de lisérés noirs ; sur ces bordures rouges des entrelacs noirs et de grands filets de nacre aux reflets d'argent vont, viennent, toujours en lignes brisées et, se rencontrant comme par hasard, forment des nœuds, des étoiles, des rosaces, dont le centre est rehaussé de jaune antique ; puis ils se séparent pour aller recommencer plus loin ce jeu de labyrinthe qui charme les yeux et embarrasse l'esprit par des subtilités sans fin, issues de principes assez simples.

Les lois restrictives imposées aux artistes arabes furent moins absolues qu'on ne le croit généralement ; en les détournant de la sculpture et de la statuaire, elles les ont maintenus dans la voie de cette aptitude spéciale et quasi-transcendante qu'ont les Sémites pour toutes subtiles combinaisons et en particulier pour celles des nombres, des lignes et des

A. Beato

Sultan El-Achraf Barsebay, mort en 1437. | VALLÉE DES TOMBEAUX | Sultan Barkouk, mort en 1388.

figures géométriques. Tout ce que les Arabes d'Espagne, plus libres que ceux de Syrie et d'Egypte ont tenté soit en sculpture soit en dessin pour représenter les êtres animés, est au-dessous du médiocre au point de vue de l'ornement ; au contraire, tous les peuples orientaux, avec leurs styles différents, sont en quelque sorte demeurés sans rivaux (1).

L'esprit qui garde le tombeau, comme disent les Arabes dans leurs contes merveilleux, est un vieux musulman à grand turban et longue barbe blanche ; il a passé quatre-vingts ans, et dit avoir vu le général Bonaparte dans cette même mosquée à laquelle il était déjà attaché, peut-être comme serviteur de son père. Cela est vraisemblable, puisqu'il ne s'est écoulé que soixante-sept ans depuis l'expédition française (1798-1865). On le presse de questions sur ce sujet, mais son esprit est vague comme celui d'un paysan qui a vu sans comprendre. Il finit cependant par nous faire entendre que les Français furetaient partout pour chercher des trésors et il fait un geste qui donnerait à penser qu'ils trouvèrent bien des choses... Sur le général en chef, il s'exprime d'une façon un peu moins indécise : il le dépeint comme un petit homme vif (pas plus haut que le plus petit d'entre nous, au-dessus duquel il étend la main) ; il était pâle, réfléchi (le vieillard penche la tête), et frappait du pied (geste qu'il répète avec sa babouche). Aurait-il assisté à quelque colère de Bonaparte contre des soldats pillards laissés en avant-poste dans les tombeaux de la vallée ?

Du seuil d'El-Achraf, et dans le prolongement de sa façade, on aperçoit alors très bien la célèbre mosquée du sultan Barkoûk qui mourut à la fin du XIVe siècle.

C'est la plus grande et la plus ancienne des sépultures souveraines. L'ensemble des bâtiments forme un rectangle fermé dont la façade et le sanctuaire occupent les deux grands côtés. L'extérieur ne présente que des murs simples et sévères, zébrés de rose et de blanc, jaunis par le soleil et fort délabrés. Sur les angles de la façade, deux minarets jumeaux, car-

(1) Depuis que nous écrivions ces lignes, d'utiles et précieux ouvrages ont paru : JULES BOURGOIN. *Les Arts arabes*, 1 vol. de planches in-fol. et 1 vol. de texte. — du même, *Le trait général de l'Art arabe*. — *Les éléments de l'Art arabe* (le trait des entrelacs), Paris, Didot, 1879, in-4° — *Précis de l'Art arabe* (Mém. de la Mission arch. du Caire, t. VII), Paris, E. Leroux, 1891, grand in-4°. — PRISSE D'AVENNES. *L'Art arabe d'après les monuments du Caire*, depuis le VIIe jusqu'au XVIIe siècle.

rés jusqu'à mi-hauteur, se dressent comme des tours florentines armées de leurs machicoulis ; à ce premier étage, leurs troncs passent du plan carré à la forme cylindrique, puis

COUR DE LA MOSQUÉE FUNÉRAIRE DU SULTAN EL-BARKOUK, XIVe SIÈCLE

finissent en campaniles à jour, jadis surmontés du *fleuron ovoïde*. Sur les angles postérieurs, deux coupoles s'élèvent en arrière des minarets ; chaque angle est ainsi pourvu d'une haute et belle construction ; l'ensemble a une majesté et une harmonie sans égales. A l'intérieur, une cour silencieuse, entourée de portiques délabrés, pleine de ruines où poussent en liberté des palmiers et autres grands végétaux du désert. La fontaine aux ablutions, tarie, abandonnée, montre de toutes parts un squelette de lattes desséchées qui tombent en poussière.

Au fond de la cour, entre les deux dômes, les galeries plus hautes et disposées sur trois rangs marquent le sanctuaire ; tout tombe de vétusté : la chaire ou *mimbar* en marbre, d'un beau travail, est disloquée par le temps et comme le trône funéraire de Salomon, elle s'écroulera quelque nuit avec un bruit sinistre auquel rien ne répondra ; elle entraînera dans sa chute l'immortalité de cet aventureux sultan Barkoûk, tant aimé du peuple arabe qu'il haranguait du haut de ces marches où nous sommes assis.

Aux deux extrémités du sanctuaire, deux portes qui s'ouvrent au milieu d'admirables clôtures de bois ajouré, d'une architecture imposante, donnent accès sous les dômes où reposent le sultan Barkoûk et les princes de sa famille. Le sultan, dans son sarcophage de marbre, est sous le dôme de gauche. La popularité dont il a joui a traversé les siècles ; aujourd'hui encore les dévots viennent ici avaler comme remède la poussière de marbre qu'ils enlèvent avec des cailloux au dallage tombal. Cet ensemble respire une mâle et sauvage grandeur, une sorte de désespoir abandonné, surtout si quelque coup de vent fait gémir les treillis vermoulus, entre et sort par les fenêtres béantes et fait tournoyer sur les tombeaux le sable toujours errant.

Barkoûk fut un sultan modèle, un grand sultan devant Allah et les hommes de son temps. Il grandit esclave comme un vrai mamlouk, conspira, usurpa le pouvoir, fit de belles exécutions en masse et malgré tout fut trahi, exilé, jeté en prison. Il s'évada au moment d'être étranglé, revint plus puissant que jamais, rentra triomphalement au Caire, qu'il noya dans le sang. Il régna heureux, se moqua des Tartares qui, par deux fois, n'osèrent l'approcher : joua tant et si bien au *mail* (1) qu'il en mourut, âgé de soixante ans à peine,

---

(1) Ce jeu était appelé *laab el-Kourâ*. La raquette était appelée *djoukân*. Le jeu du djoukân était connu des Byzantins sous le nom de *Tzykanion* ; il passa chez nous sous le nom de jeu de la *chicane*. Le *djoukân* figure dans les armoiries de l'officier chargé de porter la raquette du sultan sous la forme de deux bâtons à crosses adossés.

regretté du peuple et des pauvres et laissant de grands trésors dont ils n'héritèrent point...

Sa mosquée est bien celle d'un souverain fastueux et populaire. Elle est immense : il s'y trouve des appartements d'hiver et d'été pour les voyageurs, trois logements complets pour les cheikhs ou dignitaires de la mosquée, des salles d'audience ; puis une fontaine publique, une salle d'école,

SALLE DU TOMBEAU DU SULTAN EL-BARKOUK, XIVe SIÈCLE

des écuries placées en dehors dans une annexe à l'angle nord de la façade.

On reste confondu de tant de splendeurs jetées dans un désert stérile, inhabité et situé assez loin des portes et des murailles du Caire. Qui donc venait fréquenter ces écoles ? Qui pouvait-on appeler à la prière du haut de tous ces minarets perdus dans la solitude ?

En considérant les goûts fastueux et les coutumes immuables de l'Orient, on serait tenté de conclure à première vue que tout ceci était œuvre de luxe et non d'utilité ; que tout tombeau complet se composant d'une mosquée avec ses accessoires obligés, fontaines, collèges, etc., les souverains les plus riches et les plus puissants se plaisaient à effacer leurs devanciers par la magnificence d'une sépulture plus grande que toutes les autres ; et à jeter avec leur prodigalité et leur esprit de tradition imperturbable, n'importe où dans la nécropole, un édifice de toutes pièces, sans se soucier de savoir si ce qui était conçu pour la ville servirait au désert.

Mais d'une part, il faut se rappeler que cette solitude n'était pas aussi grande autrefois : le vide s'est fait depuis lors sur ce faubourg de Kérâfat et sur le quartier du Caire avoisinant, dont les habitants sont allés grossir au nord le faubourg Hassanyeh.

D'autre part, des recherches ultérieures nous ont ouvert des aperçus nouveaux sur ce fait assez secondaire en apparence, mais en réalité assez intéressant au point de vue de la politique défensive des anciens souverains de l'Egypte.

De tout temps les princes mamlouks, puis les pachas envoyés de Stamboul, se sentant peu solides au milieu des factions intérieures et rivales ou des haines de famille, auraient senti le besoin de s'appuyer sur les tribus bédouines du désert auxquelles l'ancienneté de leur race et leur indomptable énergie donnaient une sorte de supériorité redoutable. Il fallait à tout prix se concilier leur amitié ou au moins neutraliser leur force en les divisant par des intrigues bien nouées et bien entretenues. Or, de toute antiquité le Bédouin a eu horreur des villes dont il redoute les miasmes étouffants : aujourd'hui encore s'il vient au Caire, il se garde bien d'y passer la nuit, mais aussitôt le soleil couché il en repart au galop pour aller camper dans les sables. On ne pouvait donc héberger les chefs nomades, se les attacher, les traiter royalement, que dans des demeures construites en plein désert.

Il est certain que le vice-roi Abbâs-Pacha, fils d'une Bédouine, qui mourut en 1854, suivait encore cette politique à l'égard des Bédouins et ce fut une des raisons pour lesquelles s'élevèrent, durant son règne, ces palais isolés dont nous ne comprenons plus l'usage : l'*Abbâssyeh*, situé dans le triste désert d'Héliopolis et le *Dâr-el-Beïdâ* placé à plus de quinze lieues du Caire, au *Gebel-Awebel*, en un lieu si dénué qu'il fallait y apporter l'eau à dos de chameau. Outre la question d'alliance secrète, il y avait encore celle des acquisitions de chevaux de haute race dont les Bédouins, éleveurs émérites, pouvaient être d'excellents pourvoyeurs pour les écuries sultaniennes ; mais, amateurs jaloux et tenaces, ils refusaient parfois de se

Sultans El-Ghoury, Inâl. — Sultan Barkouk. — Sultan El-Achraf Barsebay.

EXTRÉMITÉ NORD DE LA VALLÉE DES TOMBEAUX

d'après une photographie de A. Braun. 1869.

dessaisir de leurs montures de pur sang ou ne les cédaient qu'après de longs pourparlers conduits avec diplomatie. Cet état de choses, convoitise d'une part et résistance de l'autre, durait encore sous le règne des vice-rois Méhémet-Ali et Abbas-Pacha, grands appréciateurs de chevaux, ainsi qu'en témoignaient les haras de leur palais de Choubrah et de l'Abbâssyeh.

Les beaux jours d'une mosquée nouvelle et préférée duraient peu, car bientôt elle allait partager le sort de ces épouses royales devenues veuves, qu'un successeur reléguait encore belles et jeunes dans une région écartée du palais. Tant que le fondateur de l'édifice vivait, la foule des clients affluait ; le maître lui-même y venait, donnant audience, rendant la justice et faisant largesse ; mais peu de temps après lui, tout rentrait dans le néant ; ses successeurs attiraient la foule ailleurs et les dotations finissaient par s'évanouir. Des faits analogues se passent encore en Egypte, et paraissent inhérents aux gouvernements musulmans versatiles et nomades. L'Egypte est couverte de palais inachevés qui tombent en ruines ; ce n'est pas grand dommage, mais on ne sait qu'en faire. Pas un souverain nouveau qui veuille se contenter des résidences de son prédécesseur ; par un qui n'en construise de nouvelles, ne s'en dégoûte, et ne recommence à bâtir autre part, enrichissant toujours quelque entrepreneur européen qui ne laisse ordinairement qu'une bâtisse insipide ou ridicule. D'ailleurs on connaît ce dicton oriental trop souvent justifié : « Quand la maison est finie, la mort y entre. » Aussi les sultans avaient-ils toujours un palais en construction, qu'ils se gardaient bien d'achever. A cela vient s'ajouter l'idée qu'il y a danger pour un héritier d'habiter le lieu où son père a rencontré la mort.

Le jour baisse, et nous quittons la vallée. Les façades et les minarets de Barkoûk sont empourprés par le soleil couchant qui les frappe directement : les broderies des coupoles ressortent comme des damasquinures d'or au front des casques sarrasins. Les ombres s'allongent et se rencontrent ; les cimes du Mokattam semblent se couvrir d'une neige rosée sur un fond d'un bleu sombre qui s'épaissit, monte et envahit le firmament, chassant devant lui la lumière qui se réfugie et se concentre plus ardente autour du soleil abaissé sur l'horizon. Nous marchons dans sa direction et rencontrons encore une longue traînée d'édifices en ruines, dont les fenêtres béantes, au milieu des murs sombres, semblent illuminées par un incendie. Ce sont les belles mosquées d'Inâl et d'El-Ghoûry qui se relient comme les parties symétriques d'un seul et immense édifice. Les Egyptiens en ont fait un dépôt de poudre ; de temps à autre, une file de chameaux, conduits par quelques fellahs nonchalants, vient y chercher des munitions. Malgré les petits postes endormis qui entourent la poudrière, elle sautera quelque jour, « cela est écrit » et alors que deviendront tous ces beaux édifices si légèrement construits et si anciens. « Pourquoi soutiendrions-nous vos monuments pharaoniques, disait avec franchise le vice-roi Ismaïl à Mariette Bey, puisque nous ne pouvons même pas conserver ceux de notre religion ? » Et que fait donc l'administration des Wakfs des revenus considérables dont elle dispose ?

Parvenus aux limites de cette nécropole sans égale qui mesure près d'une lieue de long, nous tournons à gauche vers l'angle nord-est des murailles du Caire, qui par leur abandon et leur majesté rappellent les murs de l'ancienne Rome. Derrière nous, dans la vallée des tombeaux, les ombres s'allongent toujours et se perdent au loin sur le sol comme les derniers plis oubliés de longues draperies traînantes. On peut redire ici avec le Coran :

« Tout ce qui est dans les cieux et sur la terre se prosterne devant Dieu, de gré ou de force ; les ombres mêmes de tous les êtres s'inclinent devant lui les matins et les soirs. »

Bab el-Fotouh ou porte des Conquêtes, xie siècle

d'après une sépia inédite d'A. Dauzats, 1830

ENTREZ-LA EN PAIX ET SURETÉ... *Coran*, XV, 46

LE QUARTIER D'EL-AZHAR

ET LES ANCIENNES MURAILLES

La mosquée d'El-Azhar est un des plus célèbres établissements de l'Egypte et de l'Orient. C'est par excellence la Grande Mosquée, sorte de Sorbonne musulmane où neuf mille étudiants, accourus de tous les points du monde musulman, de l'Inde comme du Soudan, viennent encore recevoir les leçons de plus de trois cents professeurs, selon des méthodes et des traditions qui n'ont guère varié depuis le xe siècle de notre ère.

Demeurée la seule importante parmi les universités musulmanes, elle est devenue le centre de l'orthodoxie; c'est un foyer de fanatisme et d'opposition aux idées modernes, qui oblige le visiteur étranger aux plus grandes précautions de prudence et de respect; on ne peut la visiter sans une permission spéciale de la police. La façade ne se ressent pas de l'abandon qui règne ailleurs : de riches enluminures d'or, d'azur et de vermillon, répandues à profusion selon un goût un peu turc, attestent des réparations de fraîche date, également reconnaissables dans la lourdeur des minarets et de bien d'autres parties reconstruites. Une première petite cour a grand air avec ses hauts murs zébrés de festons en zig-zag et dominée par son puissant minaret géminé. Sur trois côtés d'une autre cour immense, s'alignent les logements gratuits ou *hâra* (quartiers) donnés aux étudiants pauvres qui viennent de loin, et des *riwâk* ou salles destinées à l'enseignement et à la conservation des manuscrits. Au milieu de la cour et sous les portiques vague un peuple d'étudiants ou *tâlib* de tous âges, et de toutes couleurs qui lisent, récitent, écrivent, cousent, mangent, causent, se promènent ou dorment étendus sur les dalles, mais sans aucun tumulte ou irrévérence. Que le chant du mouezzîn retentisse, ils se lèveront en masse pour les ablutions et la prière et iront ensuite s'accroupir sur les nattes du sanctuaire, afin d'écouter quelque professeur assis au pied d'une colonne. L'ensemble a l'attrait d'une chose millénaire dont l'âme est restée immuable ; c'est à peu près l'image que l'on pourrait se faire de la vieille Sorbonne et des clercs de la basoche de notre moyen âge.

Dirigeons-nous vers le sanctuaire avec notre drogman : dix ou douze étudiants nous suivent de près et de curieux deviendraient hostiles à la moindre imprudence de notre part. Un manque de sérieux et de respect provoquerait de petits sifflements qui, discrets au début, donneraient bientôt le signal d'une bousculade dans laquelle nous serions maltraités et à tout le moins, jetés à la porte. El-Azhar a eu ses accès de fanatisme et pourrait les avoir encore. Le 21 octobre 1798, deux mois après la visite séductrice de Bonaparte et de son accord *apparent* avec les cheikhs de la mosquée, l'insurrection trouva ici son centre d'activité meurtrière. C'est dans ce foyer que fut excité sourdement le fanatisme de Soliman, l'assassin du général Kléber.

Comme dans toutes les grandes mosquées, la maksoûra d'El-Azhar s'ouvre à l'air libre par le portique du quatrième côté faisant face à l'entrée ; mais tandis qu'ailleurs ce lieu de culte et de prière n'est formé que de trois ou quatre travées, à El-Azhar le sanctuaire en contient neuf, soutenues par trois cent quatre-vingts colonnes de marbre, de porphyre, de granit, avec bases et chapiteaux provenant d'édifices grecs, romains ou byzantins. Cette forêt de colonnes, éclairée par douze cents lampes suspendues, offre de tous côtés des perspectives féeriques dont l'effet serait admirable, comme en la mosquée de Cordoue, si toutes les proportions étaient en harmonie. Malheureusement les plafonds sont bas et enfumés, en sorte que, malgré sa superficie de 300 mètres carrés, cette salle manque absolument de grandeur architecturale.

L'éducation universitaire donnée à El-Azhar a un caractère non moins primitif que celui de ses habitants. Nul contrôle dans l'éducation universitaire donnée à El-Azhar, aucune direction dans des études dont la matière est forcé-

Cour centrale de l'université musulmane d'El-Azhar
Dessin de Paul Chardin.

ment restreinte, puisqu'elles reposent en grande partie sur l'exégèse du Coran et des *hadîths* ou traditions. L'Université n'arrive donc à former que des maîtres d'école, des théologiens et des jurisconsultes à la façon arabe; on surcharge la mémoire des élèves d'un fatras de subtilités stériles faites pour rétrécir l'esprit et l'empêcher de se fortifier (1).

La mosquée El-Azhar est entourée de ruelles où pullulent les étudiants ; ils sont là chez eux, descendant de leurs galetas pour flâner, rire et acheter leur nourriture, oignons, pastèques et autres pauvretés ; devant les échoppes circulent des marchands ambulants qui offrent en criant à tue-tête des légumes, du poisson pourri, *fesîkh*, et du *bersîm*, pousses de trèfle, qui fait le régal du menu peuple et que les baudets convoitent d'un air comique.

Le bâtiment qui longe le côté méridional de l'édifice appartient au plus beau style de l'architecture civile des Arabes : sur quatre-vingts mètres de long se dresse la façade du magnifique okel du sultan Kaït-Bây, percé vers son milieu d'une grande porte trilobée donnant accès dans une cour intérieure, où règne le désordre le plus pittoresque. Cet okel, sorte de bazar ou de caravansérail, peut passer pour une fondation pieuse de ce souverain en faveur de la sainte mosquée, puisqu'il abritait le commerce utile aux étudiants. Le rez-de-chaussée de l'okel est occupé par un rang de boutiques élégamment construites en pierres bien appareillées, de ce beau style qui correspond assez à notre architecture du temps de François Ier. L'aspect est tout à la fois imposant et agréable. On aime à revenir plusieurs fois sur ses pas pour jouir de ce double spectacle : une belle architecture et une vie populaire animée.

Ces allées et venues nous font faire de jolies découvertes, fertiles en détails pittoresques. Au tournant d'angle, on remarque une belle fontaine arabe, puis en retrait une gracieuse porte de ruelle et enfin, en retour d'équerre et formant le fond de la rue de l'okel, un escalier de quelques marches ouvrant dans un spacieux corridor découvert, au fond duquel

(1) Sur l'état ancien d'El-Azhar, comme sur son état actuel, consulter *L'Instruction publique en Egypte* par Ed. Dor-Bey. Paris. A. Lacroix, Verbœckhoven et Cie, 1872, in-8°, et sous le même titre, un ouvrage d'Artin-Pacha, ancien directeur général de l'Instruction publique en Egypte. Paris. E. Leroux, 1890, in-8° ; et enfin *Les universités musulmanes d'Egypte*, par Pierre Arminjon, *Revue de Paris*. 15 sept. et 1er oct. 1904.

se dresse un majestueux minaret à base carrée comme celle d'une tour faite pour commander toute la rue. Nul plan préconçu, pas d'alignement imposé.

La mosquée de Mohammed-Bey mérite une attention spéciale car elle est turque, de l'année 1769 et d'un genre diffé-

LECTURE A UN AVEUGLE

Scène dessinée sur le chemin d'El-Azhar, par P. Chardin.

rent de celui des édifices de l'art arabe, mais tient bien sa place à côté d'eux. Comme aux mosquées de Sitti-Safya et de Boulak, on se trouve en présence d'une grande coupole éclairée de vitraux, reposant sur des colonnes ioniques disposées sur un plan octogonal ; cela donne la sensation du caractère un peu lourd mais majestueux et dominateur des anciens Osmanlis et à coup sûr la mise en scène est superbe et conçue par un artiste de haut vol.

Pour nous rendre aux murailles, nous parcourons les ruelles percées dès le XIIe siècle sur les terrains vagues pour la plupart, qui s'étendaient entre la mosquée El-Azhar et le Grand palais des califes. Nous rencontrons la très sainte mosquée dite des Hassaneïn, c'est-à-dire des deux fils d'Ali, Hassan et Hosseïn, édifice construit sur l'emplacement de la *Coupole du Deïlem* où les califes fatimites conservaient embaumée la tête du martyr de Kerbélâ ; le fanatisme en interdit l'entrée à tout Européen.

En face du portail d'El-Hassaneïn, nous retrouvons la sortie du Khân-Khalil où les marchands persans vous offrent du thé à la russe pour vous engager à nouer des affaires : gens polis, de fort belle apparence et très rusés. Les Persans sont restés sectateurs fanatiques de la descendance du prophète représentée par Ali, son gendre et Hosseïn, son petit-fils que ses partisans laissèrent massacrer tout jeune à la journée de Kerbélâ en 680. Depuis lors les remords ne les ont pas quittés, et tous les ans ils célèbrent à la mosquée d'El-Hassaneïn une cérémonie secrète : un enfant, monté sur un cheval blanc et représentant Hosseïn, est introduit dans la mosquée. A sa vue, le fanatisme s'exalte, les larmes coulent, les cris s'exaspèrent et les patients se flagellent jusqu'au sang avec des chaînes de fer, aux cris de : « Yà Ali ! Yà Hosseïn ! »

Par ce lacis de ruelles tristes et solitaires que nous avons parcourues en étudiant le contour oriental du Grand palais des califes, nous arrivons au carrefour animé de la Gamalyeh qui est une sorte de rendez-vous de mosquées : à gauche le vieil oratoire de Saïd-es-Souadâ avec ses arcades soutenues par des piliers octogones de l'époque de Saladin ; à droite, le dôme et les minarets de l'émir Kara Sonkor et du sultan Baïbars-el-Djâchenguir qui ont été évidemment placées là pour la joie des yeux. Le Soûk el-Asr, ruelle irrégulière et pittoresque, brillante et populeuse lorsque s'y tient le marché de l'Asr, ou du soir, nous conduit à la porte des remparts appelée Bâb en-Nasr. Un bakhchich et quelques paroles aimables nous feront des amis des bachibozouks du corps de garde posté sous la voûte. Un de ces magnifiques brigands ouvre une porte et nous fait monter, sur

ANCIENNE MOSQUÉE DES HASSANÉIN

Aquarelle d'A. Baudry, 1871, édifice détruit et refait vers 1873.

les remparts, construits au XIe siècle ; on se trouve alors sur un chemin de ronde très bien conservé ; du côté extérieur de la ville, le parapet crénelé est interrompu de distance en distance par des tours ; des portes cintrées donnent accès dans de spacieuses salles voûtées dont les pierres sont admirablement appareillées, et d'où la vue plonge sur les constructions du faubourg Hassanyeh qui ressemble fort à un gros village. A gauche du chemin de ronde, on voit au-dessous de soi la cour abandonnée de l'okel de Kâït-Bây ; puis s'ouvrent les portes des casemates en ruines que personne peut-être n'a habitées depuis les soldats de Bonaparte. Une vieille gamelle défoncée traîne encore à terre, mais une trace plus certaine de l'expédition française ne laisse pas que de produire une assez vive impression : ce sont ces noms bien gravés en belles capitales au-dessus des portes : TOUR CORBIN, TOUR JULIEN, TOUR MILHAUD.

Les casemates passées, on domine l'immense cour à portiques tout en ruines de la mosquée du célèbre calife fatimite El-Hâkem, qui la construisit dans les premières années du XIe siècle. C'est là dit-on qu'il créa la religion des Druses.

Les minarets de la mosquée d'El-Hâkem semblent s'échapper du fond de grosses tours quadrangulaires à murs inclinés, ce qui leur donne une apparence plus militaire que religieuse. N'auraient-ils pas servi de défense à l'entrée de la ville ? Le minaret du nord montre au-dessus de sa porte l'inscription française : FORT VAILLE. Le chemin de ronde contourne la masse carrée de ce fort improvisé et l'on arrive ainsi sur la voûte de la vieille porte du Caire, Bâb el-Fôtoûh ou porte des Conquêtes, flanquée de deux tours rondes qui portent le nom de TOUR LESCALE et de TOUR PÉRAULT.

Après la dernière tour le mur s'infléchit beaucoup à l'Est, on le voit se prolonger à perte de vue et disparaître au milieu des maisons qui le pressent des deux côtés ; une porte défend l'accès du chemin de ronde car, les parapets étant ruinés, il est devenu impraticable.

Parvenus à cette extrémité, nous apercevons dans le faubourg extérieur à la même hauteur que celle où nous nous trouvons un mouezzîn sur le dernier balcon d'un minaret ; un gouffre nous sépare ; nous éprouvons le désir, comme disent les marins, de faire le point. Avec les mains mises en porte-voix, notre interprète lui crie en arabe : Comment s'ap-

Rue conduisant a Bab en-Nasr
d'après une aquarelle d'A. Baudry, 1871.

pelle la mosquée ? Nous n'entendîmes d'abord que quelques sons qui se perdaient dans le vent, puis la voix chanta en espaçant les syllabes : Ez-Zâ-hè-ry-eh. Désormais, en regardant sur nos plans, nous étions fixés : la mosquée qui, dans l'intérieur de la ville, correspond à Ez-Zâhèryeh, c'est El-Gamery avec ses jolies arcades en fer à cheval ; d'ici à la porte Bâb en-Nasr, notre point de départ, nous avons donc exploré un tronçon de muraille bien conservé d'environ cinq cents mètres.

Après un examen plus attentif, nous remarquons la transformation qu'a subie le vieux crénelage à une époque relativement moderne : les créneaux de pierre, destinés d'abord aux archers, ont été réunis et haussés par un remplissage grossier de briques avec ménagement de meurtrières pour l'emploi des armes à feu. C'est sans doute un ouvrage improvisé par les soldats de Bonaparte pour la défense d'un point très important ; il protégeait la mosquée El-Hâkem, convertie en dépôt de matériel de guerre ; il flanquait les deux portes principales du Caire ; il commandait le faubourg populeux d'El-Hassanyèh. A part les noms inscrits par ordre supérieur, au-dessus des portes des tours, pour définir nettement le service de garde et pour honorer la mémoire d'officiers tués pendant la campagne, on ne trouve aucun de ces graffiti amusants tracés par des soldats désœuvrés comme aux pylônes du temple d'Edfou dans la Haute-Egypte : Vaincre ou mourir — Les François sont partout *vainceurs* — et enfin cet appel attendri — O Rosalie ! Tout montre ici qu'une surveillance active maintenait une discipline sévère.

Grâce à une porte pratiquée dans le mur oriental de la grosse construction du fort Vaille, nous tentons l'escalade du minaret ; l'accès n'en est pas facile car les degrés du perron sont à moitié détruits. Arrivés sur sa plate-forme, nous pénétrons dans l'intérieur du massif et devant nous se déroule un large escalier à marches très douces qui tourne autour d'un noyau central. A la faveur des échappées de lumière qui ricochent et rampent sur les murs, nous nous apercevons que l'axe de l'escalier n'est autre chose que le minaret primitif du calife El-Hâkem, en parfait état de conservation. Les pierres sont en bel appareil élevées sur plan octogonal et semblent encore neuves. Le style du minaret primitif paraît bien être byzantin ; il doit être l'œuvre d'un architecte grec qui, chargé de construire un minaret, le bâtit selon la tradition musulmane en y adaptant le genre d'architecture dont il possédait la pratique. Si par les fenêtres béantes du minaret central,

Bab en-Nasr dite porte de la Victoire

D'après l'Atlas de la Commission d'Egypte

on introduit une lumière, on aperçoit fort bien la vis primitive, condamnée à l'inutilité par l'enveloppe extérieure dans laquelle nous sommes. L'historien Makrizy dit que le calife Hâkem établit autour de ces minarets des *supports* ou des *arêtes* hautes de cent coudées. N'est-ce pas de ces sortes de pylônes qu'il a voulu parler? Ceux-ci sont très postérieurs au minaret primitif et datent, dit-on, du sultan Baïbars el-

Djâchenguîr qui les aurait fait élever après le tremblement de terre de 702 (1302), mais Makrizy, qui écrivait et compilait sans beaucoup de critique, au XVe siècle, a pu ne pas se rendre compte de cette différence d'origine et attribuer au fondateur le noyau et l'enveloppe. Quant aux dimensions exagérées de cent coudées ou environ 50 mètres, il ne faudrait pas s'en effrayer, les écrivains orientaux étant peu exacts au point de vue des nombres. Sur la terrasse du pylône, nous reconnaissons que la cime des minarets est également très postérieure au fût byzantin. La construction en briques a été faite à la hâte, sans doute lors de la restauration de Baïbars. Les fenêtres, comme les parapets de la courtine, sont remplies de briques avec meurtrières ménagées pour les fusils des soldats de Bonaparte. Il est certain que l'importance stratégique de la mosquée d'El-Hakem a nui à sa qualité comme sanctuaire. Déjà au XVe siècle, elle devait être dans un état de ruine voisin de celui où elle se trouve aujourd'hui et Makrizy prévoyait qu'elle ne serait jamais relevée ni restaurée, ayant été, selon la croyance des musulmans, souillée par la présence de prisonniers croisés qui établirent des chapelles sous les galeries du cloître.

C'est en 990 de notre ère que le calife El-Azîz fonda la mosquée qui devait porter le nom de son successeur El-Hâkem et lutter d'importance et de magnificence avec la grande mosquée El-Azhar; mais la place manquait dans la cité nouvelle; on dut la rejeter en dehors des murs primitifs dont rien n'existe plus. Son fils, El-Hâkem la termina en y consacrant des sommes énormes. Les vestiges qui survivent ne peuvent plus rien nous montrer du luxe des enduits et des enluminures qui recouvraient le massif de briques. Les voûtes des galeries jonchent le sol de leurs débris et c'est à peine si quelques piliers soutiennent encore les jolies arcades en fer à cheval. Il en est une surtout qui, placée à l'extrémité des portiques, encadre merveilleusement leur perspective de ruines, terminée par la tour du minaret méridional et entrecoupée de grandes ombres et de taches de lumière qui avancent ou reculent sur le sable: seul mouvement qui se manifeste encore dans cette enceinte autrefois si agitée au souffle de l'illuminisme.

Ce légendaire Hâkem y avait fondé un culte nouveau dont il était à la fois le dieu et le prophète. Prince libéral devenu fou, il avait hérité, croyait-on, des trésors fabuleux de Hâroûn-er-Rachîd; il se faisait adorer comme dieu: « Toutes ses actions, disent les chroniques, étaient sans motifs et tous les rêves que lui suggérait sa folie n'étaient susceptibles d'au-

MOSQUÉE RUINÉE DU CALIFE EL-HAKEM, XIe SIÈCLE
Dessin de M. Cuisinier, 1875

cune interprétation raisonnable. » Tantôt il parcourait la ville pendant la nuit de manière à provoquer sur son passage des illuminations coûteuses ; tantôt il se glissait dans les rues, vêtu en fellah et, monté sur un baudet, traversait la solitude du grand Kerafat pour aller sur le Mokattam se livrer à des observations astrologiques. Il fit subir de telles persécutions aux chrétiens qu'on peut le considérer comme un de ceux qui suscitèrent le mouvement des croisades.

Un demi-siècle après, la brillante fortune des califes fatimites tombait aux mains de l'incapable Mostanser qui ne sut venir à bout des milices turkes et soudaniennes. Il se laissa si bien enlever les richesses fabuleuses accumulées par ses ancêtres qu'il en arriva, dit-on, à ne plus posséder

VUE EXTÉRIEURE DES MURAILLES ENTRE BAB EN-NASR ET BAB EL-FOTOUH

pour tout bien qu'un vieux paillasson et une vieille négresse. Sa tête affaiblie put se souvenir qu'il y avait en Syrie un homme de talent et de résolution, l'émir Bedr-el-Djamâly que sa supériorité avait fait sans doute écarter. Il s'humilia jusqu'à l'appeler à lui : en un tour de main, le nouveau venu balaya les révoltés et rendit fidèlement à son prince autorité, puissance et luxe. L'émir Bedr-el-Djamâly fut un grand constructeur et un stratégiste : il fit détruire les anciennes murailles de briques de Kâhira et en les reconstruisant les porta plus loin vers le nord. C'est ainsi que la mosquée de Hâkem se trouva comprise dans l'enceinte. Il éleva la superbe courtine et les tours que nous venons d'explorer. On lui doit aussi les deux portes monumentales de Bâb el-Fotoûh et Bâb-en-Nasr qui, comme deux arcs de triomphe, flanquent les angles nord de l'édifice d'El-Hâkem. La porte de Bâb en-Nasr, construite en 1087, a l'aspect des portes antiques de Rome, élevées au IIIe siècle : le plein cintre y règne sans partage ; les modillons, les moulures sont de tradition classique ; à l'intérieur du porche des voussures en coupoles symétriquement disposées sont construites avec une égale habileté en des appareils différents. Makrizy rapporte que l'architecte fut un Syrien ; on peut affirmer qu'il avait étudié l'architecture militaire des Romains et pratiqué celle des Byzantins.

Bâb el-Fotoùh, plus ornée, moins sévère, moins majestueuse, est d'une élégance déjà plus voisine de l'art arabe ; au demeurant, on y retrouve les traits principaux de l'architecture byzantine que nous venons de voir à Bâb en-Nasr.

Ici, comme à Bâb ez-Zouwaileh, les passages voûtés des portes sont, pour le menu peuple, le théâtre de scènes familières. De vives et interminables altercations, qui se terminent par des claques, font craindre que les disputeurs ne s'étranglent dans leur rude jargon arabe. Un père rudoie sa fille à voix aigre, en la traitant ingénument de « fille de chien », car par sa faute, on lui a tiré la barbe, injure considérable qui ne peut guère s'effacer. Quelques misérables bourriquiers excitent à chaque pas l'indignation d'un patriarche inoffensif à barbe blanche. Les gamins moqueurs fuient en riant, mais si le vieillard parvient à saisir l'un d'eux, l'enfant gémit, implore son pardon, se lamente et subit humblement la correction méritée.

A l'extérieur de la ville, des maisons et des ruines cachent complètement la muraille qui sépare les deux portes. Il faut faire un circuit pour retrouver la façade de Bâb en-Nasr avec ses tours carrées, ornées de boucliers sculptés à longue pointe selon la mode byzantine et ses superbes inscriptions à caractères coufiques.

Si, quittant Bâb en-Nasr, on reprend vers l'Est le chemin de la vallée des Tombeaux, on longe à droite presque sans les apercevoir les murailles de Saladin, bâties dès 1171, moins d'un siècle après cette porte. Cette muraille s'enfonce peu à peu sous les gravois rejetés de la ville et les sables apportés par le vent ; si bien qu'arrivés à l'angle nord-est contre les buttes de décombres de la vallée des Tombeaux, nous n'apercevons plus les remparts. En franchissant cette dune, on finit par découvrir dans une dépression une petite porte ruinée dont l'arc émerge encore au-dessus des sables, sorte de chatière où la curiosité nous pousse. En roulant sur un éboulis de gravois, nous nous trouvons portés au milieu d'une vaste salle voûtée en coupole, qui n'est autre chose que le rez-de-chaussée d'une tour d'angle de la muraille de Saladin. Le jour tamisé qui pénètre par l'ouverture centrale de la coupole permet bientôt de découvrir une salle octogonale ; dans chaque paroi est ménagée une profonde embrasure, percée vers l'extérieur par une meurtrière aujourd'hui murée. Trois de ces embrasures ont une archivolte ornée de fines stalactites. Le passage du plan octogonal au tracé circulaire de la coupole s'effectue d'une façon simple, élégante et solide, à l'aide

DÉBRIS D'UNE PORTE CONDUISANT AU BOURDJ EL-HAMAM

de petits arcs en cintre surélevé qui forment arcs de décharge à l'endroit où le cercle déborde sur les angles de l'octogone.

Quel a pu être l'usage de cette salle si soignée, si agréable encore lorsque le soleil, haut sur l'horizon, fait tomber à l'intérieur une lumière bleue et sur le sol dessine en vive clarté le contour du trou central de la coupole ? N'aurait-elle point été destinée à servir de capitainerie en ce point si important des anciennes défenses de la ville? Nos conducteurs d'ânes appellent ce lieu *Bourdj el-Hammâm*, la *tour du bain* et prétendent y voir un établissement d'étuves à la mode arabe ; rien n'est impossible, toute chose, ici surtout, peut être détournée de sa destination première : cependant l'examen de l'édifice dans toutes ses parties ne donne aucune indication dans ce sens. Il serait possible que son nom populaire d'aujourd'hui provînt de l'un de ces calembours involontaires dont les noms de rue sont souvent victimes, même pour notre Paris : telle la rue aux Oües, c'est-à-dire « aux

Intérieur de la tour d'angle dite Bourdj el-Hamam, xiie siècle

Dessin inédit d'A. Meillon, 1879

Oies », devenue rue aux Ours; la rue des Jeux neufs, celle des Jeûneurs; la rue Saint-Pair ou Saint-Pierre devenue rue des Saints-Pères.

C'est ainsi que le Bourdj el-Hamam ou « des pigeons » serait devenu après son abandon le Bourdj el-Hammâm ou « du bain ». Or, nous savons par les historiens arabes qu'une tour de la citadelle et une autre des murailles près de *Bâb el-Barkyêh* avaient été converties au temps des croisades en colombiers militaires dont les pigeons voyageurs correspondaient avec ceux de Syrie et tenaient le sultan du Caire au courant des agissements des Francs.

Détail d'une embrasure

Il est de fait que dans cet endroit mal famé, il se passe des choses étranges. Dans une tour voisine où le drogman ne veut pas nous laisser entrer, on aurait trouvé il y a déjà quelque temps une femme fellah, bien accoutrée mais décapitée et nageant dans son sang. Des voisins avaient persuadé à cette femme, privée d'enfants, que son mari cessant de l'aimer, la renverrait et que le seul remède était d'aller la nuit visiter cette tour, car on sait l'influence salutaire que les Arabes attribuent aux vieilles pierres et aux ruines. Il faut ajouter que cette femme ayant mis ses plus beaux atours portait des bijoux qui furent enlevés on ne sait par qui, probablement par ses bons conseillers. Nous-mêmes, pendant cette visite nous sommes accostés par des gens de mauvaise mine, à l'allure suspecte, paraissant contrariés que l'on vienne sur leur domaine où ils ont peut-être maintes cachettes de recelage. N'allez pas à Bourg ez-Zefer seul, à la nuit tombante.

En parcourant ce quartier si bien défendu au temps de Saladin, on peut se demander quelle est la cause de cet abandon. Est-ce l'incendie ou la peste ou quelque autre événement de mauvais présage? On n'y voit plus rien que des monticules de sable parfois assez élevés sous lesquels se retrouveraient sans doute des fondations de mosquées et de maisons et peut-être les ossements des morts du *Tombeau du Safran* qui y furent jetés pêle-mêle, lorsque le Grand palais des califes fatimites devint la proie des émirs de Saladin et de ses successeurs.

Galerie intérieure de la muraille de Saladin au Bourg ez-Zefer, XIIe siècle

Par place, la muraille intacte est submergée jusqu'à son crénelage qui seul sort de terre et dont on a complété les merlons par un mauvais mur en moellons, en vue de l'octroi. En d'autres endroits le crénelage disparaît lui-même sous le sable et encore plus loin, la muraille et ses tours sortent de terre de toute leur hauteur, pour être de nouveau submergées.

La construction intérieure des tours est fort intéressante. Un chemin de ronde ou corridor circulaire à l'étage inférieur isole la chambre centrale, sans doute pour la garantir du travail de la sape. Les bases, jadis découvertes au-dessus d'un fossé, sont aujourd'hui remblayées ou enfouies dans le sable. Environ à 150 mètres de la tour d'angle, on aperçoit les restes d'une belle porte qui donnait accès à l'extérieur des murs ; son passage n'est point tracé en ligne droite, mais forme un coude, lequel s'accuse au dehors par la masse d'une tour carrée. N'est-ce là qu'une poterne ou faut-il y voir une maîtresse porte, Bâb el-Barkiyèh par exemple ? Il serait intéressant en tout cas de la voir déblayée jusqu'à sa base car, vraisemblablement, elle est ensablée à moitié de sa hauteur.

Quand on a examiné ces ouvrages après ceux de Bâb en-Nasr, plus anciens de près d'un siècle, on peut constater que

Poterne a demi ensablée de la muraille de Saladin au Bourg ez-Zefer

l'appareil reste le même. La perfection du travail est égale, mais ici l'ornementation est purement arabe. Comme dans cette porte, que nous venons de décrire, le plein cintre outrepassé règne sans partage et s'inscrit dans une accolade de moulures qui n'ont plus rien du style classique : les claveaux d'arcature, ainsi que dans la tour d'angle de Bourdj ez-Zefer sont également cernés d'une moulure et les pendentifs des coupoles allégés par des niches découpées en lobes.

Saladin voulait enfermer toute la ville dans une muraille aussi belle que celle-ci, mais il mourut trop tôt pour accomplir cette œuvre immense et l'intelligent eunuque Karakouch, chargé de l'exécution des travaux, ne put les conduire que jusqu'à la porte de Bâb el-Wizîr, placée, comme nous l'avons vu, sous le flanc nord de la Citadelle.

C'est par là que nous terminerons notre exploration pour pouvoir admirer les dernières tours qui s'élèvent entre l'ancien fort Hornet et les mosquées d'Ibrahim-Agha et de Khâir-Beg.

MURAILLES A DEMI ENSABLÉES DE SALADIN, PRÈS DE LA CITADELLE

Dessin de P. Chardin

Il y aurait vraiment une monographie savante à faire des portes et des murailles du Caire ; mais il faudrait se hâter, car les vieux remparts que le gouvernement juge inutiles à la défense de la ville, pourraient bien, eux qui ont emprunté leurs matériaux aux temples et aux tombeaux des Pharaons, se les voir enlever au profit des usines et des maisons de campagne.

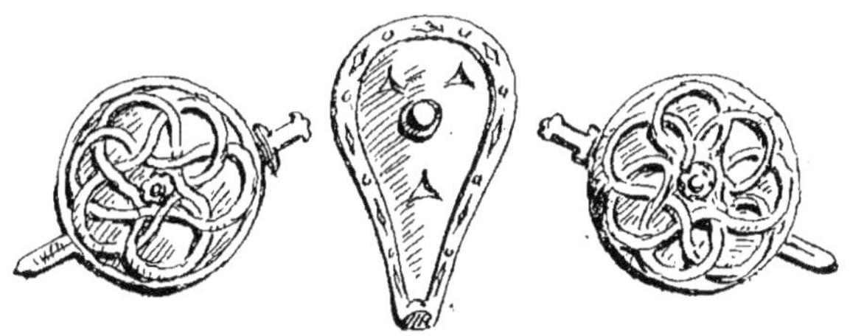

Mosquée du wali Bordaini, XVIIe siècle

Les derviches au repos,

LES DERVICHES TOURNEURS

« Anéantis-toi, telle est la perfection, et voilà tout. Renonce à toi-même, c'est le gage de ton union avec Dieu, et voilà tout. Perds-toi en lui pour pénétrer ce mystère, toute autre chose est superflue... »

(Mantik ut-taïr, *poème mystique des soûfis*) par *Farid ed-Dîn Attâr.*

Comment ne pas être dominé par le souvenir de Beethoven et de l'ouverture des *Ruines d'Athènes*, lorsqu'on se rend à un *tekieh* de derviches tourneurs! En traits de flamme, l'immortel artiste a su peindre et idéaliser, dans le Chœur des derviches, cet âpre fanatisme du sectaire musulman qui tourne comme un vent brûlant dans un cercle étroit, et tend avec une effrayante fixité vers son Dieu abstrait, immuable, éternellement caché dans les profondeurs d'un ciel dévorant qui pèse sur une terre altérée. Mais ici, devant les derviches du couvent de Habbânyeh, on éprouve d'abord une déception car on ne rencontre en eux rien de ce caractère grandiose et sauvage auquel on rêvait. Ce que l'on voit n'est qu'une scène de mysticisme doux et concentré, une ronde de Sylphes toujours prêts à se fondre dans un clair de lune comme les génies d'Obéron ; l'impression qu'ils vous laissent s'évanouirait peut-être avec leurs derniers pas, si l'on ne pénétrait le sens intime, si l'on ne saisissait le côté poétique et profond de ces rites singuliers.

L'extase religieuse, le ravissement en esprit, forment le but désiré et cherché par les adeptes ; les rondes de derviches sont une des formes de la contemplation ; c'est un des actes par lesquels dans tous les temps et à travers toutes les religions, l'homme a tenté d'échapper aux obscurités de l'existence terrestre pour se perdre dans l'ivresse et l'éblouissement d'un infini qui l'attire.

Ce que tous les mystiques et les contemplatifs du monde, bouddhistes, cénobites de la Thébaïde, gnostiques, ascètes de l'Imitation, quiétistes, etc., ont défini par s'absorber, s'anéantir dans la Divinité, mourir en Dieu, forme le fond des doctrines et le but des pratiques des *soûfis* ou derviches. Cet état d'extase, d'illuminisme, que les plus élevés dans l'ordre du mysticisme obtiennent à l'aide de macérations, de veilles, d'abstinence, d'exaltations spirituelles, — les derviches et les simples dévots de l'Orient l'atteignent, à des degrés différents, par les *zikr*, exercices corporels assez violents, auxquels se joignent l'idée fixe d'Allah et l'invocation incessante de son nom.

Les *zikr* et les rondes de derviches, sont donc de véritables scènes de hachich, dans lesquelles l'adepte, ou *mevlevi*, croit, en tournant selon le mode déterminé par le fondateur, être attiré par degrés vers la Divinité et entrer en communication directe avec l'esprit du Créateur, dans lequel il cherche à s'absorber, à s'anéantir complètement. Ce but est donc pour lui le dernier terme de l'épuration de l'âme et de la perfection, en même temps qu'un avant-goût de la félicité éternelle dont il se croit assuré.

Au milieu d'une salle immense, délabrée, poussiéreuse, où des rayons de jour tombant du haut de fenêtres perdues dans les combles viennent ramper çà et là sur des murs lézardés aux couleurs indécises, on trouve une enceinte de forme arrondie dont le sol est revêtu d'un parquet. Cette aire est délimitée par une balustrade de bois d'où s'élève un cercle de piliers qui vont s'épanouir en arceaux découpés, pour porter un cordon de galeries aériennes. Dans la partie centrale, s'accomplissent les rites sacrés ; en dehors de la balustrade, dans les ténèbres extérieures du couloir, se tient la foule des croyants et des *djâhil*, les *gentils* ou ignorants comme nous, auxquels ce spectacle pieux est offert comme excitation à la foi ou conversion à la doctrine des soufis.

Le *cheikh* ou *mourchid*, chef ou guide spirituel des derviches, paraît le premier, suivi d'un seul acolyte ; et dans sa démarche lente et grave il paraît porter tout le poids du mystère qui va s'accomplir et auquel son influence supérieure ou magnétique semble concourir avec tant de force. Lorsqu'il a pris place sur un tapis, au bord de l'enceinte et en face de la porte d'entrée, les plus vieux derviches, puis les novices, dont les plus jeunes n'ont peut-être pas quinze ans, arrivent successivement au nombre de dix-huit, baisent le bord de la robe du cheikh et s'accroupissent autour de sa personne. Ils portent tous de hauts bonnets coniques de feutre jaunâtre ; sur leurs épaules flottent de grands manteaux noirs : ils ont de la majesté.

La ronde des Derviches
Dessin inédit de P. Chardin

Bientôt les sons d'une musique étrange descendent du haut des galeries : on y distingue une note invariable, tenue par un instrument à cordes ; sur cette basse, une flûte et une voix s'amusent à lancer des broderies folles, insaisissables, prodigieusement vagues, et qui présentent à l'esprit l'image d'une fumée s'élevant en tourbillons légers et revenant toujours en spirales sur elle-même ; le tambourin, qui bat comme les pulsations de la fièvre, en accélère ou en ralentit le rythme.

Les derviches se lèvent et, sous la conduite du cheikh,

font en procession trois fois le tour de la salle ; passant devant la place vide de leur supérieur, ils la saluent profondément et lui-même s'incline pour symboliser le respect dû au principe d'autorité. Puis ils se rasseyent, psalmodient longuement, se dépouillent insensiblement de leurs manteaux, se relèvent et alternativement saluent leur cheikh.

Ils ne sont plus vêtus alors que d'une veste courte et d'une jupe très ample et très souple, leur tenue de sacrifice. On s'aperçoit bientôt qu'ils entrent en un mouvement giratoire, imperceptiblement, irrésistiblement, comme des corps légers qu'entraîne un faible tourbillon. Ce sont des ombres qu'un souffle fait pivoter sans bruit ni secousses. Doucement, ils tournent, les deux bras étendus, la paume d'une main dirigée vers le ciel, l'autre vers la terre ; les yeux sont fermés, la tête penchée en avant ou couchée sur une épaule comme sur un oreiller de nuage. Ils s'abîment en eux-mêmes, voguant sur un océan d'extase dont le tournoiement dans l'obscurité leur donne graduellement la sensation. Ils s'y enfoncent de plus en plus et arrivent à des distances incommensurables du monde terrestre, par le moyen de ce mouvement corporel qui les pousse et les maintient sans les absorber, puis de cette musique de plus en plus pressante, qui paraît n'avoir été créée que pour charmer des serpents, faire danser des femmes ou tourner des extatiques. La salle est remplie de ces grandes auréoles de jupes ondoyantes : pas d'autres bruits que leur frôlement, qui semble peut-être aux tourneurs le vent du tourbillon qui les enlève. Leurs physionomies sans regard annoncent une ineffable et transcendante extase : et l'on songe aux chants fugués de la chapelle Sixtine, dont les parties, montant toujours les unes au-dessus des autres, finissent par vous enlever dans un océan d'azur infini, comme les ciels de Raphaël. Ici, du moins, tout n'est pas superstition : il y a quelque chose de cette poursuite de l'infini, de l'idéal religieux ou surhumain, qui seul peut donner un caractère profond, puissant, éternel, aux œuvres les plus élevées du génie comme aux manifestations de la croyance populaire la plus humble et la plus naïve.

A un signal donné, tous les derviches s'arrêtent brusquement avec un merveilleux ensemble, les mains croisées sur la poitrine, le corps affaissé, tandis que les âmes continuent à voler ; les longues jupes tournent encore, s'enroulent autour des corps immobiles, puis se détendent et retombent comme à regret ; leur murmure s'éteint pareil à une brise qui s'assoupit, et les tourneurs, rappelés sur terre, reprennent, avec chagrin sans doute, les psalmodies monotones et les interminables processions. Ainsi est la vie !

LA HALTE DES DERVICHES
Dessin de Goutzwiller

Du reste, dans toutes les parties de la cérémonie qui précèdent et suivent le rite du tournoiement, on croit sentir une certaine décadence amenée par le temps : les dieux s'en vont. Ces chants, ces litanies, qui, par leur âpre et poignante activité, devaient préparer à l'extase de la valse mystique, tout se traîne, languit et paraît vide de sens aujourd'hui pour les adeptes, que ranime seule l'irrésistible impulsion du mouvement giratoire. Par trois fois, il reprend, et le mystère se répète, toujours muet, profond, concentré. Seul, le cheikh veille : il passe et repasse entre toutes ces ombres qui ne le voient pas et fuient comme les astres emportés dans leurs orbites éternelles. Mais, à son approche, on les croirait illuminés par le soleil et pénétrés de sa chaleur : une nouvelle impulsion magnétique leur est communiquée, et c'est alors sans doute que, franchissant les derniers espaces qui les séparent de la béatitude, ils entrent dans le *Nirwana*, dans *l'état du suprême bonheur*. Cet effet ne laisse pas que d'être en rapport avec l'ascendant et le prestige que les personnages les plus avancés dans la perfection mystique ont toujours exercés sur les adeptes et les fidèles. Ainsi, comme au temps des prophètes bibliques, d'Elie et d'Elisée, les plus vénérés des soûfis et des docteurs continuent à léguer leurs manteaux à leurs disciples favoris, qui se les transmettent pieusement, croyant ainsi se revêtir de l'*esprit* et de la sainteté du maître.

De toutes les pratiques matérielles mises en œuvre pour amener à l'ivresse de l'extase, les plus gracieuses, les plus pures sont celles des derviches tourneurs, ou mevlevis, qui en valsant, doivent lancer continuellement l'oraison jaculatoire de : *Hoû !... Hoû !...* c'est-à-dire *Lui!... Lui !...* (Allah) ; mais ils le font si doucement ou tellement en eux-mêmes qu'on ne s'en aperçoit guère. Les plus effrayants, les plus féroces de ces *zikr* (littéralement mentions pieuses) sont ceux des derviches hurleurs, qui, avec des contorsions affreuses exécutées en cadence, hurlent le nom d'Allah pendant des heures et arrivent à un tel paroxysme d'exaltation qu'ils finissent quelquefois par s'enfoncer des pointes de fer dans les chairs ou par tomber en catalepsie.

Les derviches ont tous des professions dont ils vivent, dit-on, honnêtement, et ils ne sont condamnés à aucun des trois grands vœux monastiques d'usage. Ce beau prince à cheval, que nous rencontrâmes, ces jours derniers, au bazar, est le fils du chef des derviches, dignitaire qui passe pour avoir été fort enrichi par les bakhchîch des visiteurs et des fidèles, puis par des spéculations heureuses ; les simples membres de la confrérie sont pauvres, il est vrai, mais eux du moins conservent ce vieil esprit de foi encore capable de tout.

En revenant, nous croisons un vieux derviche connu pour son exaltation : il marche comme un possédé, avec une longue barbe hérissée, un bonnet de feutre pointé en avant, des yeux roulants qui brillent comme des charbons et une bouche toujours entr'ouverte par ce rictus sauvage d'où semble près de s'échapper l'effrayant cri de : « *Allâh !... Allâh !... Hoû !...* ». Celui-là enfin pourrait être le vrai derviche du chœur des *Ruines d'Athènes !*

L'ordre des mevlévis n'est point d'origine arabe et ne se recrute, dit-on, que parmi les Persans, les Turcs et les Kurdes. Il fut fondé au XIIIe siècle par *molla* ou maître Djélâl ed Dîn-Roûmy, né à Balkh, en Turkestan, l'an 604 de l'hégire. Dès l'enfance, sa vie fut entourée de prodiges que l'on croirait tirés de la Vie des Saints ; il est l'auteur du Mesnévi, recueil célèbre de poésies mystiques. Le nom de mevlevi, qui désigne les derviches tourneurs, n'est qu'un dérivé du mot molla, maître ou docteur, titre donné aux fondateurs : c'est à peu près comme si l'on disait les *mollavistes*.

Quant au terme plus général de Soûfis, on le fait venir du mot *soûf*, laine, l'habit de laine marquant la pauvreté distinctive des derviches. Les différents ordres monastiques de derviches ou de soûfis sont très nombreux en Orient.

Les plus anciens naquirent et se développèrent rapidement du sein de l'islamisme dès le second siècle de l'hégire malgré l'anathème fulminé par Mahomet contre les moines et conservé dans les *hadith* ou paroles de *tradition :* « Point de vie monacale dans l'Islam ! » aurait dit le Prophète, jugeant par expérience que les moines se substituent à la Divinité et qu'ils *consument les biens des autres* en vendant des dispenses et des indulgences.

Aussi les sectes que forma ce panthéisme abstrait des soûfis qui a pour base l'identification de l'homme avec Dieu furent-elles d'abord détestées des vrais musulmans qui les trouvaient contraires à l'esprit de l'islamisme dirigé plutôt vers l'anthropomorphisme, c'est-à-dire le système où domine l'idée des choses matérielles et sensibles.

Pour bien marquer cette divergence de doctrines, il suffit de rappeler les promesses de Mahomet sur la vie future : « Ceux qui croiront et feront le bien, dit le Coran, seront introduits dans des jardins arrosés de courants d'eau ; ils y demeureront éternellement ; ils y trouveront des femmes exemptes de toute souillure, et des ombrages délicieux... On fera circuler à la ronde la coupe remplie d'une eau limpide, vraies délices pour ceux qui la boiront ; elle n'offusquera point leur raison et ne les enivrera pas... On leur présentera à la ronde des écuelles d'or et des gobelets remplis de choses que les sens désirent tant et qui font les délices des yeux... Ils seront servis à la ronde par des enfants d'une éternelle jeunesse ; en les voyant tu les prendrais pour des perles défilées. » Il est vrai de dire que s'adressant à des peuples à demi sauvages et de nature sceptique, tels que les Arabes, Mahomet plaça des images sensuelles dans ses promesses, afin de se les attacher. On conçoit que plus tard les esprits doués d'un idéalisme élevé n'aient pas pu s'en contenter, et qu'ils se soient jetés d'instinct dans la réaction du *soûfisme*.

D'ailleurs l'abus des pratiques de l'anéantissement en Dieu amenait chez les derviches une indifférence pour toute religion positive, pour tout devoir social ou privé, qui les fit souvent traiter d'impies, d'apostats, de jongleurs affiliés au démon ; leur quiétisme et leur panthéisme passaient pour un voile à couvrir la corruption. Au temps du voyageur Chardin, à la fin du XVIIe siècle, il y avait encore en Perse vingt mille fakirs ou derviches d'un ordre inférieur, ayant fait vœu d'anéantissement complet et de renoncement à tout, et dans lesquels les gens d'ordre ne voyaient que vingt mille fainéants, mendiants et bandits, se vengeant du mépris général par la rapine.

Toutefois, il s'éleva, dans les rangs des soûfis, des hommes éminents par leurs vertus et leurs talents ; plusieurs d'entre eux furent de grands poètes dont les ouvrages sont restés comme des codes de morale remplis des vérités les plus saines et les plus élevées.

Aux musulmans ennemis de leurs doctrines, les soûfis opposaient ce mot d'ardente extase attribué à Mahomet et transmis de génération en génération dans les hadiths : « J'ai des moments, aurait-il dit, où il n'est ni chérubin ni prophète qui puisse m'atteindre. » Parole peu authentique, il est vrai, mais qui paraît assez vraisemblable, si l'on songe combien ce besoin d'illuminisme, ce penchant vers l'extase, furent toujours impérieux, irrésistibles pour les Orientaux et particulièrement pour les Iraniens : tout chez eux ne respire-t-il pas le rêve et la féerie ? Et d'abord leur kief, ce demi-sommeil extatique qui suit le bain et revient sans cesse ; puis leur musique, leur poésie, dont le rythme et l'harmonie cadencés, faits pour bercer, dominent souvent la force et l'étendue des idées ; enfin, ces édifices à l'aspect toujours féerique, dont les voûtes et les arceaux s'épanouissent dans les airs tels que des gerbes de pierres précieuses et retombent en stalactites d'or aux mille facettes, où le regard enivré monte comme entraîné sur des escaliers enchantés, dont les ombres recèlent tout le petit peuple chuchotant des génies familiers et des fées bienfaisantes.

Sous ces profondeurs ensoleillées du ciel d'Orient, où la vie est si douce et le temps si peu compté, il n'est pas étonnant que le regard de l'homme s'élève, cherche et se perde ; plus son âme s'enivre, plus elle demande de merveilles ; parvenir directement et sans recherches à l'infini dont l'image la saisit, en posséder le secret, s'y noyer deviennent une obsession, un vertige, une folie : « Dieu, dit le soûfi, est le seul être réel, l'océan où les gouttes de l'existence vont se perdre. » Elle s'y perd en effet, se consume dans cette contemplation passionnée que les mystiques définissent ainsi : « L'anéantissement de notre propre existence dans l'existence de Dieu, comme la neige se fond dans la mer, comme l'atome se perd dans la lumière du soleil. » L'homme alors croit marcher vivant dans l'infini, que déjà la destruction et le néant s'emparent de lui, que le besoin même de la mort devient son tourment. « Pour celui qui est mort en Dieu, dit un poète musulman de l'Inde, le nom même de l'existence devient un déshonneur. » — « C'est un crime, dit le livre du *Pend-Namèh* ou *Livre des Conseils,* d'attacher son cœur aux biens du monde abject. Si tu t'éloignes de lui, tu agis avec sagesse (1). »

De l'excès d'un spiritualisme qui, dans de justes limites, doit élever l'esprit de l'homme en le ramenant au principe le plus noble de son être, sont nées les doctrines les plus fausses, les sentiments les plus funestes. Le spiritualisme des soûfis, peut-être le plus exagéré qu'on ait vu jamais, les conduisit souvent à l'indifférence, à l'égoïsme, à un état d'apathie voisin de l'imbécillité, enfin à une sorte de quiétisme qui amène à nier la réalité de toute existence, de tout principe, de toute responsabilité : « Il n'existe réellement pas de différence entre le bien et le mal, arrivent à dire les soûfis, — puisque tout se réduit à l'unité, et qu'ainsi Dieu est en réalité l'auteur des actions de l'homme. »

C'est précisément là qu'en arrive le matérialisme le plus avancé : Tout n'est que force et matière ; nos pensées, nos actes ne sont que les effets mécaniques d'organes diversement

---

(1) Sur ces curieuses doctrines des soûfis qui se rattachent au mysticisme et au panthéisme de tous les temps, sur la nature de leurs extases et les procédés qu'ils emploient pour y arriver, consulter l'ouvrage de Tholuck de Berlin : *Sufismus, sive Theosophia Persarum pantheistica,* et l'extrait qu'en a donné Sylvestre de Sacy dans le « Journal des Savants, 1821 et 1822. — L'un des plus beaux livres de l'Orient est le *Pend-Namèh,* ou le *Livre des conseils,* de *Farid ed-Din-Attar,* traduit et publié par Sylvestre de Sacy (Paris, 1819, in-8). C'est un livre évangélique qui rappelle l'*Imitation* par son esprit d'ascitisme, en même temps que par sa pureté, son élévation et sa connaissance profonde du cœur humain.

équilibrés, et le principe de conservation ou d'intérêt personnel en est l'unique ressort et le but ; il n'y a donc ni bien ni mal.

Singulière rencontre de deux écoles absolument opposées, dont chacune s'est proclamée la seule vraie, la seule salutaire, et qui, en poussant leurs principes à l'extrême, en arrivent à un état antisocial dont la base est l'égoïsme.

Un coin de « souk »

CHOSES D'AUTREFOIS

Revenons à la vie, courons aux bazars, ces lieux d'amusement et de surprises où l'on finit toujours par aboutir et souvent à ses dépens !

Aujourd'hui, du moins, nous sommes sous bonne garde : les amis bien informés qui nous accompagnent opposeront leur vieille expérience aux ruses des marchands, toujours habiles à égarer l'engouement des novices. Chemin faisant, on nous conte mille choses bonnes à retenir, auxquelles nous joindrons le peu que nous avons déjà glané. On ne laisse pas échapper une aussi belle occasion de faire des digressions et de toucher à tout.

Les grands bazars du Caire ne sont composés que de petits bazars, tout comme la ville qui, peuplée de 400 000 habitants, n'est qu'une réunion de petits quartiers de trois ou quatre rues fermées par des portes : ce sont ces jolies arcades à découpures de pierres fleurounées qui font un tableau de chaque entrée de ruelle et que les malheureux chiens n'osent franchir, sous peine d'être dévorés par leurs concitoyens du quartier voisin. Si vers le soir vous assistez à une poursuite furieuse, c'est quelque jeune imprudent de l'espèee canine qui, à la faveur de l'obscurité, a cru pouvoir enfreindre la consigne.

Sur les côtés de l'allée principale du khân s'ouvrent des cours, grandes et petites, entourées de boutiques ; il y a de ces marchés spéciaux pour les tapis, les bijoux, les babouches, les cuivres, les vêtements et pour toutes choses enfin. Il en est de même en dehors des bazars : certaines rues ou *soûk* sont affectées en entier ou en partie à telle branche de commerce ou d'industrie, ce qui donne aux différents quartiers cette physionomie variée que nos villes d'Europe avaient au moyen âge. Le travail est très divisé comme au temps de nos maîtrises : ainsi : « Celui qui vend le tarbouch ne vend pas le gland », vérité incontestable, que le courtier du bazar nous énonce gravement, comme une sentence orientale, l'index levé vers le ciel. Les boutiques se louent à l'année ; et dans les périodes d'abondance et de cherté, comme celles qu'ont amenées les énormes profits réalisés sur la culture du coton égyptien pendant la guerre civile d'Amérique, les loyers ont augmenté parfois dans la proportion effrayante de 700 à 5.000 francs. D'après cela, que l'on juge du reste !

Cette production abondante du coton d'Egypte, appelé à remplacer momentanément celui d'Amérique, a attiré beaucoup d'argent dans le pays ; mais l'affluence du numéraire est néanmoins restée au-dessous de l'accroissement des prix.

« Notre ami Charles-Edmond s'adressant un jour à un gamin, loueur d'ânes, lui demande le prix d'une course d'une demi-heure :

— Un talari (5 francs), répond-il.

— Un talari ? Comment ! jadis je payais semblable course dix sous et j'étais considéré comme un grand seigneur !

— Ah ! fit le petit fellah, c'est que depuis l'ancien temps tout est devenu cher en Egypte, excepté l'argent !

— C'était la situation économique dessinée d'un trait par un loueur de baudets. »

Les marchands nous attirent et nous tentent, mais nous reculons aussitôt devant leurs exigences excessives, surtout quand il s'agit de ces beaux cuivres fascinateurs dont regorgent certaines boutiques. La vérité est qu'il en est ici de la valeur des objets comme de l'opinion : l'une et l'autre sont essentiellement variables et ne tiennent qu'à l'intérêt du moment, comme aux ressources qu'on suppose à l'acquéreur. L'étranger novice désigne-t-il une marchandise qui lui plaît :

— Prenez-la comme présent, lui dira le marchand avec un air de générosité captivant.

— Mais combien ?

Porte de quartier dans la rue de Bab en-Nasr
Dessin de P. Chardin

Alors gronde à ses oreilles un prix formidable ; si l'acheteur ne cède pas, s'il se met en colère, il dispute et se perd. Le marchand, qui a déballé tout ce qu'il a d'inutile, reste impassible, vous regarde avec un hochement de tête plein de commisération, lève un doigt, ouvre des yeux démesurés, fait claquer sa langue en proférant un *Lâ !... lâ !...* si net et si doux qu'il semble dire : « N'insistez pas, cela me perce le cœur de ne pouvoir vous être agréable. D'ailleurs ce que vous demandez *non è digno d'un cavaliere tanto gentile, tanto galante* », comme disent les facchini de Naples. Et l'on s'en va tout honteux d'avoir osé marchander une chose si rare, si exceptionnelle, par devant un homme si supérieur à soi en tact et en dignité!

Le bon moyen, dit-on, pour obtenir quelque objet désirable, objet que le marchand cache avec idolâtrie, est de commencer par apprendre l'arabe. Ceci fait, on engage une conversation générale avec le marchand, on prend place sur son divan ou *mastaba*, on fume son chibouk, on accepte son café. On revient un peu chaque jour ; s'il fait sa prière sur le mastaba, on attend qu'il ait fini pour s'y asseoir, car les *soudjoùd* ou prosternements demandent beaucoup de place. On s'intéresse à ses petites affaires, et un jour, dans un moment d'expansion mutuelle, on touche un mot de l'objet... On y revient de plus en plus souvent, on rompt parfois la piste et le marchand lui-même se dérobe fréquemment. D'expansion en expansion, de feinte en feinte et de jour en jour, les parties arrivent à s'entendre à demi-mot : le marchand a rabattu moitié de ses prétentions, l'acquéreur de ses défenses, et il se hâte de faire emporter l'objet longtemps convoité. Enfin, si l'amateur est un savant attitré et qu'il manie couramment les langues orientales, il peut tout ce qu'il veut. S'il va chez les Persans, on lui offrira le thé traditionnel dans le verre de cristal et tout en devisant, il procédera à la revue du bric-à-brac, il lira les inscriptions et citera les poètes. Les éclats sonores de la satisfaction émerveillée des marchands lui feront bien voir qu'il est maître de la place.

Les véritables et belles étoffes d'Orient se font à la main ; l'or y entre souvent, mélangé à la soie, ce qui leur donne une consistance superbe et des reflets chatoyants. De ce mode de fabrication il résulte que toutes les pièces d'étoffes sont dissemblables et toujours désassorties : les dessins peuvent être faits dans le même goût, dans la même ordonnance, mais en y regardant de près on aperçoit de grandes différences dans l'espacement des lignes, des palmes et autres ornements courants. Ces irrégularités, dues au travail de la

PERRON DE LA MOSQUÉE EL-MAKASSIS, AU BAZAR DES CISEAUX
Dessin inédit de A. Meillon, 1879

main, font que les étoffes riches n'ont pas cet aspect sec, monotone de nos plus beaux dessins faits à la mécanique, à l'instar de nos papiers de tentures, dont on ne peut regarder longtemps les fleurettes, toutes scrupuleusement identiques, sans tomber dans le spleen ou l'irritation nerveuse.

Les Orientaux nous sont très supérieurs pour la mise en harmonie des couleurs : dans leurs tapis et leurs tissus, les nuances sont si bien fondues qu'on y voit les tons réputés ennemis produire des effets aussi charmants que ceux des fleurs naturelles, dont pas une ne nuit à l'autre lorsqu'on les assemble en bouquets. Ce sont de véritables improvisations toujours variées, toujours heureuses. Nos étoffes, nos tapis semblent criards, dissonants à côté des leurs. On en a la vive impression lorsqu'on pénètre dans un endroit turc où le luxe européen envahit tout et coudoie insolemment quelque noble reste de cet art primitif et intelligent qui va s'effaçant de jour en jour, car palais et maisons se dépouillent de leurs beaux produits indigènes pour prendre nos banalités courantes, nos verroteries d'échange. Si l'on n'y prend garde, la fumée des usines ternira le monde, puis elle le desséchera !

Déjà la majeure partie des vêtements usuels ont leur étoffe fabriquée à Lyon d'après le goût du Levant, qui bientôt adoptera celui de Lyon. La plupart des burnous et des étoffes seyantes en proviennent. On sait aussi que tous les tarbouchs rouges, sont fabriqués à Orléans et ailleurs.

Le nouveau vice-roi Ismail venait de mettre à la mode l'usage des tarbouchs très petits, et cette coiffure nouvelle faisait fureur. Or, en ce temps-là, un fameux brasseur d'affaires se trouvait en disgrâce, état qui lui coûtait beaucoup et qu'il ne pouvait supporter longtemps. Un jour enfin, il paraît hardiment devant le souverain, la tête couverte d'un tarbouch démesuré, comme pour le braver ; mais au premier froncement de sourcil, il arrache son tarbouch, le foule aux pieds, en prend un autre ridiculement petit, et dit : « Le premier était le tarbouch de la disgrâce, j'arbore celui de la grâce ! » Le prince rit : c'en était assez, tout était oublié. Voici encore une bouffonnerie entre cent autres. Saïd, le précédent vice-roi, sortait de chez les Franciscains ; il n'aimait pas à être seul : « Reconduis-moi jusqu'au palais, dit-il au supérieur ; en chemin, tu me flatteras et cela me distraira. » Le révérend père s'excuse sur la dignité de son ordre et de son caractère. Heureusement le même facétieux méridional se trouvait là ; il offre au vice-roi de monter dans sa voiture et de le flatter. « — Eh bien ! va donc ! lui dit Saïd après quelques moments de silence. — Permettez, Altesse, répond-il, vous savez bien que tout flatteur vit aux dépens de celui qui l'écoute... » Le prince rit et lui accorda tout ce qu'il voulut. Ce sont là de ces histoires qui se racontaient journellement au

Caire ; nous les donnons sous toutes réserves, bien qu'elles nous paraissent très vraisemblables.

Les fabriques françaises de tarbouchs en font de toutes formes et de toutes grandeurs pour les différentes échelles du Levant ; ces maisons ont soin de stipuler que les paiements se feront en trois fois : le premier d'avance, le second à la livraison ; quant au troisième qu'elles tâchent de rendre le plus petit possible, il passe ordinairement aux profits et pertes.

La passion des bijoux est générale chez les femmes en Orient, comme ailleurs : bien heureuses ici, elles ne quittent jamais leurs parures et les moins riches y mettent ce qu'elles possèdent. Mme Amable Tastu nous disait avoir connu à Bagdad une femme d'une condition très humble qui portait sur elle pour 6.000 francs de bijoux d'or massif, somme qui représenterait chez nous une valeur bien plus considérable : il s'y trouvait des anneaux de jambes en or, pesant une livre, une énorme plaque de ceinture d'orfèvrerie, un collier d'or tombant jusqu'à la taille. C'est à peine si à la dernière extrémité les femmes se dessaisissent de leurs trésors. Elles supportent sans se plaindre les meurtrissures que leur font souvent ces masses de métal qui alourdissent le pas et contribuent à leur donner cette allure traînante si estimée des Orientaux. Au reste la babouche qui ne tient au pied que par la pointe, est là pour les habituer de bonne heure à traîner la jambe, car il faut qu'on puisse admirer en elles dès l'abord, cette démarche languissante et voluptueuse qui rappelle beaucoup celle de l'oie.

Jeune fille égyptienne
Croquis de P. Chardin

Mais si la femme du peuple est restée active et laborieuse par nécessité, la femme de condition aisée peut en arriver dans l'oisiveté du harem à une indolence telle que cette démarche languissante, réputée si gracieuse, lui laisse à peine la force de passer d'une chambre à l'autre ; elle engraisse et s'épaissit d'une façon précoce. L'éducation des jeunes filles consiste à retenir quelques-uns des chapitres du Coran, à exécuter des travaux d'aiguille et surtout à être de bonne heure expertes en l'art difficile de plaire à leurs futurs époux.

Dans le harem, outre quelques soins de ménage, les femmes et les esclaves n'ont d'autre occupation que de parler, de médire ou de se disputer entre elles, puis de filer, tisser et broder des ouvrages que les plus riches même ne dédaignent pas, dit-on, de faire vendre aux bazars, pour grossir le contenu de leurs bourses particulières. D'ailleurs le Prophète les y encourage ; il préfère pour elles une heure de ce travail à une année de prières, et leur promet, pour chaque pièce d'étoffe filée et tissée par elles, les récompenses dues aux martyrs. Encore ce genre d'activité ne semble-t-il pas avoir toujours existé chez les musulmanes du Caire.

« Les dames de cette cité, disait au XVIe siècle le voyageur arabe Léon l'Africain, tiennent une si grande représentation et pompe qu'entre mille d'elles il ne s'en trouvera aucune qui daigne prendre la quenouille pour filer, ni éguille pour coudre : encore moins s'entremettre de aprêter à manger ; dont les maris sont contraints d'acheter la chair toute cuite des cuisiniers. »

Il faut dire toutefois que les lois restrictives qui entourent l'existence des femmes ont perdu aujourd'hui de leurs formes rigoureuses. Nous ne sommes plus au temps où le harem d'un grand personnage ne pouvait se mettre en marche, de jour ou de nuit, sans que des estafiers fussent dépêchés dans les maisons voisines et sur le passage du cortège, afin d'en chasser les habitants et, sous peine de mort, les envoyer assez loin pour que leurs regards ne pussent tomber sur les nobles épouses. Sous le règne d'Abbas-Pacha les lois étaient encore si sévères à cet égard que quand un harem important sortait en voiture, bien entouré d'eunuques, il fallait que les passants tournassent le dos en se cachant le visage, sous peine d'être roués de coups par ces gens de confiance.

« La vie d'une esclave de harem est curieuse, raconte Charles-Edmond. Rien ne lui interdit de passer subitement de la dernière sujétion aux honneurs de la femme légitime : il suffit pour cela d'un caprice du maître. En attendant, elle mène la vie de servante ; généralement bien traitée, deux choses lui sont défendues en signe d'esclavage : le tabac et le café »

« Le prédécesseur de Saïd-Pacha, le vice-roi Abbas-Pacha qui mourut en 1854, était très rigoureux pour ses esclaves. Un jour, ayant saisi l'une d'elles en flagrant délit d'avoir fumé, il lui fit, pour trois jours, coudre la bouche. L'infortunée en portera toujours les traces. Une autre fois il eut une jeune et jolie esclave à laquelle il permettait toutes sortes de familia-

Mihrab et mimbar de la mosquée d'Abou Bekr Mazal

rités et qu'il ne pouvait rencontrer sans l'honorer d'un mot aimable ou d'une caresse. Un matin, en l'embrassant, il s'aperçut que la jeune fille faisait involontairement une légère grimace. D'un air câlin il lui en demanda la raison. La jeune fille finit par avouer que Son Altesse ne s'étant pas fait la barbe, on s'en ressentait à l'attouchement de son visage. Aussitôt Abbas fit appeler le plus difforme de ses valets, lui donna l'ordre de laisser croître sa barbe et lui fit après cela, bon gré, mal gré, épouser la jeune fille en question. »

Le médecin du palais de l'Abbassyèh nous a raconté qu'il ne pénétrait qu'avec la plus grande difficulté auprès des femmes du vice-roi, lorsqu'elles tombaient malades. Il était toujours accompagné et gardé à vue par des eunuques qui fermaient toutes les portes derrière et autour de lui. Fallait-il examiner un œil, une joue ou la langue d'une femme malade, on ne montrait au médecin que la partie demandée, en cachant soigneusement tout le reste ; devait-il faire une auscultation à la poitrine, on refusait net et la femme succombait. Qu'importe ? Ce n'en était qu'une de moins, que l'on pouvait remplacer le lendemain !

Les choses aujourd'hui sont certainement en voie d'amélioration et le règne d'Ismaïl-Pacha semble fait pour amener d'heureux changements dans la condition des femmes. Ainsi leur oisiveté intellectuelle, leur ignorance tendent à disparaître dans les classes aisées, car on leur donne des institutrices européennes. Toutefois elles ne lisent guère que des romans, ne peuvent recevoir encore que des visites féminines et ne doivent sortir qu'accompagnées et voilées, mais avec des précautions beaucoup moins jalouses qu'autrefois.

« J'ai élevé des jeunes princesses de grande espérance, nous disait un jour M. Jacquelet, précepteur des enfants du vice-roi : elles annonçaient les plus brillantes dispositions ; vint l'âge de la claustration et elles disparurent pour toujours. Aux fêtes et aux anniversaires, j'allais leur rendre visite : j'étais reçu par quelque préposé spécial de harem qui transmettait mes compliments, Les princesses me faisaient répondre qu'elles se souvenaient de moi avec plaisir et m'envoyaient un sorbet. C'est là tout ce qu'il leur était permis de faire à l'égard de leur vieil ami. »

En dehors de quelques maisons honnêtes et sérieuses, il se passe en Egypte des choses surprenantes en affaires, et même dans les hautes sphères commerciales un âpre désir de gain et de prompte fortune corrompt trop souvent les transactions. Pour le commerce inférieur l'Egypte est une terre propice aux aventuriers de tous pays qui viennent accomplir au grand jour leurs manœuvres, presque toujours empreintes d'une bouffonnerie féroce. Ainsi arrive-t-il assez souvent que des Européens intentent à l'administration du vice-roi des procès ridicules ou scandaleux, où tous les torts sont de leur côté ; mais ils font si bien et le gouvernement est parfois si mal éclairé, si mal secondé, qu'on l'intimide et qu'on le force à se compromettre : l'Européen finit par avoir raison et par extorquer des sommes énormes. Si un étranger a obtenu la permission de fonder un établissement public qui ne réussit

Maison du médecin Abd er-Rahman
Dessin inédit de P. Chardin

pas, il intentera un procès au gouvernement qui parviendra à le perdre et à payer une forte indemnité au plaignant. Il faut dire que l'autorité recourt souvent pour sa défense à des avocats européens que la partie adverse a bien soin d'acheter d'avance en les payant sur le gain probable de son entreprise.

Voici une anecdote qui peint l'état de défiance dans lequel peut tomber un prince oriental : Saïd-Pacha reçoit un jour la visite d'un étranger suspect. « Mettez donc votre chapeau, » lui dit le vice-roi en le voyant entrer. L'autre, étonné, se confond en excuses : « Mettez votre chapeau, vous dis-je, » répète Saïd. Et comme le visiteur stupéfait balbutiait, dissimulait son chapeau : « Je vous ordonne de vous couvrir ! lui crie le prince en marchant vers lui avec emportement, — car si par malheur vous vous enrhumiez en ma présence, votre consul ne manquerait pas de me demander une indemnité. »

Les choses ont si peu changé depuis Saïd-Pacha que le vice-roi actuel, Ismaïl, a coutume de dire : « Sur dix personnes auxquelles j'ai affaire, je doute de la première et je ne crois pas aux neuf autres. » Et malheureusement on ne peut nier qu'il n'ait un peu raison !

C'est par le déplorable contact de ce que l'Occident rejette de son sein, que la confiance proverbiale des Turcs a presque disparu. Autrefois on pouvait prêter ou emprunter à un Turc des sommes considérables sur simple parole, sans écrit et surtout *sans intérêts*, sa religion lui défendant de « faire l'usure ». Loi vénérable, qui ne peut plus être aujourd'hui qu'une aimable et antique naïveté, mais qui fait regretter que tous les peuples orientaux ne soient pas devenus ou restés d'excellents musulmans !

La partie la plus intéressante de la population est l'Égyptien de vieille race, le fellah ou laboureur, qui a supporté toutes les oppressions et les exactions connues, depuis des temps immémoriaux, et les supporterait longtemps encore s'il le fallait, car il manque totalement de caractère politique : ce sont de grands enfants, affaiblis et déprimés par l'ignorance et l'état précaire dans lequel on les a toujours tenus. Sous une main paternelle, ferme et juste, ils pourraient devenir le premier peuple agricole du monde, et partant le plus heureux et le plus utile. Ce sont des êtres doux, gais, laborieux, résignés et à bien des égards, moins routiniers que certains de nos paysans des environs de Paris ; l'oppression les a

Une boutique de revendeur
Dessin inédit de P. Chardin

rendus méfiants, craintifs, fourbes, insupportables quand on ne les tient pas en respect. Tout cela vit de peu, insouciant en apparence et tourbillonnant au soleil ; mais au fond, atteint de vice, de misère et d'anémie ; sans foi ni lois que celles de Mahomet, fort amoindries par le temps et par l'ignorance, mais suppléées par le bon naturel des gens et l'influence du beau ciel qui adoucit tout. Chez eux, peu de crimes, de fanatisme encore moins, du vol seulement, accompli avec souplesse et facilité ; enfin ils cherchent par-dessus tout à esquiver la main du fisc, qui toujours les rattrape.

Pendant la guerre civile d'Amérique, la hausse dans les prix du coton et l'extension énorme de sa culture en Egypte ont mis des richesses inusitées entre les mains des fellahs couverts de guenilles et de limon ; plusieurs ont réalisé 10.000, 20.000, 30.000 francs et plus encore, dans leur année. Mais, que faisaient-ils de tant d'argent ? Ils le gaspillaient en acquisitions de nouvelles femmes, en parures et en réjouissances de noces, quittes à s'endetter et à emprunter ensuite à gros intérêts ; ou bien ils cachaient leur trésor, l'enfouissant on ne sait où et l'y oubliaient lorsque la mort les surprenait : il est si dangereux de passer pour riche ! Puis ils continuaient à vivre de misère, à s'exténuer au soleil, à demander l'aumône, voire même à emprunter à 7 et 8 0/0 par mois pour solder l'impôt et paraître pauvres. On en vit qui se laissaient rouer de coups pour ne pas le payer ou sembler hors d'état de le faire : il est avantageux de ne céder qu'aux dernières sommations ! Qui sait ? on pourrait peut-être sauver quelque chose ! On a vu des fellahs qui subissaient la bastonnade sans se plaindre, tenant dans leur bouche fermée la pièce d'or qui pouvait les sauver. L'exécution subie, ils ouvraient la bouche, en tiraient la pièce d'or et sautaient de joie d'en avoir fait l'économie.

Si l'on en croit les récits d'autrefois, les moudirs ou gouverneurs des provinces usaient d'un pouvoir illimité pour pressurer le paysan et répartir comme bon leur semblait les tailles ordinaires et extraordinaires ; le système des impôts de guerre y était en vigueur d'une façon permanente : c'étaient les villages qu'on frappait d'une contribution en masse dont tous les habitants devenaient responsables, si bien que ceux qui parvenaient à amasser quelque chose de plus que les autres, se le voyant enlever pour combler les déficits, en étaient réduits à s'enfuir et à tout abandonner. Enfin, il fallait bien que le fisc eût intégralement ce qu'il lui avait plu d'exiger, dût la gent taillable et corvéable en abandonner dix fois la valeur aux mains des divers fonctionnaires qui s'échelonnaient au-dessus d'eux.

Quant à la façon d'appliquer ces lois sauvages et arbitraires, elle suivait les caprices de l'invention la plus féroce et la plus folle, puisque toute liberté d'action était laissée à l'agent responsable. Le docteur Lachèze qui était en Egypte en 1833 nous a raconté qu'un *nazir* faisait apporter sur la place du village un cercle de fer pas trop large, et tous les individus qui pouvaient y passer la tête, les plus jeunes par conséquent, étaient dispensés de l'impôt. Aussi les parents forçaient-ils leurs enfants à coiffer cette terrible couronne de fer qui devenait un instrument de torture pour les plus âgés : avec bien de la peine, ils arrivaient à la passer, mais pour l'ôter, il y fallait laisser son nez ou ses oreilles. Les pères et mères, tout hurlants, ne regardaient pas à cette dépense ; mais les enfants résistaient et criaient ; le Turc, impassible, fumait son chibouk et l'impôt personnel se répartissait tout seul. Parmi les autres systèmes de coercition il y en eut d'horribles que nous ne pouvons rapporter ici, mais tous avaient plus ou moins pour fond la bastonnade appliquée à tort et à travers (1).

Le fellah n'est pas plus capable de gouverner les autres qu'il ne se gouverne lui-même ; il abuse de l'autorité. De nombreux essais ont été faits par Méhémet-Ali et par Saïd-Pacha pour relever les fellahs : on les nomma gouverneurs de province, avec des traitements réduits au dixième ; mais il arriva que ces fellahs élevés subitement à de hautes charges devinrent les bourreaux de leurs compagnons : connaissant mieux que personne les plus faibles et les plus riches, puis étant eux-mêmes à la merci du gouvernement, ils assouvirent des vengeances personnelles et commirent plus d'exactions que les fonctionnaires congédiés. Aussi les gens bien informés ou sceptiques pensent qu'on avait nommé des fellahs gouverneurs, d'abord pour réaliser des économies, et ensuite parce que les Turcs ne pouvaient plus rien tirer des

(1) Pour se faire une idée de ce qu'était l'Egypte, lire *L'Egypte sous Méhémet-Ali*, par Hamont, 2 vol. in-8°, 1843, et *L'Egypte en 1845*, par Victor Schœlcher.

provinces. « Notre race est maudite, disait un vieillard chagrin à Hamont, directeur des haras sous Méhémet-Ali ; nous ne nous aimons pas : l'Egyptien n'a pas de plus grand en-

SEBIL MANSOUR-PACHA

nemi que l'Egyptien lui-même : Nous ne savons pas commander et pour nous gouverner des étrangers sont nécessaires. » Mais lesquels ? Cela importerait peu à cette race si laborieuse, pourvu que ses gouverneurs comprissent que leur devoir, comme leur intérêt, est de protéger le fellah contre les concussions des fonctionnaires et des usuriers, de ne pas le réduire au désespoir par l'énormité des impôts, de lui permettre enfin de posséder en sécurité ; autrement ce serait tuer la poule aux œufs d'or, c'est-à-dire en arriver fatalement à la banqueroute et à l'ingérence étrangère, anomalie à laquelle aucune race ne peut se résigner longtemps.

Il semble que la grande intelligence de Méhémet-Ali et son réel désir de progrès n'aient pu se défaire des procédés barbares de l'ancien Orient. Pour se mettre à l'unisson des nations européennes et pour faire face aux guerres dans lesquelles il était engagé, il voulut créer trop vite des armées, des flottes, des manufactures, des écoles, sans prendre le temps de ménager le paysan, source naturelle des revenus. Il ne sut point résister à l'envie de thésauriser à son profit, comme ces pachas de Stamboul qui, sentant leur pouvoir précaire, se hâtaient d'amasser. De règne en règne, les choses n'ont guère changé depuis lui : souverains ou agents du gouvernement ne parlent que de réformes profondes et merveilleuses, mais que font-ils ? Une riche devanture à la mode qu'ils exposent à l'admiration de l'Europe, mais derrière laquelle le vide se creuse de plus en plus.

Le beau rôle de l'expédition française en 1798 avait été de vouloir la justice et l'équilibre entre le travail et la redevance. Bonaparte avait admirablement compris le sens de cette réorganisation ; et si l'occupation avait pu durer, le pays se serait transformé, en dépit des obstacles insaisissables dont tout Européen peut faire l'expérience en Orient. Ce qui est incontestable, ce sont les regrets que les Français laissèrent chez les simples fellahs, qui crurent à leur retour et le désirèrent longtemps.

Hamont, regardé par ses contemporains comme exact et bien informé, causait un jour avec un vieil Egyptien qui avait vu Bonaparte, se plaignait beaucoup des Turcs et souhaitait de les voir remplacés par d'autres étrangers.

« Mais, lui dit notre compatriote, vous avez eu les Français, vous les détestiez, vous les assassiniez. Cependant quel mal vous ont-ils fait ? Les fellahs ne sont jamais contents, et votre caractère léger, inconstant, fait votre malheur !

— Les Français ! me répondit le vieillard avec énergie et en me regardant avec des yeux pleins de feu : ah ! que ne reviennent-ils en Egypte, ils verraient combien nous les aimons ! Tous les jours nous prions le Tout-Puissant de nous les rendre ; eux seuls savent gouverner les hommes. Nous vivions très bien avec les Français! Le blé, le riz étaient pour rien. Lorsqu'un soldat voulait une poule, de la viande, des légumes, il les payait d'avance et toujours plus qu'ils ne valaient. . J'ai vu *Banaborte* (Bonaparte), le *guéneral Gleber* (le général Kléber) ; on pouvait leur parler sans crainte à eux, ils ne nous chassaient pas comme font les Turcs!

UNE PORTE DANS LE SOUK ES-SELAH

— Cependant, ce sont des chrétiens, et comment vous, musulmans, pouvez-vous souhaiter la venue des Français?

— Nous sommes tous enfants de Dieu, les malheurs nous ont instruits. Nous sommes mahométans comme les Turcs, et cependant nous mourons de faim! »

Cette conversation est intéressante. parce qu'en rappelant des souvenirs déjà oubliés, elle nous montre les *vœux du paysan* pris sur le vif et nous révèle sa misère.

Depuis lors, les choses se sont-elles beaucoup améliorées pour le fellah? Voici ce que nous relevons dans les notes inédites de Charles-Edmond, l'un des hommes les mieux informés des choses de ce pays :

« Après plus de vingt ans d'intervalle, j'ai retrouvé le

Caire singulièrement assombri. De mon temps, on célébrait autrement le Ramadân. Toutes les nuits, ce n'étaient que chants, musique, improvisations à tous les carrefours de la ville. Les femmes fellahs portaient des bijoux, des bracelets aux mains et aux pieds. Aujourd'hui tout a changé, la population indigène est comparativement sombre, triste et silencieuse. Le souverain ne s'est pas rendu populaire ; il a augmenté les impôts, et rien n'est plus naturel, puisque aucune considération d'avenir ne lui commande de ménager le présent (1).

« Avant Ismaïl-Pacha, l'Egypte ne payait que 70 millions d'impôts fonciers, elle en supporte aujourd'hui 110 millions, et l'on annonce que, dans le courant de l'année, cette charge sera portée à 124 millions. De plus, des calamités publiques ont empiré les fatalités de la situation : la sécheresse, l'inondation, deux terribles épizooties, le choléra ont inauguré tristement le règne actuel ; et, comme il arrive sous les régimes despotiques et dans les pays superstitieux, la population est instinctivement portée à rendre le gouvernement responsable des fléaux dont elle ne peut s'expliquer l'irruption subite.

« Le revenu public de l'Egypte s'élève à 150 millions de francs. Le revenu personnel du vice-roi, y compris la liste civile (2), est de 25 millions, mais pourrait s'élever à 60 le jour où l'arriéré dont il est grevé sera liquidé. Les revenus de l'Etat sont absorbés, et au delà, par une armée de 40.000 hommes, par 5.000 marins, par l'intérêt de la dette publique, par l'administration et par des travaux publics bien ou mal entendus, tels que chemins de fer, port d'Alexandrie, embellissement de deux capitales, etc., etc. Le gaspillage aidant, le déficit est l'état normal. La situation économique toutefois ne semble pas alarmante, car l'Egypte a des ressources infinies, et même sous le régime actuel le progrès économique est amplement assuré : l'industrie, le commerce et surtout l'agriculture ont déjà réalisé de très beaux béné-

---

(1) Ceci fut écrit en 1866, époque à laquelle le vice-roi n'avait pas encore obtenu du sultan le droit d'hérédité pour sa famille. Tous ces détails, quoique d'ancienne date, auront néanmoins leur intérêt comme étude rétrospective et comparative. On sait que depuis lors la condition des fellahs s'est améliorée ; malheureusement, ici moins qu'ailleurs, le présent ne répond de l'avenir.

(2) Le mot de *liste civile* commençait à être prononcé ; mais entre le mot et la chose, il y avait un abîme, car rien n'était encore changé dans le système de confusion et de bon plaisir.

fices et semblent assurés d'un avenir magnifique... Tout serait donc pour le mieux, si les machines pouvaient suffire à tout et s'il n'y avait au monde que le progrès matériel. Malheureusement le progrès moral est loin de marcher du même pas, et quand le progrès moral fait défaut, on peut être assuré que le progrès matériel est compromis ; et réciproquement, il n'y a pas de progrès moral sans de bonnes conditions matérielles. Tous deux se manifestent en dernière analyse par un signe commun, qui est l'accroissement normal de la population ; or ce signe n'est malheureusement pas observé en Egypte : le pays manque de bras ».

Pour quelles raisons alors le territoire de l'Ouady, acquis par la Compagnie du canal maritime de Suez et exploité par elle, regorgeait-il au même moment de travailleurs qui s'y rendaient spontanément de toutes parts, à ce point qu'en trois ans la population y était devenue trois fois plus nombreuse, bien que l'on eût doublé le prix des fermages ? C'est que les Européens savent réaliser leurs projets avec suite, tandis que l'inertie, le caprice, l'instabilité règnent dans les entreprises des Orientaux.

UNE AUDIENCE DE MÉHÉMET-ALI AU DIVAN DU BASSIN
D'après Horeau, 1840.

CHOUBRAH

In marble-paved pavilion, where a spring
Of living water from the centre rose,
Whose bubbling did a genial freshness fling
And soft voluptuous couches breath'd repose,
ALI reclin'd, a man of war and woes (1).

LORD BYRON (*Childe Harold*, II, 62.)

Choubrah, palais d'été jadis élevé à grands frais pour Méhémet-Ali, par un de ces architectes turcs, grecs ou italiens qui infestent l'Orient de leurs constructions dépourvues de goût et d'ordonnance, Choubrah, qui appartenait naguère à son dernier fils, le prince Halim, ne nous parut remarquable que par le chemin qui y conduit.

C'est une avenue extrêmement large, exhaussée au milieu de terres arables soumises au régime de l'inondation. Elle est bordée de sycomores d'apparence séculaire, dont les branches robustes, capricieuses, partent à une faible distance du sol et vont former à une grande hauteur une voûte impénétrable aux rayons du soleil : c'est à peine si quelques filets de

(1) Sous un kiosque dallé de marbre, au milieu duquel une fontaine jaillissante répandait en bouillonnant une fraîcheur délicieuse, où des couches molles et voluptueuses invitaient au repos, était accoudé ALI, homme de guerre et de terreur.

lumière glissent à travers les branches et viennent danser sur le sol; si quelques gerbes de rayons roses descendent de place en place du couchant, pour mourir sur l'allée, dont la perspective féerique se déroule en un long ruban moiré de soie et d'or. On ne perd pas de vue le Nil qui coule à gauche du chemin, devant les grandes pyramides aux nuances délicates et changeantes. L'allée est déserte, silencieuse, et l'on rencontre tout au plus, quelque fellah psalmodiant à mi-voix et traînant sous son bras un tronçon de canne à sucre qu'il savoure en marchant.

Un peu plus vers le nord, et sur la rive opposée, se dessine dans un lointain de poussière d'or le tell ou le tertre du village d'Embabèh qui de ce côté limite le champ de bataille des Pyramides. Que de bruit et d'épouvante sur ces bords au soir du 21 juillet 1798! La rive droite encombrée de piétons et de cavaliers qui crient et fuient sans combattre; sur la rive gauche, la folle et brillante cavalerie des mamlouks, jetés au Nil par le demi-cercle mouvant de l'armée française; tout le cours du Nil flamboyant dans l'incendie des djermes qui sautent, avec les richesses des mamlouks et enfin, à travers tout ce cataclysme, Bonaparte, son œuvre accomplie, marchant d'un pas calme vers Gizèh, où le palais de Mourad-Bey, le grand vaincu des Pyramides, va lui servir de bivouac.

A Choubrah, on nous fait voir avec orgueil ce fameux lac de marbre blanc, délices de Méhémet-Ali, dont notre imagination se formait une idée digne des sérails rêvés par lord Byron. Quelle déception ! Ce que le goût italien a de plus puéril et de plus tourmenté est entassé là : c'est d'une laideur et d'un luxe criants, et pour en supporter la vue quelque temps, il faut appeler à son secours un peu des souvenirs du passé : sous ces portiques étiolés, sous ces toits d'angles qui surplombent si lourdement le morne bassin, éparpillons des odalisques, groupons-les sous ce kiosque abandonné, sur cet îlot de marbre, d'où l'eau vive s'épanchait en cascades ; lançons-les dans ces belles eaux pour qu'elles remorquent, avec des cris joyeux, la nacelle dorée qui porte le vieux Méhémet-Ali, interrogeant sa mémoire vacillante et d'une main machinale caressant sa longue barbe blanche.

Mais non, tout est bien mort ici, et rien ne fait prévoir la reprise des anciennes splendeurs de Choubrah. Sous les portiques abandonnés, le bourdonnement des moucherons et le rare cliquetis des lustres en verroterie jettent une résonnance mélancolique. Quelques canapés délabrés, en vulgaire toile cirée, meublent ce kiosque, s'avançant sur l'eau comme une presqu'île, et où Méhémet-Ali, étendu sur de riches divans, donnait jadis audience.

Nous nous asseyons autour de M. de Lesseps à l'endroit même où il a vu si souvent le célèbre pacha ; il nous raconte comment le canal de Suez se relie aux origines mêmes de Méhémet-Ali.

BASSIN INTÉRIEUR DU PALAIS DE CHOUBRAH

« En 1803, nous dit-il, après la paix d'Amiens, le gouvernement du premier consul envoya en Egypte, comme chargé d'affaires, le comte Mathieu de Lesseps, mon père, avec la mission secrète de surveiller la politique anglaise en même temps que les agissements des Turcs et des mamlouks. Sa position était des plus difficiles, et maintes fois il ne dut la vie qu'à sa présence d'esprit. C'est ainsi qu'un jour, pendant qu'il était aux mains du barbier arabe qui avait coutume de le raser, il aperçut dans le miroir celui-ci devenir pâle et tremblant ; il bondit immédiatement sur lui, le terrassa et, appuyant le genou sur sa poitrine, lui demanda : Qui t'a chargé de me tuer ? et le barbier d'avouer qu'il a été payé par les mamlouks pour couper la gorge au consul.

« Mon père dut quitter l'Egypte après la rupture de la paix d'Amiens, mais avant de partir, il fut chargé de trouver secrètement dans le pays même un homme nouveau assez intelligent et assez énergique pour soutenir les Turcs, combattre l'influence des Anglais, et neutraliser les mamlouks dont l'oppression et le fanatisme rendaient alors l'Egypte inhabitable aux étrangers. Il s'adressa à l'un de ses kawâs, Omer-Agha ; celui-ci désigna un ancien capitaine, né comme lui à Kavala, en Macédoine, et avec lequel il avait combattu les Français à Aboukir, dans les rangs de l'armée turque. Le comte Mathieu de Lesseps l'appela plusieurs fois auprès de lui, l'interrogea, le fit parler et le trouva d'une intelligence si déliée, si rusée, si remarquable enfin, qu'il le jugea digne d'accomplir les desseins de Bonaparte. Ce nouveau venu n'était autre que Méhémet-Ali. Mon père obtint pour lui le grade de bimbachi ou chef de mille Albanais ; il s'éleva peu à peu, devint pacha du Caire et, grâce à une politique habile, fruit d'une ambition ardente, il sut neutraliser l'influence anglaise, résister à l'influence de la Porte et dompter les mamlouks. Omer-Agha resta attaché au consulat de France et lorsque, en 1833, j'allai en Egypte comme élève-consul, il me rappela qu'il avait été la cause première de la fortune de Méhémet-Ali et me dit, non sans mélancolie : « È un grand'uomo, ed io sono stato un burrico ».

« Et voyez comme les choses s'enchaînent, continua M. de Lesseps, le pauvre Omer-Agha ne se doutait guère qu'en travaillant à la fortune de son camarade Méhémet-Ali, il ouvrait en même temps l'avenir à l'entreprise du canal de Suez. En cette même année 1833, j'allai dès mon arrivée me présenter à la réception officielle du pacha d'Egypte, qui tenait son divan à la Citadelle. Dès qu'il entendit mon nom, Méhémet-Ali se levant, vint à moi et, me prenant par la main, il dit aux consuls et à ses ministres : « Vous voyez ce jeune homme. Eh bien ! c'est à son père que je dois d'être ce que je suis. » A partir de ce jour, je devins le protégé et l'ami du vice-roi ; j'eus ainsi l'occasion de me lier intimement avec son quatrième fils, Saïd, et laissez-moi vous raconter à ce sujet une anecdote assez amusante :

« Méhémet-Ali, qui n'avait reçu aucune instruction, tenait beaucoup à pourvoir ses fils de ce qui lui avait manqué. Il avait confié Saïd à un précepteur extraordinaire, Edhem-

Pacha, dont le zèle ne connaissait pas de limites. Le programme du jeune prince portait quatorze heures d'études et d'exercices par jour ; il devait faire deux heures d'armes, deux heures d'exercice sur les mâts, de l'équitation et des courses à pied autour des murailles de la ville. Saïd avait, comme ceux de sa race, une propension à l'obésité et à la mollesse. Méhémet-Ali, auquel on remettait les notes à jour fixe, faisait surtout attention à la diminution de poids constatée chez son fils. Je l'emmenais souvent faire de longues courses à cheval pour l'aider à maigrir, car quand son poids

L'Avenue de Choubrah
Dessin inédit de P. Chardin.

avait diminué, le prince était récompensé, et si par malheur il avait augmenté, on le privait de nourriture ; alors il venait chez moi et, pendant que je faisais ma correspondance, il descendait en cachette aux cuisines pour se faire donner du macaroni par la cuisinière Violenta et par le valet de chambre Angelo, dont il s'était fait des amis. Il m'avoua depuis, qu'étant un jour caché dans un corridor, en train de déguster du macaroni dans un plat d'argent, il entendit annoncer l'arrivée de son père ; de saisissement, il jeta le macaroni et le plat dans un certain endroit. C'est pourtant à ce régime sévère que Saïd dut son agilité, sa force et son courage. Notre amitié ne fit que se consolider par des services mutuels, et lorsque Saïd-Pacha arriva au trône, en 1854, et que je jugeai le moment favorable pour parler du projet de percement de l'isthme que nous avions préparé depuis longtemps, je trouvai en lui l'appui nécessaire. »

Nous revenons par l'allée de Choubrah, à l'heure où s'accomplit sa métamorphose de chaque jour. Le *high-life* du Caire moderne s'y transporte et tourbillonne à cheval, en voiture, un courant dirigé vers Choubrah, l'autre vers le Caire. Au premier rang brillent les coupés des dames de harem qui, roses, jaunes ou bleues de la tête aux pieds, ne demandent qu'à se faire voir à travers leurs voiles transparents et les glaces de leurs coupés qui les abritent le moins possible. Autour d'elles, grand tapage de saïs, de gardiens et d'eunuques à cheval qui ont l'air mal campés par suite de leur habitude de se tenir à l'arabe sur des selles anglaises; ils sont vêtus de la monotone stambouline, redingote sans

FELLAH CHEVAUCHANT
Croquis de P. Chardin

collet. Quelques-uns des eunuques, toujours jaloux d'attirer les regards des dames, quittent l'escorte, lancent leurs chevaux dans la plaine et avec leur petit cri de singe se poursuivent en lançant le djérid. Beaucoup d'affaires secrètes se nouent et se dénouent dans cette promenade par l'échange de signes furtifs jetés au croisement des voitures découvertes. L'efendi cherche le regard du bey qui cherche celui du pacha, lequel guette celui du ministre, qui lui-même attend un signe du vice-roi qui passe au grand trop. Les dames voilées prennent part à ce jeu qu'elles dirigent quelquefois et qu'elles comprennent toujours.

Les voitures disparaissent, la nuit tombe, surprenant quelque paysan attardé qui chevauche sur son bidet, et la solitude se fait. Nous gagnons le télégraphe pour envoyer de nos nouvelles en France ; mais quelle confiance avoir en des employés qui perdent la tète au premier mot d'une dépêche et qui, faute de meubles, entassent leurs papiers dans des sacs à fèves pendus au plafond ! Le télégraphe sous-marin, entreprise toute récente en Egypte, est un jouet des plus dispendieux. On se fait un amusement d'envoyer des dépêches à Constantinople sans objet sérieux, simplement pour converser et s'étonner de recevoir une réponse le même jour. Souvent ces dépêches ne sont que de simples politesses ; maintes fois on en envoie qui remplissent deux pages chiffrées pour une affaire qui pourrait tenir en quatre lignes. On a soin d'y insérer tous les compliments interminables du cérémonial turc, les invocations usitées à Dieu et à son prophète et jusqu'à des versets entiers du Coran : « Je voudrais, disait le secrétaire-rédacteur des dépêches, avoir pour tout revenu les sommes folles qu'Allah et Mahomet rapportent annuellement au télégraphe ! »

COMMENT ON VOYAIT LES HIÉROGLYPHES

au XVIe siècle

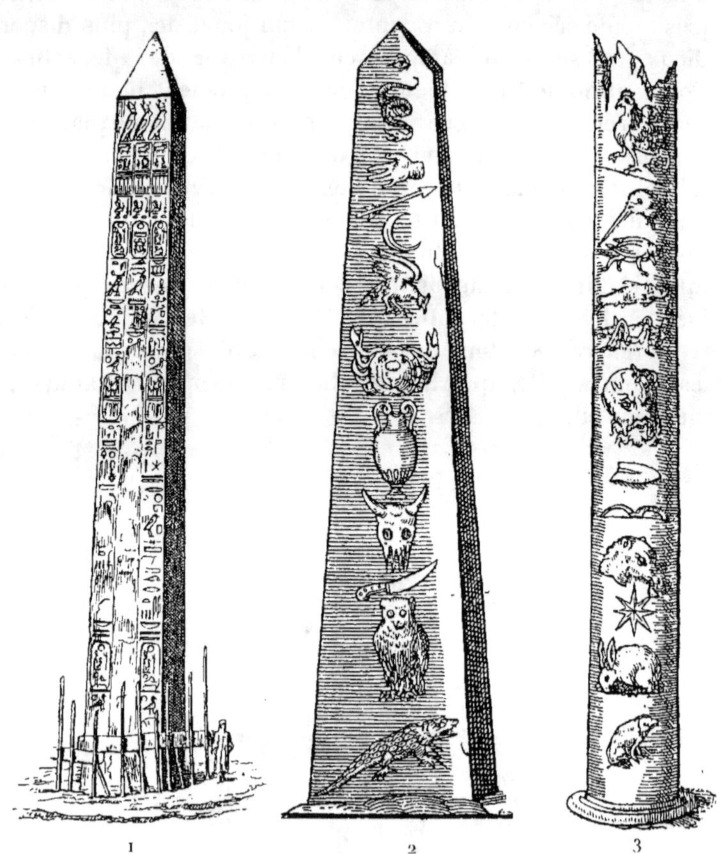

1 2 3

L'Obélisque de Thoutmès III, dit Aiguille de Cléopatre, a Alexandrie

(1) Dessiné par G. Maspero.

(2) Le même, dessiné, ainsi qu'un autre monument inconnu (3), par André Thevet, cosmographe de Charles IX et de Henri III : « ... avec plusieurs figures de bestes, oyseaux, mains d'hommes, vases à l'antique, d'arcs et carquois, corselets, couteaux, astres du ciel, yeux et autres choses semblables, qui jadis étaient les lettres sacerdotales que nous nommons hiéroglyphiques.

« Je laisse aux doctes hommes l'interprétation desdites lettres, telles que ie les vous ay représentées au naturel, et ce suyvant ce que ie les ay vues estant sur les lieux. » (Cosmographie d'André Thevet, 1575.)

ROUTE DE SYRIE

HÉLIOPOLIS ET MATARIYÈH

« Ils vinrent ensuite à un sycomore que l'on appelle aujourd'hui MATAREA, et le Seigneur Jésus fit paraître à cet endroit une fontaine où Marie lava sa tunique. Et le baume que produit ce pays vient de la sueur qui coula des membres de Jésus. »

(*Evangile apocryphe de l'enfance*, XXIV.)

Le climat du Caire, malgré sa douceur, est sujet à de petites variations capricieuses; ses heureux habitants maudissent alors leur ciel, tout comme le font les infortunés habitants des rives de la Seine, où le soleil, disent nos astronomes avec une certaine aigreur, ne comparaît pas toujours vingt fois en un hiver devant l'Observatoire de Paris!

En définitive, pour tout Européen, le ciel d'hiver en Basse-Egypte est encore un paradis. Le soleil écrasant et solennel de l'été nous accablait hier à Memphis; aujourd'hui, c'est par une suave journée de printemps que, sous la conduite aimable de M. de Lesseps, nous chevauchons gaiement et en nombreuse compagnie vers le site de la grande Héliopolis. Par les jolis chemins déserts et sinueux de Faggâla qui, bordés de palmiers contournent des buttes et des étangs, nous arrivons à la grande mosquée du sultan mamlouk Dâher-Baïbars, nommée fort Sulkowski sous Bonaparte, en mémoire du général polonais tué le 23 octobre 1798, lors de l'insurrection du Caire contre les Français. C'est aujourd'hui une ruine fermée et silencieuse où l'on ne peut pénétrer ; l'ensemble a l'aspect d'un vaste carré de murs jadis crénelés, percés dans le haut de fenêtres ogivales comme celles de l'édifice de Kalaoûn à la Citadelle ; sur la façade sont pratiquées deux portes d'un grand caractère ; celle de l'Ouest est construite selon une mode fort ancienne qui comporte des claveaux en coussinets, ainsi que l'on en voit encore dans différents portails du Caire et en l'église du Saint-Sépulcre à Jérusalem ; ses murs crénelés, sa situation isolée la désignèrent à Bonaparte comme une redoute précieuse. La légende veut que le tombeau de Kléber ait été dressé près de la mosquée ; nous interrogeons un bourriquier à barbe grise, et comme un fellah ne reste jamais court devant l'étranger qu'il conduit, celui-ci montre un amas de pierres en disant : « Voilà *Gléber* ».

Linant-Bey nous a conté qu'un monument commémoratif avait été élevé sous sa surveillance par le général Dembenski à la mémoire de son compatriote le général Sulkowski, à la place même où ce dernier avait succombé. Quant à Kléber, il fut inhumé provisoirement à la *ferme d'Ibrahim*, à l'extrémité opposée de la ville, près du fort de l'Institut ; ses restes furent rapportés en France lors du rapatriement des troupes, en 1801, et oubliés au château d'If pendant toute la durée de l'Empire.

La nature paraît aujourd'hui tout imprégnée de jeunesse et de joie ; du ciel doux et pâle souffle un vent léger qui fait ondoyer les cimes des grands blés verts et répand dans les airs les fraîches senteurs de la sève. Les arbres, peu nombreux, sont encore verdoyants, car pour eux l'hiver ne commence qu'à la fin d'avril. Ils laisseront alors tomber leurs feuilles de l'année pour se couvrir, quelques jours après, d'une riche moisson de bourgeons : aussi, la végétation est-elle si rapide en Egypte, qu'il suffit de quelques années aux baliveaux bien arrosés pour former de grands arbres, et de quelques dizaines d'années pour leur donner une apparence séculaire. C'est ainsi que l'on est tout étonné d'apprendre que beaucoup des vieux arbres de l'Esbékîyèh ne doivent leur existence qu'à

Ibrahim-Pacha qui rendit l'âme en 1848, ayant beaucoup guerroyé et beaucoup planté.

Tout en suivant la lisière de cette zone cultivée qui s'étend de la rive orientale du Nil au Khalig, ou canal du Caire, nous arrivâmes en un lieu où l'on entendait un formidable bourdonnement de voix mêlées de cantilènes et de sons d'instruments aigus. Aussitôt se déroule à nos yeux une scène inattendue, vrai tableau des mœurs antiques de l'Egypte : sur de longues collines de déblais et au fond d'une large tranchée, dix mille fellahs se meuvent au son du fifre : ils creusent et transportent dans leurs corbeilles de palmier la terre de ce canal d'eau douce qui, se détachant du Nil au Caire, doit aller rejoindre, dans l'Ouady, celui qui a sa prise d'eau à Zagazig et alimente tous les chantiers du canal maritime de Suez.

La présence des corvées égyptiennes montre à première vue que nous ne sommes pas sur les terres de la Compagnie du canal de Suez et les hommes de l'Isthme doivent éprouver quelque chagrin à la vue de ce spectacle qui nous charme : car ces milliers d'hommes qui travaillent ici ne sont plus à eux, mais au vice-roi qui, dans le courant de l'année 1864, a fait retirer le concours des corvées à la Compagnie de Suez, et les a gardées à son usage dans les travaux qu'il s'est trouvé engagé à exécuter pour elle depuis la dernière convention.

Il n'y avait cependant pas de véritables corvées au service de la Compagnie, car celle-ci nourrissait, payait et traitait humainement les fellahs de recrue, chose qui ne s'était jamais vue en Egypte. La corvée, au sens vrai du mot, demeure au service du gouvernement égyptien, puisqu'il ne donne pas de salaire aux hommes qui travaillent ici sous nos yeux. Et pourtant les puissances européennes, qui ont ameuté tant de philanthropes contre la Compagnie, se déclarent satisfaites et ne disent plus mot !

Bien des raisons cependant justifiaient le concours des contingents indigènes pour l'accomplissement de ces grands travaux d'utilité universelle. C'était d'abord l'impossibilité de trouver rapidement un nombre suffisant d'ouvriers européens ; puis le danger, pour ces derniers, d'un climat aussi différent du leur et assez meurtrier lorsqu'on y séjourne en toutes saisons, l'inconvénient pour l'Egypte d'admettre sur son territoire une population étrangère aussi nombreuse que mélangée. Enfin, la Compagnie, sans racines encore dans le pays et ne disposant que d'un personnel peu nombreux, pouvait-elle sans aide faire un appel suffisamment efficace aux travailleurs indigènes épars dans les provinces ? Il fallait pour cela l'intervention du gouvernement égyptien recourant aux moyens qu'il emploie lui-même pour les cas d'utilité publique et même d'intérêt privé. Saïd-Pacha avait dès l'origine compris ces raisons, et l'acte de concession, signé par

M. de Lesseps en tenue d'excursion

lui en 1858, portait que les quatre cinquièmes des travailleurs de l'Isthme seraient indigènes, que le gouvernement les ferait amener à la Compagnie, qui les payerait et les nourrirait d'après un tarif fixé à l'avance, ce qui fut exécuté de point en point.

Sous le règne de Saïd-Pacha, le contingent des fellahs pour les travaux du canal était de 60.000 pendant trois mois. M. de Lesseps persuada au vice-roi de ne les céder à la Compagnie que par fractions de 20.000 pour un mois. Ces pauvres gens étaient si peu habitués à être payés, qu'il leur arriva plus d'une fois de hâter la fin de leur tâche pour s'en retourner plus vite chez eux, sans demander leur paie. Une nuit, aux environs du lac Maksama, dans l'Ouady, M. de Lesseps fut réveillé par de grands cris : c'étaient 3.000 fellahs qui, ayant fini leur corvée, voulaient décamper en cachette sans demander la paie d'un franc par jour qui leur revenait.

UN CAMPEMENT
Dessin inédit de P. Chardin

Comme des chiens de berger, les cavaliers bédouins les cernaient pour les empêcher de fuir ; beaucoup avaient déjà disparu et quant aux autres, M. de Lesseps ne trouva d'autre moyen pour les retenir que de les faire mettre à genoux, leur déclarant qu'ils ne partiraient pas avant d'être payés. L'expérience des corvées officielles leur faisait craindre d'être gardés au delà du temps fixé, et ils préféraient encore la liberté à l'argent dont ils se montrent pourtant si avides.

Un fait analogue se produisit à l'occasion d'un travail de corvée, exigé par Saïd-Pacha, et qui se trouva terminé l'avant-veille de l'ouverture du ramadân, époque à laquelle les Egyptiens tiennent avant tout à se retrouver chez eux. Moins patient que la Compagnie, le vice-roi se donna le malin plaisir de faire dire aux fellahs qu'il était trop tard pour les payer ce même soir, que le lendemain, jour du sabbat musulman, la chose était impossible, et que la paie n'aurait lieu que le surlendemain. Sans attendre cette échéance, ces pauvres gens s'en retournèrent chez eux pour y commencer le ramadân. Et Saïd de répéter, en riant, qu'il avait réalisé une bonne économie : il aimait à s'amuser à la turque, à être un peu enfant, un peu bouffon, un peu féroce.

Si cependant l'Egypte manque de bras pour ses cultures, on peut concevoir que la privation constante de 20.000 travailleurs ait pu lui causer un préjudice véritable. Toujours est-il que la suppression presque subite de ces utiles contingents devait mettre la Compagnie de Suez dans un grand péril. Un chômage d'une durée indéterminée, des intérêts énormes à payer, des engins à créer pour remplacer le travail des bras, une lutte à soutenir contre la défaveur publique, l'appel à de nombreux travailleurs européens, telles sont en résumé les suites immédiates de cette fâcheuse affaire ; désavantages que ne pourra compenser, sans doute, l'indemnité de 84 millions que d'après l'arbitrage de l'empereur des Français, du 6 juillet 1864, le gouvernement égyptien s'est engagé à payer à la Compagnie pour la substitution de machines et ouvriers européens aux contingents fellahs, pour la cession du canal d'eau douce et l'abandon des droits de navigation à y percevoir, enfin pour la rétrocession de 60.000 hectares dont la valeur, nulle à l'origine, avait été singulièrement élevée par l'importance des premiers travaux.

Entre ce canal qui, à la manière dont les choses se passent ici, ne verra peut-être jamais l'eau du Nil et la fameuse Héliopolis, il n'y a qu'un pas, et nous voilà déjà cherchant des temples et des colonnades. Mais, hélas ! seul un obélisque dresse son aiguille rosée au-dessus d'un massif de sombre verdure, isolé dans cette plaine célèbre où, en 1517, le sultan Sélim vainquit l'Egypte des mamlouks et la rendit turque ; où le 20 mars 1800, Kléber, avec 10.000 Français, défit 80.000 osmanlis et par cette victoire provoqua son arrêt de mort.

Ainsi qu'à Memphis, tout vestige a disparu de la surface du sol, et ce que les constructeurs du Caire ancien ont pu laisser ici d'antiques matériaux est maintenant profondément enfoui sous les alluvions du Nil et sous les sables du désert.

Comme Memphis, Héliopolis était une ville fort étendue, dont l'importance et l'ancienneté tenaient à cette situation favorable qui fait un centre naturel du point où le Nil se divise en plusieurs branches pour former le Delta, la partie la plus productive de l'Egypte et la plus anciennement habitée. Elle avait. en outre, l'avantage de se trouver en tête des chemins conduisant en Syrie, c'est-à-dire vers les contrées qui, dans l'antiquité, donnaient le principal débouché au commerce et à l'esprit de conquête ; mais quand arriva le déclin de l'Egypte, Héliopolis vit tous ces avantages tourner contre elle, car, l'une des premières parmi les villes du territoire, elle reçut le choc répété des invasions asiatiques qui désolèrent l'empire des derniers Pharaons. Cambyse surtout la frappa d'un coup dont elle ne put se relever, et elle acheva de tomber en décadence dès que le centre du gouvernement, devenu grec, se fut transporté à Alexandrie, ville qui créait à l'Egypte des débouchés plus en rapport avec l'état politique du monde, puisqu'alors l'Europe commençait à prédominer sur l'Asie.

Les lointaines conquêtes d'Alexandre furent en réalité la première affirmation de cette prépondérance qui dure encore. La Grèce, sentinelle avancée de l'Occident, détermina ce grand mouvement en domptant définitivement l'Orient et ses multitudes esclaves menées par des despotes militaires, puis en initiant l'Europe aux éléments de la civilisation moderne et rationnelle. L'Egypte pharaonique, placée entre l'Orient et l'Occident, subit tour à tour leur domination sans être sensiblement modifiée ; elle tomba tout entière après avoir beaucoup donné, et avec elle finit le véritable monde antique.

Au temps de Strabon, vers l'époque de l'ère chrétienne, on ne voyait guère plus à Héliopolis que son grand temple solitaire, plein d'archives précieuses, tombées entre les mains de prêtres ignorants, exploiteurs de superstitions ; ce temple, environné de ruines et de masures, offrit encore au XIIIe siècle un spectacle merveilleux au voyageur arabe Abd-el-Latif de Bagdad. « On y trouve, dit-il, des figures effrayantes et colossales de pierre de plus de trente coudées de haut ». On y voyait aussi deux grands obélisques, l'un renversé, l'autre debout, et dont la pointe était encore revêtue d'un chaperon de bronze qui descendait sur le fût d'environ trois coudées. « Autour de ces obélisques, une multitude d'autres qu'on ne saurait compter », dit-il, n'ont que la moitié ou le tiers de la hauteur des deux principaux, mais la plupart sont renversés et brisés à côté de leurs bases encore en place. Les fouilles de Mariette-Bey ont fait apparaître, auprès de l'obélisque encore debout, la base de celui qu'Abd-el-Latif vit renversé, ce qui a permis de fixer avec précision l'axe du grand temple.

De toute cette forêt de monolithes consacrés au Soleil, que les dynasties égyptiennes avaient à l'envi dressés devant les façades des temples d'Héliopolis, il ne subsisterait plus rien au monde que l'obélisque isolé de Matariyèh, si autrefois les empereurs romains ne s'étaient emparés des plus beaux pour en orner la ville éternelle qui en contenait alors près de cinquante. Depuis le XVIe siècle, les papes en ont fait restaurer quatorze. L'Egypte tout entière n'en contient plus qu'une vingtaine dont plusieurs sont brisés. Le seul des obélisques de Rome qui soit resté intact et debout jusqu'au XVIe siècle, est celui de la basilique de Saint-Pierre, qui fut tiré d'Héliopolis par Caligula, et occupait l'emplacement de la sacristie actuelle, où il marquait autrefois le milieu de l'axe ou *spina* du cirque de Néron : c'est-à-dire qu'il fut témoin de tous les supplices qu'on fit subir aux premiers chrétiens en l'an 64, et que les lueurs du grand incendie de Rome ont rougi sa cime dans ces nuits terribles qui suivirent les ides de juillet.

L'obélisque, dit de Matariyèh, qui survit seul ici aux nombreux et célèbres monuments d'Héliopolis, est enfoui de 2 mètres à la base et en a 31 de hauteur. Il marque à peu près le centre de cette vaste enceinte de briques qui entourait le temple de Râ, ou le Soleil, et dont les vestiges se reconnaissent aux alentours sous la forme de buttes et de levées de terre. C'est celui qu'Abd-el-Latif vit encore chaperonné de bronze, et c'est aussi le plus ancien que l'on connaisse, puisque l'inscription officielle répétée sur ses quatre faces fait connaître qu'il a été dressé par Ousertasen Ier, roi puissant de la XIIe dynastie (XXVIIIe siècle av. J.-C.). Il fut donc élevé à l'une de ces époques florissantes de l'Egypte du Moyen-Empire, et près de six cents ans avant la grande invasion des Hyksos. Il est au monde peu de témoins qui aient vu autant d'événements et rappellent à la pensée de plus grands et de plus anciens souvenirs. D'abord, d'humbles émigrants de Syrie venant demander asile et travail en cette Egypte du Moyen-Empire, déjà si forte et si avancée ; puis les Hyksos, leurs sauvages congénères s'y ruant en vainqueurs et s'y établissant en maîtres.

Thoutmès III le Grand s'est arrêté là, quand il ramenait

captifs les ancêtres de ceux que, trois cents ans plus tard, Josué devait combattre dans les champs de la terre promise. On y a vu les pompes triomphales du « conculcateur » des peuples, Ramsès II ou Sésostris, et celles de son fils Menephtah,

Obélisque du pharaon Ousertasen I, a Héliopolis

le pharaon qu'on suppose contemporain de l'Exode. Moïse, en passant pour la dernière fois près du temple, relut peut-être avec humeur, à la cime de l'obélisque, le nom glorieux d'Ousertasen, dont les signes hiéroglyphiques n'ont pas vieilli. Six cents ans plus tard, Sésac venait sans doute consacrer ici les dépouilles qu'il rapportait du temple de Salomon. Tahraka l'Ethiopien, Psammitik, Cambyse y ont passé tour à tour en vainqueurs.

Est-il besoin de rappeler ici le souvenir de Pythagore, de Solon, d'Hérodote ? Platon y séjourna longtemps, interrogeant sur leurs mystères ces vieux pontifes endurcis dans une orthodoxie millénaire, et qui disaient avec une orgueilleuse emphase aux Grecs, alors dans toute la vigueur du génie : « O Hellènes, vous n'êtes que des enfants ! »

Parole dont on peut comprendre la raison, Héliopolis ou Onou n'ayant jamais cessé depuis des temps immémoriaux d'être le centre privilégié d'un collège sacerdotal à la fois conservateur des plus anciennes doctrines religieuses et en quête de vérités scientifiques.

Bien des Grecs devenus célèbres s'étaient peut-être rendus en Egypte pour s'occuper d'un commerce lucratif, comme le font encore leurs descendants actuels. Avides d'apprendre, ils parvenaient sans doute à force d'une amabilité qui leur était naturelle à s'insinuer dans la confiance de quelques-uns de ces pontifes enfermés dans leur science hermétique ; alors ces Grecs avisés s'apercevaient promptement de ce qu'il y avait à retenir ou à rejeter dans ces théories où il entrait beaucoup de superstition et de formules magiques. Il n'est pas à douter qu'Héliopolis n'ait beaucoup contribué à féconder le beau génie de la Grèce.

Alexandre, Cléopâtre, César, Germanicus, Hadrien, sont encore des figures dont on se souvient ici. Amrou y campa au milieu des soldats de Mahomet pendant sa marche irrésistible contre les Byzantins. Puis au XIIe siècle vinrent les Francs conduits par Amaury, roi de Jérusalem, qui aperçurent peut-être d'un œil effaré cette forêt d'aiguilles roses et toutes ces « ydoles » qui annonçaient *Babiloine*, la Babylone d'Egypte ou le Vieux-Caire, but de tous leurs efforts.

Enfin Bonaparte, Kléber, Méhémet-Ali, Champollion, ont là leur souvenir encore vivant, tandis qu'au loin s'efface déjà le bruit de ces choses mémorables et de ces peuples qui viennent de nous apparaître comme des ombres vagues, et depuis cinq mille ans ont tourné à l'entour de cet obélisque, « lui vivant à toujours ». Egyptiens des pharaons, Hyksos, Hébreux, Ethiopiens, Perses, Assyriens, Macédoniens, Grecs. Romains, Chrétiens, Arabes, Turcs, Français et Anglais, tous l'ont respecté ; aucun n'a osé faire ce que ferait, de nos jours, le cas échéant, quelque vandale intéressé.

Tout ce que ce monument a vu passer de peuples divers, de choses gracieuses ou terribles s'incline peut-être et pâlit devant le souvenir paisible et charmant que depuis près de vingt siècles la tradition populaire a fixé près de lui ; image intime et simple autour de laquelle toutes les générations chrétiennes se sont agenouillées avec un tendre amour et que leur génie s'est essayé, sans relâche, à retracer par des légendes poétiques et à immortaliser dans des œuvres d'art admirables, c'est le « Repos de la Sainte-Famille en Egypte ».

Non loin de l'obélisque, un sycomore immense, placé dans le jardin du couvent copte de Matariyèh et tombant de vieillesse, reçoit journellement la visite des pèlerins de la chrétienté qui achètent aux moines des fragments de son écorce, y gravent leur nom et suspendent aux branches leurs ex-voto. Ce n'est pas là, bien certainement, le sycomore qui a pu recevoir sous son ombre la famille fugitive de Joseph de Nazareth : l'arbre, s'il a existé, repose peut-être sous ce gazon, si toutefois il n'a pas servi aux bûchers allumés par les haines religieuses ou par le vandalisme des chrétiens contre les archives du temple pharaonique ! Mais pourquoi ce lieu n'aurait-il point été visité par les saints voyageurs de la tradition évangélique ?

Héliopolis, déjà désertée pour Alexandrie, était sans doute un endroit paisible et l'une des premières villes que l'on trouvât près du Nil en arrivant de Syrie. Les chemins suivis de tout temps par les voyageurs et les marchands de la Palestine y conduisaient, d'autant mieux que, non loin d'Héliopolis, à cinq lieues vers le Nord, il existait alors une ancienne et importante colonie juive dont l'emplacement, reconnaissable à un monticule de décombres, porte encore aujourd'hui le nom de Tell-Yahoûd, le « tertre des Juifs ».

C'est là qu'en l'an 173 avant Jésus-Christ, par une exception unique et avec la permission du roi Ptolémée Philométor, le grand-prêtre Onias avait élevé un temple au Dieu d'Israël sur le modèle de celui de Jérusalem, qui venait d'être ruiné par Antiochus Epiphane, roi de Syrie ; mais en l'an 73 après l'ère chrétienne, ce sanctuaire fut détruit à son tour par Vespasien, lors de la guerre de Judée.

Il faut en outre se rappeler que les coutumes sont impérissables en Orient : les lieux de souvenirs célébrés dans la tradition étaient ordinairement des oasis marquées par des puits ou des citernes qui subsistent encore et que l'on entretient toujours pour les mêmes étapes prévues à l'avance. Or, ici, près du sycomore de la Vierge, un ruisseau abondant s'épanche d'une source, encore appelée Aïn-Chems ou *source du soleil*, qui fut peut-être le berceau d'Héliopolis et a pu alimenter les lacs sacrés de ses temples, mais dont les légendes chrétiennes s'emparèrent pour en faire l'objet d'un récent

L'ARBRE DE LA VIERGE A MATARIYEH, EN 1865

miracle du Sauveur : Joseph et Marie, s'étant arrêtés sous l'ombrage du sycomore, eurent soif. L'enfant Jésus fit alors jaillir une source, et l'eau qui avait touché ses vêtements devint aussitôt miraculeuse ; elle reçut le don de faire croître l'arbuste qui produit ce baume devenu célèbre ici « plus qu'en aucun lieu du monde », affirmaient les pèlerins d'autrefois.

« Cet endroit de Matarea, dit Frescobaldi, voyageur florentin du XIVe siècle, est celui où Notre-Dame se reposa avant d'entrer au Caire... (*sic*). Il est entouré de murs... Il est toujours fermé à clef, et il y demeure un intendant du sultan (sultan Barkoûk), avec un certain nombre de jardiniers et de soldats, pour empêcher que le baume qu'on y récolte ne soit volé. Cet intendant est néanmoins plus voleur que les autres, et de ceci nous fîmes l'expérience par le moyen de notre drogman, qui avait nom Elie et devait nous conduire par le désert jusqu'en Terre-Sainte. L'intendant nous fit voir le jardin et la façon dont le baume est récolté : on le retire des feuilles de l'arbuste dont il sort des gouttelettes blanches comme le suc du figuier ; avec un peu de coton, on recueille cette liqueur et lorsque le coton en est imbibé, on le presse avec les doigts dans un flacon, et il faut travailler ainsi longtemps pour en récolter un peu. Nous restâmes là tout un jour et, grâce à la simonie, obtînmes tout le baume recueilli dans des flacons et dans d'autres encore, et ainsi en obtinrent quelques-uns de notre compagnie, mais en moindre quantité... Or, sachez que dans tout ce pays jusqu'au Caire, il n'existe pas d'autre eau que celle-ci, et avec cette eau on arrose toute la contrée à l'aide de certains engins que l'on fait mouvoir par des bœufs » (1).

Quoi qu'il en soit de l'authenticité de ce souvenir de la fuite en Egypte, on peut dire qu'il n'a jamais trouvé d'inimitié dans ces parages ; musulmans et chrétiens ont toujours à l'envi vénéré ce lieu. Le site se prête bien à cette évocation de paix : de tous côtés des horizons larges et clairs ; dans l'oasis, d'épais gazons sous de beaux arbres pleins d'ombre qui sont réunis en masses compactes, puis s'échelonnent et se dispersent dans la plaine verdoyante

Nous faisons halte entre l'arbre de la Vierge, berceau d'un monde encore vivant, et l'obélisque du pharaon Ousertasen, dernier pic d'un continent submergé. On s'assied en rond dans l'herbe drue, et M. de Lesseps, qui songe à tout, y fait placer un excellent repas de « vie nomade » ; chacun retrouve l'élément de ces intarissables causeries qui, dans la compagnie des hommes de l'Isthme, prennent ce tour si animé, si affable, si libre, qu'il semble une émanation du beau ciel qui

(1) *Viaggio in Terra Santa* di Lionardo Frescobaldi,— *id.* di Giorgio Gucci, 1384, Firenze, 1862, in-32.

illumine leur œuvre, et un effet de l'impulsion chaleureuse de leur président.

Un jour viendra où l'entreprise que nous voyons naître et la création des fouilles archéologiques prendront une vie régulière et administrative, et où l'on oubliera peut-être que si elles vivent, elles n'ont dû leur existence qu'à la force d'âme, à la ténacité, à la présence d'esprit perpétuelles de Ferdinand de Lesseps et d'Auguste Mariette. Ces deux hommes, si différents l'un de l'autre, ont accompli leur œuvre au milieu des embûches et des inimitiés, des jalousies toujours naissantes en ce monde oriental sans cesse livré aux influences contraires. Chez M. de Lesseps, l'homme du monde se double d'un diplomate hardi et avisé. Sa grande force est de connaître admirablement les hommes et les choses d'Orient ; aucun échec ne le décourage, l'obstacle lui fournit de nouvelles ressources et lui suggère des combinaisons qu'il poursuit avec une persévérance inflexible. Il s'intéresse à chacun ; sous un caractère affable, on sent une fermeté que rien n'entame ; il sait se faire aimer et respecter. Son prestige est grand : il électrise, il entraîne, il domine les hommes quels qu'ils soient sans les heurter, tout en laissant à chacun sa liberté d'action pour l'œuvre à laquelle il est propre.

Autant M. de Lesseps est narrateur abondant et infatigable, autant Mariette-Bey reste muet sur sa vie et sur ses travaux. Il y a en lui du poète ; une sorte d'ivresse le pousse à dramatiser ses souvenirs personnels et une certaine pudeur le retient d'en parler ; on dirait qu'une jalousie secrète lui commande de garder pour lui le premier enivrement de ses découvertes. D'humeur un peu sauvage et d'accès difficile au premier abord, il devient très sociable avec ceux qui lui plaisent et se montre même ami très attentif. Observateur pénétrant, causeur spirituel, parfois paradoxal et mordant, il est sans pitié pour les théories banales des touristes. Doué à la fois comme savant et comme artiste, Mariette se défie de l'imagination : il a tant vécu avec le monde des pharaons qu'il connaît mieux que personne l'âme de la vieille Egypte, mais il ne dira rien de ses réflexions ; il disparaîtra de ce monde en emportant une foule de secrets découverts par son génie.

Nous reprenons trop tôt nos montures ; mais l'affreux vent de *khamhsîn* s'est levé, voilant la clarté des cieux et chassant des tourbillons de sable malfaisant, poussière peut-être des antiques ennemis de l'Egypte. On presse le pas, on ferme les yeux, les oreilles se closent : c'est ce qui fait que depuis lors nous n'avons rien vu ni entendu, et que nous n'avons plus rien à dire...

Une ruelle ancienne, dessin de P. Chardin

HALTE DE LA CARAVANE DE LA MECQUE A L'ABBASSIYEH

DERNIÈRE JOURNÉE

I

PROMENADE A L'AVENTURE

« Allah égare celui qu'il veut et dirige celui qu'il veut. »
(*Coran*, XXXV, 9)

Et voici comme d'un guet-apens nous fîmes une journée charmante : nous nous étions laissé entraîner aux courses qui se donnent en l'honneur du vice-roi, dans le triste désert de l'Abbâssiyeh où bêtes et gens en harnois de gala se mouvaient sans avancer dans les sables mouvants.

Certains esprits naïfs espéraient y trouver quelque fantasia de vieux style, quelque ardente mêlée de mamlouks, où le *djérîd* argenté vole et rebondit... Quelle idée se fait-on du règne d'Ismaïl-Pacha ? Le progrès brille de toutes parts et les idées pratiques naissent d'elles-mêmes ! Du fond de notre tribune, étroite cage de planches, nous ne vîmes qu'un turf à l'anglaise, parsemé d'habits noirs et de casaques de jockeys.

Alors plusieurs d'entre nous se regardèrent et se comprirent; descendant en tapinois le chétif escalier de la tribune, nous rejoignîmes nos montures. Avec mille peines nous sortons du désert, et laissant derrière nous la porte populaire de Bâb ech-Chariyeh, nous mettons enfin pied à terre entre les deux grosses tours de la noble porte Bâb el-Fotoûh, par où Kléber fit sa suprême sortie d'Héliopolis, par où Bonaparte aimait à faire ses entrées au Caire, « tambours battants », élevant déjà d'une main pour l'Occident « les lauriers d'Alexandre » et tenant de l'autre pour l'Orient sa soumission toute prête à Mahomet et au grand chérif de La Mecque.

Quant à nos pauvres soldats, ils ne partageaient certes pas la satisfaction de leur général; Bâb el-Fotoûh, la porte des Conquêtes, n'était plus pour eux que Bâb-el-Flontin, sobriquet bien voisin du joli nom de Babet Frontin, la payse de Paris, un peu volage, mais si tendre et si amusante!

Les hommes du XVIIIe siècle finissant ne partageaient ni le plaisir du conquérant ni l'enthousiasme qui nous anime aujourd'hui. Bien que chargés des trésors des mamlouks tués aux Pyramides, ils étaient encore irrités d'avoir eu à marcher si longtemps, pieds nus et sans vivres, sur les sables brûlants d'une contrée dont ils s'étaient fait une tout autre idée : l'aspect du Caire n'était guère de nature à les consoler par ses côtés pittoresques et féeriques.

« Les malheurs que nous avons éprouvés sont innombrables, écrivait un commissaire des guerres, et c'est avec le dégoût dans l'âme que toute l'armée est arrivée ici. Elle avait placé toute son espérance dans cette ville : combien elle a été trompée!... C'est le pays de la misère. Les habitants sont des sauvages qui ont, de toutes les manières, encouru la disgrâce de la nature! »

« L'horrible villasse du Kaire, écrit encore le général Damas au général Kléber blessé à Alexandrie, est peuplée d'une canaille paresseuse, accroupie tout le jour devant ses huttes infâmes, fumant, prenant du café en mangeant des pastèques et buvant de l'eau... On peut se perdre très aisément pendant tout un jour dans les rues puantes et étroites de cette fameuse capitale » (1).

Sans nous arrêter à ces boutades où la gaieté française perce à travers les mécomptes, aventurons-nous une dernière fois dans ce labyrinthe inextricable, patrie de l'ombre et de la lumière où l'on rencontre à chaque pas de ces surprises, de ces tableaux pleins de contraste et d'originalité native qui n'existent plus guère en Europe qu'à Rome, à Venise, à Nuremberg, à Tolède, et en auront bientôt disparu. Lorsque

(1) Correspondance interceptée de l'armée d'Egypte. Paris, 1799, rééditée en 1866.

PORTE BAB ECH-CHARIYEH

Dessin inédit de P. Chardin

l'on comprend la poésie du passé, en ce moment où le monde revêt une forme plus froide et plus sérieuse, quand on sait entendre « cette voix qui sort des choses », comme dit Victor Hugo, l'aspect du Caire est en quelque sorte comme une vision ou une révélation du vieux Paris des XVe et XVIe siècles. Ce sont ces mêmes ruelles tournantes, irrégulières, si riches en effets variés, et où le génie individuel des constructeurs a pu prendre un libre essor ; puis ces monuments vénérés qu'on laisse paisiblement former des ruines pittoresques rappelant les plus lointains souvenirs. Devant vous se dressent ces mêmes maisons à encorbellement, ces mêmes boutiques à devantures ouvertes où le passant achète et cause en plein vent. A la place des toits en terrasses, des fontaines à grilles dorées, œuvres de pieuses libéralités, mettons des pignons aigus, des croix votives de carrefours, transformons les minarets en clochers, tenons compte enfin de la différence de mœurs et de climat, et nous verrons que Le Caire est une cité qui se survit et appartient à un type complet de civilisation régnant autrefois dans le monde entier, et que le temps, moins destructeur que les hommes, a épargné ici.

C'est un revenant du passé qui nous montre le chemin : on dirait un beau cavalier du XVe siècle ; il porte un turban broché d'or et une longue abayèh noire, flottante sur un cheval blanc dont la croupe est emprisonnée dans un treillis de maroquin rouge.

Bientôt, à la hauteur du Mousky, nous tombons en toutes sortes de fantasias qui pour longtemps nous empêcheront de marcher à notre guise. Bon gré, mal gré, il faut refluer en arrière ou se précipiter en avant avec les courants de la foule, toujours curieuse de voir le cortège des épousées, les cadeaux de noces et les amis se prélasser en char par la ville, derrière des musiciens jouant des mélopées sur un rythme ondoyant et berceur. En un instant la rue entière est en fête et en suspens, et de toutes les fenêtres, de toutes les portes, s'échappent les joyeux *zaghârit*, ces tremolos stridents de l'allégresse auxquels répondent à qui mieux mieux les gens de la noce.

La rue reprend enfin sa circulation normale et nous passons ; mais devant la mosquée d'El-Mouayyed et la porte de Zouaïleh, voici que derrière nous s'avance à grands pas un cortège de fellahs, psalmodiant gravement comme les capu-

Cour de la mosquée El-Mouayyed
D'après le Voyage d'Horeau, 1841

cins de Rome, et traînant à sa suite tout un chœur de pleureuses à gages, ce qui nous promet un interminable défilé d'enterrement. Fatigués de tant de bruit et de tumulte, nous cherchons un refuge dans la ruelle Soukkariyeh qui, sur la gauche, longe le tronçon de l'ancien mur d'El-Kâhira. Ici plus de boutiques et une paix profonde : c'est un passage étroit qui chemine entre de hautes maisons dont les murs aveugles ne laissent rien passer de l'intérieur. Nous sommes dans l'ancien quartier des Grecs, comme en témoigne le *Beït el-Batrak*, la maison abandonnée de leur patriarche qui apparaît au fond d'une petite cour avec sa loggia à deux arcades, dont la retombée pose sur une colonnette centrale.

Il se présente ensuite, entre deux masures, un étroit escalier à belles marches de pierre ; on ne peut passer là indifférent, et l'on monte à la recherche de quelque surprise. Tout en haut, encore un petit chemin parallèle à la rue d'en bas qui, examiné de près, se trouve être le chemin de ronde du rempart des Fatimites, devenu une ruelle où les chantres de la mosquée d'El-Mouayyed avaient leurs logements. C'est ainsi qu'à Paris un tronçon du rempart de Philippe-Auguste a été pris entre des maisons et forme une ruelle très au-dessus du sol des rues Descartes et du Cardinal-Lemoine.

Le chemin de ronde nous conduit au-dessus de la porte Bâb ez-Zouwaïleh ; on entre librement dans la chambre abandonnée de la tour de gauche qui forme une sorte de loge grillagée, baignoire ou avant-scène d'où la vue tombe directement et de très près sur le carrefour extérieur de la porte, lieu ordinaire des anciennes exécutions capitales. En 1517, Sélim, sultan de Stamboul et conquérant du Caire, est peut-être venu là avec ses Turcs impitoyables pour voir pendre son prisonnier Toumân-Bây, le dernier sultan des mamlouks ? Les escaliers rompus ne permettent plus de monter dans les minarets découronnés, mais du haut des dernières marches, on aperçoit les rochers du Mokattam et le *Bâb el-Wizir* vers lesquels s'achemine le cortège funèbre qui nous a valu cette découverte.

Revenant sur nos pas, nous redescendons l'escalier d'accès pour continuer l'investigation de la ruelle Soukkariyeh et nous égarer de plus belle, car il est des moments au Caire où cela devient une passion, une sorte de vertige. En persévérant dans la ruelle on la voit bientôt se bifurquer : le boyau de gauche conduit à une petite cour des Miracles, en ruines et presque abandonnée, d'où l'on ne peut sortir qu'en rétrogradant ; la branche de droite de la bifurcation est un autre boyau, sinueux, étroit, bordé de hautes maisons à encorbellement ; tout au fond, la venelle est barrée par une étroite porte close dont l'ogive est sertie d'une moulure formant boucle au sommet. C'est probablement une ancienne porte de quartier sur laquelle s'est nichée en retrait une maison plus récente. La façade, percée d'une fenêtre à beau grillage de bois, est posée de biais et ménage une terrasse irrégulière, formant un balcon imprévu, de la plus agréable fantaisie. On aimerait, en cet endroit discret, à rencontrer, comme à Venise, *l'Orco*, le génie familier de la cité qui la parcourt incessamment, vous en dévoile les mystères, les grandeurs passées et soupire sur la décadence de sa ville.

VIEILLE MAISON AU FOND D'UNE IMPASSE

Puisqu'impasse il y a, revenons encore une fois en arrière jusqu'à la grande arcade du Bâb ez-Zouwaïleh, vulgairement appelée Bâb el-Metoually, à cause du santon de ce nom. Sous la voûte, un sakkâ ou porteur d'eau vend aux passants de l'eau puisée aux citernes de la mosquée d'El-Mouayyed, et de petites pastilles de poussière ramassée sur la tombe du cheikh Metoually, deux remèdes qui guérissent tous les maux. A ce métier il gagne par jour « huit piastres, douze piastres, ou rien du tout » et cela l'entretient dans une gaieté inaltérable.

Par delà les siècles écoulés, adressons un hommage au grand sultan El-Mouayyed qui, en appuyant sa mosquée à la muraille d'El-Kâhira, en perchant ses minarets sur les deux tours de défense de la grande porte militaire, a sauvé pour toujours de la destruction cet admirable ensemble.

Intérieur de la mosquée Salih Talaï

En dehors de cette porte et presque son contemporain, s'élève un joli oratoire, bâti au XIe siècle de notre ère par l'émir Sâlih Talâï, vizir du dernier calife fatimite dont le lignage se réclamait indûment de Fâtima, fille du prophète et épouse d'Aly. Il l'avait fait construire pour recevoir le crâne de Hassan, petit-fils du prophète, mais le calife, son maître voulant posséder cette relique dans son palais même, la lui retira pour la loger dans la Koubbat ed-Deïlem, aujourd'hui mosquée des Hassanein où elle est encore vénérée. De désespoir, dit la légende populaire, toutes les colonnes de l'oratoire abandonné voulurent suivre la relique dans sa fuite et ne réussirent qu'à s'incliner fortement. Voilà pourquoi tout penche dans la colonnade de la maksoura.

A parler vrai, ces portiques ont dû naître de travers, car les arcs pesants de maçonnerie qui les surmontent sont parfaitement d'aplomb, sans aucune fissure et le tout est relié par des tirants de bois qui pourraient durer des siècles. Il faut y voir plutôt le résultat de la hâte et de l'économie apportées à cette construction, ou encore un effet de l'aimable laisser aller des maçons arabes qui ont conservé la cou-

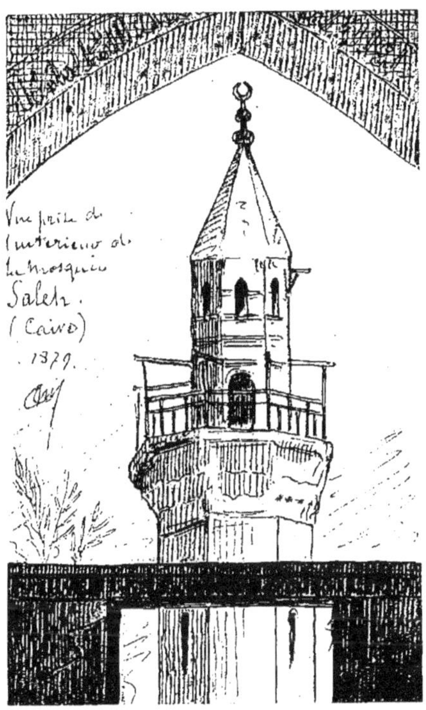

MINARET DE LA MOSQUÉE SALIH TALA
Croquis, par C. Mauss

tume, même quand il fait du vent, de cracher à terre en guise de fil à plomb, comme ils se font une équerre de leur coude replié.

Toutes les colonnes sont coiffées de chapiteaux grecs de basse époque, provenant soit des maisons d'Alexandrie antique, soit plutôt des églises chrétiennes dont le pays se couvrit du ve au VIIe siècle, durant la domination byzantine. Ces chapiteaux, tous différents de galbe, sont pour la plupart de style corinthien composite ; il en est qui sont plus épanouis, plus ventrus à la base des acanthes ; le chapiteau bulbeux des colonnettes arabes ne serait donc qu'une imitation sommaire de ce modèle plus ancien ; on aurait ainsi un exemple de plus du passage de l'art byzantin à l'art musulman. On se sent ici dans un monde très ancien, pour ainsi dire exotique, témoin le style tout à fait persan des arcades qui font communiquer le sanctuaire avec la cour d'entrée : ogives très aplaties, exhaussées sur des pilastres qui posent sur de minces colonnes. Il n'y a rien d'étonnant à retrouver ici le style persan puisque l'oratoire a été construit pour une relique venant de Perse et destinée à la vénération d'une secte d'origine persane qui, aujourd'hui encore, reste vivace en Egypte.

Au sortir de la cour de Sâlih Talâï, une vieille porte plaquée de bronze verdi, contemporaine de la mosquée, donne accès dans la rue des Sirmâtiyeh, ce joli bazar plein d'ombre et de babouches, d'où nous avons déjà admiré l'aspect féodal de Bâb ez-Zouwaïleh ; à l'orée de cette ruelle s'ouvre la porte majestueuse de l'ancien palais de Hassan-Bey, probablement l'un des mamlouks exterminés à la bataille des Pyramides. La maison porte actuellement le nom de Khalil-Bey, et son aspect désert et abandonné accuse sa décadence : la voûte de l'entrée, déviée par un retour d'équerre, est assez spacieuse pour avoir pu abriter une foule de bawwâb et de kawâs armés qui laissaient entrer de nombreux visiteurs avec déférence ou surveillance, selon leur qualité. L'immense cour intérieure n'a conservé d'à peu près intact que le harem et la loggia à trois arcades qui abrite la terrasse. Sous l'arcade de gauche, une sorte de kiosque ou logette en bois, au fronton classique, ferait penser que la maison a servi de résidence à quelque général français au temps de Bonaparte. L'endroit est si tranquille, si bien abrité qu'il invite à une halte. Assis sur les marches du perron et tout en regardant des enfants qui dans un coin font battre des coqs, nous envoyons chercher une belle pastèque ; en la dégustant, nous entrevoyons derrière les moucharaby des yeux brillants qui nous regardent avec curiosité ; aussitôt nous faisons offrir une part de notre goûter aux dames du harem qui reçoivent l'envoi avec beaucoup d'empressement et nous font dire qu'elles seront contentes de laisser visiter leur maison. Naturellement les dames se retirent à notre approche de leur haremlik et peut-être sont-elles à nous épier derrière quelque treillis secret. La décoration de ce salon appartient au genre rocaille du XVIIIe siècle, comme en témoigne la date de 1205 de l'hégire. La corniche en doucine est d'un bleu turquoise très pâle, décorée de fleurs. Cette ornementation d'un rocaille tel que l'aimaient les Turcs est d'un goût agréable et gai. Le décor doit être un arrangement postérieur à la construction, car la terrasse de la loggia montre une ornementation purement arabe ; la base des murs est plaquée de précieuses mosaïques de marbre rouge, jaune, blanc et noir et d'incrustations de nacre sur un fond bleu turquoise.

Nous suivons la ruelle sinueuse des Sirmâtiyeh qui, toute bordée de minarets élégants, se dirige vers le centre de la ville et bientôt nous nous trouvons absolument perdus. Le parti le plus sage est de s'en remettre à la miséricorde d'Allah.

De distance en distance, on rencontre, à demi enfouie ou détruite ou murée, quelque élégante porte ogivale. Des entrelacs en relief, témoignant d'un luxe passé, entourent et enjolivent ces entrées que l'on faisait petites et discrètes afin de ne pas attirer sur la maison l'attention d'une autorité toujours jalouse et avide. C'est par là qu'aux beaux jours des sultans on voyait sortir, avec leur attirail d'esclaves ou d'eunuques, ces beys pleins de ruse, ces charmantes et ingénieuses dames voilées que les contes arabes nous permettent d'entrevoir et de regretter. Il doit y avoir encore derrière ces passages infranchissables quelques salamliks lambrissés de stalactites d'or, pavés de marbre où, dans le charme du silence, la rêverie pourrait suivre à travers les nuages bleuâtres du chibouk le frais murmure des fontaines et la voix lointaine du mouezzîn.

Un carrefour se présente avec trois ruelles tortueuses, mystérieuses, engageantes. Laquelle prendre ? Cela n'importe : nous sommes déjà tellement égarés ! Celle que nous choisissons est déserte, silencieuse et si étroite à certains endroits que l'on peut toucher en même temps ses deux parois. On y marche sans bruit, dans une ombre douce qui remonte le long des murs et va se perdre en vives et capricieuses déchirures dans les nappes de lumière que le ciel verse à flots sur le faîte des maisons. Suspendus entre ciel et terre, les mouchâraby, hermétiquement clos par des treillis de bois ouvragé, s'avancent au hasard, portés sur leurs opulentes consoles de pierres festonnées comme des machicoulis : souvent ils se font vis-à-vis ou s'entrecroisent de si près que l'on peut y converser à l'aise d'un bord à l'autre de la rue en parlant tout bas. Est-ce par ces voies mystérieuses que se transmettent instantanément les nouvelles, d'un bout à l'autre de la ville ? Est-ce par là que se trahissent les secrets d'État, que se font les élévations subites et que se défont les existences ? Parfois, dans le silence, le frémissement furtif d'un tambourin de harem vient à s'échapper de l'une ou l'autre de ces cages aériennes qui toujours semblent chuchoter entre elles et vous épient à la dérobée, de leurs cent yeux d'Argus ; et toujours on croit saisir au passage quelque bruit étouffé : rire moqueur, bâillement ou soupir de la musulmane qui végète, oisive et curieuse, derrière ces jolies grilles de prison.

MOUCHARABY
Dessin d'A. Dauzats. 1830

La ruelle se rétrécit d'une façon inquiétante. Un mince filet de clarté radieuse éclaire à peine le haut des maisons, mais devant nous un flot de lumière tombant par une brèche ou par une ruine vient illuminer un tronçon de la voie ténébreuse. Un chien errant y dort au soleil, un âne attend à une porte basse ; une forme humaine, drapée de longs vêtements glisse à travers la veine de lumière et s'évanouit dans l'ombre des murailles. Bientôt même le ciel disparaît complètement sous des voûtes : la ruelle se fait couloir ou coupe-gorge et, dans l'obscurité, des portes cèdent devant nous et retombent sur nos talons. Supposons un peu du fanatisme d'autrefois et nous serions ici pris tout éveillés dans les laminoirs d'un cauchemar. Mais la dernière porte s'est ouverte et le jour reparaît, éclairant une assez vaste cour entourée d'habitations

MAISON DITE DE HASSAN-BEY EN 1798 DANS LE KASABEYT RADOUAN

devant lesquelles des bonnes gens au regard pacifique fument accroupis sur des kaffas. « Inglizi », des Anglais, se disent-ils l'un à l'autre, en nous voyant chercher notre chemin. Qui sait s'il y a cinquante ans, ou moins encore, ils n'auraient pas crié *Ghiaour !* à quelque imprudent de notre sorte.

Prenons la ruelle adjacente ; ce ne sera pas sans réveiller

le chien jaune qui s'éloigne en grondant avec la mine irréconciliable des fanatiques. Ici tout est misérable, d'aspect sordide, et les cases tombent en ruine, mais à l'autre bout de ce chenal et partageant l'échappée d'azur qui forme son horizon, s'élance dans les airs un minaret délicieusement refouillé. Son fût s'élève d'un seul jet jusqu'au-dessus des terrasses des maisons et là, s'épanouit en corbeille pour soutenir un frêle balcon ; puis il s'élève, s'élève encore, s'épanouit plusieurs fois et enfin va se perdre en clocheton aérien dans la joie éternelle qui règne là-haut.

Mais quel abandon, quel délabrement. Les jolies découpures de pierre ou de bois qui closent les ouvertures s'en vont par morceaux ; tout tombe en ruine et personne ne viendra au secours du chef-d'œuvre qui périt. Depuis le jour de sa consécration, il y a trois ou quatre siècles, par quelque sultan dévot et cruel, aucune main n'y a planté une cheville ou remis un moellon. La maison de la prière, quand elle fléchira nul ne la visitera plus ; on barricadera ses portes et elle continuera en paix de tomber pièce à pièce. N'en reste-t-il pas trois cents ou plus dans la ville ? Allah est grand et miséricordieux, il a donné aux hommes un ciel clément ; ils lui consacrent de splendides oratoires, c'est à lui d'en prendre soin : y toucher serait un sacrilège... Et nous nous disions en nous-mêmes, pourquoi les merveilles des Arabes n'ont-elles pas trouvé leur Mariette-Bey !

Bientôt nous arrivons sur une place montueuse et solitaire, où se dresse une charmante maison délaissée qui fut peut-être le repaire de quelques-uns de ces brillants beys mamlouks que Bonaparte et Méhémet-Ali dans leur jeunesse ont tant malmenés. La porte surtout, avec sa jolie ornementation, son montoir de pierre pour les cavaliers est un spécimen bien complet du genre.

On ne résiste pas au désir de s'arrêter pour la dessiner; mais c'est à décourager l'artiste le plus épris de son modèle ! Les entrelacs se mêlent, se quittent, font mille façons autour des rosaces d'un dessin varié; puis ils se rejoignent pour courir en apparence à l'aventure de nouvelles fantaisies, tandis qu'en réalité ils savent fort bien où ils vont, et ne forment que des combinaisons très positives et très mathématiques... On fixe attentivement un point difficile; mais tout à côté apparaît un ornement qui sourit : il attire l'œil, trompe la main, tout est à refaire! et les entrelacs de scintiller, de se tordre, de s'échapper de plus belle... Sur la place débouche un groupe bruyant de nègres, de Grecs ou de fellahs. La vue de l'album les attire ; en un instant ils sont devant nous et sur nos épaules, faisant en arabe mille questions qui, grâce au mot de *bakhchich*, fond du langage, deviennent de plus en plus intelligibles... «Mafich!» répond-on et l'on ferme l'album.

Sommes-nous seuls enfin? Non, voici un chien de mauvaise mine, puis deux, puis trois, puis cinq! Leur nombre les rend insolents: ils s'approchent en demi-cercle, l'œil sournois, l'oreille en biais, la dent au vent; ils grondaillent, grognassent, puis partent tous à la fois d'un aboiement formidable. Le crayon chemine, mais l'œil est ailleurs : adieu l'inspiration! On fait un mouvement, l'ennemi recule, puis revient à la charge. On se lève alors, une pierre à la main: la horde se disperse un instant pour revenir avec fureur. Sous peine d'être cernés et dévorés il faut donc se lancer à leur poursuite, mais en fuyant, ils nous remettent dans le vrai chemin, car en un instant nous débouchons à leurs trousses sur la place de Roumeïleh, leur quartier général, au pied de la Citadelle que nous cherchions vainement : « Quand Dieu veut sauver une âme, disait un jour le Père Lacordaire à Charles Gounod, il se sert parfois de moyens diaboliques! »

Puisque le château de la Montagne nous est rendu, montons-y une dernière fois. On ne se lasse pas d'assister du haut de ses tours et de ses rochers aux contrastes saisissants qu'offre toujours cette vue surprenante qui synthétise toute l'Egypte. D'un côté ce Nil bleu qui, aux beaux temps des califes et des sultans, se couvrait de plus de quarante mille navires et embarcations venant de tous pays ; de l'autre cette ville tumultueuse et changeante qu'au moyen âge les pèlerins de l'Occident et de l'Orient célébraient à l'envi comme une merveille. Le caprice et la versatilité des civilisations orientales apparaissent encore dans ces amalgames de masures et de monuments d'une haute élégance, dans ces vastes champs de décombres formés par les débris superposés de quartiers abandonnés, dont plusieurs n'ont peut-être pas la durée d'un règne.

Au sud et à l'est, c'est le désert silencieux, c'est la zone immense des tombeaux et des grandes mosquées funéraires dont le cortège enserre la ville des vivants, comme ces pensées graves et religieuses, comme ces rites contemplatifs du matin et du soir qui encadrent toute la vie du musulman. Marilhat d'un trait de plume coloré comme son pinceau, avec une finesse exquise nous dit :

« La ville se présente à vous, comme les mille petites tourelles dentelées d'un édifice gothique au pied d'une montagne blanchâtre assez escarpée, et flanquée d'une citadelle à tours et à dômes blancs, dans le goût turc (le Mokattam ou *montagne coupée*). D'autre part, vers la montagne, le désert avec toute son aridité, sa désolation et pour y ajouter encore, la ville des tombeaux, espèce de cité qui a ses ruines, ses maisons, ses quartiers, ses palais, et n'a d'habitants vivants que quelques reptiles, quelques oiseaux solitaires et d'immenses vautours placés sur les minarets comme les vedettes de cette triste population. De l'autre part, vers le Nil, des champs couverts d'une verdure brillante, et de temps en temps de charmantes pièces d'eau, restes de l'inondation, miroitant au sein de cette verdure, des jardins couverts d'arbres épais et noirs, d'où s'élèvent comme autant d'aigrettes, des milliers de palmiers avec leurs belles grappes rouges ou dorées. Au milieu de ce contraste se trouve la ville, tout à fait en harmonie avec ce paysage bizarre ; immense ramas d'édifices à toits plats sans tuiles, noircis par la fumée et couverts de poussière ; de loin en loin un édifice neuf, blanc et scintillant, jaillit de ce tas de maisons grisâtres, de ces rues étroites et noires où se remue un peuple sale, quoique très brillant et bariolé. De cette poussière, de cette fumée bleue, s'élancent vers l'air libre mille et mille minarets, comme le palmier des jardins ; minarets couverts d'ornements légers à l'arabe et cerclés de leurs trois galeries de dentelles superposées. C'est un admirable spectacle, fait pour enthousiasmer un peintre ! »

Vue panoramique prise des terrasses de la mosquée El-Mouayyed

II

LA MOSQUÉE DE TOULOUN

Quand du haut de la Citadelle on regarde vers la ville, la vue s'arrête au second plan sur l'éminence de Yachkour que couronne une vaste enceinte de galeries massives, du milieu desquelles s'élève une coupole isolée. C'est l'antique mosquée de l'émir Ahmed ibn Toûloûn, antérieure de près d'un siècle à la fondation d'El-Kâhira et presque contemporaine de l'empereur Charlemagne et du calife Hâroûn er-Rachîd. Ce monument, qui est le plus ancien de la ville après la forteresse byzantine du Vieux-Caire, forme le centre de ce quartier dévasté qui fut un des plus brillants du monde il y a un millier d'années, et la colline qui le porte s'avance comme un promontoire sur l'emplacement désert des villes mortes de Fostât et d'El-Asker, dont nous avons déjà parlé.

Il y a là tant de souvenirs et de si curieux restes d'architecture que nous ne voulons pas quitter la ville sans revoir ces lieux une dernière fois.

A la mort de Charlemagne et de Hâroûn er-Rachîd, ces deux grands hommes quasi légendaires, qui s'estimaient et se recherchaient de loin, comme le firent de nos jours notre roi Louis-Philippe et Méhémet-Ali, l'empire d'Occident et l'empire d'Orient ne tardèrent pas à s'affaiblir, à tomber en décadence et à s'émietter. Sous les successeurs d'Hâroûn er-Rachid, l'Egypte, vassale des califes de Bagdad, était, comme toutes les autres parties de l'empire, livrée à toutes les exactions imaginables. Les gouverneurs des provinces, peu soucieux de quitter la cour de Bagdad, envoyaient à leur place des nuées de suppléants avides ou indignes qui se disputaient les fonctions, cherchant avant tout à s'enrichir, empiétant les uns sur les autres et accablant le peuple d'impôts. L'Egypte était donc livrée aux caprices de tyranneaux rapaces, lorsque parut un homme qui par son énergie, ses talents supérieurs et sa politique habile devait assez rapidement étouffer ses rivaux et les détruire les uns par les autres, réunir dans sa main presque tous les pouvoirs et en user avec justice et modération. Cet homme de génie, digne d'être comparé à Méhémet-Ali, fondateur de la dynastie régnante, était Ahmed, fils du Turcoman Toûloûn, qui de simple esclave était devenu officier de confiance du calife Mâmoûn. Son caractère était un mélange de prévoyance, de générosité chevaleresque et en même temps d'adresse et de ruse, facultés sans lesquelles aucun homme puissant ne peut se maintenir en cet Orient où l'intrigue la plus déliée règne sans partage : il faut que la ruse y devance la ruse.

Un premier trait de finesse montre bien quelles étaient les dispositions d'Ahmed ibn Toûloûn. Envoyé tout jeune en Egypte comme émir ou lieutenant militaire, il fut reçu à Fostât avec toute la grâce et l'amabilité en usage, par Ibn el-Modabber, haut fonctionnaire chargé de l'administration civile et du prélèvement des impôts, autrement dit par l'*exacteur en chef* qui, pour faire de lui sa créature, lui offrit un petit présent d'environ cent cinquante mille francs. Modestement Ibn Toûloûn déclina la proposition et ne demanda en échange que les cent esclaves noirs bien armés qui formaient la garde personnelle d'Ibn el-Modabber. Dès le premier pas il travaillait donc à acquérir cette liberté d'action qu'il sut pousser jusqu'à une indépendance suprême et quasi royale puisqu'elle lui permit de fonder la brillante mais éphémère dynastie dite des Toûloûnides.

Comme tous les gouverneurs délégués par le calife, il avait habité d'abord le palais de l'Emirat, situé dans la ville d'El-Asker, au pied de l'éminence de Yachkour, mais ses ennemis et ses amis devenant plus nombreux à mesure que croissaient sa puissance, sa richesse et son indépendance, il finit par trouver sa résidence trop étroite et peut-être trop mal défendue ;

c'est ce qui l'avait amené à en construire une autre beaucoup plus vaste et plus isolée sur les terrains appelés aujourd'hui places Karaméïdân et Roumeïleh. Le nouveau palais était abrité sur ses derrières par le rocher presque désert alors de la Citadelle et faisait face à de grands espaces libres qui descendaient bien au delà de l'emplacement actuel de la grande mosquée du Sultan Hassan (1). La vue s'étendait alors sans obstacle vers la colline de Yachkour, de même qu'au XVIe siècle, à Paris, on voyait nettement du vieux Louvre se dessiner la butte Montmartre, couronnée par sa vieille église Saint-Pierre.

SPÉCIMEN D'UN MEIDAN ORIENTAL D'APRÈS *les Beautés de la Perse*
Par Daulier Deslandes, 1673

Tandis que sur l'ordre d'Ahmed la ville d'El-Katâï se fondait rapidement et avec grand luxe autour du nouveau palais, lui-même élevait entre sa résidence et la montagne de Yachkour un grand meïdân, sorte de manège et de cirque, de champ de courses pour chevaux libres, pour jeux de bague et de *chicane,* comme il y en eut tant au Caire, établissement sans doute assez semblable à ceux que le voyageur Daulier Deslandes au XVIIe siècle a vus en Perse. Là se faisaient les exercices militaires, les carrousels, les revues de troupes, les courses de

(1) Jusqu'en ces derniers temps, l'aire de la place de Roumeïleh descendait fortement de la porte de la Citadelle et de la mosquée Mahmoudieh vers la mosquée du Sultan Hassan. C'est pour la niveler *alla franca* qu'on a été obligé de créer les malencontreux escaliers qu'on voit aujourd'hui devant ces monuments.

chevaux libres, les jeux de bague, de mail et de *chicane*. Le peuple et les grands y passaient la meilleure partie de leurs journées ; pour peu que l'on demandât à la première personne venue : où allez-vous ? elle répondait presque toujours : au Meïdân, c'est-à-dire au palais. Les jeux, les courses, les exercices en effet avaient pris une telle importance que le palais lui-même fut bientôt confondu avec l'hippodrome sous la désignation unique de Meïdân. L'enceinte de ce manège, probablement rectangulaire, était percée sur ses différentes faces de belles et grandes portes dont chacune donnait accès à une classe désignée du peuple. L'entrée qui regardait la montagne du Mokattam, formée de trois portes contiguës de grande dimension, ne servait que pour la sortie du prince et sa rentrée au palais dans certaines solennités. Connaissant l'art consommé des anciens Orientaux pour tout ce qui regardait la mise en scène, on peut se figurer la majesté imposante de ces défilés : les gardes noirs de l'émir sortent les premiers, en ordre de bataille et armés de toutes pièces, par les deux portes latérales ; puis, tout à coup, le prince, éblouissant de pierreries, apparaît à cheval, seul sous l'arche du milieu, et s'avance entre ces deux haies mouvantes qui fendent la foule bigarrée de mille couleurs, sous l'éclatante lumière du soleil.

L'historien Makrizy et ses devanciers nous ont conservé ces détails sur le luxe public et privé qui, dans ces temps lointains, était un besoin, et comme une expression nécessaire de la vie. On peut être assuré qu'il en était de même en Occident ; nulle part l'exercice du pouvoir et les manifestations de la vie publique ne pouvaient se passer de beaux costumes et de belles représentations, et certainement Charlemagne chevauchant au milieu de ses pairs et de ses preux, sous son ciel du Nord, ne le cédait en rien au brillant émir d'El-Asker.

A l'extrémité du Meïdân la plus voisine du mont Yachkour, s'ouvrait une autre porte monumentale qu'on appelait porte de la Prière ou porte des Lions, parce qu'elle était surmontée de deux statues de lions. Au-dessus de cette porte, la plus éloignée du palais, était placé un belvédère très élevé où l'émir se postait pour jouir du panorama admirable que donnait l'ensemble des trois villes riches et populeuses d'El-Kataï, d'El-Asker et de Fostât qui presque réunies en une seule couvraient l'espace aujourd'hui désert et désolé que traverse en toute sa longueur l'aqueduc de la Citadelle. Le Nil, alors beaucoup plus rapproché du mont Yachkour et couvert des milliers de bateaux, venait vers le couchant ajouter les pers-

ENTRÉE DE LA MOSQUÉE D'AHMED IBN TOULOUN, IXe SIÈCLE
Dessin de C. Mauss, 1879

pectives riantes de son lit bleuâtre et de ses rives verdoyantes. Au Nord et à l'Est, à la place du Caire actuel, ce n'étaient que jardins, étangs, cultures et habitations disséminées. En mille ans, Le Caire s'est tellement déplacé que nous parvenons difficilement à nous faire une idée de son aspect primitif. De tous les monuments d'utilité publique ou de fantaisie pure qui couvraient la colline, hôpitaux, palais, forteresse, il ne reste aujourd'hui que la grande mosquée d'Ibn Toûloûn, achevée en 879 ; elle pourrait être encore en bon état et en usage si le fils de Méhémet-Ali, Ibrahim-Pacha n'avait eu la déplorable idée de la transformer en un hôpital militaire, devenu un magasin de sel, puis un dépôt de mendicité ; comme s'il n'y

FAÇADE DES LIWAN

avait pas au Caire maints et maints palais turcs en ruines ou inachevés, bien mieux faits pour de tels usages !

La très vaste cour de la mosquée, entourée de portiques a conservé une grandiose majesté, mais à voir les galeries délabrées, dépourvues de leur ornementation peinte, déshonorées par de sordides constructions, il est difficile de se faire une idée de la beauté dont parlent les historiens arabes et même l'architecte Coste qui l'a décrite et dessinée en 1839. En somme, c'est un système de construction un peu massif et assez prudent, comme était celui de l'Europe au IXe siècle. Ce qu'il y a vraiment d'intéressant, c'est d'y voir la présence de l'ogive, apparaissant ici environ trois siècles avant notre architecture dite gothique. Mais tandis que chez nous l'ogive a donné naissance à toute une architecture savante avec son système bien équilibré de voûtes en berceau brisé, d'arcs en tiers-point, de contre-forts et d'arcs-boutants entraînant avec eux une logique et élégante ornementation, en Orient, elle se conserve surtout comme un décor charmant : les monuments peuvent s'affiner, atteindre la suprême élégance, l'ogive n'enfante point un système comparable au nôtre

LES LIWAN DE LA MOSQUÉE D'IBN TOULOUN, SEPIA D'A. DAUZATS, 1830

comme développement de principes poussés jusqu'à leurs dernières conséquences.

Dans les piliers des galeries la structure semble donner raison aux historiens arabes. L'émir Ibn Toûloûn désirant plaire au peuple, illustrer son règne et utiliser pieusement un trésor considérable qu'il venait de trouver, voulut faire élever une mosquée qui effaçât en beauté toutes celles qu'on connaissait, mais pour la réalisation de son rêve, il aurait fallu plus de trois cents colonnes qui n'existaient que dans les églises et les couvents des chrétiens. L'esprit de justice et de tolérance qui formait le fond de son caractère lui interdisant la moindre exaction contre des dissidents pacifiques, il aurait peut-être renoncé à son projet s'il n'avait été tiré d'embarras par un architecte byzantin qu'il avait déjà employé pour de grands travaux d'utilité, mais qui à ce moment-là languissait en prison. Ce dernier, se souvenant peut-être de l'histoire du patriarche Joseph « clama vers Pharaon » et s'offrit à élever un monument superbe sans prendre colonne à qui que ce fût. Le projet était bon puisque après mille ans son monument tient debout. On peut voir en effet que les œuvres vives, les piliers des galeries se composent de massifs rectangulaires dont les angles sont garnis de colonnettes engagées, le tout en briques bien cuites comme les colonnes de la plupart des constructions de Pompéi.

DÉTAIL DE LA CHAIRE OU MIMBAR
Dessin d'A. Dauzats, 1830

Le Byzantin ne faisait que mettre au service des musulmans et selon les formes qui leur plaisaient un système économique très usité dans l'antiquité. Ces piliers, ces colonnettes et leurs ogives de briques une fois recouverts d'un enduit richement peint, l'édifice pouvait rivaliser de durée et de luxe avec ceux construits en pierre ou en marbre car il était facile de renouveler enduits et peintures ; d'ailleurs une autre cause de conservation a été sa fondation sur le roc au-dessus des infiltrations du Nil. La majeure partie des plafonds en bois couvrant les galeries a disparu, mais presque toutes les frises de bois avec les versets du Coran en caractères coufiques existent encore.

Escalier passant sous un pont couvert, a l'angle extérieur N.-E. de la mosquée d'Ibn Touloun

Dans le sanctuaire, qui de ses cinq galeries n'en n'a gardé que quatre, on ne voit plus que le squelette de la chaire ou *mimbar*, chef-d'œuvre du XIIIe siècle. Sur le mur du fond court un rang de petites fenêtres ogivales, fermées de *claustra* en plâtre ajouré d'un goût tout à fait remarquable.

Après avoir examiné l'intérieur de la mosquée, non sans difficulté ni dégoût à cause du vacarme et de l'importunité des mendiants et du déshonneur que leurs tanières ont imposé à l'édifice, on le quittera pour en étudier l'extérieur (1). Sortant par l'angle sud, on longe le mur du sanctuaire et on trouve à l'autre angle qui regarde l'Est, un passage qui constitue un des plus jolis coins du Caire ancien et des moins connus : à gauche, c'est le mur extérieur de la mosquée auquel fait vis-à-vis à droite ce qu'on appelait la *Maison du Gouvernement* au temps où l'émir Ibn Toûloûn venant de son palais s'y arrêtait avant de passer dans le sanctuaire. On sait que cette maison fut détruite par un incendie, mais on peut croire que les œuvres basses comme cette poterne ogivale qu'on voit à droite et même l'arc qui franchit le passage en ont été conservés. Entre les deux édifices et à une grande hauteur, c'est une réunion de passages aériens, de galeries, de moucharaby qui composent une sorte de Pont des Soupirs, un fouillis de jolies choses bien vieillies, ensoleillées ou baignées d'ombre bleuâtre, tandis qu'un vif rayon de soleil, venant on ne sait d'où, illumine les neuf marches très usées qui forment le fond de l'allée. Au delà, c'est le grand jour dans lequel se dessinent les silhouettes bleues et les turbans blancs de cordiers qui, sur ce piédestal de marches, tournent la corde avec des attitudes d'une grâce tranquille.

Passé ce degré, on se trouve dans l'aire immense qui entoure la mosquée de deux côtés, et qui est ménagée entre le mur de la cour et l'enceinte extérieure, véritable chemin de ronde, disposé comme celui du temple d'Edfou, mais sur une largeur bien plus considérable. Sur cette aire, aujourd'hui vide et mélancolique, devaient s'entasser les constructions légères qui abritaient les étudiants, les desservants et tout le service considérable d'un édifice sacré, neuf, révéré, bien renté, aujourd'hui livré à l'abandon.

(1) Le Comité de Conservation des monuments arabes du Caire a débarrassé le monument de ces hôtes encombrants et a fait enlever les adjonctions fâcheuses.

Qui n'a pas été saisi de la majesté de deux longs murs parallèles, à la condition que ces murs soient de belles façades ou même de simples parements, piqués à intervalles réguliers de saillants ou de rentrants qui en accentuent la perspective. Et pour cette fois nous avons affaire à de très beaux murs : aux deux tiers de la hauteur, une rangée de niches s'amortissant en coquilles et alternant avec des baies ogivales ; à la partie supérieure du mur, une haute crête ajourée,

FAÇADE N.-E. DE LA MOSQUÉE IBN-TOULOUN, IXe SIÈCLE

construite en briques et qu'on peut se figurer revêtue des peintures les plus brillantes, surmonte une frise bizarre, mais d'un bon effet. Ici, comme à Bâb en-Nasr et aux murailles de Saladin, la marque de Byzance se révèle à chaque pas, mêlée à un certain style arabe à l'état naissant.

Les chroniqueurs nous ont laissé quelques traits intéressants du caractère d'Ibn Toûloûn où l'on voit poindre sa libéralité native et la fantaisie un peu brusque d'un homme absolu. Par les belles nuits qui précédaient les grandes fêtes, l'émir aimait à se placer sur le belvédère de la Porte des Lions, et tout en s'amusant du mouvement des troupes et de la foule, il suivait de l'œil ses pages et les gens de sa maison, et lorsqu'ils paraissaient manquer d'argent pour leurs emplettes, il leur en faisait porter ; il se réjouissait aussi de voir en certains jours les pauvres et les affamés entrer dans ses cuisines et en sortir bien pourvus ou bien rassasiés.

Ahmed était un personnage grave, toujours préoccupé d'affaires utiles et sérieuses. Un jour qu'il tenait conseil accroupi sur des tapis de haute laine, il s'était laissé absorber par la rêverie ; les assistants immobiles s'interrogeaient du regard, se demandant pourquoi l'émir s'amusait à enrouler autour de son doigt une bande de ce fort papier alors en usage. Sortant de sa distraction et s'apercevant de la surprise qu'elle causait, le prince, pour ne pas rester court, fit venir le constructeur de sa mosquée, lui ordonna devant tout le monde de faire le minaret de sa mosquée selon le modèle qu'il venait de confectionner. Voilà pourquoi ce minaret, qui existe encore, ne ressemble à aucun autre, puisque l'escalier en est extérieur et s'enroule en spirale autour du noyau central. Cela est plus bizarre que beau, mais il fallait donner un sens raisonnable à un moment d'oubli, d'ennui ou de demi-sommeil, car en Orient, celui qui commande ne maintient le respect que par les dehors imperturbables de l'infaillibilité.

Sous le règne de son fils Khoumarouyah, la splendeur des constructions et le luxe de la cour atteignirent un degré qui nous paraît fabuleux. Dans son besoin de changement et de nouveauté, il n'eut rien de plus pressé que de transformer le Meïdan en un jardin féerique où des palmiers, arrangés en fontaines par le moyen de revêtements de cuivre doré, procuraient l'ombre et la rosée aux plantes les plus rares des différentes contrées ; on y fit même des essais nouveaux et très curieux sur les greffes. Au centre du jardin s'élevait une tour de bois de teck ouvragé, servant de volière aux oiseaux les plus remarquables par le chant et le plumage, qui venaient boire et s'ébattre dans les canaux de marbre dont le pavé était sillonné.

« Un des plus superbes édifices du monde », disent les chroniques, était la *Maison dorée*, kiosque de ce palais, dont les murs étaient couverts d'or et d'azur, d'arabesques et de brillantes décorations peintes, genre de travail qui n'était guère connu qu'à Bagdad. Les parois étaient ornées de statues de bois, sortes de mannequins d'un art probablement assez enfantin, représentant le prince et les femmes de son harem à leur grandeur naturelle. Ces statues étaient pein-

RUE EZ-ZYADÈH, LONGEANT LE CÔTÉ S. O. DE LA MOSQUÉE D'IBN-TOULOUN

Dessin de C. Mauss.

tes et portaient de riches pendants d'oreilles, des couronnes d'or ou des turbans de pierreries. Si d'après l'ordre formel de Mahomet les musulmans rigides ont toujours proscrit les effigies d'hommes et d'animaux, il n'en a pas été ainsi dans toutes les parties du monde mahométan : les Persans, doués d'un esprit plus large, mêlent volontiers des figures d'êtres animés aux arabesques qui décorent leurs œuvres d'art. Il n'est donc pas étonnant que les Toûloûnides, issus des Turcs zoroastriens de la Transoxiane et formés à la cour de Mamoûn, ce calife libre-penseur, aient conservé loin de Bagdad des idées très tolérantes à cet égard.

Nous ne pouvons décrire toutes les merveilles de ce palais : ses immenses ménageries et leur luxe de lions apprivoisés, ses cuisines, où telle était la profusion des mets que les restes, vendus à bas prix par les domestiques, pouvaient sustenter la ville de Fostât.

Il est toutefois une autre merveille d'un genre plus étrange et que l'on ne peut manquer de rappeler, tant elle dépasse en singularité et en magnificence tout ce que l'on connaît en ce genre. Cette merveille, attestée par l'historien Makrizy, semblerait prouver que, dans les contes orientaux, l'imagination populaire qui se plaît à dépeindre tant de richesses incalculables, tant de palais fantastiques élevés en un clin d'œil, ne s'est pas autant écartée de la réalité qu'on le suppose. Ne fallait-il pas qu'envers et contre tout, l'impatience enfantine du maître fut promptement satisfaite? Témoin encore ce palais qui avait coûté un million et demi à Kafour, et qu'il dut abandonner au bout de quelques jours pour n'avoir pas remarqué à temps qu'on y était exposé aux miasmes mortels de l'étang de Karoun.

L'émir Khoumarouyah se plaignant de fréquentes insomnies, son médecin lui conseilla de se faire masser ; mais le prince ayant répondu, pour de prudentes raisons, qu'il ne souffrirait jamais que personne mît la main sur lui, le médecin lui donna l'idée de faire creuser une piscine que l'on emplirait de vif-argent ; ce qui fut exécuté. Ce bassin qui, selon un récit probablement exagéré, avait vingt-cinq mètres de long sur autant de large, coûta des sommes immenses. A chacun des angles on avait placé des colonnes d'argent auxquelles étaient attachés des rideaux de soie passés dans des anneaux d'argent. On fabriqua ensuite un matelas d'air en peau qui, posé sur la nappe liquide et retenu des quatre côtés au moyen de longes, devait par l'oscillation perpétuelle du mercure bercer le prince et lui procurer un sommeil agréable. Ce bassin était une invention nouvelle, imaginée plutôt pour amuser un homme

Mosquée de l'émir Uzbek, dans le quartier de Touloun
Dessin de P. Chardin

blasé que pour le guérir, et elle dépassait en magnificence tout ce que le luxe des rois a jamais réalisé de plus extravagant. C'était, paraît-il, un coup d'œil enchanteur de voir, pendant une belle nuit, ce vif-argent réfléchir la lumière de la lune. Longtemps encore, après la destruction du palais, le peuple allait creuser le lit du bassin pour y recueillir les restes de ce vif-argent qui n'avait peut-être pas servi dix fois à endormir le prince. Avait-il seulement prévu l'effet vénéneux des vapeurs mercurielles ?

Revenant à l'angle sud, nous prenons la rue solitaire d'Ez-Zyadeh dont le côté gauche est orné encore de jolies maisons anciennes, jadis fort soignées, aujourd'hui tombant en ruines et qui ont dû être occupées par les dignitaires de la mosquée avant sa décadence. L'abandon et la misère se sont tellement appesantis sur ce quartier qu'il est rare d'y venir sans essuyer quelques injures de la part de ses sauvages habitants qui, au besoin, ne dédaignent pas de ramasser des pierres pour vous les lancer.

Jusqu'à l'expédition du général Bonaparte cette portion de la ville n'avait été ni décrite, ni peut-être même visitée par aucun voyageur européen. On n'en avait guère aperçu que l'extrémité septentrionale en longeant la grande rue qui conduit à la Citadelle.

« Les négociants européens établis au Caire, et désignés communément sous le nom de *Francs*, craignaient même de se hasarder à pénétrer dans ce quartier, lorsque leurs affaires les y appelaient, redoutant le fanatisme outré des habitants qui, fiers d'avoir dans leur mosquée une copie de celle de La Mecque, manifestaient une intolérance plus marquée que dans le reste du Caire. Ce fanatisme presque féroce des habitants de ce quartier avait pour causes soit son isolement des autres quartiers de la ville, soit peut-être la descendance de sa population, formée originairement par les soldats des milices turques et circassiennes qu'Ahmed Ibn Toûloûn y avait autrefois établies » (1).

On arrive alors à deux édifices d'âges différents, dont l'élégance et la perfection semblent indiquer qu'aux XIVe et XVe siècles, ce quartier devenu désert était encore assez important. Le premier est la mosquée du sultan mamlouk Kaït-

(1) *L'Egypte*, dans l'Univers pittoresque, par J.-J. Marcel, l'un des savants de l'Expédition française.

Mosquée du sultan Kait-Bay, xve s., près celle d'Ibn Touloun

Dessin de P. Chardin.

Bây qui ne le cède en rien à sa sœur du grand cimetière de Kérafât : vieillie, poussiéreuse, ternie par l'abandon séculaire, moins brillante, mais aussi moins détériorée (1). Un

SALAMLIK DE LA MAISON DU GRAND-MOUFTI, PRÈS L'HOTEL DU NIL

peu plus bas, du côté de la ville et sur les restes de l'ancien rempart de la cité des Toûloûnides, est assise la mosquée

(1) Sur les modifications opérées depuis la conquête turque dans la destination des édifices religieux du Caire, voir le livre de M. P. Arminjon sur *Les Universités musulmanes d'Égypte*. Alcan, 1907. On y lit : « Kaït-Bay était à la fois un khankah et une medresseh. Ce ravissant spécimen de l'art arabe est décrit par Bernard de Breydenbach qui visita l'Égypte en 1483, et qui

funéraire de l'émir El-Gawaly, élevant dans les airs sa haute façade terminée par deux minarets à coupoles.

C'est en vérité une entreprise fort téméraire que de vouloir, au déclin du jour et sans guide, se diriger de la mosquée de Toûloûn vers la place d'Ezbekîyèh, située à près de trois quarts de lieue par delà un labyrinthe inextricable de ruelles. Nous nous perdîmes dès les premiers pas, après avoir laissé derrière nous cette jolie porte de rue dont l'ogive se profile sur un étonnant défilé de maisons enchevêtrées (1) ; mais le moyen de songer à son salut, quand pour la dernière fois une séduction pittoresque vous détourne de votre route !

Loggia de la maison du Grand Moufti
Dessin inédit de P. Chardin.

Les ruelles abondent en détails piquants ; voici dans son échoppe un écrivain public à la tête souriante et bouffie comme celle des statues de bois de l'Ancien Empire : accroupi sur son vieux tapis, ce savant regarde complaisamment son papier d'un air capable et satisfait ; un fellah, timidement assis près de lui, contemple l'écrit d'un œil fixe, qui ne démêle rien et, tout en regardant, il cherche sa pensée lente à venir. A deux pas en arrière et fort respectueusement, se tient la famille du fellah, joli groupe, composé d'une jeune fellahine voilée, l'épaule chargée d'une enfant qui sommeille, et tenant par la main une petite fille aux grands yeux, dont toute la physio-

nous le montre rempli de religieux « occupés à hurler nuit et jour les prières de leur secte ».

(1) Cette porte de quartier est placée en regard du titre de cet ouvrage comme frontispice.

nomie a cette douceur singulièrement suave qui semble un don d'Osiris-Ounnovré, le dieu bon par excellence. A deux pas, dans une sorte de bazar fort achalandé, gît dans un coin le *sarrâf,* le changeur, dont la physionomie quasi-animale est aiguisée par deux petits yeux très vigilants: avec un cliquetis d'appel, il fait passer d'une main dans l'autre une pile de gros sous. Plus loin, devant une grande porte, quelques ânes de louage attendent pacifiquement leurs cavaliers, en compagnie de ces infatigables petits bourriquiers, dont les têtes mutines et intelligentes s'appuient sur leurs bras posés sur des selles bariolées ; s'ils ne se renvoient pas des quolibets en arabe, ils bavardent sur les nouvelles publiques dont ils paraissent mieux informés que personne, et notamment sur le sultan, sur M. de Lesseps, sur M. Laroche et M. Larousse, ses ingénieurs en chef, qu'ils ne se déshabitueront jamais d'appeler *Larouche* et *Larosse !*

Un grand crocodile bourré de foin se tord au-dessus d'un porche et en contourne maladroitement le cintre. La bonne bête. toujours rageuse et gueule béante, malgré son trépas, est fort utile en ce poste domestique ; la mauvaise chance ne peut plus entrer dans la maison, car c'est le crocodile qui attrape tout au passage.

Plus loin encore, on aperçoit un barbier bavard qui manipule des têtes, sous un arceau de bois ajouré, d'un dessin charmant, et qui serait bien mieux fait pour encadrer la figure d'une sultane ! Puis on rencontre un café populaire, dont tout le mobilier paraît consister en un pan de mur croulant, sous une treille de roseaux, où des indigènes, juchés côte à côte, fument le narghilèh sans rien perdre de leur gravité. Les uns ont cette physionomie foncièrement débonnaire mélangée d'un peu de ruse inquiète, qui caractérise la race égyptienne ; d'autres, aux traits plus durs et même altiers, sont peut-être des métis de Bédouins, race dont l'esprit de domination et l'orgueil innés ressemblent à leur soleil natal qui dessèche tout sous ses lourds rayons.

Un curieux contraste est celui de ces anciens édifices, mosquées ou palais, d'un beau style rappelant le grand caractère des monuments florentins qui, dans leur déchéance, se sont laissé envahir par de sordides échoppes. C'est ce qu'à Rome on trouve aussi à chaque pas : au théâtre de Marcellus entre autre, puis au *Ghetto,* où le cloaque si pittoresque de

Une boutique de barbier arabe
Sépia d'A. Dauzats, 1830.

la *Pescheria vecchia*, le vieux marché au poisson, s'est inféodé aux nobles restes du portique d'Octavie.

Que sont devenues ces boutiques du temps passé, où Le Caire était l'entrepôt de l'Inde et de Ceylan, de la Perse et de Bagdad, comme des Flandres, de Gênes, de Florence et de Venise? Il pouvait y avoir alors, dit Frescobaldi, pèlerin de Florence, soixante mille bourriquiers qui louaient des montures dans les rues et sur les places. On y comptait trois mille moulins à vent; on y voyait beaucoup d'éléphants, et plus de cent mille chameaux bien harnachés, très beaux et très gras, ne faisaient que transporter l'eau puisée au Nil pour la distribuer. Cent mille individus, gens de peine pour la plupart, couchaient la nuit à la belle étoile, faute de logements, et il semble au Florentin qu'au Caire il y a plus d'habitants que dans toute la Toscane, et plus dans certaines rues que dans tout Florence.

« On y voit encore un grand nombre de cuisiniers qui, la nuit comme le jour, cuisent dehors sur la rue, de très belle et bonne viande dans de grandes marmites de cuivre étamé. Et aucun habitant, si riche qu'il soit, ne cuit dans sa maison: telle est la coutume de tous ces païens qui envoient acheter leur dîner à ces bazars, comme ils les appellent. Et bien souvent même ils se mettent à manger en pleine rue; ils y étendent une pièce de cuir et posent la victuaille au milieu, dans un vase de terre, autour duquel ils s'asseyent, les jambes croisées ou repliées en arrière. Et quand ils se sont souillé la bouche, ils se la lèchent, la nettoyant avec la langue, comme de vrais chiens qu'ils sont... »

Nous étions justement arrivés à l'heure où les travaux cessent et où les cuisiniers en plein vent débitent encore de maigres pitances aux pauvres gens qui rentrent chez eux. Un enfant passe en courant, tenant une soucoupe où des tubercules blanchâtres nagent dans un jus rosé... Serait-ce enfin le lotus alimentaire des anciens Égyptiens? Et nous voilà poursuivant l'enfant pour nous en assurer et, s'il le faut, goûter à ce mets dont l'aspect fait frémir... Mais le gamin a de l'avance et nous entraîne et nous égare davantage encore s'il se peut; tant il y a, qu'à ses trousses nous parvenons tout à coup dans un quartier fort étrange et dont nous n'avions aucune idée: c'est une sorte de vallon étroit, entouré de maisons et rempli d'eau, l'un de ces étangs marécageux situés dans des endroits bas, et dont le niveau monte, baisse ou disparaît avec la crue du Nil, comme jadis à l'Ezbekîyèh.

La surface de cet étang était alors empourprée par les feux

LE KHALIG
Photographie de Braun

du soleil couchant, et tout au fond se dressait, au milieu des palmiers, un édifice dont les colonnettes de marbre avaient pris les teintes de l'opale. De superbes fellahines aux formes sculpturales, aux mouvements harmonieux, allaient et venaient sur ses bords, une amphore posée sur la tête ou en équilibre dans la paume d'une main. Des troupes de chameaux s'abreuvaient d'un autre côté, en poussant ces meuglements profonds qui semblent une protestation de l'animal esclave moins patient que le fellah qui le mène.

Ce spectacle était si beau et si imprévu que le lotus des Egyptiens fut oublié. Nous étions là, ne pouvant détacher nos yeux de cette scène, lorsque tout à coup éclatèrent dans les airs les chants des muezzin qui se répondaient d'un bout à l'autre de la ville. En un instant et comme par enchantement, la foule disparaît, maisons et boutiques se ferment et la nuit vient. Nous voici seuls et oubliés dans un quartier perdu ; si nous ne trouvons un guide le danger peut devenir pressant, car il n'y a ni éclairage, ni police préventive, ni secours d'aucune sorte à espérer contre les assassins, les Grecs rôdeurs de nuit, les sbires et les chiens sauvages, si hardis contre les étrangers. Dans l'obscurité on peut être pris pour un de ces Grecs que la police relance, met en prison et assomme à coups de sacs de sable, pour ne laisser d'autres traces que celles d'une attaque d'apoplexie et pour éviter les complications inextricables de la justice consulaire.

Où sommes-nous ? Plus personne ! l'inquiétude nous prend ; car, si l'on rencontre quelque ombre errante, elle fuit et disparaît. Nous nous hâtons, enveloppés par la nuit et talonnés par les dangers qui nous guettent, tandis que devant nous s'embrouille le réseau d'un labyrinthe de plus en plus obscur. Dix fois, peut-être, sans trouver de direction, nous descendons jusqu'au *Khalig*, dont l'aspect devient sinistre ; au-dessus de ses eaux noires, quelques lueurs vacillent derrière les moucharaby des hautes maisons qui le pressent, mystérieuses et mornes comme les palais de Venise. Le contour brillant de l'eau perce l'obscurité comme un sinueux filet d'argent qui conduit l'œil jusqu'au prochain tournant ; et là le canal, encore éclairé de reflets tardifs, s'enfonce sous l'arcade ogivale de quelque passage secret, pour aller se perdre au milieu des minarets et des palmiers, objets inséparables et charmants qui, penchés l'un vers l'autre, s'endorment dans le crépuscule étoilé.

Les génies de la vieille cité, jaloux de retenir qui les aime encore, avaient-ils deviné que nous allions partir... Un vieux croyant vint à propos rompre leurs enchantements. On le saisit, et cent fois on lui répète : « *Bakhchich ! Ezbekîyèh !* » Il paraît enfin nous entendre ; prend les devants sans rien dire, trouve des passages inespérés, et bientôt montre la place tant cherchée, en s'écriant : « Ezbekîyèh ! Bakhchich ! »

Une fois sauvés, la nuit nous parut suave sur l'Ezbekîyèh. Nous évoquions comme dernier adieu le mirage de son ancienne splendeur, alors que les crues du Nil en faisaient un lac où les vieux sycomores aimés de Félicien David et de Marilhat pouvaient mirer leur sombre feuillage. Quel spectacle féerique, aux nuits du Ramadân et du Baïram, quand la surface du lac se couvrait de barques illuminées, et que les palais des mamlouks, embrasés par les feux des machallas, retentissaient du bruit des fantasias populaires.

De ce lieu célèbre et encore charmant, que fera le vice-roi en sa fièvre de rénovation parisienne ? Quel sort réserve-t-il aux vieux arbres qui ont abrité Bonaparte et Méhémet-Ali ; que restera-t-il des sites ravissants où s'est manifestée la plus belle expression de l'art arabe ?

Frise peinte de la mosquée d'Ibn Touloun

TABLE EXPLICATIVE DES ILLUSTRATIONS

(1) L'auteur doit à l'amitié de M. Paul Chardin les dessins que l'artiste a faits dans un voyage en Egypte où il a bien voulu l'accompagner.
(2) Tous les dessins signés A. Dauzats sont tirés de la collection A. Rhoné.
(3) En tête du préambule.

(1) Tous les dessins signés C. Mauss ont été amicalement offerts par l'auteur à M. A. Rhoné.

(2) Presque toutes les photographies de Fachinelli reproduites dans cet ouvrage ont été faites sur les indications de l'auteur.

CONQUETE DE LA HAUTE EGYPTE
AN VII
GALLE F
GALLE
DENON DIREXIT

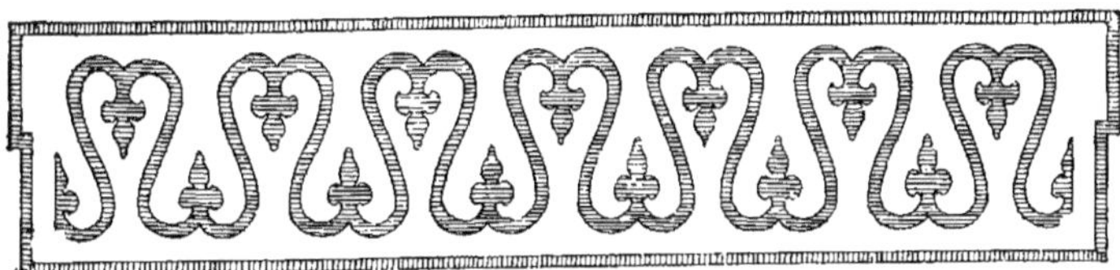

LINTEAU D'UNE FENÊTRE DE LA MOSQUÉE D'EL ACHRAF BARSEDAY

TABLE DES PLANS

Pages

Ornement tiré d'un manuscrit arabe

TABLE DES MATIÈRES

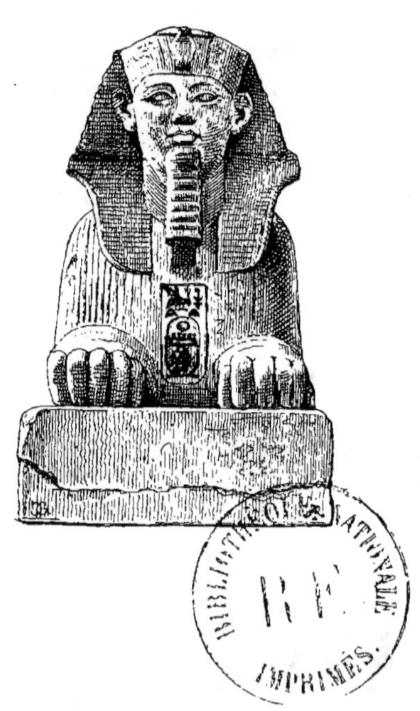

IMP. HENRI JOUVE, 15, RUE RACINE, PARIS

www.ingramcontent.com/pod-product-compliance
Lightning Source LLC
LaVergne TN
LVHW011256110826
845149LV00001B/154

* 9 7 8 2 0 1 3 7 1 4 3 1 0 *